中国古代文书品析

●翁勇青　连念　林秀莲　编著

厦门大学出版社
XIAMEN UNIVERSITY PRESS
国家一级出版社
全国百佳图书出版单位

中国古代文书品析

（简介）

　　古代文书与现代应用文相比，有其独特的价值。历代许多优秀古典名篇佳作，实际上是优秀的古代文书作品。本书所选作品共60篇，从先秦至清代，包括诏、令、章、表、疏、奏、议、状、铭、记、誓、盟、檄、祭、卜、告示、策对、书信等不同文体的古代文书，按年代排列，从文秘、档案学、国家与法治管理视角作详尽的解读、分析、评述和研究，以求古为今用，促进现代文秘与档案学、行政学的发展，促进国家管理的完善与科学化。本书可作为历史、文秘、法律、行政管理、档案学等专业的学习参考资料，也可以作为海外留学生学习汉语文化的学习参考材料。

古代文书作品的形成发展与特点透析
——代为序

一、集文学与公文为一体——古代文书作品的重要特色

文体之说,有的学者认为,是"指文学的体裁、体制或是样式。文学是社会现实生活的反映,是表达作者思想感情的语言艺术。作者在从事创作时,为达到既定的效用,必然采取与之相适应的语言形式和篇幅、组织结构等,这样,就使文学产生了不同的类别,也就是各具特征的文学体裁"。[1]古代文书作品,有史以来就是我国古代应用文体,同时也是古代文学的重要文体之一。而中国古代文学,向来就是以"诗文"为正宗,"诗文"中的"文",以其体式之繁、作者之众、作品数量之多、思想内容之丰富,成为祖国优秀文化之瑰宝。"照传统的观念,文的体裁分类,并不完全统一,有的按用途分,有的按形式分,有的按性质分,总之,辞赋、论说、史传、序记、诏令檄移、章表书启、颂箴碑铭等等,累积起来不下百种。在如许繁多的文体中,有不少是古代应用文体,不属于现代观念的文学范畴;有些本不属文学的如论说、史传、章表书启(其中多数属于政论文)等类的文章不仅述事达意,而且表情明志,尤其是语言艺术,有很高的审美价值,向来就是文学家族的重要成员。"[2]这是因为,我国古代文学历史悠久,内容十分丰富,而文学种类和各种文学形式也繁富多样。实际上,它们在发生、发展过程中,往往互相渗透、互相影响而不断演变发展。不少古代文论家如刘勰在《文心雕龙·宗经》和北齐颜之推在《颜氏家训·文章》

中都有共识，认为：诏、命、策、檄生于《尚书》，序、述、论、议出于《周易》，书、奏、箴、铭源于《春秋》。可见，在中国漫长的历史文化长河中，不论是在古代文学发展史上，还是在古代文书发展过程中，古代文书作品就不仅仅是中国古代的一种应用文体，同时也是古代文学散文中的一种常见的重要文体，而且它还是"诗文"中的"文"，即散文发展的始祖。例如，"殷墟出土的甲骨卜辞，商代和周初的铜器铭文，《周易》中的卦、爻辞，《尚书》中的殷、周文告等，可以说是我国散文的萌芽"。[3]特别是，"《尚书》中的商、周文字，大都是由史官执笔记载的官方文告。其中有誓词、诏令、诰言、训辞和政事语录等，按后世文体分类讲，它们同属于公牍文类中的下行公文。这些文章的体制，一直对后代中央王朝的公牍文体有深远影响"。[4]这是不容置疑的历史事实。

古代文书作品之所以具有古代文学的"文"的重要特色，是文书作品的作者和应用者的一种自觉或不自觉的行为结果，是一种自我意识的创作与撰写要求。不论从古代文学发展史实考察，还是从古代文书作品撰写思想理论和方法看，我国都是一个散文非常发达的国家，而作为散文体之一的文书作品，是人们和社会组织运用它来为自己服务的产物。那么，为了运用得好一些，使其作用发挥得更大一些，就要求文书的制作者，包括执政者自己在内，都应当对其精心制作，以便使它更好地表达文书作者的要求、理想和意愿，反映本阶级的利益，使之能够"言之有文，行之天下"，即能够更好地把文章的思想内容、政治主张及其号令传播到四面八方。在科学技术不发达的春秋战国时代，我国杰出的思想家孔子就意识到"文"的重要性，指出："言之无文，行而不远。"文书作为一种行政信息和社会信息，要使它传遍天下，或者说，文书作为一种指挥国事、处理政务的工具，要使它能够号令天下，是必须"言之有文"的。"无文"是不可能传遍天下的，更不可能成为一种作品，流传后世。因为只有干瘪的语言，或者是语无伦次的、不知所云的公文，需要把各方面的信息上传下达，或表达什么要求意愿，却又说不清楚，表达不了某种意愿，传递不了某种信息,这样的文书,如何能使人们明白执政者的意图,又如何贯彻落实呢?这种文书是不可能为执政者所用的。所以,只有"有文"的文书作品,即鲜明的思想内容和优美的文采与形式兼备的作品,才能充分发挥文书作品应有的时效作用和长远作用。这样,从理论上说,就产生文书作品的表现能力问题,也就是文书作品的艺术性问题。于是,不仅历代的文学家,而且许多封建阶级的文人志士、政治家、思想家、行政管理官员以及有作为的封建帝王,都是非常讲究文书的写作的。其中有许多人既是出色的政务管理者、政治家、思想家,同时也是优秀的散文家、杰出的文书制作者,如李斯作《谏逐客书》、贾谊作《论积贮疏》、曹操作《让县自明本志令》、包拯作《乞不用赃吏》等等。他们的文书作品具有较高文学价值,这就是古代文书发展过程中的一种自然的客观的史实。这些众多的文书佳作不仅成为我国优秀的古典文学中不可分割的一个重要组成部分,而且成为我国浩繁的文献古籍和丰富优美的古代文学的一个亮点,脍炙人口,世代相传,经久不竭。如冯其庸先生在《历代文选》一书中所指出,"从文学史的角度看,比较可信的最早的散文,是《商书》的《盘庚》篇,这是商代的统治者晓谕他的臣民的一篇文告,现在读来虽然有难懂之处,但却大都是当时的口语。……这可以说是奴隶制时代的散文,其中已含有形象比喻,是后来发展得波澜壮阔的一条散文长河的开端"。事实上,无论是从文学的角度,还是从文书学的角度看,《尚书》就是当时的一种文告或是记录性文字的文体汇编,是我国上古时期的文书作品,这是为历史上的许多文论家所肯定的。那么,我们前面对古代文书作品的评价,既符合古代文学发展的客观规律,同时也符合文书作品发展的客观历史事实。为此,可以毫不夸张地说,古代文书作品是完全可以称之为开启历代散文体文学发展的先河,并将文学的艺术性和文书作品的应用性完美地结合为一体的文章,这是它的重要特色。

应该指出,在古代文学和古代文书作品发展史上,许多文书作品,特别是一些书信体文章虽然作为一种应用文体,在当时起着处理政务、指挥国事、陈述作者意见、表达和反映社会要求以及传递各种信息的作用,由于它本身具有很高的文学价值,因而人们往往将其看作书信体文学。如有人认为:"书信,古代称为书。书是总名,此外还有尺牍、简、笺、札、启、函、缄、柬、帖、疏等许多异名,名称虽然不同,实际指的都是书信。"[5]但是,有许多文书作品虽然与书信有密切联系,然而其实质不是书信,而是一种奏疏或是诏令文书,属于公务文书作品,如秦朝李斯的《谏逐客书》、汉朝皇帝刘恒的《赐南越王赵佗书》及赵佗的《报文帝改帝号书》、三国时期诸葛亮的《出师表》、隋朝李谔的《上隋高祖革文华书》等名篇。不过,这些事实说明,因为社会实践和人们生活的实际需要,文书作品在发展过程中不断丰富其内容,完善其形式,加强其艺术表现力,于是文书作品以其鲜明的艺术性,对历代散文的发展产生了深远的影响。在许多散体文章中,尽管散文也有不同的样式,但与文书作品的渊源关系是很深的,而且由于许多文书佳作艺术性极强,就自然被古今文论家视为艺术珍品,划入古代优秀文选范围之中,并成为其中的重要部分,成为我国优秀的文化遗产之一。因此,我们既要认识文书作品在当时处理政务、管理国家的活动中,以及在如何表达作者思想和感情方面所体现的重要作用,也要充分认识文书作品在古典文学发展历史长河中的重要作用,切不可忽视或排斥其文学的艺术性。

显然,这种集文学和公文(应用文体)于一体的特点,就形成了古代文书作品的重要特色。历史证明,不论是从文学角度还是从应用文体角度,古代文书作品往往备受历代封建统治者和封建文人志士的推崇和重视。但是,多年以来,不少人对文学与应用文体存在认识和观念上的偏见,如有的人认为:"书信在古代有着许多不同的称谓,如有的称尺素、书简、书札等,有的又叫做章、表、疏、奏以及诏、令、谕等,名目繁多,不一而足。……不仅臣写给君的叫章、表、书、奏,君写给臣的叫诏、诰、令、谕,甚至连写信活动也下对上称'上书'、上对下称'赐书'了。因此,这类书信确实是瑜少瑕多,除史料价值外,文学成就是不大的,不是宣扬德威恩惠,就是极力歌功颂德。为此本书尽量不选。"[6]这种情况,使文书作品不仅被拒于文学作品研究之门外,而且它又不作为文书学、秘书学、档案学之研究对象,因而,在这方面的专门文选和研究专著是不多见的。实际上,总结和研究古代文书作品的发展规律,学习和借鉴其中的有益经验,不仅对文书学、秘书学和档案学的学习研究,特别是对今天应用文(公文)的学习写作,包括对各种应用文体的繁荣发展是很有必要的,而且对于研究古代文化和古代文学的繁荣发展,乃至对于国家的科学管理,对于推动当今社会与经济的繁荣发展进步,也同样都是很有必要的。

二、人类社会发展的伴生物——古代文书作品的产生与发展

客观地说,古代文书作品与文学的产生和发展,同样是伴随着人类的共同劳动与生存以及社会的发展而产生和发展的。不论是从中国古代文学发展史的角度,还是从古代文书发展史的角度,我们都可以将古代文书看成古代散文发展的始祖,但是,文学的起源,应该是早于应用体的文书作品。首先,我们应该看到,人类语言的产生,是出自于人类的共同劳动和共同生活的需要。这是因为古时候的人们为了互相表达思想和情感,为了共同的劳动与获得生存发展,逐渐产生了人类的语言。其次,我们也看到,"文学起源于劳动。有节奏、有韵律的语言艺术形式诗歌,最初就是在原始人类所从事的劳动过程中,伴随着劳动动作的节奏性而形成的。原始人在从事集体劳动时,往往出于减轻疲劳或协调一下彼此劳动动作的需要,而依照劳动动作的秩序发出一种呼声。这种呼声具有一定的高低和间歇,因而形成一定的节奏。当这种有节奏的呼声与表达劳动者心声的精炼的语言相结合时,便产生了一种有韵律的、富于感情色彩的语言形式,这就是诗体的起源"。[7]然而,由于人类社会生产的发展和社会生活的复杂化,作为交际工具的语言慢慢地就不能满足人类社会发展的需要了,于是作为记录人类活动的文字也应运而生了。随着文字的出现,就自然形成反映人类各种社会活动的各种文字记录材料,这样也就奠定了古代文书作品产生的基础。因为这时,人们在各种活动中,

自觉或不自觉地产生、形成了各种文字记录材料，或者说，为了某种需要而产生、形成了某种文字材料，那么，作为应用文体的文章或某种文字记录材料也就产生了，我们称之为"文书作品"。公文，一般可分为上行文和下行文两大类。"上行文"指的是臣民给君王的上书，或是下级官员给上级官员的报告，"下行文"指的是君王给臣民颁布的诏令等，都是应用性很强的文章。而文书，既包括公务文书也包括个人文书。实际上，古代文书作品主要的就是指古代朝廷、官府通常所使用的公事文，当然也包括私人之间的来往书信函件，同时，也包括诗书文献和文章等。

公务文书，这是社会发展到一定历史阶段及其社会组织活动的产物，是伴随着人类社会的各种实践活动，如发展生产、生存生活、经济建设、社会组织管理等活动的需要，特别是随着国家与政治组织和阶级的出现和需要而产生的。它作为处理政务、表达与联络人们思想感情、沟通联系社会组织各种信息的工具，作为适应社会需要而产生的一种应用文体，在国家与政治组织、社会发展中逐步发展起来。就如斯大林同志指出："生产往前发展，出现了阶级，出现了文字，出现了国家的萌芽，国家进行管理工作需要比较有条理的文书，商业发展了，更需要有条理的来往书信。"[8] 这是与人类社会发展的客观事实完全符合的。范文澜说："商朝有军队与监狱，甲骨文已有证明，《荀子·正名篇》说，'刑名从商'，以意谓法律应取法于商朝，《韩非子·内储说》上《七术》说，'商朝法律在街上弃灰的要斩手'。刑法如此残酷，当然有一个被残酷统治着的阶级，这个阶级主要是奴隶阶级。"[9] 据史料记载，公元前 21—11 世纪的夏商时代，我国奴隶社会已形成，与之相适应的具有国家机关性质的组织机构也就出现了。此时作为以反映国家机关活动为主要内容的各种公务文书，包括私人性质的文书，就自然成为统治者传达政令、处理国事、联结信息的工具和载体。如"我国现存的最早的公务文书是考古学家在河南省安阳县小屯村发现的甲骨文书，其中绝大部分就是殷朝后期几个王朝的活动和奴隶主的文告"[10] 显然，人类社会的文字的发明创造，为文书,包括公务文书和私务文书的产生奠定了基础,而人类社会活动、阶级和国家政治组织的产生与运行,是公务文书与私务文书产生的直接动因。而此时为了运用而产生的文字作品,是一种散体的文告、文章,是应用性的文体文章,即文书作品。这也为文学界学者所共同认可,认为"我国最早的成篇散文,保存在一部名为《尚书》的文集中。'尚书'即上古之书的意思,儒家曾尊它为经典,故又称《书经》"。[11]

在我国社会发展史中,奴隶社会的夏商时代是古代文书作品产生的最早时期。此时"文书的书写材料以甲骨为主,辅之以竹木和青铜"。从发掘的几十万片甲骨文来看,其内容主要是记录殷朝后期几个王朝的各种活动情况,同时也比较真实地记录和反映了当时的各种社会风貌和各种社会实践活动情况。它表明"殷商奴隶制国家就开始广泛地应用文书作为管理国家的工具,产生了我国最早的公务文书,并且建立了一定的文书工作制度"。[12]不仅如此,此时的文书作品的艺术性也已显露出来,并具有一定的文学价值。如"《周易》中的卦、爻辞,产生的时代颇早,其中多有产生于商末周初的文字。卦、爻辞中的记事,虽然也很简短,但比起甲骨卜辞更趋完整,并具有某些生动的描写,有的还用简洁洗练的句子表达了某种生活经验以至哲理,是我国古代散文萌芽发展过程中的一个重要阶段"。[13]而《尚书》的编纂,标志着我国具有文字记载的散文体文章的产生,标志着书面文书作品的产生。《尚书》作为我国最早的一部历史文件汇编,记述了上古时代的时事政治、社会制度变迁、奴隶主国家和社会集团之间的征战、国家的治理,以及天文、地理、人物与社会风貌等情况,是研究古代历史、古代文学与哲学、国家管理和古代文书不可缺少的重要的最原始的文献资料。

中国早期历史上的一个大动荡大变化的时期是春秋战国时期。此时诸侯征战,处士横议,百家争鸣,思想大解放,有力地促进了古代散文的飞跃性发展,自然也带动了文书作品的勃勃兴起。正如清代学者章学诚说:"周衰文弊,六艺道息,而诸子争鸣,盖至战国而文章之变尽，至战国而著述之事专，至战国而后世之文体备。故论文于战国，而升降盛衰之故可知也"。[14]这个时期，许多文人志士、思想家、政治家为了争鸣，为了更好地向君主陈述表达政见，使其政见主张为执政者所接受和采纳，叙述问题时就自然要讲究文采，追求作品的艺术效果，注意运用文学的艺术表现手法，以便能够成功地对历史事件与场面进行记述描写以及刻画人物形象。于是《春秋》、《国语》、《左传》、《论语》、《墨子》等大批历史散文和诸子散文就应运而生，其中许多篇章，情节生动，故事性强，刻画人物栩栩如生，性格突出，艺术表现力极强，是特定历史时期的经典之作，形成上古时代散文发展史的一个高峰，并深深地影响着后世的"古文"发展。正如褚斌杰先生指出："这一时期散文的主要特点，是这些著作家们往往把哲理的思考、史实的记录与许多文艺手段结合起来。如他们在说理、记事时，极注意语言技巧，注意逻辑、修辞，注意谋篇结构，有时还调动许多形象化手段，这样一来，就使这些著作具有双重性质，既是史学、思想或政论著作，又具有浓厚的文学色彩，具有了一定的文学价值。"[15]在这些散文中，恰恰有许多是属于当时的文书作品，或是文书作品所记述的内容在其中得到相当多的反映和记载。例如《论语》比较真实地记载了孔子及其弟子的所言与所行，也是当时的一部语录体散文集，类似今天的"回忆录"、"谈话记录"性的文字材料。又如乐毅《报燕惠王书》、鲁仲连《遗燕将书》、范蠡《遗大夫种书》、荀卿《与春申君书》、范雎《献秦王书》以及《国语》中的《召公谏厉王弭谤》等篇，其主要内容是反映、陈述和记载军政国事，或是臣子对上司、君王的奏疏、报告，或是出于公务性质的往来函件等，均是地地道道的文书作品。它们对现实的反映不仅比较直接，而且针对性、应用性很强，都是直接运用和服务于各自的军政国事，服务于各自的帝王霸业，同时，其叙事简洁、语言精炼、含意深刻，为后世所推崇。这样，它们不仅成为当时人与人之间的一种思想情感、社会信息交流的载体，而且更是处理政务，反映和解决国家与社会实际问题的工具。因而，在这个被世人称之为"百花齐放、百家争鸣"的春秋战国时代，依然重视对文书作品的拟制，讲究其写作技巧和文采，注重其篇章结构布局及其表现力，注意形成各人的不同艺术风格和语言风格，那么，许多成功的文书佳作的涌现，就自然是这个不寻常时代的产物。

文书作品得到长足的大发展，并日趋成熟的时期是在秦汉时期。这个时期，文书作品体式日益齐备和规范化、法制化，成为当时文书作品发展的重要特征。秦王朝统一六国之后，秦始皇称帝于中华，确立了我国封建社会的君主专制制度。秦王朝为了朝廷政务管理和维护中央集权专制统治，就必然要建立与之相适应的文书工作体系和制度。为此即须从法规上明确规定文书作品的拟制、运行处理和文书的名称、体式种类、用途及文书的运作程序等。对此，刘勰在《文心雕龙·章表》中也指出："秦初定制，改书曰奏。"虽然说，这种对文体名称的规定，体现了封建帝王思想与权威，但是它在古代文书理论上是一个新的发展。因为这对当时来说，是执政者为维护其统治，为管理好国家和公文运行处理所必需的，就如潘嘉所说："秦始王为了通过这些文书能够更好地了解下面的情况，有条不紊地指挥国事，贯彻君权，为专制统治服务，也确实有必要对皇帝所颁发的和臣僚呈上的文书名称、用途加以严格的规定。"[16]事实证明，这样做既便于文书的保管，便于文书的阅读，同时也便于政务管理。于是秦朝的文书撰写制度的改革，也就为后来取而代之的汉王朝所沿袭。此时，文书作品不仅适应了封建统治和国家管理的需要，而且很自然地、深刻而又广泛地反映了秦汉时代社会生活和国家管理的各方面，因而具有鲜明的时代特色，同时表现出极高的艺术成就。例如秦朝李斯的《谏逐客书》，汉代邹阳的《狱中上梁王书》，贾谊的《治安疏》、《过秦论》和《论积贮疏》，晁错的《言兵事书》和《论贵粟疏》，东方朔的《答客难》，刘向的《谏营起昌陵疏》以及司马相如的《难蜀父老书》、陆机的《移百官文》等文章，还有及董仲舒、王符、崔实、司马迁、班昭、班固等人的许多卓有成就的文书作品，它们结构严谨整齐而辞藻华丽，论证纵横有力而气势逼人，比喻形象生动而富有说服力，感情浓烈而能把自己的情感抒发倾注于所用的史事和典故之中，成为我国古代文书作品一种特有的艺术现象。两汉三国之时，文书体式逐渐齐备的原因是，一些著作者往往以撰写某类文体而著称，如蔡邕善写碑文，孔融、曹植、王粲等，见长于或善写书、记，或善写表文，于是各式文书体文章都能得到充分发展。还有魏晋南北朝时期，被称为"文学为自觉时代"。在此期间，孔稚珪的《北山移文》、诸葛亮的《出师表》、李密的《陈情表》、曹操的《求贤令》、曹植的《求自试表》、丘迟的《与陈伯之书》等文章，能够做到文与质相结合，并有所创新，许多文章文采辞藻华美，风格清新通脱，说理抒情相宜，成为当时的文书佳作。当然，也应当看到，此期间，骈体文的出现，深刻地影响了应用性文书作品的写作，不少著作者在文章中讲究句式整炼，讲究词语对仗，追求形式的完美。这种文体产生并鼎盛于魏晋南北朝，虽然遭到一些执政者和文人的批评反对，但对后世文书作品的发展影响至深，乃至清末具有革命性的太平天国领导人洪仁玕等代表太平天国发布的一篇诏谕训令《戒浮文巧言谕》，也难免有骈体文的痕迹。

隋唐宋时代，特别是唐代与宋朝，是我国古代文学全面发展的时代，也是古代文书繁荣发展的好时代。隋王朝的建立，结束了多年分裂战乱的局面，使中国又归于一统。此时，为适应其政治统治、国家管理与社会生产发展的需要，隋王朝对应用文体文章的撰写提出了非常高的要求。如以李谔的《上隋高祖革文华书》为代表的奏章，能够站在维护统治集团和国家管理的高度，提出从封建法律法规制度上大力改革当时的文风，并由隋文帝颁发诏令，明确地提出"艺文之末品，政事之先务"，要求文书作品应当首先为政事服务的文书学思想主张。因而，这种思想和制度的提出，无论是作为一种执政管理制度，一种最高统治者的意志和要求，还是作为一种文书作品撰写的思想理论，都为唐宋文书作品的发展奠定了思想和理论基础。古代文书作品发展的一个重要的历史阶段是唐朝，它是唐朝社会经济与文化高度发展的一个重要方面，也是这个历史时期国家管理和社会经济发展与文化繁荣的反映。唐太宗出于治国与朝廷管理、社会经济发展的需要，一再晓谕官员对文书奏章和诏令的起草和审核要严肃认真,不得有任何马虎行为,指出,如诏书"不稳便,皆须执论",否则就会酿成"万人之大弊"、"亡国之政"。[17]值得一提的是,韩愈、柳宗元等人倡导的唐代"古文运动",反对六朝以来盛行的骈俪文,提倡秦汉时期流行的散文,虽为复古文化,实为一种文学革新运动,有效地改变了骈俪文体的文风,出现了思想内容深刻、艺术表现力强的文书作品。魏徵的《十渐不克终疏》《谏太宗十思疏》,韩愈的《谏迎佛骨表》、《争臣论》,柳宗元的《驳复仇议》和《封建论》,李白的《与韩荆州书》,骆宾王的《为徐敬业讨武曌檄》,陆贽的《奉天请罢琼林大盈二库状》等等均为唐时的文书佳作。他们能够充分运用文学艺术手段,做到抒情议论相结合,笔意纵横,记事写人状物,形象生动;其语言的精炼、文体的变化、意境的深化、思想的升华,使文章达到出神入化的境界;同时他们又能够做到"文以致用",使文章为国家政务管理、社会发展服务,并尽可能与完美的表现形式相结合,创造出我国文书发展的重要的成熟时期。而宋朝文书作品的发展,仍是唐文发展的继续,欧阳修等人继续举起"古文运动"的大旗,对文章的语言形式、文书体式、直至思想内容,都进行了大胆的革新。这种情况,就如褚斌杰所说的:"更重要的是他们普遍运用文学的构思,语言的修辞,以及谋篇的技巧、音节的顿挫等各种手法,极大地增强了中国古代散文的艺术性,以致使某些传统的应用文、公牍文,也成为文学佳品。"[18]古代文学史上的这些现象,实际上包含应用性文书体文章。其间文书作品名篇林立,作家辈出,如欧阳修的《朋党论》、王安石的《答司马谏议书》、苏轼的《教战守策》、苏辙的《上枢密韩太尉书》、包拯的《乞不用赃吏》、岳飞的《南京上高宗书略》、胡铨的《戊午上高宗封事》等。许多名篇论证气势纵横,说理深刻,思想鲜明,多有新意而不落俗套,显示了春秋纵横家文风,表现出文书作品思想内容丰富深刻,且艺术表现力强的特点。这些文书作品,真实地记录了宋王朝社会生产的发展、经济的繁荣与衰退的过程,反映了统治集团革新与守旧的政治斗争和社会阶级矛盾、民族矛盾的斗争,并能使许多文书作品根植于苦难而动荡的时代土壤之中,如实地反映当时的社会风貌和人民英勇抗击外族入侵的爱国主义精神，形成这个时期文书作品的时代特色，标志着这个时期是文书体式臻于完备而其作品快速发展的鼎盛时代。

元明清时代，文学的发展，主要体现于新兴崛起的戏剧、小说等文体，文书作品的发展，随着中国封建社会的没落，也日近黄昏，与唐宋时期相较，显得逊色。元王朝时期，思想禁锢，散文被当作"文以载道"之工具，整体的诗文创作比较衰落，作为散体文之一的文书作品，逐渐与文学分离，成为纯粹应用性的公文。此时，散文佳作不多，具有较高文学价值的文书作品也不多见。及至明清时代，统治者为维护其政治统治地位，依然致力于思想封闭，而文书写作又不为当权者所注重，出色的文书佳作也就自然地少了。然而，学术研究活动在这个时期还是活跃的，这样对公文写作也就产生了良好的积极的影响，涌现出不少成功之作。如明朝海瑞的《治安疏》、张居正的《陈时政疏》、张煌言的《复郎廷佐书》，清朝洪亮吉的《出关与毕侍郎笺》、康有为的《上清帝第五书》以及太平天国将领洪仁玕的《戒浮文巧言谕》等文书作品，都是这些有识文人和有为官吏，在其公务政务活动中形成的。它们大都是有强烈的思想性，观点鲜明，论述详尽，说理透彻而又具有雄伟的气势，显示出极强的艺术表现力、说服力与感染力的文书作品。特别是秋瑾的《普告同胞檄稿》、章炳麟的《讨满洲檄》等文，不仅写得流畅而有气势，而且更是思想深刻、结构严密、革命性和战斗性强的檄移文书，被鲁迅先生称为"不朽的业绩"。[19] 这些都代表着晚清文书作品的进步方向，是晚清黑暗中的亮光。

辛亥革命一声枪响，1912 年孙中山先生创建的中华民国宣告成立，随之宣告了清王朝的灭亡，也就宣告了几千年封建社会的终结。在这个新的历史时期，文书作品作为古代散文的一种重要应用文体，也曾经作为封建社会时期国家治理的重要工具，以及作为传递整个社会信息，特别是行政信息的媒介，其旧的历史使命也就完成了。但是，文书作品作为人类社会和国家管理的工具与信息传媒形式，在新的时代、新的社会，又被赋予新的历史使命。此时，文书作品必须适应新的统治阶级、新的政治集团、新的国家管理、新的社会生活和经济发展与人类文明进步的新需要，而且必须为之服务。于是，文书作品就自然要能够以其创新的形式、创新的内容为新的国家和新的社会经济发展而服务，并仍然伴随着国家和社会的发展而发展，这是文书作品发生、发展的基本规律。

三、历史的比较与透视——文书作品的鲜明特性

上述可见，古代文书作品的发生和发展伴随中国奴隶社会和封建社会的发展而历经了悠久的进程，在这个悠悠漫长的历史进程中形成和积累了浩瀚丰富的文书作品，而浩浩荡荡、波澜壮阔的历史长河大浪淘沙出宏伟壮观的文书佳作。其重要地位和作用不可忽视，这就是它既是中国古代散文和文学遗产的重要一部分，有其发生和发展的过程，包括文体形式、作品思想内容、表现手法、语言表达与艺术技巧等方面都有相互渗透、相互演变、相互发展的过程，同时，又是一种具有悠久历史的、独立的、发展完善的应用文体。事实表明，任何文种文体，包括文书作品的产生、形成和发展，往往是社会经济发展与国家组织、社会管理、人类生活发展进步的需要，以及人类社会语言不断发展变化，作者创作与撰写经验长期积累的结果，进而形成作者与作品的思想内容、表现形式、艺术手法、作品题材、撰文风格、作品特点的不同。因而，文书作品与整个散文及其文学大家庭成员相较，其自身鲜明的特性是显而易见的。

（一）与生俱来的鲜明的应用性

这是古代文书作品固有的特性和最重要的基本特点。文书作品的产生和发展变化过程，是和当时的社会现实生活、思想政治斗争、阶级斗争、生产活动、经济发展紧密联系的，并且是随着社会的发展而不断发展的。例如，作为我国古代散文的发端——《尚书》，不仅汇编了春秋战国以前历代史官所收藏的政府重要文件和政论性文章，其中大都是古代公文，同时也把与时代相适应的公文程式、公文类型、公文作用都体现出来。其中的《无逸》，反映的是周公归政时，谆

谆告诫周成王，希望他能够治理好周王朝天下；还有《汤誓》、《牧誓》、《费誓》、《甘誓》以及《秦誓》都属于古代誓词文书，是君王在兴师作战、师出有名和讨伐敌人时用来誓告宣诫军旅的文件，类似今天的战争动员令、宣言书；不限于此，《尚书》涉及的内容丰富，范围广泛，还有许多文章记述了古代天文、地理、人物与社会风貌等情况，这都表明古代文书作品自形成之日起，不论是从其内容还是从其形式看，都是为应用于某种需要而产生的一种应用性文章。而且，我们还看到，它的题材的扩大，形式的多样化，种类名称的演变等，乃是人们对社会现实认识的深化和反映各种社会实践活动的一种客观要求。秦并天下，出于其政治统治和国家管理的需要，即对文书进行改革，对文书的名称、格式用法、功能作用等都作了明确的规定，并为汉朝及其后来的历朝历代所沿袭和发展。这又表明，人们的社会实践需要它，产生它，那么就决定了它是一种作为历代统治阶级处理政务、号令天下、治理国家的"经世致用"之文，是应用性的文章。

古代文书作品的应用性，不仅仅表现在它是处理封建政务的工具，人们可以运用它来号令全天下，治国安邦，管理国家，发展社会生产和经济建设，而且还表现在人们把它作为反映社会生活、交流思想、表达意愿、沟通情感、传达社会信息的工具、手段、方式。同时，文书作品的内容大多具有很强的应用性，如有的反映统治阶级有识帝王和封建志士吸引人才、爱惜人才的思想和愿望、作法、措施；有的大胆揭露、弹劾统治阶级内部的丑恶势力、黑暗现实、政治腐败、朝纲不振等现象；有的反映人民的疾苦，寄托对人民的同情哀叹的心情，表达对丑恶现象和黑暗势力的愤慨与不满，表明济世救民的愿望，陈布政见和治国方略；有的是对自然景色的描写，或是抒发封建文人志士的胸臆情趣，或是儿女之情的流露，反映人们对社会的憧憬和描绘，表达人们的崇高理想和对美好未来的向往；有的反映人们的思想政治上的论争，有的执论于朝廷，有的激扬于书简；有的反映人们热爱故乡故土，热爱祖国，热爱生活，在面对外族入侵、家破国亡之时，直书救国救民的大纲与策略，以及不妥协不投降，奋起抵御，不屈不挠坚持斗争的史实。如明朝神宗万历年间的首辅张居正撰写的《答湖广巡抚朱谨吾辞建亭书》，就反映出作者对民众疾苦的关心和对奉承拍马、挥霍百姓钱财的恶习的厌恶。如此种种，文书作品的应用性，在古代文书作品中随处可见。它作为封建国家行政信息的主要部分，可以运用它来"吐纳王命"，治理国家，为封建统治阶级的利益服务，表述社会各种信息，体现国家管理、社会生产活动的经验、教训。其内容涉及教育科举、人才使用、官吏考察选拔与罢免、统治者决策、政务管理、法治管理、经济管理、军事外交、国家监督、治国安邦以及组织机构设置等国家管理的各个方面，对文书、秘书、档案人员和行政人员、各级领导干部与文科师生是极其有用的学习参考材料。

　　显然，那种为文而作文，空洞无味的文章，历来不仅为执政者、有识帝王所不容，而且也为古文论家和优秀的文书作者、散文作家所厌恶。这是因为，文书作品如果不能为人们所应用，即不能为治理国家、处理政务服务，不能表达和反映作者的思想、感情，不能反映国家管理活动、社会现实和人们的社会生活活动情况，那么，文书作品就失去发展的方向和动力，自然也就没有存在的必要了，消亡也就必然随之而来。这种文书作品的应用性，是其他任何文体不能比拟的。

（二）写作者亲身参与的实践性

　　不可否认，作者的思想修养和文学艺术修养的高低是决定古代文书撰写优劣与否的直接因素，但是，作者是否熟悉社会生活，是否熟悉政务和治国管理，是否具有亲自参与国家管理和社会活动的实际经验，则是决定文书作品好坏的重要因素。古时拟制文书作品的作者大都是封建政务官员，他们往往是奉命而作，或是有感于国家管理和社会生活的实际而作。这样，作者对政治生活、政务管理和社会生活是否熟悉，就决定文章所述能否有真知灼见，能否反映社会生活实际，能否有益于朝廷和国家管理、有益于百姓与社会的进步，即能否体现其有用性。对此，刘勰在《文心雕龙·议对》中说："郊祀必洞于礼，戎事必练于兵，田谷先晓于农，断讼务精于律。"这些都说明了文书作品的写作，应当事先熟悉社会生活，熟悉政务，熟悉各行各业的管理,这是首要的环节。刘勰在《文心雕龙·议对》中强调指出:"若不达政体,而舞笔弄文,支离构辞,穿凿会巧;空骋其华,固为事实所摈;设得其理,亦为游辞所埋。"这里提出的文书作品写作思想理论,不仅是对前人文书制作经验的总结,而且作为一种重要的文书理论被后来许多文论家引申到文学理论中去,成为历代文学创作的重要原理。它们都对中国古代文书作品和文学,包括散文的发展产生积极的深远的影响。例如,20世纪40年代毛泽东同志的《在延安文艺座谈会上的讲话》就强调作家要深入生活、深入斗争的实际去体验生活、熟悉生活等思想理论,这些思想理论也为许多文论家所肯定和阐明,这是上述古代文论的继承、创新与发扬。

历史事实表明,由于封建官吏自己亲理朝政,直接从事政务管理工作,大多能够熟悉社会生活,特别是那些有识的封建志士文人、官吏,还能深入民众,体察民间疾苦,掌握获取各种社会信息,客观上能够比较真实地反映社会现实,具有写作文书佳作的实践基础。同时,不可否认的是,几千年的文官制度,造就了许多具有一定才华的封建朝廷大臣和各级地方政务长官,他们自己亲自起草文书作品(没有像现今的领导者那样过多地依靠秘书),就能在文书作品中充分地表现"自我",抒发自己的感情、理想、思想、政见。例如以其才华学识为汉武帝所重用的司马迁、司马相如,就在朝廷从事文书撰制、档案管理等工作,晋朝明帝时温峤因其文章清越而被选拔进中书省任职,他们撰写出的文书作品犹如活生生的人,有血有肉有灵魂;唐代的柳宗元、韩愈、骆宾王、陆贽和宋代的欧阳修、王安石、苏轼等等,乃至清朝的洪仁玕、章炳麟等人的文书佳作的出现,是与作者及其作品能够根植于社会实践的土壤之中分不开的。作者离开了社会实践和生活实践,是不可能写出能够历经千百年历史长河的淘汰而流传千古的文书佳作的。他们可能由于处境有区别,官职有大小,地位有高低,生活时代有差异,其思想观点和阶级立场也不尽相同,但是他们多数对各自的政务管理和政治斗争、社会生活是能够熟悉的,而且大都是才华出众的文人,因而在政治与国家管理上能有好的政绩,在文书作品撰写方面能出许多优秀的作品。就如有的学者所说："我国古代是'政文合一',因此历史上一些政治家留下了不少宣扬优秀道德品质的名篇,如范仲淹的《岳阳楼记》等;同时许多运筹帷幄和血战疆场的英雄人物,也写下了无数激动人心的杰作,如诸葛亮的前后《出师表》、岳飞的《满江红》等。道德文章,历代传诵。他们的影响,已远越文学的范畴,进一步渗透到我国人民生活的各个方面。"[20]这是古代文书发展有别于一般散文或其他文学样式的重要特点。显然,实践性是文书作品得以发展和繁荣的重要原因,亦是文书作品的重要特征。

(三)不可否认的强烈的艺术感染力与互动性

文书作品随着社会发展的需要而不断发展,也就是说,应用性是文书作品可持续发展的最基本动因;文书作品又是随着语言文字的发展而不断完善成熟的,优美的语言文字为文书作品实现其最大功效提供了条件,因而它又是一种语言的艺术,有着不可否认的强烈的文学艺术感染力。这是文书作品发展的内在的互动的联系。

首先,文书作品既是古代散文的发端,同时又是古代散文的一种重要文体,这就决定了自从它的产生形成、发展之初就伴随着文学的发展而发展,其中与散文的发展联系更为紧密。我国最早的档案文件汇编当属《尚书》,书中的誓词、诏令、诰言、训诫之辞和政事语录等,是殷商、周朝统治者的官方文告等文书作品,但是已经具有古代散文的艺术表现技巧、方法和形式。其中有些篇章已经注意运用形象比喻来说明道理,如《尚书·梓林》把如何治理国家比喻为盖屋造房,《尚书·盘庚》把不听告诫比喻为渡河不坐好船而坐待船的朽烂之危险,这种抽象道理,在诰命与劝诫文章中是不少的,使人产生艺术感染力;有的篇章是记述周公告诫的训话,给人如闻其声、如见其人的感觉,这种写法,类似今天的会议记录、谈话记录文件,具有很强的真实感和时代感。又如《尚书·秦誓》不仅全篇充满生活哲理,能够责己诫人,思想内容深刻,而且语言恳切,文辞生动,感情真诚;而《顾命》则记叙周康王即位一事,文章写得井井有条,言简意明,各种人物,当时的气氛,以及各种东西的摆设等跃然纸上,所有这些,无疑具有初步的文学性,无论是在思想内容还是在写作方法上,显然是开启了《左传》《国语》等散文的先河,不仅对后世散文的写事记物有着深刻的影响,也为后世的散文和文书作品的发展奠定了坚实的基础。

其次,文书作品与文学散文发展的互动性,是人们对社会发展的理性化认识的一种结果。为使文书作品能够为人们所应用,并且能够应用得好一些,这就要讲究文书作品的文学艺术性,因而,文书作品的应用性是其文学艺术性的催化剂,是一种社会客观需要和文书作品自身发展的必然要求,它体现了一种特定时代的理性认识。春秋战国时期的"百花齐放、百家争鸣",促使散文得以快速发展。此时的思想家、政治家、君王和官吏,为充分表达其思想观点、各种政见,十分讲究文书作品的艺术表现手法,讲求言事说理与语言表达的有机结合,讲求语言技巧、逻辑修辞、谋篇构思的巧妙运用,讲求内容思想美与形式艺术美的完美统一,于是,就促使文书作品具有浓厚的文学色彩和较高的文学价值。

与此同时,许多古文论著和文章,对公务文书的撰写方法与语言艺术都有着严格的要求,例如刘勰在《文心雕龙·诏策》中说:"故授官选贤,则义炳重离之辉;优文封策,则气含风雨之润;敕戒恒诰,则笔吐星汉之华;治戎燮伐,则声有洊雷之威;眚灾肆赦,则文有春露之滋;明罚敕法,则辞有秋霜之烈。此诏策之大略也。"这种具有共同性的理性诉求,表明古代文论家在划分文学和非文学的界限和标准时虽不是很明确,有一定的时代局限性,但其观点却是那个时代的一种理性认识。因为事实表明,讲究文书作品的表现方法和语言技巧,对于表达统治者的意图,对于处理政务,都具有很好的作用,即能够加强文书作品的号召力、说服力和感染力。这些理论不仅为历代有识帝王和封建文人所接受,而且为许多散文和文书大师所大力提倡,并能够身体力行,努力实践。例如司马迁在汉武帝刘彻时期担任太史令,兼管朝廷图书和文书、档案典籍,他所撰写的《史记》语言生动、流畅通俗,能广闻博见,熟知当时口语并加以消化创新,生动地刻画了各种人物并叙述史实。他这种对语言技巧的提炼、整理,在《报任安书》等文书函件中,比比皆是。又如韩愈是唐代的古文大师,他大力提倡古文,极力反对骈体文,注意吸取和提炼前人富有生命力的书面语言,增强当时的书面语言表达能力,并能够形成具有自己特色的语言艺术,反映到韩愈的许多文书奏章和书信体文书中,就是语言流畅,平易明白,富于表现力。汉朝的贾谊、晁错,唐宋时期的陆贽、李白、柳宗元和欧阳修、苏轼等,他们不仅是杰出的散文大师,而且也是优秀的文书写作者。他们非常注意在文书作品的语言艺术、表现手法等方面下功夫,既善于总结继承前代的书面语言,又善于提炼、吸取当代的口语,增强文书作品的艺术感染力。蓬勃发展的唐宋代散文,展现了封建社会时期散文发展的高峰。总之,文书作品是散文发展的源头,而散文的发展,特别是它的语言成就,又反过来大大地丰富和加强了文书作品的表达能力和语言艺术感染力,使其效用得到充分的发挥。这种文书作品与散文的互动性,是一种积极的相互作用的辩证关系,也是文书作品发展的基本规律。

(四)文书撰写、收受、阅办的具体性与确定性

文书作品与一般散文相较,往往不具备普遍意义的广泛性,这是因为从它的撰写目的、用途来看,它在成文之时,首先就具有它的特定范围与对象。也就是说,文书作品的拟制,乃至颁发或呈报等,是为特定的对象办理的,这就是它的具体性和确定性。文书作品依据不同的阅读者与使用对象,使用的语言要有所不同,措辞也要有所区别,表达方式和态度就需要得体恰当。同时,文书作品名称、行文关系、格式的选择等,都要因之而异,有所不同。在奴隶制国家和封建社会中,等级森严,贵贱尊卑、亲疏远近之间,界限十分分明,不能有丝毫的混淆,特别是,其中所要体现的封建君王思想观念是十分清楚明显的。例如文书的种类名称,在秦汉时就有明确的规定,如皇帝颁布下发的公文有策书、戒书、制书、诏书等四种名称,这些都属于下行公文,所下发的读者也是特定的;而由臣子呈奏皇帝或是上一级官员的公文则有章、表、奏、驳议等名称,它们则属于上行公文,所呈送的

也是特定读者对象(如上一级的长官或是君王)。特别是那些机要文书奏章,如宋朝王安石的《本朝百年无事札子》、胡铨的《戊午上高宗封事》等文章,在当时是保密性强的公务文书,更是有特定的阅办对象。这些不同的种类和名称,始由秦并天下,统一中国而建立了第一个封建帝国之时,作了明确规定,而汉朝则承袭秦制,此后的历朝历代有所发展。在这期间,无论社会时代如何不同,人的地位不同,身份的尊卑贵贱,严格的封建等级观念,在文书作品中均体现得十分明显。面对某些对象,其语气用词就必然要显示出庄重和谦恭,在公文的篇首称"某年某月某日某官敢言之"或"某年某月某日某官擅叩头死罪敢言之"、"臣窃言",末称"某官敢言之"或"叩头死罪"或"惶恐叩头死罪敢言之"等等[21]。这也反映出封建社会中下级必须崇敬上级,臣下必须崇敬君王的等级关系。在平行公文或是平辈朋友之间则可用平和平等、宽舒容缓之语气;在敌对关系之间,其遣词造句或是无情地揭露、痛责、批驳对方,或是尽情给予讽刺挖苦、鞭挞;而在下属关系之间,则可能是语气严肃,甚至严厉万分。这些就要看不同的对象而言。即使是皇帝颁布的诏策文书,可能因为阅读执行的对象不同,其文字和措辞也有所不同。就如刘勰所说:"故授官选贤,则义炳重离之辉;优文封策,则气含风雨之润;敕戒恒诰,则笔吐星汉之华;治戎燮伐,则声有洊雷之威;眚灾肆赦,则文有春露之滋;明罚敕法,则辞有秋霜之烈。"[22]可见,哪怕是在同一种文书体中,阅读使用对象、用意与用途不同,就必须使用不同的语言措辞,不同的写作方法,不同的表现形式,如此也就发挥了不同的效用。这种对文书作品所表现的具体性和确定性要求,也产生了各种不同风格特征的作者,各类体式的公文,以及各个篇章的语言特点与独特的表达个性。例如汉朝班昭《为兄上书》、唐朝李白《与韩荆州书》、宋朝包拯《弹劾张尧佐》、明朝海瑞《治安疏》等,不同的作者,不同的文章,其表达的方式、语言风格等等,都有不同的鲜明的性格特征。

　　文书作品的确定性,很重要的方面就表现在它具有针对性强的特点。例如许多文书作品被看作书信体文章,往往"它的目的明确,写信都有一定的目的,或请求,或答复,或商讨,或批驳,或互通消息,都是为了解决具体问题,因此书信中较少空对空的泛泛议论,而是有为而发,言之有物。它对象明确,写信都有特定的对象,对上,对下,对一般朋友,远近亲疏,尊卑贵贱,各不相同。写信时都要根据不同的对象立意措词,布局谋篇,叙事抒情。一言一词都必须恰和身份,达到立言得体"。[23]而在一些上传下达的公务信件中,文章的针对性更是强烈,如李斯的《谏逐客书》、司马迁的《报任安书》、班昭的《为兄上书》、王安石的《答司马谏议书》、丘迟的《与陈伯之书》等,实际上都是针对某一方面、某一件事情、某一个问题而作的奏、疏、章、表,或称之为报告函件。也就是说,它是围绕着某一个特定问题、事件而作的文章,因而就很自然具有针对性强的特点,这也符合古代文书作品及其体式发生发展变化的历史。就如文学界所认可的那样,"书信在古代有着许多不同的称谓,如有的称尺素、书简、书札等,有的又叫做章、表、疏、奏以及诏、令、谕等,名目繁多,不一而足。其实这些不同名称,前者是由书写工具而得名,因为古人的信是写在一尺长的帛、竹片和薄木板上的,所以叫尺素、书简、书札;后者则是封建社会尊卑关系的体现而已。这种等级关系,原来在书信上表现不明显,'战国以前,君臣同书',到了秦汉以后才越来越严格。不仅臣写给君的叫章、表、书、奏,君写给臣的叫诏、诰、令、谕,甚至连写信活动也下对上称'上书'、上对下称'赐书'了"。[24]这里所指的"书信",实际上就包括了公文体的文书作品,即公务文书,同时也包括了私务文书。因而,不论是从文书作品所反映的内容来说,还是从文书作品的体式、文种来看,文书作品的针对性是不言而喻的,也是无可置疑的。

总之,古代文书作品的具体性和确定性,不仅要求对文书的名称形式、撰写和格式、行文和收受、阅办,以至遣词造句等等,都要按照已有明确的规定来撰制,而且要求必须按照统一的标准与格式进行,即使会因其性质、任务和对象的异同而有所差异,但是在总体框架下,应当符合和体现其具体性和确定性。与其他散文相较,这种特点是十分鲜明的,而其他散文一般是不可能具有如此的具体性和确定性的。

(五)反映社会生活与记录历史的真实性和文书体式的多样性

古代文书的种类体式,随着社会的发展而不断发展变化,并日趋完善。秦代以前没有专门的文种名称,统称为书,通常用文书载体的名称来区别。春秋战国时期文书即按其使用目的称为刑书、盟书或载书、命书、语书等。秦汉时代则制定了按不同文件责任者的身份等级和行文目的使用文书专用名称的规定,使文书区分为许多不同的种类和体式,或称文种。此后的隋、唐、宋、元、明、清各代也都有新的规定,从政治制度上形成了文书体式的多样性。另外,从国家管理与社会需要的客观因素看,不同的时代,不同的社会生活,不同的人群,具有不同的需求,根据这种不同的应用需要而产生与之相适应的文书体式、种类就呈现多样性,如诏令、文告、章表、奏议、弹劾、檄移、策对、铭箴、盟誓、记录、行状、书牍信函、祭文等等。它们经历了这样的一个过程,即从无到有,从简到繁,从不完备到逐渐完备,甚至互相演化,日趋完善。如就题材而论,既有历史事件、政治斗争事件、军事斗争、治国安邦、人才管理、国计民生、行政事务,又有日常生活琐事、所见所闻等,作者运用文书作品能够真实地把自己的生活感受、政见主张、治国之道、爱民之心、人生理想等充分表达、抒发出来。而就文书作品的表现手法和风格而言,也是风格和表现手法各异,有的以叙事、说理、议论而见长,说服力、感染力强烈;有的以抒情而见长,善于表达理想、情趣;有的结构严谨,逻辑性强,气势宏伟;有的语言平易流畅,运用自如,或是辞藻华丽、优美等等。就如徐望之所说的那样:"历代奏疏稿牍,不乏专书。更为后世所推崇者,如汉之贾谊,唐之陆贽,宋之苏轼;则又超前绝后。盖长沙明于利害,宣公明于义理,文忠明于人情。论是非,则持其平;讲制度,则求其当。达闾阎之隐状;显军中之密谋。"[25]历史的事实正是这样,文书作品作为一种应用性文体,其题材、形式和风格具有多样性的特点,伴随着历朝历代执政者、朝廷管理和社会发展的多重性需要,能够与之相适应,始终处于一个不断发展变化的过程之中,一代胜于一代,日趋成熟,在中国文化的百花园中争奇斗艳,竞相开放,尽吐芬芳,绚丽多彩。

还应该指出,我国奴隶制、封建制社会生活是复杂多样的,而作为反映社会生活的各个方面的文书作品,是历代朝廷和国家管理信息的记载和反映,是社会各种实践活动历史的真实记录,这就是文书作品区别于其他文学样式的真实性之所在。就如徐望之先生所说:"人类有政治之组织,即有法令。有文字之法令,即有公牍。是以我国数千年政教制度之变迁,民生社会之状况,留之于卷牍中者,比诸史家传记,实较真确。"[26]古代文书产生和发展来自于人类社会及其组织活动,且记录和反映人类社会的发生、发展与变化的全过程。诚然,任何文学艺术,都是那个时代的人类社会活动和社会意识形态的产物,而文书作品更是这样,是该时代人们的社会活动的一种历史记录,它是如此真实地记录、反映了那个时代所发生的人和事,反映了当时社会的现状、风貌,社会的变迁与沿革,以及那个时代的思想和精神。例如唐朝陆贽的《奉天请罢琼林大盈二库状》作为一篇十分出色的状文,记录和反映了唐朝建中四年(783年),在兵变叛乱的特殊年代中,唐王朝如何处置大储和小储的关系,说明统治者为达到长治久安的目的,不能只顾眼前利益的思想和史实。又如宋朝岳飞的《南京上高宗书略》、胡铨的《戊午上高宗封事》,讲述的是岳飞、胡铨等爱国人士如何坚持抗金,反对投降卖国的历史事件和爱国精神。而就古代文书的整体来说,它又是如此真实地记录、反映了中国数千年社会历史和各个历史朝代国家的产生、发展与变化的过程,成为记录和反映中国悠久历史发展变化的真实的、第一手的信息记录材料,因而相较于任何文学艺术、"史家传记",都更具真实性和原始性,是中华民族优秀历史文化的结晶。对此,徐望之指出:"盖公牍之中,有品,有学,有识,有文。鲠直端方,唯民是重,唯法是从,侃侃与长官争是非,辨曲直者,其品尚也。综析繁复,洞察几微,而又随时虚怀考究,好问慎思者,其学长也。在利害未形之时,处危疑震撼之际,不顾讥弹指摘,而勇以赴之,以底于成者,其识达也。指事类情,轩豁呈露,持理属词,不随不激,辞多而不费,言简而不略者,其文胜也。"[27]显然,古代文书作品中所记录和反映的中国优秀历史文化精髓——"品"、"学"、"识"、"文",都是很值得我们认真研究、学习和借鉴的,这是一点都不为过的。

徐望之在《公牍通论》中说:"《尚书·典谟训诰》,后世公牍之权舆。《周礼》宰夫,掌百官府之征令,辨其八职。亦曰史掌官书以赞治。是为治牍之专职。自古迄今,导扬民气,敷布政令;胥赖此公牍为枢纽也。其重要又乌可量?"[28]古代文书,伴随着奴隶制、封建制国家的产生和发展,是一种时代和社会活动的产物,并对一个时代和社会的发展发挥了应有作用。历史的车轮把我们带到现今的新社会、新时代,在我们国家新的政治制度和相应的国家体制下,文书的形式、名称和种类、用途等等,也有了本质性的新变化,即新的文书形式、新的名称和新的种类逐步替代原有的形式、名称、种类。然而,古代文书作品作为中国社会历史和人类的各种社会实践活动的原始性记录材料,是其他任何文学样式无法取代的;它如实地记录和反映历朝历代更替、演变发展的历史进程,反映人类的各种社会活动情况的真实性,也是其他任何文学种类无可比拟,无法否认的。

四、短小精悍——古代文书"小品"的重要特色

古代文书作品中不乏世人称之为"小品"的文章,即文书中的"小品文",这是因其篇幅相对短小而言的。"小品"一词,按旧《辞海》解释:始见于公元4世纪后,佛教经典中有详略不同者,详者为大品,略者为小品。在南朝宋人刘义庆《世说新语》中多见此词。后人因之称某种短小的文章作品为"小品文"。新版《辞海》称小品文为散文的一种,其"特点是深入浅出,夹叙夹议地讲些道理,或简明生动地叙述一件事情"。[29]可见,小品文并无一定之体,难以界定其体裁,只要是形式短小,即可视为小品文。因此,除诗词以外的各种体裁的文章,都有一定数量的小品文,其中也就包括古代文书作品。它们的特点不仅是题材广泛、内容丰富,而且短小精悍,叙事简洁,议论深刻,语言精炼,形象生动,成为集思想性和艺术性于一体之精品。如清代王符

曾的《古文小品咀华》所言：“作家聚精会神，全在起伏转接处，扼要争奇，长篇短幅，其揆一也。譬之崇山峻岭，固多嵌奇瑰伟之观，即米公袖中石，亦必层峦耸翠，剔透玲珑，方令人心醉耳。”[30]显然，“短小精悍”，就很自然地构成“文书小品”的重要特色。

对于文章的写作，不论是何种体裁，往往是“长篇患懈散，短篇患局促”。古代文书小品的写作，毫无疑问，更应当是“集中所载，虽寥寥短幅，而规模阔大，局陈宽展，如尺水兴波，亦复汪洋无际，是能以少许胜人多多许者”[31]。文书小品的产生发展，以及之所以能够拥有旺盛的生命力，首先就是因为其篇幅的“短小”，其次是饱含丰富的艺术内涵。它虽然只有一个小小空间，但是经作者巧妙构思，合理布局，亦能深厚雄博，义明情密，思想内容丰富而又深刻，如刘邦的《高帝求贤诏》和先秦的《尚书·甘誓》、《六韬·国务》等。秦汉至魏晋南北朝时期及其之后的文书小品，其中有许多是治国安邦、进谏献策，以及议对、辩驳和讽刺等内容的政论性文书小品，在表达方式上，作者大都根据篇幅短小的特点作了精心处理。它们有的逐层推进，步步深入，入之愈深，其见愈奇；有的或先作铺垫，结处点睛，或开篇揭旨，前呼后应；有的或以对比衬托，或用比喻讽刺，成为发扬光明，与黑暗抗争的武器，具有很强的战斗性。正如鲁迅先生指出，它犹如“匕首，是投枪，能和读者一同杀出一条生存的血路的东西；但自然，它也能给人愉快和休息，然而这并不是‘小摆设’，更不是抚慰和麻痹，它给人的愉快和休息是休养，是劳作和战斗前的准备”[32]。这就充分证明，文书小品虽“短小”，却是很“精悍”，能够“文以致用”，为著作者所应用，为特定的个人和集团所利用，特别是能够为统治阶级服务。

显然，为文当有主旨，否则就没有灵魂。古代文书中的许多短篇小品，即使不足百字，甚至短至二三十字，作者的态度、思想、感情也同样鲜明地体现在其中，正所谓婉而成章，如刘禹锡的《陋室铭》、李世民的《为官择人》等文章，饱含着深刻而丰富的思想内容，以及作者的情感、治国的经验与思想理念。有些文章竟至可以用一两字概括全文，如《国语·叔向贺贫》、苏轼的《喜雨亭记》、方孝孺的《里社祈晴文》，一个"贺"字、一个"喜"字、一个"祈"字，即为作者阐述的核心。由此可见，煌煌巨篇，能抒写波澜壮阔的历史，而咫尺画幅，亦可描绘千里江山。此中关键即在于作者对事物的认识，如何因浅见深，穷极精奥，发前人所未发。范仲淹《岳阳楼记》展现的是作者博大的胸怀和那种"先天下之忧而忧，后天下之乐而乐"的高尚情操和进步的人生观；司空图《铭秦坑》是对一代王朝覆灭的绝妙解说；魏徵、诸葛亮、文天祥、岳飞等人的文中体现的是一身正气、满腔赤诚、精忠报国。即使是寻常事物，由于作者特别的角度、特有的感受，亦可托物言志，小题大做，语少而意密，给人以启示，如陶渊明《五柳先生传》、屈原《卜居》、刘彻《武帝求茂才异等诏》、司马相如《上书谏猎》、岳飞《南京上高宗书略》等，都做到文简意深，体现了深刻的鲜明的思想内容，不仅成为古代文书作品中的精品，也是古代散文之佳作，为历代世人所传诵。

不可否认，文书小品的成功之处，还在于语言的巧妙运用。它在抒发思想情感、发表政见、描绘景物、记述事件时，不仅要求有极其精炼、简洁的语言，而且也十分讲究语言的优美华丽，如群葩竞艳，多姿多彩，因为字精句严，方能辞达意尽。如《国语·召公谏厉王弭谤》、《礼记·大学·修身齐家治国平天下》、范雎《献秦昭王书》、刘邦《高帝求贤诏》、包拯《乞不用赃吏》等许多优秀的文书小品文中，叙事则形容尽致而又不枝不蔓，言情论辩则推阐甚精，或豪迈激越，气盛语壮，或沉郁顿挫，委婉幽默。无论是抑是扬，均淋漓尽致，笔力简而健。清新精美而富有创造力的语言，自然给这些短文注入了极强的生命力。

五、古代文书的继承、创新和发展

综上所述，几千年来古人不仅为我们留下了丰富的文书作品，同时也为我们留下了文书作品创作的宝贵思想、理论和方法，留下了优良的文化传统，留下了弥足珍贵的行政管理、治国安邦、发展民生经济、促进社会进步的宝贵经验。其中有许多封建有识志士文人、进步的政治家、朝廷与地方官吏能够在一定程度上同情人民，了解体谅百姓的疾苦，能够在一定程度上揭露当时的社会丑恶现象，因而在其文书作品中则能够比较客观地反映社会现实，反映人类的追求进步，这些文书作品所体现的积极思想意义和社会进步意义是客观存在的。现今的新时代新社会，我们一般不使用古文来撰制文书作品和其他应用文体的文章，对古代文书作品的名称、种类、内容与形式，也不会不加分析地全盘接受和利用。因为古代文书作品作为当时政治斗争和国家管理、治国治民的工具，是那个特定时代的产物，是理所当然地要为所处时代的朝廷国家、政治集团及其所属阶级利益服务的，也就不可避免地要带有历史和时代的局限性，并表现出鲜明的时代性和阶级性。那么，我们研究古代文书的重要任务之一，就是要科学地总结文书作品的写作经验，从思想内容到艺术表现形式，客观地批判继承其中有用的部分，认真地鉴别其精华和糟粕，吸取消化其合理的内核。正如毛泽东同志所说的："清理古代文化的发展过程，别除其封建性的糟粕，吸收其民主性的精华，是发展民族新文化提高民族自信心的必要条件；但是决不能无批判地兼收并蓄。必须将古代封建统治阶级的一切腐朽的东西和古代优秀的人民文化即多少带有民主性和革命性的东西区别开来。"[33]这是我们在学习古代文书作品时应当采取的正确态度。

古代文书发展的史实证明，历经数千年中国历史长河的洗礼，古代文书作品不仅没有被历史长河中滔滔向前、汹涌壮阔的波涛所淘汰、淹没，而且作为中国优秀历史文化之一，具有很强的生命力。它是我们研究中国历史的第一手资料，是人类社会活动的一种原始性信息，从中我们可以客观地窥见人类历史的一个比较真实的演变过程，能够翔实地系统地探究中国奴隶社会和封建社会连绵几千年发展的历史轨迹，总结与发掘其治国安邦、社会发展之教训和经验，感受文书作品中鲜活的思想内容及其所包含的人民性和民主性，继承、发扬光大中华民族优秀的思想文化。同时，古代文书作品是许多杰出的文书作者多年的心血结晶，是一种文化艺术的精品。如汉朝贾谊《治安策》、司马迁《报任安书》，隋朝祖君彦《为李密檄洛州文》，唐朝李白《与韩荆州书》，宋朝欧阳修《朋党论》，明朝张煌言《复郎廷佐书》，清朝洪亮吉《出关与毕侍郎笺》等等，都是出色的文书作品和文学名篇。从中我们可以比较系统地学习借鉴古代文书、秘书和档案管理等的思想理论与方法，以及古代文书的基本知识，也可以具体领略到古代公文的写作技巧和艺术表现手法，为撰写高质量的现代文书提供有益的借鉴经验和学习方法。这正如毛泽东同志指出的："有这个借鉴和没有这个借鉴是不同的，这里有文野之分，粗细之分，高低之分，快慢之分，所以我们决不可拒绝继承和借鉴古人和外国人，哪怕是封建阶级和资产阶级的东西。"[34]古代文书作品精湛的艺术表现方法和语言技巧，正是我们今天撰写好的公文，包括其他应用文体文章所必须借鉴和继承的。

孔子说："言之无文，行而不远。"从春秋战国以来，行文措辞，史官记事，哲人立论，都很注意文采，这在古代文书作品撰写中是一个好的传统。在国家经济高速发展和构建和谐社会的新时代，特别是在信息时代，思想性强和艺术性高的公文，对于治国安邦，上情下达和下情上传，指挥和管理各种社会与国家行政事务，优化行政效率，又好又快地发展社会经济，又好又快地推进人类文明建设的进程，是至关重要的。我们不仅要努力继承祖国优秀的文化遗产，运用科学发展观的思想理论方法，有批判、有分析、有鉴别地继承和发扬古代文书作品之精华，而且应当有所创新，有所成就，不断努力促进现代文书学、秘书学、档案学、行政学的科学发展，促进国家公务人员文化水准和执政能力的提升，促进国家管理和社会的科学发展与文明进步。

翁勇青

2009 年 10 月于厦门大学白城

注释

〔1〕、〔3〕、〔4〕、〔7〕、〔11〕、〔13〕、〔15〕、〔18〕褚斌杰：《中国古代文体概论》，北京大学出版社 1984 年版，第 1 页、第 4 页、第 5 页、第 2 页、第 14 页。

〔2〕孙育华 张雪静：《历代抒情散文精选》，山西古籍出版社 1995 年版，第 1 页。

〔5〕、〔23〕朱靖华 麻守中：《历代书信选》，中国青年出版社 1990 年版，第 2 页、第 5 页。

〔6〕、〔24〕闵振贵：《历代书信体散文译释》，黑龙江人民出版社 1983 年版，第 5 页。

〔8〕斯大林：《马克思主义与语言学问题》，人民出版社 1953 年版，第 24 页。人民出版社 1978 年版。

〔9〕范文澜：《中国通史》（第一册），人民出版社 1978 年版，第 53 页。

〔10〕、〔12〕、〔16〕、〔21〕潘嘉主编：《文书学纲要》，档案出版社出版 1989 年版，第 5 页、第 6 页、第 15 页、第 18 页。

〔14〕〔清〕章学诚：《文史通义·诗教上》

〔17〕〔唐〕吴兢：《贞观政要》卷一，贞观元年，三年。

〔19〕鲁迅：《且介亭杂文末集·关于太炎先生二三事》。

〔20〕徐中玉主编：《大学语文》，华东师范大学出版社 1983 年版，第 3 页。

〔22〕〔南朝梁〕刘勰：《文心雕龙·诏策》。

〔25〕、〔26〕、〔27〕、〔28〕徐望之：《公牍通论》，档案出版社 1988 年版，第 1 页、第 2 页。

〔29〕《辞海》（文学分册），上海辞书出版社 1979 年版，第 19 页。

〔30〕、〔31〕〔清〕王符曾：《古文小品咀华》，书目文献出版社 1983 年版，第 1 页。

〔32〕鲁迅：《小品文的危机》，《南腔北调集》，人民文学出版社 1973 年版，第 136 页。

〔33〕《毛泽东选集》（第二卷），人民出版社 1952 年版，第 679 页。

〔34〕《毛泽东选集》（第三卷），人民出版社 1952 年版，第 882 页。

前　　言

　　在中国古典文学中，有一类作品实际上是古代的应用文，即古代文书，从先秦《尚书》开始至清代，历经数千年，与整个社会的发展息息相关，它涉及中国古代社会的政治、经济、文化、教育、法律、道德、国家行政管理、国计民生和社会发展等方面，是中国历史发展的真实记录材料，比较客观地反映了数千年中国社会发展和各个朝代更替演变的历史进程。

　　古代文书与现代应用文相比，有其独特的价值。从内容看，它包罗万象，从各个侧面反映了不同时代的社会情况，能够记录各个历史朝代与社会变迁的真实面貌；从写作方法看，无论是篇章布局还是遣词造句，以及各种文体艺术表现手法的运用，都显示出著作者非同一般的文学造诣。为此，许多文书作品能够深深打动读者，也就达到了著作者的目的，起到文书作品，包括公务文书与私务文书的应有作用，而于后世却被看作优秀的文学佳作名篇，为历代人们所传颂阅读。实际上，从文书学与档案学、行政管理学的视角看待、学习和研究古代文书作品，不仅对于古典文学、古典文论、应用写作、逻辑学、文书学、档案学、行政管理学、法学等课程的学习有极大的帮助，而且对于学习了解中国历史与社会的发展、学习借鉴国家管理知识与经验、使国家繁荣与强盛、发展社会经济、富裕民生等都具有重要的现实意义。

　　本书所选作品共60篇，从先秦至清代，包括诏、令、章、表、奏、疏、议、状、铭、记、誓、盟、檄、移、祭、卜、告示、策对、书信等不同文体的古代文书，按年代排列。每篇文章先列正文，再作注释与翻译，然后介绍说明作者与文体、文章写作背景、主要内容与评述、写作方法与文章特色。注释中说清词义与用法，翻译尽可能用直译，便于读者理解原文的表达方式；对于文章思想内容与艺术特色，尽可能予以客观的实事求是的评价分析，恰如其分地品味、总结其可供学习借鉴之处，吸取古代文书之精华，继承和弘扬中国古代历史文化。总之，本书力求从文秘、档案学、国家与法治管理视角对中国古代文书作详尽的解读、分析、评述和研究，以求古为今用，促进现代文书学、秘书学与档案学、行政学的发展，促进国家管理的完善与科学化，促进和谐社会的发展繁荣与进步。本书可作为中文、历史、文秘、法律、行政管理、档案学等专业的学习参考资料，也可以作为海外留学生学习汉语和历史文化的学习参考材料。为了提高学习者阅读古籍的能力，我们在作品中还保留了部分的异体字，请读者注意。

本书在注释过程中，有些篇目适当参考了一些以往和现有的注本和文选本，有剔有取，为求注释简明起见，文中未另注明。特此说明，一并致谢。

作　者

2012 年 10 月于厦门大学

目 录

尚书·甘誓

大战于甘,乃召六卿。[1]

王曰:"嗟! 六事之人,[2]予誓告汝:有扈氏,威侮五行,怠弃三正。[3]天用剿绝其命。今予惟恭行天之罚。[4]左不攻于左,汝不恭命。右不攻于右,汝不恭命。御非其马之正,[5]汝不恭命。用命,赏于祖,[6]弗用命,戮于社。[7]予则孥戮汝。[8]

注释

[1]六卿:郑玄注:"六卿者,六军之将。"[2]六事之人:谓六卿及所率领之部下。[3]威:王引之《经义述闻》疑为威,蔑的假借。五行:据曾运乾注:"古以金、木、水、火、土,配仁义礼智信,是五行即五常。"怠弃:指不奉。三正:即建子,建丑,建寅。夏代以农历正月一日为一年之始(建寅),殷代以农历十二月为正月(建丑),周代以农历十一月为正月(建子)。怠弃三正:意即不奉正朔大典(一年的第一个月为正,一月的第一天为朔,正朔即正月初一)。[4]恭行:奉行。[5]御:驾。正:此指得当。[6]用:听从。祖:祖庙神主。[7]社:社神。[8]孥(nú)戮汝:一种理解是孥汝(使汝为孥),戮汝(颜师古注),另一种理解是,连儿子一起惩罚。此取前说。

译文

在甘地将要进行一场大战,于是召集六军之将。

王说:"啊,六军将士们,我向你们发布如下命令:有扈氏轻侮五常,不奉正朔,上天要断绝他的国运。现在我奉行天意惩罚他。战斗时，如果左边的兵士不能打败左边的敌人，就是没有完成使命；右边的兵士没有打败右边的敌人，也是没有完成使命；驾车的兵士驾驭不得当，同样是没有完成使命。服从命令的，我要在祖庙神主前奖赏他；不服从的，我要在社神前惩罚他，或是使之为奴，或是诛杀他。"

品析

《尚书》，也称《书经》。早在秦汉以前，凡公文及函札皆称曰"书"。《尚书》诸篇，大部分是古代之公文，故先秦称它为"书"。而《尚书》其名，始于汉初，因为是上古之书，以后历代沿称《尚书》。其中所记大多是当时君王与执政者有关政治和国家管理、战争讨伐等的一些言论和史事，有的出于当时史官的记录，有的是后人依据史料或追忆记录的材料，类似今天的会议记录、会议纪要性的文字材料。因此，不少学者认为，"《尚书》者，意谓古代公文也"。学界不少人认为《尚书》部分内容作于战国以后，秦汉之前，实际上，从文秘、档案学视角看，《尚书》就是上古时期流传下来的古代文书材料，比较客观地记录和反映了上古时期国家和社会发展演变的过程，因而，成为我国最早的一部上古档案文献汇编，是中华民族一份珍贵的历史文化遗产。同时，《尚书》在中国数千年的历史进程中，又始终被人们看作是中国古老的优秀散文，具有很强的文学性，是一部重要的文学遗产。

相传古时的《尚书》约有 3000 余篇，至孔子时删定为百篇，后经秦始皇焚书，仅存由伏生所传《尚书》28 篇，（也称 29 篇，其中"顾命"与"康王之诰"合为一篇，故为 28 篇）。

《甘誓》，是《尚书》中《虞夏书》的一篇。在上古时期，由于原始社会的瓦解和奴隶社会的兴起，长期的战争就形成了许多军用文书。誓，即是誓言，宣誓、训诫、誓众之词，是一种有约束性和有决断意义的言辞，即是当时奴隶主阶级在兴师作战，讨伐敌人时告誓训诫部队的誓师之辞，为古代军用文书之一。刘勰《文心雕龙·檄移》说："誓以训戎"，"昔有虞始戒于国，夏后初誓于军，殷誓军门之外，周将交刃而誓之。故知帝世戒兵，三王誓师宣训我众"。《尚书》中的《汤誓》、

《牧誓》、《费誓》、《秦誓》，以及本篇都是属于古代誓词文书，也是古代文体之一种。它是君王在兴师作战，讨伐敌人时用来誓告宣诚军旅的文件，类似今天的战争动员令、宣言书。当然，誓也有告诫的成分，和诰命文件有类似的作用。诰命文件主要是用于对臣民的告诫，誓主要用于对军队的告诫，在使用对象上有所区别。本篇则是当时夏（启）与有扈大战于甘地时的誓词。

《甘誓》是后人据闻所撰，其写作年代说法不一，有的说是商代，有的说是战国时期。但是从文中内容与词句来推测，多认为作于战国时期。例如，篇中述及六卿、五行及三正等，其中六卿、三正之名制，始于春秋战国时期；五行，也是后人之思想，估计产生于殷末周初，原意是指金、木、水、火、土五种物质，而从此篇上下文来看，文中列数有扈氏的罪状，表示夏启是奉天命而征伐对方，这种说法则是比较有可能的。《甘誓》文章中所述及的这场发生在甘地的战争，正发生在原始社会与奴隶社会的交替时期，它从一个侧面反映了一种社会制度的演变情况。因而，它不管是作为一份上古军用文书，还是作为一份历史文献，在研究上古文书和上古历史时，都具有重要价值。当时的夏启确立了新的制度，遭到以有扈氏为代表的守旧势力的抵制，为了推行新的制度和维护自身的统治，夏启即兴师讨伐有扈氏，于是双方就在甘地发生战争。这场大规模的战争，其结果是夏启战胜了有扈氏，使我国从原始社会过渡到奴隶社会。客观地说，这是社会生产力发展史上的一个进步。

《甘誓》作为一种战争动员令，首先向六军将士发出誓告，简要诉说了有扈氏轻蔑侮辱作为帝王的夏启，并且怠慢甚至废除王朝所规定的大典与历法的罪状，因此，上天要废除他的大命。接着，文章申明夏启是奉天命而行事，对有扈国进行讨伐。然后，文章要求全军将士必须坚决服从命令，打败敌人，并指出对服从命令者要给奖赏，对不服从命令者要实行惩罚。以严明的赏罚来激励和约束将士去完成共同的目标，打击敌人，这就奠定了古时统治者治军治国的思想基础。由于启的战争动员令得到了士兵和群众的支持与响应，后来终于挫败了有扈氏，获得战争的胜利。

　　这篇誓词，作为上古军用文告来说，是有明显的写作特点的。通篇文字简洁，词句浅易，然而却措辞严厉，令人生畏。文章是为了誓师军旅，使之团结一致，共同讨伐有罪之有扈氏，其辞犹如轰雷不绝的威风，确实是做到"振此威风，暴彼昏乱"。这种写法，就如刘勰在《文心雕龙·檄移》中所说："天子亲戎，则称恭行天罚。""使声如冲风所击，气似欃枪所扫；奋其武怒，总其罪人。"这样，就使本篇誓词具有无比的号令力量。由此可见，"誓"这种古代军用文书，在我国的上古时期，主要是用于训告自己的军旅，但是就其写作方法和文章的结构等方面而言，是具有一定的可取之处的。它奠定了古代训告文书的主要形式，对后世产生了深刻影响。

尚书·文侯之命

平王锡晋文侯秬鬯圭瓒，[1]作《文侯之命》。

王若曰："父义和，[2]丕显文武，[3]克慎明德，昭升于上，敷闻在下。[4]惟时上帝，集厥命于文王。[5]亦惟先正，克左右昭事厥辟，[6]越小大谋猷，罔不率从，[7]肆先祖怀在位。[8]

"呜呼！闵予小子嗣，[9]造天丕愆，[10]殄资泽于下民。[11]侵戎，我国家纯。[12]即我御事，罔或耆寿，俊在厥服，[13]予则罔克。[14]曰惟祖惟父，其伊恤朕躬。[15]呜呼！有绩，予一人永绥在位。[16]

"父义和，汝克绍乃显祖。[17]汝肇刑文武，用会绍乃辟，追孝于前文人。[18]汝多，修扞我于艰，若汝，予嘉。"[19]

王曰："父义和，其归视尔师，宁尔邦。用赉尔秬鬯一卣，彤弓一，彤矢百，卢弓一，[20]卢矢百，马四匹。父往哉！柔远能迩，惠康小民，无荒宁。[21]简恤尔都，用成尔显德。"[22]

注释

[1]锡：赐。晋文侯：名仇，晋穆侯（晋国第九君王）之长子，后继位为晋文侯。秬鬯(jù chàng)：古代用黑黍和香草酿造的酒，用于祭祀降神。圭瓒：玉杓，古代以圭为柄的灌酒器。[2]父：周天子对同族诸侯的称呼。义和：晋文侯字义和。[3]丕显：显赫。丕，大。[4]昭：显扬。敷：分布。[5]厥：其。[6]先正：先王的大臣。克：能够。左右：即佐佑，辅助的意思。昭：与"钊"声同，勉励。辟：

君。[7]越：于。猷：谋。从：依从。[8]肆：故。怀：安。[9]闵：可怜，不幸。嗣：继位。[10]造：遭。丕愆(qiān)：大祸。平王原为太子，被幽王废，后因申侯杀幽王，得以继位。[11]殄：绝。资泽：资财俸禄。[12]侵戎：荒年，兵祸。纯：通"屯"(zhūn)，困难。[13]即：今。御事：指大臣们。或：语气词，加强否定语气。耈寿：指办事老练的人。俊：进。服：事，位。[14]克：胜，成功。[15]曰：语气词。惟：语气词。其：副词，表希望。伊：语气词。[16]绩：功。予一人：天子自称，我。绥：安。[17]绍：昭，发扬之意。乃：你。显祖：显赫的祖先，指晋始封之君唐叔。[18]肇：始。刑：效法。用：以。会：会同，朝见天子。孝：应为"效"字。前文人：指祖先。[19]多：战功。修：扞(敬，捍卫)。[20]赉(lài)：赏赐。卣(yōu)：古时酒器，粗口，大肚，有盖。卢弓：黑弓。[21]柔：意即安抚。迩(ěr)：近。[22]简：大。

译文

周平王赐给晋文侯美酒和酒器，作《文侯之命》。

周平王这样说："义和尊长啊，显赫的文王、武王能够谨慎地对待德政，他们的美德显扬于上天，并广为人知，这时上天就把这个圣命交给了文王。还有，先王的大臣能够辅佐勉励先王，对于大大小小的谋划无不依从。故先王能安其位。

"啊，不幸我继位，遭到大祸，百姓的资财俸禄都被断绝。荒年加兵祸，我们国家真困难。现在，我的大臣们很少有办事老练的被选上担任职务，我很难成功。我的祖辈、父辈的诸侯们，希望大家多多关怀我。啊，大家都能为我建立功勋，我就能永远平安在位。

"义和尊长，你能够发扬你显赫先祖的德行。你能够效法文王、武王之道，用此道来显扬你的君主，追效你先王的德行。你有战功，在艰难的时候捍卫我，像你这样我是十分赞赏的。"

平王说："义和尊长，你回去整顿你的军队，安定你的国家，赐给你这黑黍酒一罐，红弓一支，红箭一百，黑弓一支，黑箭一百，马四匹。回去吧，要安抚远方，亲善近邻，造福人民，不要荒废政务。要极其体恤你的百姓，以此来成就你的大德。"

品析

　　《文侯之命》是《尚书·周书》部分的其中一篇,是周平王宜臼感念晋文侯之功,而赐命文侯之辞。命,即命令,属下行文书。上古王言统称为命。刘勰在《文心雕龙·诏策》中说:"命之为义,制性之本也。其在三代(夏、商、周时代),事兼诰誓。誓以,诰以敷政,命喻自天,故授官锡胤。"可见,周王朝的文书,由于用途和所施对象的不同而分为"诰"、"誓"、"命"等不同种类。一般地说,诰和命两种文书都是周王朝和诸侯用来赏赐、任命和告诫臣民的。自秦统一天下后,改命为制,汉初又分命为四种:即策书、诏书、制书、戒敕。

　　据《史记·周本纪》记载,幽王宠爱褒姒,褒姒生子伯服,幽王欲立伯服为太子,即废去申后及太子宜臼。申侯怒,遂联合犬戎共攻杀幽王于骊山之下。于是,诸侯乃与申侯一起拥立太子宜臼为王,即周平王。当时,晋文侯、郑武公助平王平定乱世,立下了很大功劳,平王才得以即位于东都。《左传·隐公六年》:周桓公言于王曰:"我周之东迁,晋郑焉依。"《国语·郑语》也说:"晋文侯于是乎定天子,故平王赐命焉。"这就是《文侯之命》的由来。

　　《文侯之命》主要是周平王赐命文侯,希望他和诸侯王大臣们能够继续建功立业,永保周王朝天下。首先,文章叙述周朝的先祖文王和武王等依靠群臣的辅佐与效忠,而使周朝天下得到安宁,使祖先的德教得到推行。所以周平王希望今天的朝政也能够一如既往长治久安。接着,述说国家正遭大难,缺乏德高望重的大臣来扶持,为王室效劳。所以希望祖辈和父辈的诸侯们像他们的祖先那样,一起为周朝建立功业,以保其统治地位。然后奖励和表彰晋文侯为周王朝所建立的功勋,同时,对晋文侯提出进一步的要求,希望他能够继续发扬光大祖先的德行,为民造福,要勤于政务,不可贪图安逸,特别是在周王朝有难时要能够捍卫周王朝天下,这样一定会受到大大的奖励。文章至此,表明了周王对诸侯大臣的殷切期望和所寄重托,体现了周平王虚心向下的精神。当然,这种思想是为了维护周王朝的统治需要的,特别是在君王刚登大位之时,或是国家有难之时,是比较容易做到的,不过,从中我们仍可以窥见上古时期执政者的开明政治和精神。

这篇王命文书中所体现的思想性是进步的,这在上古王命文件中是难得的。文章语言恳切,词气谦恭,虚心向下的精神流溢于字里行间。而且,文章感情真诚,通篇流露着周平王对晋文侯等大臣们的殷切希望,读来令人为之动情,也能使晋文侯等大臣们激荡起效忠和辅佐之心。事实上,虚心向下,谦恭待人,这是执政者通向成功的道路。这篇文章较好地体现了这种思想,使之自然流露。另外,文章能够前后照应,首尾连贯,层次分明,这也是文章明显的写作特色。

尚书·无逸

　　周公曰："乌乎！君子，所其无逸。[1]先知稼穑之艰难，乃逸，则知小人之依。[2]相小人，[3]厥父母勤劳稼穑，厥子乃弗知稼穑之艰难，乃逸，乃谚，既诞。[4]否则侮厥父母，曰：'昔之人无闻知。'"

　　周公曰："乌乎！我闻曰：昔在殷王中宗，[5]严龚寅畏天命。自度治民。[6]祗惧，弗敢荒宁。[7]肆中宗之享国，七十有五年。[8]其在高宗，时旧劳于外，爰暨小人。[9]作其即位，乃或亮阴，三年弗言。[10]其惟弗言，言乃雍。[11]弗敢荒宁，嘉靖殷邦。[12]至于小大，无时或怨。[13]肆高宗之享国，五十有九年。其在祖甲，弗义惟王，旧为小人。[14]作其即位，爰知小人之依，能保惠于庶民，弗敢侮鳏寡。肆祖甲之享国，三十有三年。自时厥后立王，生则逸。生则逸，弗知稼穑之艰难，弗闻小人之劳，惟耽乐之从。[15]自时厥后，亦罔或克寿，[16]或十年，或七八年，或五六年，或四三年。"

　　周公曰："乌乎！厥亦惟我周太王、王季，克自抑畏。[17]文王卑服，即康功田功。[18]徽柔懿恭，[19]怀保小民，惠鲜鳏寡。[20]自朝至于日中，昃，弗遑暇食，用咸和万民。[21]文王弗敢盘于游田，[22]以庶邦惟正之共。[23]文王受命惟中身，[24]厥享国五十年。"

　　周公曰："乌乎！继自今嗣王，则其无淫于观，[25]于逸，于游,于田,以万民惟正之共。无皇曰:'今日耽乐!'[26]乃非民攸训,非天攸若,时人丕则有愆。[27]无若殷王受之迷乱,酗于酒德哉!"[28]

周公曰:"乌乎!我闻曰:古之人,犹胥训告,[29]胥保惠,胥教诲,民无或胥张为幻。[30]此厥弗听,人乃训之,[31]乃变乱先王之正刑,至于小大。[32]民否则厥心违怨,否则厥口诅祝。"[33]

周公曰:"乌乎!自殷王中宗,及高宗,及祖甲,及我周文王,兹四人,迪哲。[34]厥或告之曰'小人怨女詈女',则皇自敬德。[35]厥愆,曰:'朕之愆。'允若时,弗啻弗敢含怒。[36]此厥弗听,人乃或胥张为幻,曰:'小人怨女詈女。'则信之。则若时,弗永念厥辟,弗宽绰厥心,乱罚无罪,杀无辜,怨有同,是丛于厥身。"[37]

周公曰:"乌乎!嗣王!其监于兹。"

注释

[1]乌乎:即"呜呼","乎"又作"虖"。所:处,做动词。其:指其位。[2]稼穑(sè):泛指农业劳动。稼,种庄稼;穑,收割庄稼。乃:于是,然后。[3]相:看。[4]厥:代词,他的,那些。谚:粗鲁,跋扈。诞:放肆。[5]殷王中宗:即太戊,商汤的玄孙。太戊前,殷道衰,太戊即位后,殷复兴,故称中宗。《史记·殷本纪》》[6]严龚寅畏:严肃庄重小心的样子。度(duó):衡量。[7]祗(qí)惧:敬畏,小心。荒宁:荒废自逸。[8]肆:因此。[9]旧劳于外:久在外服役。相传高宗武丁为太子时,其父小乙曾在外服役。旧,久。爰:于是。暨:和。[10]作:及。乃或:又有。亮阴:古时天子守孝之称,此指武丁为其父小乙守孝。弗言:此指守孝不谈国事。[11]惟:原因副词,正因为。[12]嘉靖:安定。[13]或:语气词,加强否定语气。[14]弗义惟王:祖甲有兄祖庚,武丁因祖甲贤欲立之为王,祖甲认为代兄为王不义,逃亡民间。惟,为。[15]惟……之……:表宾语提前。[16]冈:没有。克:能够。[17]太王、王季:文王的祖父、父亲。抑畏:小心。[18]卑服:从事低贱的劳动。服,从事。康:修整道路。[19]徽、懿:美好、高尚。[20]

惠鲜:施惠,爱护。[21]昃(zè):太阳偏西。遑(huáng):即"暇",空闲。咸:即"和"。[22]盘:乐。游田:游玩,打猎。田,同"畋",打猎。[23]庶邦:指诸侯国。[24]惟:为。中身:中年。[25]嗣王:指成王。其:副词,表委婉劝告。观:游览。[26]皇:汉代石经作"兄"(况),且也。[27]攸:所。训:榜样。若:顺。丕则:那就。愆(qiān):过错。[28]受:纣王名。[29]犹:还。胥:互相。[30]诪(zhòu)张:欺诳。幻:以假乱真。[31]训:以……为榜样。[32]乃:就。小大:大小臣子。[33]祝:即"咒"。[34]迪哲:通达明智。[35]厥或:有人。女:即"汝",你。詈(lì):骂。皇自:更加。[36]允:相信。若时:是这样。弗啻(chì):不但。[37]丛:集中。

译文

周公说:"啊,君子在位,不要贪图安逸。先知道了种田的艰难,然后在安逸的环境中就能知道百姓依靠什么生存。看那些小人,他们的父母辛勤耕作,他们却不知种田的艰难,就图享受,粗鲁又放肆。不然就是欺侮他们的父母,说:'老人什么也不懂。'"

周公说:"啊,我听说,从前在殷王中宗时,他办事严肃庄重,小心谨慎,以天命来衡量检查,治国治民敬畏小心,不敢荒废怠慢,自图安逸。因此中宗在位 75 年。商朝到了高宗时,当时高宗曾久在外服役,于是惠爱小民,到他即位,又逢父亲去世守丧,3 年不谈国事。他言语不多,却从容得体,不敢荒废怠慢,因此使国家安定。从大臣到小民,一直都无怨言。因而高宗在位 59 年。到了祖甲时,他认为代兄为王不义,就逃亡民间。到他即位时,他于是知道百姓的疾苦,能为百姓带来利益,不敢欺侮鳏寡孤独者。因此祖甲在位 30 年。从那以后在位的君主,生来就享受。生来就享受,不知种田的艰难,不知小民的辛劳,就知道追求玩乐。自那以后,执政时间也就没有长久的,有的 10 年,有的 7 年,有的五六年,有的三四年。"

周公说:"啊,那以后就是我们的太王、王季能够克己谨慎。文王也从事低贱的劳动,亲身管理修整道路,耕种土地的大事。他高尚恭谨,总想保护百姓,施惠于鳏寡,从早到晚忙得没空吃饭,以此使百姓安乐。文王不敢沉湎于游玩打猎,只忙于和许多属邦诸侯共理政事。

文王受命之时已是中年,却还能在位50年。"

周公说:"从今往后的君主啊,希望你们不要沉湎于游猎的享乐里,要尽力和百姓推行政事。不要说,今天就让我享受享受。如果这样,不是百姓的榜样,不是顺从天意,他就会有过失。不要像纣王那样迷乱,酗酒作乐啊!"

周公说:"我听说,古时的君王和臣民之间常常互相告诫,互相扶持帮助,互相教诲,百姓不欺诳。如果你们不接受别人的劝导,别人就会引为榜样,那么大小臣子就会变乱先王的正法,扩及大大小小的法令,这样百姓就会不是心里怨愤,就是开口诅咒。"

周公说:"啊,从殷王中宗、高宗、祖甲到我周朝文王,这四人通达明智。如果有人告诉他们说'小民在怨你骂你',他们就更加小心恭谨地办事。他们有过错,就说'这是我的过错'。他们真的就是这样坦白,不但不敢生气,还相信百姓说得对。如果国君不是这样,有人就会耍手段,对国君说:'有小民在怨你骂你。'国君信了这话,不思法度,不开阔自己的胸怀,就乱罚无罪的人,杀无辜的人,那么百姓的怨恨必会有所同,这怨恨自然就会集中到国君身上了。"

周公说:"君王啊,你要以这些为鉴戒啊!"

品析

《无逸》是《尚书》中的一篇,是周朝的一份告诫文书,习惯上称为《尚书·周书》的一篇。逸,即安逸;无逸者,勿安逸也。本篇文章旨在告诫君主不要耽于逸乐,故以此为篇名,属诰戒类的文书。《文心雕龙·诏策》说:"戒者,慎也。禹称'戒之用休'。君父至尊,在三罔极。"戒文为后世所沿用,为警敕之辞,成为古代文书中的一种下行文,也是古代文体之一种,即如刘勰所说:"汉高祖之敕太子,东方朔之戒子,亦《顾命》(即《尚书》)之作。"《无逸》所述内容与《召诰》、《洛诰》大致相同,也是对殷商和周统治经验的总结。

据说,本篇是周公所作,但是从文字上看,应该是周公的一番重要谈话,是当时的史官记录下来的,也许再加以文字上的加工润色,类似今天的会议谈话记录。相传周武王姬发病死后，其子成王尚幼小，遂托周公（即武王之弟）代行治理天下之事。由于周公治理有方，政治清明，很快就平定了东方，建成城邑，周王朝政权也日益巩固。此时成王也长大成人，周公即把朝政归还成王。而周公恐成王统治"有所淫佚"，故乃作《无逸》，以诫成王。

这篇文章，是周公归政时，谆谆告诫成王，希望他能够治理好周王朝的天下。首先，周公直截了当地告诫成王，作为在位的君王，不应该贪图安逸享受，而应该时刻了解种田人的疾苦，知道"稼穑之艰难"，才能做到"无逸"。接着，文章引用古事和古人之训来说明坚持"无逸"，对于帝王霸业的成败是至关重要的。始从殷王中宗和高宗至祖甲三位国王讲起，叙述他们能够了解百姓的疾苦，爱护百姓，不把百姓所进贡送交的赋税用于挥霍玩乐，而是勤于管理，常常施惠于百姓，敬重百姓而不敢轻慢他们，所以他们都享国日久。而后来的殷王贪图安逸，他们不知道种田人之辛苦，而陶醉于安乐之中，以饮酒取乐为生，荒淫惑乱，所以他们的执政是短命的，享国日浅。而后，周公叙述周太王、王季，特别是周文王勤于政事，为人处世谦恭和蔼，宽以待人，严于律己，以辛勤劳苦的精神治理国家，使百姓安居乐业，而不敢游猎玩乐。以此为成王树立榜样，希望成王能够效法周文王，不可认为君王执政就可以先享受，而应该以殷后王的淫乱失败为戒，吸取其失败的教训。最后，文章叙述周文王等四个贤明君王善于听取别人的意见，对于规劝进谏的话能够采纳，并引以为警戒，同时检查自己的政治得失，并勇于承担过错。文章反复说明如果听不得别人的意见，胸怀不宽广，不能纳言，这样就会民心同怨于君王身上，再次告诫成王，其口气语重心长，体现了对成王的殷切期望。

文章所述的这种对待臣下和百姓的态度，特别是告诫君王不可贪图享乐，牢记百姓疾苦的思想，不仅在当时具有积极的进步意义，而且对后世统治者的执政也都产生深远的影响。抛开阶级观点不论，任何执政者只要能够体察下情，了解民众的疾苦，并关心他们，改善和帮助他们的生活，能够倾听百姓的意见，不滥杀无辜，乱罚无罪等,他们就能得天下,得民心。反之,吸民之膏,奢侈荒淫,将百姓逼上绝路,那么他最终就将为民所亡。历史正是这样表明和印证古人的格言:"水可载舟,亦可覆舟。"这是中国历朝历代演变的基本定律。在中国历史上,共产党打下了天下,建立了新中国——中华人民共和国,毛泽东主席就及时地告诫全党同志要艰苦奋斗,不可腐败贪图享乐,然而现今社会上那些欺压百姓、作威作福者和腐败者屡禁不止,如果不能彻底根除,就必然日渐丧失民心,祸害国家。显然,这对于任何时代的管理者和执政者,都是极其有益的借鉴和思考。

　　文章作为上古文书作品,特别是作为告诫性文书,写作特色很突出。首先,文章思想性强,义理深刻。本文突出周公对成王的告诫,其目的当然是希望周成王能够治理好周王朝的天下,是为了巩固周朝奴隶主阶级的统治。但是戒文中提出和阐述的,君王治理国家必须了解民情,知道百姓的劳苦,时刻慎戒安逸享受,爱护百姓,听取百姓意见等思想和观点,是以前统治者所不曾有的,这不能不说是一大进步。而且,这种思想也为后代所效法,是极其有教育与儆戒意义的,至今仍然不失其思想光芒。其次,文章在论述和表达上述思想和观点时,能够做到中心突出。本文通篇以"无逸"为讲话的主要纲领,具有纲举目张之势,叙述之时条理清楚、脉络分明。而且,文章能够多次运用对比进行反复论述,使说理深刻,例如把历史上的贤明君主和昏庸荒淫的殷王加以对比,把对待别人规劝的不同态度加以对比,借以增强其说服力。另外,因为文章是语录形式的诰戒文书,它在记录周公对周成王的谈话时就显得如实生动,其真诚的感情、殷切的希望之心,洋溢于字里行间,这样就增强了文章的真实性和可靠性。因此,此篇诰戒文书在《尚书》中,当推杰作,它标志着上古文书撰制的日臻成熟,而且也标志着散文创作的进一步发展,这是因为它开辟了战国后理论文章"据题抒论"的道路。可以说,《无逸》是上古公文中思想性强、艺术性高的文书佳作。

尚书·多士

惟三月，周公初于新邑洛，用告商王士[1]。

王若曰："尔殷遗多士，弗吊旻天[2]，大降丧于殷。我有周佑命，将天明威，致王罚，敕殷命终于帝。

"肆尔多士，非我小国敢弋殷命[3]。惟天不畀允罔固乱[4]，弼我[5]。我其敢求位[6]，惟帝不畀。惟我下民秉为，惟天明畏[7]。

"我闻曰：'上帝引逸'，有夏不适逸，则惟帝降格[8]，向于时夏[9]。弗克庸帝，大淫泆有辞[10]。惟时天罔念闻，厥惟废元命，降致罚。乃命尔先祖成汤革夏，俊民甸四方[11]。

"自成汤至于帝乙，罔不明德恤祀[12]，亦惟天丕建，保乂有殷[13]。殷王亦罔敢失帝，罔不配天其泽[14]。在今后嗣王，诞罔显于天，矧曰其有听念[15]于先王勤家，诞淫厥泆[16]；罔顾于天显民祇[17]。惟时上帝不保，降若兹大丧[18]。

"惟天不畀不明厥德。凡四方小大邦丧，罔非有辞于罚。"

王若曰："尔殷多士，今惟我周王丕灵承帝事[19]，有命曰'割殷'，告敕于帝。惟我事不贰适，惟尔王家我适[20]。予其曰：'惟尔洪无度[21]，我不尔动，自乃邑[22]。予亦念即于殷大戾肆不正[23]。'"

王曰："猷[24]，告尔多士，予惟时其迁居西尔[25]。非我一人奉德不康宁。时惟天命[26]，无违。朕不敢有后[27]，无我怨。

"惟尔知，惟殷先人，有典有册，殷革夏命。今尔又曰：夏迪简在王庭，有服在百僚[28]。予一人惟听用德，肆予敢求尔于天邑商[29]。予惟率肆矜尔[30]，非予罪，时惟天命。"

王曰："多士，昔朕来自奄[31]，予大降尔四国民命。我乃明致天罚，移尔遐逖[32]，比事臣我宗多逊[33]。"

王曰："告尔殷多士，今予惟不尔杀，予惟时命有申[34]。今朕作大邑于兹洛[35]，予惟四方罔攸宾[36]，亦惟尔多士攸服奔走，臣我多逊[37]。

"尔乃尚有尔土，尔乃尚宁干止[38]。尔克敬，天惟畀矜尔[39]。尔不克敬，尔不啻不有尔土[40]，予亦致天之罚于尔躬[41]。

"今尔惟时宅尔邑，继尔居[42]，尔厥有干有年于兹洛[43]。尔小子乃兴[44]，从尔迁。"

王曰，又曰[45]："时予。乃或□言尔攸居[46]。"

注释

[1]三月：即成王元年三月。新邑洛：指成周之邑。[2]吊：善，"不吊"意为不幸。旻天：秋天，秋气肃杀，时运不佳，犹言遇上这不幸的时候。[3]肆：现在。弋：篡。[4]畀(bì)：给。允罔固乱：曾运乾认为四字意义相近，可理解为胡作乱为。[5]弼：辅助。[6]其：岂。此句为正句，偏句在后。[7]秉：承。[8]引：意即节制不使过分。逸：《说文》称，失也，兔谩訑善逃，引申为奔逸。董仲舒说："国家将有失道之败，而天乃先出灾害以谴告之。不知自省，又出怪异以警惧之。尚不知变，而伤败乃至。以此见天心之仁爱，人君而欲止其乱也。此'上帝引逸'之义。"适：适度。格：格人，知天命者。[9]向：劝。时：这。[10]庸帝：用天命。淫泆(yì)：放纵。辞：言辞。[11]俊民：具有才能的人。甸：治理。[12]罔：

无。恤:谨慎。[13]丕:语气词。乂(yì):治理安定。[14]其泽:他施的恩惠,这是句子的主语。[15]诞罔:欺骗、诬罔。矧(shěn):何况。[16]诞淫厥泆:极其放荡、挥霍。诞,大。厥,语气词。[17]祗:病。曾运乾说,"祗"为底之假借字。[18]若:你们。[19]丕灵:大善,引申为神圣。[20]惟尔王家我适:即"惟尔适我王家"。[21]洪无度:大无度,言叛逆。[22]乃:你们。[23]即:就,动词。戾:祸。肆:故。正:执而治罪。[24]猷(yóu):发语词。[25]迁居西尔:迁尔西居。尔,代词,你们,成周在殷朝歌之西南。[26]时:这。[27]后:走在后面,此指延误。[28]典、册:均为记录史料的文献资料。迪:进用。简:选择。服:事。百:泛指多数,言其甚多。僚:职务。[29]求:此指迁殷民于成周。敢求:即不敢请求。天邑商:天所建造的商的都邑。[30]率:用。肆:缓也,即宽赦。矜:怜悯。[31]奄:古国名,后为鲁地,即今山东曲阜东面。[32]四国:指当时的管、蔡、商、奄四国。遐逖:遥远。[33]比:亲。事:臣。服务,均为动词。逊:从。[34]时:是。[35]兹:这。[36]攸:所。宾:诸侯尽宾礼,指朝贡。[37]臣:指臣服。逊:恭顺。[38]干:事,言劳作之事。[39]畀:给。矜:怜。[40]不啻(chì):不但。[41]尔躬:你们身上。[42]宅:居,安居。居:所居之业。[43]有年:指长久。[44]小子:同姓小子,即子孙后代。[45]又曰:曾运乾认为,本文"又曰"为"重言'时予'",取复叮咛之意。[46]时:承,顺从。或□言:段玉裁考得"或"与"言"之间还有一字,谛视是"诲",即教诲。

译文

成王元年三月,周公第一次在新都洛邑代成王告谕商王旧臣。初到成周,用周成王命令告殷朝众士。

王这样说:"你们这些殷朝的遗士,遇上这样不幸的时候,上天降祸给殷朝,我周国帮助行使天命,奉上天的圣明、威严的旨意,执行王者的惩罚,令殷朝帝王的命运终绝。

"现在,我告诉你们这些遗士,不是我周国敢篡夺殷朝的大命,是天意不让那些胡作非为的人承担大命,因而上天辅佐我。如果上天不给我们,我们岂敢篡位。我们下民是承上天旨意。上天是圣明而威严的。

"我听说,上天要人们节制享乐,劝诫放纵行为,而夏就是荒淫无度,这样上天就让知天命者降临,劝告夏。可是,夏却不奉天命,极度放纵,有了罪恶,还振振有词。这时上天认为无可怜悯,这才废弃他的大命,降下惩罚,于是命你们的先祖成汤革夏命,让有才能的人来治理四方。

"从成汤到帝乙,无不德行高尚、谨慎祭祀上天,于是上天降格建立殷朝,也保护了殷。殷王也不敢失帝意,他施给百姓的恩惠无不与天意相配,所以他们才能一代代传下王业。在这以后继位的纣王,欺骗、诬罔显于上天,那更是谈不上听从先祖,辛勤治国,反而是极度奢侈挥霍,无顾上天的圣明和百姓的疾苦。这时上天不保护殷朝了,给你们降下了这样的大祸。

"上天不把大命赐给德行不高尚的人,所有四方大小国家的丧亡,无不是因为有罪而被惩罚的。"

王说:"你们殷朝的遗士,现在就是我周王奉行上天的旨意,上天有旨令说'灭殷',我们(这样做了)报告了上天,你们只能服从我们,侍奉周朝了,而不能再有二心,不能与我周王朝为敌。我要说,是你们太无法度,我并没动你们,是你们在自己的都邑首先发难。我考虑到上天已给殷朝降下大祸,所以就不准备追究你们了。"

王说:"啊,我告诉你们,我把你们迁往西边居住,不是我为了周朝利益而使你们不安宁,这是天命,不能违抗,我不敢延误,你们不要埋怨我。"

"你们知道,殷的先人有记载历史的文献,殷革夏命(史册也记载了),现在你们说,夏朝的遗民被殷选拔任用在朝廷,担任许多职务。我只用有德行的人,如果你们中间有贤人,我一定会在商都里找出来。(由于你们的发难)我只能用赦免你们的罪过来表示怜悯。(你们不获进用)这不是我的罪过,是天意,是上天的旨意要这样做的。"

王说:"殷的遗士们,过去我征代奄国回来,我曾向四国民众下令,我是奉天意惩罚你们的,把你们从遥远的地方迁来,使你们亲近我们的政教,服侍、承顺我们周王朝。"

王说:"告诉你等殷朝遗士,现在我不杀你们,我要向你们重申这个命令。现在我在这洛地建造一座大城,是考虑到四方诸侯无处朝贡,还有你们这些人恭顺地侍奉我,为我服务、奔走而无所处的缘故。

"你们还可以拥有你们的土地,你们还可以安于劳作、息止。只要你们能够恭敬地侍奉我周国,那么天也会保护、怜悯你们。你们若不恭敬,不但不能有你们的土地,我还要把上天的惩罚降临到你们头上。

"现在,你们要安于你们的新居,继续你们的所居之业,那么你们就能够在洛长久从事劳作,你们的子孙能够因为跟着你们迁来而从此兴旺起来。"

王说:"顺从我吧! 顺从我,才能在这里永久安居,这就是我要教诲你们的。"

品析

《多士》是《尚书·周书》中的一篇,属于诰体文书。诰,按字书云:"诰者,告也,告上曰告,发下曰诰",古时的诰体文书,属于下行公文。刘勰在《文心雕龙·诏策》中说:"昔轩、唐、虞,同称为命,命之为义,制性之本也。其在三代,事兼诰誓。誓以训戒,诰以敷政。"周朝的诰、命、誓均为王命文件,诰和命两种文件是周王与诸侯用来赏赐、任命和告诫臣工的。诰体文书,为后人所沿用,但名称多有变化。

本篇诰文是周成王迁殷朝遗民于洛邑,周公以王命告诫殷民之辞,大约作于《召诰》《洛诰》之后。其时,武庚和三监叛乱,不久即被平定,周初的统治者为了能够控制殷民,就将他们迁往洛邑。其中,有不少是属于殷商的奴隶主阶级,他们曾经顽固地反对周朝的政权,企图恢复殷王朝,故周朝把这些人称作"仇民",并认识到只有征服这些"仇民",才能建立起巩固的政权。为此,留守洛邑的周公即对殷士民发布了这篇诰令。"多士"的"士",泛指各级官员,非专指称士大夫的"士",这里是指殷民中的奴隶主阶级。有的说,故篇中屡见"多士"之词,故以此为篇名。不过,篇名是后人所定,也许是根据在迁居的殷民中大多是殷朝的奴隶主阶级官员而定的。

这篇诰令,主要是周公告诫殷民必须服从周王朝的统治,才能过上和平安定的生活。首先,文章向殷民述说周朝灭亡殷朝的原因,乃是上天的旨意,周朝则是奉行上天的命令,诛罚殷王。并以"成汤革夏"的史实,说明殷灭夏也是由于上天的旨意。夏朝不听从上天的劝告,放纵无度,又不能改恶从善,所以上天就降下殷的祖先来灭亡夏朝,并任用有才能的人来治理国家,从成汤至帝乙时代都能谨慎安定治理殷国,施给人民恩泽。但是后来的殷王奢侈腐化起来,荒淫放纵,不关心人民的疾苦,因此上天即降祸于殷朝。从而说明周兴殷亡是一种天命,是顺应天道之结果,是不能违抗的天意。接着,文章(诰令)命令殷民要服从周朝的统治,不许再怀二心。指出这是上天要这样做的,而为了表示宽大,可以不再对叛变的殷民治罪;同时也指出对殷民实行迁居西方的做法,也是上天的命令,不得违抗,不用埋怨。然后又宣布对殷民不能进行录用,委以重任(只能用有德行的人),这是针对殷民提出当殷灭夏时选拔夏的遗民留任王庭而作出的决定,这些都是鉴于武庚和三监的叛乱而提出的。最后,(诰令)要求殷民要顺从周王朝的统治,这样不仅"尚有尔土",而且"尚宁干止",可以得到土地,可以安度和平生活,繁衍生息子孙,否则,如果不敬事周国,即把上天的惩罚降于他们身上。文章中,周公反复申述天命,强调神权,借以维持周朝政权。这种做法,对后世统治者影响至深,为历代帝王所效法,他们也往往以奉行天命为名,以天之子自居来统治人民,治理四方。但是,周公治理国家的一些具体措施及其思想,则主要是以德教为主,这就显示出上古时期统治者治理国家思想所包含的进步的积极意义。

《多士》在写作上的一个突出特点,就是十分强调天命。通篇诰令以上天之命,借替天行道来号令告诫殷民,要求他们必须服从周王朝的统治,不许反抗,并以殷的祖先之史实为例,反复证明这种思想观点。在以神权为中心的上古时代,这种写法,无疑就使文章具有无比威力,能够从精神上来征服对方,说理也就显得有力。在上古诰命文书中,这是一个突出的特点。虽然说这种天命论不足取,但是能够抓住当时的精神支柱,以此使殷民臣服,而且措辞威严,增强了文章的说服力量。所以,刘勰称之是"敕天之命"(《文心雕龙·诏策》)。同时,文章(诰令)威严有加,却不失温良之气息,如《文心雕龙·诏策》说:"眚灾肆赦,则文有春露之滋。"作为诰令,文章在宣布赦免殷民罪过时,犹有阳春甘露之气,这在上古诰体文书中,也是一种可取之处。另外,文章写得层次分明,条理清晰。还必须指出,文章兼有"诰"与"诫"的意思,特别是最后一部分,主要在于告诫殷民要臣服周朝,这与其他诰体文书有所不同,其他诰体文书主要是用以赏赐、诰命各级臣民。显然,上古的王命文件中还没有严格的分类,往往是几种相近的文体合用,不过从其作用和施布的对象来看,还是有所区别的。

尚书·秦誓

公曰:"嗟! 我士,听无哗。予誓告女群言之首[1]。

"古人有言曰:'民讫自若是多盤[2]。'责人,斯无难;惟受责俾如流,是惟难哉[3]! 我心之忧,日月逾迈,若弗云来[4]。

"惟古之谋人,则曰未就于忌[5]。惟今之谋人,姑将以为亲。虽则云然,尚猷询兹黄发,则罔所愆[6]。

"番番良士,旅力既愆,我尚有之[7]。仡仡勇夫,射御弗违,我尚弗欲[8]。惟截截善谝言,俾君子易辞[9],我皇多有之[10]?

"昧昧我思之,如有一介臣,断断猗无他技。其心休休焉,其如有容[12]。人之有技,若己有之;人之彦圣,其心好之,弗啻若自其口出[13]。是能容之,以保我子孙黎民,亦职有利哉[14]! 人之有技,冒疾以恶之[15],人之彦圣,而违之俾不达[16]。是不能容,以不能保我子孙黎民,亦曰殆哉[17]!

"邦之杌陧,曰由一人。邦之荣怀,亦尚一人之庆[18]。"

注释

[1]群言之首:开头的话。[2]讫(qì):终。盤:据曾运乾注:"盤读为般,反也。……言民行常自相矛盾。"从今曾说。"盤"、"反"上古音近。[3]俾(bǐ):使。[4]之:助词。迈:行。若:指示代词。云:句中语气词。[5]忌:语气词,王引之认为当作"綦"(jì),作意志解,此句指不顺从我的意志。[6]猷:通"犹",即

尚,尚犹连文。黄发:指老人。愆(qiān):过失。[7]番番:同"皤皤"(pó),老人白发貌。旅力:即"膂力",体力。愆:通"骞"(qiān),此指亏损。有之:幸之,也解作亲之。此当为"幸之"。[8]仡(yì)仡:勇猛貌。违:失误。[9]截截:浅薄的样子。谝(pián)言:花言巧语。易辞:《公羊传》作"易怠",轻忽怠惰。[10]皇:闲暇。[11]介:一个。断断:诚恳貌。猗:同"兮",语中助词。[12]休休:宽容貌。如:乃。[13]彦圣:贤良,道德高尚。[14]职:《大学》引作"尚"。[15]冒:通"媢",妒忌。疾:同"嫉",妒忌。以:连词,而。[16]违:此指压制。[17]殆:危险。[18]杌隉(wū niè):不安。荣怀:平安。尚:主。庆:善。

译文

秦穆公说:"啊!我的将士们,你们听我说,不要喧哗!我要向你们发表誓言,讲讲最重要的话。

"古人有句话说:'人们总是这样自相矛盾。'责备别人,这没有什么困难的;惟有受到别人责备而能使自己如流水那样顺从,这才难啊!我的心很忧虑,时光一天天过去,这是不会再回来的。(虽欲改过而无所及。)

"以前那些人,就说些不顺从我的话,而现在这些人(顺从我的意见)只能暂且看作亲近的人。虽说是这样,还是应向老年人请教,向那些有经验的人请教军国大计,才不会有过错。

"白发苍苍的好谋士,体力已很衰弱,我还是应当亲近他们;英勇无比的勇夫,射箭、驾驭本领很高,但是还不够我的要求。那么,轻薄而善于花言巧语,使君主轻忽怠惰的人,使君主失败的人,我能有空去亲近他们吗?

"我暗暗地想,如有一个臣子,他忠实诚恳,虽无其他本领,但是他的心胸宽阔,他有容人的优点。别人有本领,他看作像是自己有本领一样;人家品德高尚,他不但像口里说的那样,而且从心里喜欢他,称赞他。这样能容人的人,用他来保护子孙百姓,确实是有利的啊!别人有本领,就妒忌讨厌他;别人道德高尚,就压制他,使他不能被君王了解、任用,这样就是不能容人。靠他是不能保护我的子孙百姓的,这种人是很危险的。

"国家的不安定，是由于君主用人不当。国家的安定，是由于君主用人妥善得当。(君王起决定作用。)"

品析

《秦誓》是《尚书》中的最后一篇，是秦穆公所作的誓词。誓，即是誓言，宣誓、训诫、誓众之词，是一种有约束性和有决断意义的言辞，属于古代誓词文书，也是古代文体之一种。它是君王在兴师作战、讨伐敌人时用来誓告宣诫军旅的文件，类似今天的战争动员令、宣言书。当然，誓也有告诫的成分，和诰命文件有类似的作用。诰命文件主要是用于对臣民的告诫，誓主要用于对军队的告诫，在使用对象上有所区别。本篇则是秦穆公用于自责性质，并以此告诫"我众"的誓言。

《秦誓》的写作年代，据《尚书序》的说法，当是秦穆公三十三年(公元前627年)，但是《史记·秦本纪》则说是秦穆公三十六年(公元前624年)。不过，从本文所记述的内容看，应以《尚书序》之说为准。《左传·僖公三十年·三十三年》记载："秦穆公伐郑，晋襄公率师败崤(xiáo)，还归，作《秦誓》。"当时，秦穆公始听信杞子的意见，派百里孟明、西乞术、白乙丙等三大将率领军队远道偷袭郑国。大臣蹇(jiǎn)叔劝谏，但是，秦穆公错误地估计自己的力量，以至利令智昏，不听从蹇叔的意见。结果由于郑人有了战争的准备，秦只得回师，晋襄公接受原轸的意见，于殽伏兵阻击秦师，大败秦师。这篇誓文即是秦战败之后，秦穆公及时地自我责备、自我悔恨与总结教训时写的。

本篇誓文主要是叙述秦穆公以自责的心情来表示悔过的誓言，并以此来告诫"我众"。首先，文章述说了秦穆公在士兵和将领的队伍面前，怀着沉痛的心情向大家发出誓言，并引用古人的训言表示对自己的责备。能够在失败的时候及时地总结教训，检查自己决策中的失误，特别是由于自己的过错而造成的失败；同时，不把失败归咎于别人，而勇敢地自我承担起来，并公开认错，当众发出自己的誓言，表明自己的态度。这对于统治者来说是难能可贵的，在中国历代统治者中也是不多见的。然而,文章不局限于此,而是生发开去,接着讲如何对待别人及其意见,对待用人的问题。秦穆公讲述了对待三种人的不同态度:一是直言敢谏的人,能够向君王大胆地陈述自己的政见,秦穆公却讨厌他;二是一味顺从君王的意见,只知道吹捧君王,迎合君王或他人意见的人,秦穆公却亲近他;三是"黄发"老人,即有经验有知识的老人,秦穆公没有亲近他们,向他们请教军国大计。秦穆公以自责之心情检查自己对待臣民的错误态度和由此给国家带来的重大损失,从中总结经验,认为"尚猷询兹黄发,则罔所愆"。因此,对年老体弱的善良老人应当亲近他;而身强力壮的勇士,本领高强,然而并不是君主需要亲近的;而那种惯于花言巧语的小人,是不能够随便亲近他们的。这种经验之谈,是很深刻的,令人深思,启迪着执政者去思考,吸取,借鉴。最后,文章指出,对待有德有才的人应当采取正确的态度,这就是要宽容他,爱护他,亲近他,任用他,而不是讨厌他,嫉妒他,压制他,只有这样才能保住国家和子孙臣民的幸福,并且深刻指出作为君王,用人是否得当,关系到国家的安危、事业的成败。这样,文章就把如何待己与待人的修养,以及如何用人与事业成败、国家安危等联系起来加以认识,具有深刻的历史教育意义,至今仍不失其思想光芒。

文章的一大特色是:《秦誓》作为秦穆公伐郑而失败之后的誓词,具有一种责己诚人的思想深刻性,充满着深刻的、丰富的生活哲理和治国治军的经验教训,读之令人深思觉醒,受益无穷。同时,通篇文章语言诚恳殷切,感情真挚动人,文辞扼要生动。另外,文章能够运用对比手法,加以正反对照,互相比较,显得深刻有力。文章逻辑性强,能够上下连贯,一环紧扣一环,而又层次分明。因此,从思想内容和写作方法来看,文章无疑是开启了《左传》之先河,也可以说是先秦文书作品发展史上的一个重要标志,是上古文书的优秀篇章之一。

六韬·国务

文王问太公曰:"愿闻为国之务。欲使主尊人安,为之奈何[1]?"太公曰:"爱民而已。"文王曰:"爱民奈何[2]?"太公曰:"利而勿害,成而勿败,生而勿杀,予而勿夺[3],乐而勿苦,喜而勿怒。"文王曰:"敢请释其故[4]。"太公曰:"民不失务,则利之[5];农不失时[6],则成之;薄赋敛[7],则予之;俭宫室台榭[8],则乐之;吏清不苛扰[9],则喜之。民失其务,则害之;农失其时,则败之;无罪而罚,则杀之;重赋敛,则夺之;多营宫室台榭以疲民力,则苦之;吏浊苛扰[10],则怒之。故善为国者驭民[11],如父母之爱子,如兄之爱弟,见其饥寒则为之忧,见其劳苦则为之悲,赏罚如加诸身[12],赋敛如取于己[13]。此爱民之道也。"

注释

[1]"愿闻"句:想听听治国之道。要想君主尊贵,百姓安定,该怎么做呢?
[2]爱民奈何:怎么爱民? [3]利:使(百姓)得到好处。害:使……受损害。成:使……完成、成功。败:使……失败。予:给予。夺:抢夺。[4]释:解释,阐明。故:原因,此指具体的内容。[5]失务:失去所从事的工作。则:就。[6]失时:错过时令季节。[7]薄:减轻。依据下文判断此句前可能有脱文"无罪不罚,则生之"。[8]俭:指少建造。[9]清:清廉。[10]浊:贪污腐败。[11]驭民:治理百姓。[12]如加诸身:如同加在自己的身上。[13]取于己:从自己这儿收取。

译文

周文王询问姜太公说："想听听治国之道。要想君主尊贵，百姓安定，该怎么做呢？"姜太公回答说："就是要爱护百姓（爱民）罢了"。周文王又问太公说："怎么爱民？"太公回答说："要使（百姓）得到好处，而不是使百姓受到损害；要使百姓做事情能够完成或者使他成功，而不是使他们失败；生民不可滥杀，应该给予百姓的东西不可去胡乱抢夺。使百姓生活快乐，而不是去加重他们的痛苦；让百姓高兴，而不能去压迫使他们不满、愤怒。"文王说："希望你能够解释、阐明其中具体的内容和缘故。"姜太公回答说："百姓不会失去他们所从事的工作，就是有利于他们，对他们有好处；农民不错过时令季节，就能获得农作物（庄稼）的丰收；能够减轻赋税，就要给他们减轻赋税负担；少建造宫廷楼台不增加百姓负担，这样做百姓就高兴；官吏清廉不侵扰百姓财物的，百姓就喜欢他们（这样）。百姓失去他们所从事的工作，就是不利于（有害于）他们；农民错过了时令季节，农作物（庄稼）就要减产，不能获得丰收；百姓无罪而被惩罚，就是杀害（伤害）他们；加重百姓的苛捐杂税（赋税），就是抢夺他们；肆意多建造宫廷楼台以增加百姓徭役和负担，就是劳苦奴役他们；官吏贪污腐败，苛求盘剥和侵扰百姓，百姓就愤怒。所以善于治国的人治理百姓，就如同父母爱他的子女那样，如同兄长那样爱护弟弟，看见他们饥饿寒冷就为他们担忧，看见他们劳苦就为他们悲哀痛惜，对他们的赏罚就如同加在自己的身上，收取的赋税就如同从自己这儿收取。这就是爱民之道啊！"

品析

《六韬》为战国时人假托吕尚（姜太公）之名撰写的兵书，分为六篇，采用周文王、周武王发问，吕尚回答的形式阐述道理。"发问"与"回答"，这种古代人物对话形成的文字形式，类似今天的会议记录，或是非正式会议的谈话记录，据此整理而成的文字记录，也就自然成为文书材料或文件(文书作品)了。

文章提出治国之道的根本就是要"爱民"的重要思想,并简明扼要地阐述了爱民之道的具体内容,强调治国应以爱民为本,使百姓有利,有成,喜乐无忧。同时,文章反复说明和论证了要坚持"以民为本",朝廷就应该努力减轻赋税,减少苛捐杂役,减少楼台馆舍和宫殿的建设,以免增加人民的负担;而官吏则要清廉奉公,不得随意侵扰百姓,不得抢夺百姓财物,不得苛求盘剥民众,否则,就要遭到百姓的怨愤。最后,文章归结了"爱民"的最好体现,就是善于治国治民者,即所有英明的执政者,都应当真正做到"爱民如子、爱民如己"。

读此,实在令世人惊叹不已!这种"爱民"与"以爱民为本"、"爱民如子、爱民如己"的思想,早在几千年前的上古时代就已提出,并能够详尽地阐述论证说明它,这就不仅成为开创中国治国管理思想理论之先河,而且奠定了中国治国的基本经验、办法,成为中国古往今来的治国之道。遗憾的是,这种十分惊人而又深刻丰富的治国思想理论,未能为后来者,特别是统治者、执政者很好地继承与发扬光大。几千年来的改朝换代,凡是"开国者"还能在一定程度上"爱民",体会"爱民"的好处,往后就不能持之以恒,慢慢就演变成为"爱官",凡事就"以官为本",逐步走向腐败堕落,直至王朝灭亡。这几乎成为中国历史上朝代演变的基本规律了。从这个意义上说,本篇文章真是一篇千古文书之佳作,而文章所提出的"爱民"思想和治国理论,至今还是闪烁着历史的光芒,对于今天的国家管理者和执政者的"治国、治民、平天下",有着极其重要的参考价值和借鉴作用。不是吗? 今天我们的国家正在提倡"爱民","以民为本",那么,如何"爱民",如何"以民为本",又如何贯彻之呢? 此是值得认真思考的。须知,古往今来,"民为水、官为舟","水可载舟,亦可覆舟",治国者,执政者,爱民也,此种道理,岂不是值得我们今人认真读之,细想之,静静地反思而又深思之吗?

上述可见,本篇的重要艺术特色是:文章能够开门见山地提出十分鲜明的主题思想——治国之道在于"爱民",在于"以民为本",在于

"爱民如子、爱民如己",一层又进一层,层层深入地加以论述;同时,文章能够采用对比的艺术表现手法,突出主题,使所述的中心内容更为鲜活,思想更为闪光,可谓是历尽几千年的风风雨雨的洗礼而不失色。

国语·召公谏厉王弭谤[1]

厉王虐,国人谤王。召公告王曰:"民不堪命矣。"[2]王怒。得卫巫[3],使监谤者。以告,则杀之[4],国人莫敢言,道路以目[5]。

王喜,告召公曰:"吾能弭谤矣,乃不敢言!"

召公曰:"是障之也[6]。防民之口,甚于防川[7]。川壅而溃[8]伤人必多,民亦如之。是故为川者决之使导,为民者宣之使言[9]。故天子听政[10],使公卿至于列士献诗,瞽献曲,史献书[11],师箴,瞍赋,矇诵,百工谏[12],庶人传语,近臣尽规,亲戚补察,瞽、史教诲,耆、艾修之,而后王斟酌焉[13]。是以事行而不悖[14]。民之有口,犹土之有山川也,财用于是乎出,犹其有原隰衍沃也,衣食于是乎生[15]。口之宣言也,善败于是乎兴[16]。行善而备败,其所以阜财用衣食者也[17]。夫民虑之于心而宣之于口,成而行之,胡可壅也,若壅其口,其与能几何?[18]"

王弗听。于是国人莫敢出言。三年乃流王于彘[19]。

注释

[1]召(shào)公:即召穆公,为厉王卿士。厉王:周厉王,名胡,夷王之子,公元前878年即位,在位37年,因暴虐最后被放逐于彘。弭(mǐ):止,消除。[2]堪:禁当,忍受。命:指厉王的政令。[3]卫巫:卫国的巫者。[4]以:若。[5]道路:在句中作状语。以:用。[6]是:代词,这。障:防水的堤,此用如动词,堵塞。

之:代词,代人民之口。[7]防:堤。此用如动词,堵塞。[8]壅:堵塞。溃:溃决,泛滥。[9]是故:因此。为:治理。决:放,疏通。导:流通。宣:通,引导。[10]听:治理。[11]公卿:古代高级官员,公在上,卿在其下。列士:周代按位次,有上士、中士、下士,故称。瞽:盲人,古代以瞽者为乐官,因以为乐官的代称。书:史籍。[12]师:乐师。箴:文体的一种,用以规诫,此用如用动词,为进献箴言。瞍:盲人。赋:朗诵,有一定节奏。矇:盲人。诵:陈述。百工:百官。[13]庶人:百姓。近臣:王之左右。尽规:尽量规劝。亲戚:指与君王同宗的大臣。补察:弥补王之过失,监察主之行为。瞽、史:即瞽矇、太史,是两种史官,以瞽矇的传诵为主,太史的记录帮助记诵来传述历史。耆、艾:都是上了年纪的人,此指元老们。修:警告。焉:代词,指上述意见。[14]悖(bèi):违背。[15]之:助词,用于主谓之间。于是:从这里。乎:语助词。其:指上文的"土"。原:宽阔平坦的土地。隰(xǐ):低下潮湿的土地。衍:低下而平坦的土地。沃:有河流可资浇灌的土地。[16]善败:指国家政事的好坏。于是:从这,从人民的宣言中。兴:体现。[17]备败:防范人民认为坏的。所以……者:使……的原因。阜:增多。[18]之:代词,代意见。宣:发表。成:使实现。胡:怎么。与:赞同。几何:多少。[19]彘(zhì):晋地,在今山西霍县境内,公元前842年厉王被放逐到此。

译文

厉王暴虐,国人指责他。召公向厉王报告说:"百姓无法忍受君王的政令了。"厉王很生气,访得一个卫国的巫师,派他监视那些指责批评厉王朝政的人,如果得到巫师的报告,就把批评朝政者杀了。国人因此不敢说话,在路上遇见也只用眼睛示意。

厉王高兴了,告诉召公说:"我能够制止谤言了,现在他们不敢说了。"

召公说"这是堵塞百姓的口呀,堵塞百姓的口,比堵住大水还要危险。水道阻塞,大水泛滥,伤人一定很多,对待老百姓也是这样。所以治水的人是疏通水道使水流通,治理百姓的人是引导他们让他说话。所以天子治理朝政,是让公、卿、列士献诗,乐官献曲,史官献史籍,乐师进箴言,瞍者朗诵,矇者陈述,都用以规诫。百官直接面谏,百姓间接传语,左右大臣尽量规劝,君王亲戚补过监察,听从瞽、史的教诲,元老的告诫,然后君王再斟酌大家的意见,所以行事才不违背民意。百姓有口,就如土地有山川,财用从这里而出,就好像土地有高原、洼地、平川和沃野一样,衣食从这里而生。百姓说话,国事的好坏都从这里体现,推行好的,防备坏的,这是财用衣食能够增加的原因。百姓在心里考虑这些意见,从口里把它们说出来,君王应该使他们的愿望实现,推行那些好的办法,怎么能够堵塞它呢?如果堵住他们的口,那赞成者能够有多少?"

厉王不听。从此国人不敢说话。过了三年,就把厉王放逐到了彘地。

品析

木文选自《国语·周语上》,标题是另加的。《国语》是一部较早的国别史,也称国别体记言史书,共计 21 篇。它分别记载了从周穆王十二年(公元前 990 年)到周贞定王十六年(公元前 453 年)间,周、鲁、齐、晋、郑、楚、吴、越等国家的史实。汉朝司马迁在《报任安书》一文中说:"左丘失明,厥有国语",班固也认为,《国语》的作者是春秋后期的左丘明。因此,后人曾经认为它和《左传》一样,它们的记载涉及同一个时代,都是左丘明的作品。但是,这两部著作内容,不但详略互异,有时也有矛盾,现代的学者大都认为,这两书可能没有连带的关系,《国语》应该是战国初期的著作,作者已不可考了。

《国语》虽然说是一部历史著作,但是它以记言为主,真实地记述了春秋时代历史人物的言论,借以评述人物的高下和史实的得失。这种记述,许多是君臣之间的谈话和各种言论的记载,类似当时的会议记录,或是后人追忆当时君臣们言辞的记录,所以又可以看作是当时的一种文书形式。刘勰在《文心雕龙·书记》中说:"盖圣贤言辞,总为之书。书之为体,主言者也。"虽然说,这里是针对《尚书》而言,意即当时把圣贤说的话收集起来,便编成了《尚书》,故《尚书》是以言辞为其特色。但是通观《国语》,篇章的写作特色更为突出,它的文字比较质朴、简练和概括,以平淡委婉见长,写人物语言动作也生动形象。后人称《尚书》是我国最早的一部文书档案文件汇编,而《国语》在这方面又可以归入刘勰所说的"书记"体文书之列。

《召公谏厉王弭谤》,主要是记述召穆公规劝周厉王在治国中要善于纳谏的一段对话,阐明"防民之口,甚于防川"的道理。首先,文章记述西周厉王暴虐无道,不听召公劝谏,堵塞民言,使百姓不敢讲话的事情;接着,文章记述召公对厉王的谏言,明确指出厉王的这种闻谤而怒,滥而杀之的做法,"是障之也",同时以"防川"作喻,指出"弭谤"之危害,说明"民言不可壅",并且提出"宣之使言"的具体措施。最后,文章进一步说明纳谏,广开言路的好处,指出这是关系到国家和人民生死存亡,关系到如何治理国家政务,关系到如何建立帝王霸业,以及厉王的政权能否巩固的大事,因为只有这样做,才不至于违背事理,希望厉王能够效行。这样就使谏言同巩固与维护统治阶级的利益联系起来,具有较强的说服力。召公的这种思想主张,虽说是从维护厉王的统治地位出发,但是他所说的话是很有道理的,而且是既浅显明白而又生动的生活哲理。它表明民意就如山川之水那样,你要阻塞是堵不住的,而关键在于如何去疏通、引导百姓,让他们能够说话,不可违背民意。他这种管理国家的思想和主张,在当时具有进步意义,能够使国家兴盛起来,使君王立于不败之地。

事实证明,厉王拒不纳谏和不接受召公管理国家的进步思想,致使最后因失败而被逐流放彘地。这样就使两个人物形成鲜明的对比,从而达到《国语》以记言来评述人物的目的。另外,必须指出,文章记述了上古时期的君王在失去百姓信任时,百姓能驱逐流放他的史实。这里反映了上古社会国家管理中的民主性,反映了人民能够拥有一定的当家做主的权力,即如果国君不称职,百姓可以抛弃他。同时,文章也反映了国家的管理需要听取民众的声音,需要勇于纳谏,不得封锁和阻塞民言,要给民众话语权,让百姓敢于讲话的思想。这种民主思想的诉求,是上古时期国家管理的一种先进理念,至今仍然闪烁着它的光辉,只可惜未能为历代朝廷和君王所继承与发扬光大。尽管如此,这在当今社会,仍然不失其现实意义,确实是有许多可学习借鉴之处。可以看到,百姓的话想说不让说,想知道的事儿不让知道,不给话语权、知情权,而是千方百计要封锁它们,这就犹如百川之水,你想堵塞是堵不住的,堵得了一时,堵不了一世,其结果将会为"百川之水"所淹没,为百姓所抛弃。古今中外之治国治民者,及其治国治民之道,概是如此。

作为上古时期的文书作品,这篇文章具有自己独特的写作特色。

一是以明确的思想观点为轴心进行阐述,做到记言与记事的巧妙结合。文章虽说是君臣之间的谈话记录,但是其观点明确,能够围绕中心内容来展开本文的叙述,能以记言为主,但是也有记事,做到两者的巧妙结合。例如文章的开头和结尾部分,都能够简洁地交代事情的经过,文章要言而不繁,结构严谨,形成一个有机的整体。而这样的记事是服从于记言,服从于文章所要突出表达的中心思想和观点的。又如文章叙述厉王暴虐,阻塞民言,借以引出对话,而后记述厉王失败的下场,突出拒谏的恶果,为后代提供如何执政,如何当好百姓君王的借鉴。为此,文章把记言与记事很好地结合起来,使通篇文章立论鲜明,观点突出,这就自然构成文章的重要特色。

二是比喻恰切,形象生动,说服力强。在早期的文书作品中,本篇文章的表现手法和说理技巧,是很有可取之处的,这就是能够充分运用贴切自然的比喻。例如用河川作比喻,说明应该广开言路,应该招贤纳谏,才能使事业不败,否则终将因为不能疏导流水而为其所吞没,这样就使说理深刻而又形象生动,增强了文章的说服力。同时,文章在表述治国安邦、管理政务等重要思想方面,也能使记言层层推进,既有纳谏的思想主张,又有如何纳谏的办法、措施;既有文章所述的治国安邦思想的深刻性,又能够把这种思想理念阐述得富有生活哲理性和形象性,令人深思觉醒,百读不厌,特别是对于执政者、党政管理者来说,如能读之,更是能够从中受益无穷,从而使自己和国家的事业立于不败之地。

礼记·大学·修身齐家治国平天下

  所谓修身，在正其心者[1]，身有所忿懥，则不得其正[2]；有所恐惧，则不得其正；有所好乐[3]，则不得其正；有所忧患，则不得其正。心不在焉[4]，视而不见，听而不闻，食而不知其味。此谓修身在正其心。

  所谓齐其家[5]，在修其身者，人之其所亲爱而辟焉[6]，之其所贱恶而辟焉，之其所畏敬而辟焉，之其所哀矜而辟焉，之其所敖惰而辟焉[7]。故好而知其恶，恶而知其美者，天下鲜矣[8]。故谚有之曰："人莫知其子之恶，莫知其苗之硕[9]。"此谓身不修，不可以齐其家。

  所谓治国，必先齐其家者。其家不可教，而能教人者无之[10]。故君子不出家而成教于国[11]。孝者，所以事君也；弟者，所以事长也；慈者，所以使众也[12]。《康诰》曰："如保赤子[13]。"心诚求之，虽不中，不远矣[14]。未有学养子[15]而后嫁者也。一家仁，一国兴仁；一家让，一国兴让；一人贪戾，一国作乱[16]。其机如此[17]。此为一言偾事，一人定国[18]。尧舜率天下以仁[19]，而民从之；桀纣率天下以暴，而民从之。其所令，反其所好[20]，而民不从。是故君子有诸己，而后求诸人；无诸己，而后非诸人[21]。所藏乎身不恕，而能喻诸人者，未之有也[22]。故治国在齐其家。《诗》云："桃之夭夭，其叶蓁蓁。之子于归，宜其家人[23]。"宜其家人，而后可以教国人。《诗》云："宜兄宜弟[24]。"宜兄宜弟，而后可以教国人。《诗》云："其仪不忒，正是四国[25]。"其为父子兄弟足法，而后民法之也[26]。此谓治国在齐其家。

所谓平天下，在治其国者，上老老而民兴孝，上长长而民兴弟，上恤孤而民不倍[27]。是以君子有絜矩之道也[28]。

注释

[1]修身：提高自身的品德修养。在：在于。正：使端正、纯正。此句意为：提高自身的品德修养，关键在于使心（思想）纯正。[2]身：指的应是心。忿懥（zhì）：愤怒。不得其正：不能使它纯正。[3]好乐：喜好，贪恋。[4]心不在焉：心不在此。现作成语使用。[5]齐：整治。[6]之：于。辟：僻，偏向。此句意为：人对于他所喜爱的，就偏向它。[7]贱恶（wù）：不喜欢，讨厌。哀矜：同情。敖惰：骄傲、懒惰。此句意指对于自己认为是好的，值得同情的，或是认为有不同毛病的人，都不抛弃。[8]"故好而"句：因此，对于喜欢的人，能够知道他的缺点，对于讨厌的人，能够知道他的优点，这样的人是天下少有的。[9]"人莫知"句：人（因为溺爱）就不知道自己孩子的缺点，因为贪得无厌而不知道自己田里的苗长得有多好。[10]"其家"句：他自己的家没有政教风化却能对别人推行教化的，不可能有这样的事。[11]成教于国：在国中推行教化。[12]事：服侍。弟：即"悌"。使：指挥。[13]《康诰》：《尚书》篇名。保赤子：保育幼儿。[14]虽不中，不远矣：即使不能完全掌握根本，也离得不远了（差不多了）。[15]学养子：指先学怎么养育孩子。[16]兴：崇尚。让：谦让。贪戾：贪婪暴戾。[17]机：指关键。[18]偾（fèn）：败坏。定：决定（命运）。[19]率天下以仁：把仁作为天下必须遵守的准则。率，循、顺。[20]令：命令。反其所好：要别人的喜好和自己不同。此句意指桀纣对百姓暴虐，百姓就学他的样，要想让百姓对他不采取暴力，百姓是不会服从的。[21]有诸己：有善于己，即自己具备了美德。而后求诸人：然后才责于人，要求别人也具备美德。"无诸己"句：无恶于己（自己去掉了缺点），然后才要求别人（改正缺点）。[22]恕：指上句的推己及人。"不恕"，则是自己做不到，却要求别人做到。喻：明白。此句意为：自己心怀不恕（自己做不到）却要教育别人，让别人明白善恶的道理，这是从没有过的事。[23]《诗》：指《诗经·周南·桃夭》。夭夭：美丽。蓁蓁：繁茂。之子：这个女子。归：出嫁。宜：使和顺。[24]此句出自《诗经·小雅·蓼萧》。[25]《诗》：指《诗经·曹风·鸣鸠》。

仪:礼节、风度。忒(tè):差。正是四国:意指使周围的这些国家正,即给他们做出榜样。[26]"其为"句:这是以使当父亲的,当孩子的,当哥哥、弟弟的人效法,而后让百姓效法。[27]老老:尊敬老人,第一个"老"用作动词。长长:尊敬年长的人,第一个"长"用作动词。倍:通"背",叛离。[28]絜(xié):又作洁(jié),指测量圆筒形物体的粗细。矩:测画直角或方形的工具。絜矩之道:此指规范人们行为的准则,或曰治国之道。

译文

所谓提高自身的品德修养,关键在于使自身的心(思想)纯正。如果自身有所愤怒,就不能使它纯正;如果自身有所畏惧害怕,内心也就不能端正;如果自身有所贪图享乐安逸,就不能使内心得到纯正;如果自身有所忧患,内心同样不能端正。心不在于此(心思不能集中),就会看不见东西,听不到声音,吃东西也不知道它的味道。这就是说,提高自身品德的修养,就在于纯正(端正)自己的内心世界。

所谓管理整治好自己的家(家族),就在于提高自身的品德修养。这是因为人们对于他所喜爱的,就常常会喜欢和偏向他;对于自己所讨厌和不喜欢的,就会偏恶他;对于自己所敬畏的,就往往会特别尊敬他;对于自己认为是好的,值得同情的,就会袒护他;或是对于自己认为有不同毛病的人,也都不抛弃他。因此,对于喜欢的人,能够知道他的缺点,对于讨厌的人,能够知道他的优点,这样的人是天下少有的。有句古话(谚语)这样说:"人(因为溺爱)就不知道自己孩子的缺点,因为贪得无厌而不知道自己田里的苗长得有多好。"这可以说不能提高自己的品德修养,就不可能整治管理好自己的家庭(家族)。

所谓治理好国家,就必须首先治理好自己的家庭。他自己的家没有政教风化却能对别人推行教化,不可能有这样的事情。因而君子不出家庭,也能在国中推行教化。家庭中讲求的孝道是可以用来侍奉国君皇帝的;悌道是可以用来侍奉长辈的,而仁慈之道,也是可以用来指挥管理民众的。《尚书·康诰》说:"爱民就要如同母亲保育幼儿一样。"如果内心真诚地想要爱护百姓民众,即使不能完全掌握根本，也离得不远了（差不多了）。这个道理是，没有人先学怎么养育孩子，而后才去嫁人的。一个家（此指君王）能够仁爱相亲，一个国家的仁爱风气也就会兴盛起来；一个家（君王家庭）做到温良恭俭让，这个国家就自然会形成温良恭俭让的风气；如果一个人（君王）贪婪暴戾，那么整个国家就容易动荡作乱起来。这就是问题（事情）的关键之所在。这就是一个人（君王的话）可以败坏国家，一个人也可以安定国家。尧舜以"仁爱"为天下作表率，把"仁"作为天下必须遵守的准则，而天下人也就跟着（学习仿效）仁爱起来；桀纣以暴戾统治天下，而天下民众也就跟着贪暴起来（百姓就学他的样）；要想让百姓对他不采取暴力（要别人的喜好和自己不同），百姓是不会服从的。只有这样，君子自己修养提高了，去掉了缺点，具备了美德，然后才好要求别人也改正缺点。如果自己心中怀着自己做不到的事情，却要教育别人做到，让别人明白善恶的道理，这是从没有过的事（不可能做到的事）。因而，治理好国家就首先要治理好自己的家庭。《诗经》说："桃树长得十分美丽好看，它的叶子十分繁茂。这个女子要出嫁了，她使家里人和顺相处。"要使自己家人和顺相处，然后方能教化国人（百姓民众）。《诗经》说："使兄弟间和顺相处。"使兄弟间和顺相处了，之后才能教化国人（百姓民众）。《诗经》说："他的礼仪风度不差（没有什么错误），才能给周围的这些国家做出榜样（领导他们）。"这就是要做到可以使当父亲的，当孩子的，当哥哥、弟弟的人能够效法，然后才能让百姓民众去自然地效法他。这就是说要治理好国家，首先在于治理好自己的家庭（管好自己的家族）。

所谓使天下得到太平，就在于要治理好自己的国家。上面的人（有地位的人）能够尊敬老人，那么百姓民众就会兴起孝养敬重老人的风气；上面的人（有地位的人）能够尊敬年长的人，而百姓民众也就会兴起敬上的风气；上面的人（有地位的人）能够体恤怜爱孤寡，那么百姓民众也就不会相互抛弃叛离。这就是用以规范人们（君子）行为的准则，或曰治国之道。

品析

　　《礼记》是汉代以前有关各种礼仪与论述的选集,属资料性的汇编,可以看作广义的文书作品,也是儒家经典著作。为孔门再传弟子所记,内容较为复杂,既有解释礼仪经典的,又有考证和记载礼仪制度,记录某些礼仪条文(文件材料)的,还有关于礼仪制度的论述,以及记录孔门言论与行为杂事的篇章。因而,《礼记》成为研究中国古代社会各种礼仪制度、国家管理、政治体制、伦理观念,以及各派学说,特别是儒家学说的重要参考资料。至汉代有西汉人编定的 49篇,称《小戴记》,即现今通行的《礼记》。另有戴德编的 85 篇,现存39 篇,称《大戴礼》。东汉郑玄为《小戴记》作注,唐孔颖达为之作疏,后收入《十三经注疏》。

　　文章具有鲜明的写作特色。

　　首先,本文虽然是孔门弟子的记录性文字,但是文章思想内容丰富,意义深刻。文章真实记录和详尽论述了修身、齐家、治国、平天下的关系,说明平天下在于治国,治国在于齐家,齐家在于修身,修身在于正心。这"四种关系",层层递进,并且具有辩证的逻辑关系,而"心正"是根本,心术不正就一切都歪。文章所阐述的这种思想,在中国上古时期就能如此鲜明地提出来,这是极其难能可贵的,至今仍然闪烁着时代的光芒。在如今国家管理、政党管理中,处理好"修身"、"齐家"、"治国"、"平天下"四者之关系,岂是容易的事呢? 那些身居治党、治国之要位者,如果自身修养、思想不能修正,即其"心"不"正",又怎么能够管理好自己的家;既不能"齐家",又如何能够管理好、治理好国家呢? 而国家管理不好,又怎么能够使天下太平和社会安定呢? 现时那些纷纷落马或将要落马的腐败分子,其"心"哪里有"正"过? 这些人"人心不正",况且家中又有不贤之妻(或藏有不贤之"娇妻")、不贤之父母兄弟,那么岂有不"落马",不乱国乱政的呢? 此不仅是一个明摆着的道理,也是一个现实的大课题,有谁能做好它? 这是值得当今国人深思的。显然,文章的思想内容超越了历史时空,从而具有极其深刻的现实意义和十分深远的意义,值得一读,以便人们好好思考,切实"修身养性",求取"心正"而治国平天下。

其次,文章论述能够紧紧抓住"修身"、"齐家"、"治国"、"平天下"四者之内在的辩证关系,环环相扣,以简洁精练而又深刻透彻的笔调,加以论述,从基本的"正心"开始,以"平天下"作结,这样论证"四者关系",逻辑性强。文章在记录写法方面多用对仗、排比句,文句简练,却能够使其思想内容、意义的阐述更为深刻。

屈原（春秋战国）

卜　居[1]

　　屈原既放[2]，三年不得复见[3]。竭智尽忠，蔽障于谗[4]。心烦意乱，不知所从[5]。乃往见太卜[6]郑詹尹，曰："余有所疑，愿因先生决之[7]。"

　　詹尹乃端策拂龟[8]，曰："君将何以教之[9]？"屈原曰："吾宁悃悃款款朴以忠乎[10]？将送往劳来斯无穷乎[11]？宁诛锄草茅以力耕乎[12]？将游大人以成名乎[13]？宁正言不讳以危身乎[14]？将从俗富贵以偷生乎[15]？宁超然高举以保真乎[16]？将哫訾栗斯喔咿儒儿以事妇人乎[17]？宁廉洁正直以自清乎[18]？将突梯滑稽如脂如韦以洁楹乎[19]？宁昂昂若千里之驹乎[20]？将氾氾若水中之凫，与波上下，偷以全吾驱乎[21]？宁与骐骥亢轭乎[22]？将随驽马之迹乎[23]？宁与黄鹄比翼乎[24]？将与鸡鹜争食乎[25]？此孰[26]吉孰凶，何去何从？世溷浊[27]而不清，蝉翼为重，千钧为轻；黄钟毁弃，瓦釜雷鸣[28]；谗人高张[29]，贤士无名。吁嗟默默兮[30]，谁知吾之廉真？"

　　詹尹乃释策而谢[31]，曰："夫尺有所短，寸有所长[32]，物有所不足，智有所不明[33]，数有所不逮[34]，神有所不通[35]，用君之心，行君之意[36]，龟策诚不能知此事。"[37]

注释

[1]卜：占卦。居：处，处事之道。[2]既：已经。放：流放。[3]不得复见：不能再见到楚怀王。[4]蔽障于谗：因奸佞谗言中伤而被埋没。于，表被动。[5]从：跟随，从事。此句指不知该怎么去做。[6]太卜：主管占卦的官。[7]愿：希望。因：靠。决之：决定它（怎么做）。[8]端策拂龟：把策摆好，把龟拂净。策和龟为占卦用具。[9]何以教之：用什么来指教我？表示客气，意即有什么要占卜的。[10]悃（kǔn）悃款款：忠心耿耿的样子。以：而，表并列关系。宁……将……：宁可……还是……，表选择关系。[11]送往劳来：送走去的，迎接来的。劳，慰劳，欢迎。斯：那么。此句指官场往来应酬没完没了。[12]诛：锄，铲除。以：连词。力耕：努力耕作。[13]游：周旋。此句指周旋于达官显贵中求取名利。[14]正言：直言。危身：危及自身。[15]从：追随。此句意为追随世俗荣华富贵，苟且偷生。[16]真：真实本性。此句意为超然不屈保持自己的本性。[17]呢訾（zú zī）栗斯喔咿儒儿：唯唯诺诺强作笑颜的样子。共四个联绵词，均双声。"栗斯"的"栗"当作"粟"。事：侍奉。妇人：楚怀王宠妃郑袖。[18]自清：使自身清白无污。[19]突梯滑稽：圆滑的样子。如脂如韦：像脂膏、像熟皮那么油滑柔软。絜（jié）：测量。楹：柱子。测量圆柱子必须贴紧圆面。此句意为像脂膏熟皮贴紧柱子那样油滑随俗，趋炎附势。[20]昂昂：头抬得高高的样子。[21]氾（fàn）氾：浮游不定的样子。凫（fú）：野鸭。与波上下：随波逐流。此句意为像野鸭那样浮游不定，随波逐流，以此保全自己。[22]骐骥：良马。亢：举起。轭（è）：车辕前驾牲口的曲木。此句意为与良马一起拉车，并驾齐驱。[23]驽马：劣马。迹：足迹。此句意为跟在劣马之后。[24]黄鹄（hú）：善飞的大鸟。比翼：一起飞翔。[25]鹜（wù）：鸭。[26]孰：哪一个。[27]溷（hùn）：浊。[28]黄钟：声音洪亮的乐器。瓦釜：陶土制的锅，与黄钟对举。此句意为贤士如黄钟被排斥不用，谗佞小人却被提拔重用，好比是瓦锅却发出雷鸣般响声，黑白完全颠倒。[29]张：伸，指得到提拔，身居高位。[30]吁嗟默默：默默无闻不得志的样子。[31]乃：于是。释：放下。谢：表示歉意。[32]尺有所短，寸有所长：尺虽长于寸，但也有短的地方（如果截取一段来看），相反，寸也有算得上长的时候。意指看待事物不能绝对化。[33]智：智者。明：清楚明白。[34]数：术数，指占卦。逮：及，达到，此指卜算出来。[35]通：通晓。[36]用君之心，行君之意：按你的想法去决定你如何行事。[37]诚：实在。

译文

屈原自被放逐，已经三年了，不被朝廷召回，再也见不到楚怀王的面了。他虽然竭尽聪明才智效忠于祖国和君王，却因奸佞谗言中伤而被埋没和阻隔（放逐他乡）。所以心里郁闷，思想烦乱，不知该怎么去做才是好的。于是他就去找主管占卦的官郑詹尹，说："我有些疑而未决的事情，希望靠先生的占卜以决吉凶（决定该怎么做）。"

郑詹尹把占卦用具策和龟摆好拂净，对屈原说："你用什么来指教我？（有什么需要占卜的吗？）"屈原说："我是宁肯忠心耿耿、纯朴地尽忠事君呢？还是迎来送往，庸俗地殷勤假意于官场中没完没了的往来应酬，使自己不至于走投无路呢？是宁肯在家乡铲除茅草，努力耕作庄稼而隐居呢，还是周旋于达官显贵中求取名利荣誉呢，是宁肯不顾忌讳直言于君王而危及自身呢，还是追随世俗荣华富贵，苟且偷生，可耻地活着呢，是宁肯超然不屈，远走高飞，以保持自己的真实本性呢，还是巧言令色，唯唯诺诺强作笑颜去侍奉巴结那个女人（楚怀王宠妃郑袖）呢，是宁肯廉洁正直，使自身保持清白无污呢，还是要谄媚圆滑，像脂膏熟皮贴紧柱子那样油滑随俗，趋炎附势呢，是宁肯昂昂然气宇不凡像千里马呢，还是泛泛然像野鸭那样浮游不定，随波逐流，苟且偷生，以此保全自身呢，是宁肯与良马（贤者）一起拉车，并驾齐驱呢，还是跟在劣马（庸人）之后走呢，是宁肯与黄鹄（善飞的大鸟）一起飞翔呢，还是和鸡、鸭（凡鸟）争抢食物呢。这些事情，哪一个是吉？哪一个是凶？我应该丢掉哪一个？或是服从哪一个（怎么走呢）？而今的世界混浊不清，轻薄的蝉翼被认为很重，千钧的物体被认为很轻；贤士如声音洪亮的黄钟遭到毁坏遗弃，被排斥不用，默默无闻，而谗佞小人却被提拔重用，高居朝堂，气焰嚣张，好比是低劣的瓦锅却发出雷鸣般响声，黑白完全颠倒。啊！我只能默默无闻，不得志而又无话可说，有谁能够知道我的廉洁贞节呢？"

听了屈原这些话，郑詹尹于是放下手中的龟策（占卜用具），带有歉意地说："尺虽长于寸，但也有短的地方（如果截取一段来看），相反,寸也有算得上长的时候。事物各有长处,也各有不足之处,不能绝对化。智者也有不清楚不明白的地方,占卦也有卜算不出来的时候,神灵也有不能通晓的时候。用你的心,按你的想法,去决定你如何行事。龟策(占卜)实在不能知晓这些事,也不能决定你的人生道路选择。"

品析

屈原(约公元前 340 年—约前 278 年),名平,字原,战国时楚人,出身贵族,我国古代伟大的诗人。屈原一生尽职尽忠,具有很高的政治抱负和才能,学识渊博,善于辞令,文学修养深厚,曾得到楚怀王信任,担任过左徒、三闾大夫等职。他在任职期间,积极主张对外联齐抗秦,对内举贤授能,改革政治,变法图强,却遭受到保守势力的诽谤和打击,后因谗被楚怀王疏远。顷襄王继位之后,屈原又被逐放江南,过着流放的生活。其时,秦国强大,不断入侵楚国,楚屡次兵败而削地。当秦攻破楚国都城鄢郢(今湖北江陵县)时,屈原极度悲愤,痛心国势衰亡,既无力挽救楚国的危亡,又深感无法实现自己的政治理想,遂投汨(mì)罗江而自尽。

屈原流传的主要作品有《九歌》、《九章》、《离骚》、《天问》、《招魂》、《渔父》,以及本篇《卜居》等篇。他的诗文,能够深刻揭露统治者的腐朽和压迫剥削百姓的罪恶,表达了作者革新政治、图强救国的远大理想,以及爱国爱民的情感与刚直不阿的性格。同时,屈原作为我国的第一个大诗人,他打破了《诗经》以四言为主的句式,从楚国民间文学中吸取了丰富的营养,开创了一种句法参差、灵活多变的新诗体——楚辞(骚体)。他的诗文,在创作中驰骋了奇特的想象,运用了夸张、铺陈、比兴等手法,以优美的语言描绘了一幅幅雄奇壮观的画面,既有神话传说,又有百姓疾苦和社会生活的真实记录,其构思奇特,想象丰富,文辞华丽,是一种积极浪漫主义和现实主义艺术手法的完美结合。刘勰在《文心雕龙·辨骚》中称:"其衣被词人,非一代也。"鲁迅在《汉文学史纲要·屈原及宋玉》中指出:"逸响伟辞,卓绝一世。后人惊其文采，相率仿效。"可见，其对后世影响之深远。

《卜居》，作为篇名，即用占卦以明处世之道，能够言简意明地表述文章的中心内容和作者的思想感情。我国上古时期的殷商时代，通常是上至祭祀、战争，下至生病或婚嫁，几乎无所不问卜。将问卜的内容与结果记录下来，刻于龟甲兽骨之上，即是早期的甲骨卜辞，后世也称之为甲骨文书。它是上古时期宗教观念与宗教法术的产物，是一种特殊格式的"记事"文体，记录了上古时期人们生活、社会活动和国家发展变化的真实情况，因而甲骨卜辞也就是占卜文书。而本篇《卜居》，作为一种卜卦文书，记写的是屈原问卦，抒发了他的满腹悲愤之情。第一部分写屈原因自己对国家尽忠尽职，却遭到流放而感到心烦意乱，"不知所从"，无计可施，只得求助于问卦。第二部分用了八个选择问句，每句都列出两种截然相反的态度。虽是在问卦，求神指点，其实答案早有，他只愿选择前者。最后一段处理绝妙，这种困难的选择连神灵都无法指点，实是无法两全其美，只好还是由屈原自己来作出决定。

《卜居》作为我国春秋战国时期的一篇占卜文体作品，其体裁和艺术均较为成熟，在写作上具有明显的特色。

首先，文章善于运用占卜文体来表达作者的思想感情，并与自身的遭遇、处境、情感巧妙结合。屈原在一生中，忠君爱国爱民，然而却被谤被贬，长年被流放，报国无门，内心郁闷烦乱，思想极度矛盾和痛苦。因而，借求神问卜，倾诉自己的思想情感，是很自然的事情。就通常的占卜活动来说，往往是占卜人提出所疑之问，请人占卜，以决吉凶，以明世事。而本文的占卜问卦，其本身就已经有了正确性的答案和选择，这就是作者长于表达思想情感的写作方法。

其次，文章能够巧妙运用一正一反的语言艺术表现技巧，正反设问与回答，使所要表述的思想情感更加鲜明。屈原在被流放的三年中，总结回顾了自己的人生经验和道路，并加以比较对照，其中善恶分明，是非昭然，真伪可辨，思绪万千，连发 16 个疑问，运用 8 个选择问句，形成两种截然不同的回答。这就是自问自答，即抱定了自己忠于国家和人民的决心，又充分肯定自己除恶兴邦、竭智尽忠、廉洁为民、刚正不阿的高贵品格与崇高的献身精神。同时，作者批判和否定了那些攀附权贵、趋炎取媚、颠倒黑白、恶意毁谤、苟且偷生、随波逐流的小人，进而对那个黑白颠倒、是非混淆、贤者遭斥、谗佞喧嚣的黑暗社会现实作了悲愤而又严厉的控诉。这样，就使文章所要表现的思想和情感强烈而又鲜明，中心主题突出，表现手法巧妙。

乐毅（春秋战国）

报燕惠王书[1]

臣不佞[2]，不能奉承王命以顺左右之心[3]，恐伤先王之明，有害足下之义[4]，故遁逃走赵。今足下使人数之以罪[5]，臣恐侍御者不察先王之所以畜幸臣之理[6]，又不白臣之所以事先王之心[7]，故敢以书对。

臣闻贤圣之君不义禄私亲[8]，功多者授之；不以官随爱，能当者处之[9]。故察能而授官者，成功之君也；论行而结交者，立名之士也[10]。臣窃观先王之举也，见有高世主之心，故假节于魏，以身得察于燕[11]。先王过举，擢之宾客之中，立于群臣之上，不谋父兄，以为亚卿[12]。臣窃不自知，以为奉令承教，可幸无罪，故受令而不辞。

先王命之曰："我有积怨深怒于齐，不量轻弱，而欲以齐为事[13]。"臣曰："夫齐，霸国之余教，而骤胜之遗事也[14]。闲于兵甲，习于战攻[15]。王若欲伐之，必与天下图之[16]。与天下图之，莫径于结赵矣[17]。且又淮北宋地，楚魏之所同愿也[18]。赵若许，而约四国攻之，齐可大破也。"先王以为然，具符节南使臣于赵。顾反命，起兵齐[19]。以天之道，先王之灵，河北之地随先王而举之济上[20]。济上之军受命击齐，大败齐人，轻卒锐兵，长驱至国。齐王逃遁而走莒，仅以身免;珠玉财宝、车甲珍器,尽收入燕。齐器设于宁台,大吕陈于元英,故鼎反乎历室,蓟丘之植,植于汶篁,自五伯以来,功未有及先王者也[21]。先王以为慊于志,故裂地而封之,使得比小国诸侯[22]。臣窃不自知,自以为奉命承教,可幸无罪,是以受命不辞。

臣闻圣贤之君,功立而不废,故著于《春秋》;蚤知之士,名成而不毁,故称于后世[23]。若先王之报怨雪耻,夷万乘之强国,收百岁之畜积[24]。及至弃群臣之日,余教未衰,执政任事之臣,修法令,慎庶孽施及乎萌隶,皆可以教后世[25]。

臣闻之,善作者不必善成,善始者不必善终[26]。昔伍子胥说听于阖闾,而吴王远迹至郢,夫差弗是也,赐之鸱夷而浮之江[27]。吴王不寤先论之可以立功,故沈子胥而不悔;子胥不蚤见主之不同量,是以至于入江而不化[28]。

夫免身立功,以明先王之迹,臣之上计也;离毁辱之谤,堕先王之名,臣之大恐也[29]。临不测之罪,以幸为利,义之所不敢出也[30]。

臣闻古之君子,交绝不出恶声;忠臣去国,不絜其名[31]。臣虽不佞,数奉教于君子矣。恐侍御者亲左右之说,不察疏远之行,故敢献书以闻,唯君王之留焉[32]。

注释

[1]乐毅:战国时赵国人,原在魏为臣,出使燕国时,受到燕昭王的礼遇与信任(燕昭王为报齐破国杀父之仇,"卑身厚币"以求士),留在了燕国。燕昭王封他为亚卿,统兵伐齐,终于破齐七十余城,又被封为昌国君。昭王死后,燕惠王中齐反间计,怀疑乐毅,解除他的兵权,乐毅逃奔赵国。乐毅一走,齐将田单就用计打败燕军,仍收回七十余城,恢复了齐国。此时燕惠王才懊悔,差人去责备乐毅,乐毅遂以此书答惠王。[2]不佞:没有才智,谦辞。[3]奉承:遵照。左右:燕惠王所亲近的人。[4]明:明察。义:信义。[5]数:责问。[6]侍御者:侍奉惠

王的人。因不敢直言惠王,托辞称侍御。畜:养,指任用。幸:亲爱之,宠幸。
[7]事:侍奉。[8]私:偏私授给。[9]随:按己意授给。处:安排。[10]论:考虑,
研究。[11]假节于魏:向魏王借节出使,意即借故向魏王要求出使燕国。以:
让。身:指自己。得察:被了解。[12]过举:破格任用。擢(zhuó):提拔。谋:商
议。父兄:指与燕王同姓的大臣。亚卿:仅次于最高官职正卿的职务。[13]量:
衡量,考虑。以齐为事:把向齐国报仇当作自己的任务。[14]霸国之余教,而骤
胜之遗事也:称霸天下,余教犹存;数胜他国,遗事犹存。这两句的意思是齐国
的威力至今还保持。[15]闲:熟习,后来写作“娴”。兵甲:指军事。习:通晓。
[16]图:谋取。[17]径:直接。于:表比较。[18]楚魏之所同愿:楚魏共同想要
的。楚想得淮北,魏想得到被齐所占的原宋地。[19]顾反命:返回复命。[20]
河北之地:黄河北的赵魏等国。举:全。之:往。济上:济水西齐国边境。[21]
宁台:燕台。大吕:齐国钟名。元英:燕国宫殿。故鼎:本为燕国之鼎,齐败燕时
被夺去。反:返。磨(lì)室:燕国宫殿。五伯:五霸,即齐桓公、晋文公、秦穆公、
宋襄公、楚庄王。[22]慊(qiè):满足。比:地位相当。[23]废:废弃,败坏。蚤:
同“早”。称:称颂。[24]若:像。夷:平服。畜积:积聚,聚藏。[25]余教:先王
遗留下的政策法令。庶、孽:庶子,国君之妾所生。新立的君主都担心庶孽之
乱。萌隶:人民。[26]不必:不一定。[27]说:言论主张。听:听从,接受。阖
间:吴王。远迹:远征。夫差:阖间之子。之:指伍子胥。鸱夷:皮革做的口袋。
浮之江:夫差听从太宰伯嚭的计策,与伍子胥政见不同。最后伍子胥被夫差赐
死,死前他对家人说可挖出他的眼睛挂在城墙上,他要看着越兵入吴。夫差听
说了,又将他的尸体装入革囊,沉于江中。[28]先论:指伍子胥劝夫差拒绝越国
求和,不该轻率伐齐的意见。蚤,同“早”。主之不同量:吴国先后两位君主是不
同抱负的。化:改变。[29]免身:脱身,指躲避灾祸。以:连词。迹:指功绩。堕
(huī):毁坏。[30]不测之罪:不可估量的重罪,指去燕走赵。以幸为利:意即把
得到赵之宠幸(助赵伐燕)为目的,以对己有利。[31]出恶声:说坏话。絜其名:
(以说国君的坏话)洗刷自己的名声。絜,即“洁”。[32]亲:相信。疏远:被疏远
的人,乐毅说自己是被惠王疏远的人。唯:句首语气词,表希望。留:留心体察。

译文

　　臣乐毅不才,不能遵照君王的命令,顺从君王左右的心意,害怕
(回到燕国被判处死罪)损害先王明察的美名,而且也有损于您的信

义,所以我逃奔到了赵国。现在您派人数落臣的不是,臣恐怕这些侍御不能体察先王之所以任用宠幸臣的道理,又不能明白臣之所以侍奉先王的心思,因而大胆地用这封信回答您。

臣听说圣贤的君主不把俸禄偏私授给自己所亲近之人,功劳多的才授给;不把官职随意授给自己所喜欢的人,能胜任的才授给。因此,审察人的才能而授官的,是成功的君主;考虑人的品行而结交的,是立名节的士人。(当年)臣私下观察先王的举止,觉得他有高出一般君主的理想,因此借故出使燕国,从而让自己能得到燕国的了解。先王破格任用,把臣安排在群臣之上,未与宗室大臣商议,让臣当了亚卿。臣没有自知之明,自以为只要奉行先王之令,承受先王训教,就可侥幸无罪,所以接受任命而不推辞。

先王下令说:"我对齐国有深仇大恨,因此不顾国家的弱小,而把向齐国报仇当作自己的使命。"臣回答说:"齐国称霸天下,屡胜诸侯,威力尚存,且熟习军事,善于打仗。君王如果要去讨伐他们,就一定要和天下诸侯共同对付他。和天下诸侯共同对付他,不如直接先和赵国联合。而且淮北、宋地是楚魏都想要的地方,赵国若答应,楚赵魏燕四国一起攻打,就能大败齐国了。"先王认为有理,亲授命令,派臣向南出使到赵国。待臣返回复命,就起兵攻齐。靠了上天的照应、先王的威灵,黄河北边赵魏等国全都跟随先王来到济水边上,军士们奉命出击齐国,大败齐军。轻装的士卒使用锐利的兵器,一直打到齐国国都。齐王逃到莒,仅免一死。齐国的珠玉财宝、车甲珍器,都收到燕国了。齐国祭器、齐钟大吕都陈列于燕,曾被夺走的燕国大鼎也回到了燕国。燕都蓟丘,种上了齐国的篁竹。自春秋五霸以来,功绩都没有胜过先王的。先王觉得这些胜利满足了他的意愿,因此划地封赏了臣,使臣能够与小国的诸侯地位相当。臣没有自知之明,自以为奉行了先王之令,承受先王的训教,可因此侥幸无罪,所以接受了封赏而未推辞。

臣听说圣贤的君主,建立了功业就不肯废弃,所以被载入史册;先见之明的人士,有了名声就不肯毁坏,所以被后世称颂。像先王这样，报仇雪耻，铲平了拥有兵车万乘的强国，收缴了齐国 800 年积聚的财物，等到他抛弃群臣逝世那一天，还留下教导后代子孙的遗训，这是执政管事的朝臣，所以能够遵循法令，使庶子顺从的缘故，并且把遗训施行到百姓中间，都是可以用来教育后代的。

臣听说，善于开创事业的，不一定能够最后成功；有良好开端的，不一定有圆满结局。从前伍子胥的主张为吴王阖闾接受，吴王就远征到郢。夫差就不这样，他把伍子胥赐死投入江中。夫差不知道伍子胥的意见可以为吴国立下大功，所以把他投入江中而不悔恨；伍子胥则没有早知道两代君王抱负不同，因此直到被投入江中也不知改变主张。

脱身避祸保全功劳，来表明先王的功绩，是臣的上策；遭辱被诽谤，毁坏先王的名声，是臣所害怕的。面对不可预测的罪名，把得到赵国宠幸视为己利，从道义上臣是做不出的。

臣听说古时的君子，交往断绝但不互相说坏话；忠臣离开所在国家，不（以说国君的坏话）保全自己的名声。臣虽不才，但多受君子教诲，只因恐侍御听信别人的意见，不能了解我这被疏远的人的行为，所以大胆呈上这封信向您报告，希望君王留心体察。

品析

乐毅（生卒年未详），战国时赵国（今河北平山）人，著名军事家。乐毅原在魏国为大臣，出使燕国时，受到燕昭王的礼遇与信任。燕昭王为报齐破国杀父之仇，"卑身厚币"以求士，使乐毅留在燕国。燕昭王封他为亚卿，并与乐毅商议伐齐复国大计，乐毅提出与诸侯结盟，共同讨伐齐国的主张。燕昭王采用了乐毅的策略，命其统兵伐齐，终于公元前 284 年破齐七十余城。为此，乐毅又被封为昌国君。燕昭王死后，燕惠王继位，由于中了齐的反间计，怀疑乐毅，遂解除了他的兵权，乐毅乃逃奔赵国，被赵国封为望诸君（后死于赵国）。而乐毅一走，齐将田单就用计打败燕军，收回失去的七十余城，恢复了齐国。此时，燕惠王才懊悔，差人责备乐毅并谢罪，乐毅遂以此书答燕惠王。

　　《报燕惠王书》，是乐毅针对燕惠王对其责难所呈送的上书，也是给燕惠王的回复书信。文章开门见山地述说了弃燕奔赵的理由和呈送本书信的原因。接着，文章叙述了乐毅与燕昭王的君臣关系，说明燕国的成功，是因为燕昭王圣贤，能够正确识别和使用人才，能够知人善用于乐毅，而乐毅则尽心尽力地为燕昭王和燕国效忠效力，受命联合诸侯，领兵伐齐，打败齐军，连续攻下七十余城，为燕昭王报仇雪耻，取得讨伐齐国的胜利。紧接着，文章叙述说明圣明的君主能够建功立业，能够载入史册，流传后世，因而燕昭王开创的政策法令不能废弃，应当恩泽延及百姓，这些都是能够教育后世的。同时，文章引用伍子胥为例，说明昏君不任用贤臣志士，最终就会走向失败。最后，文章告示燕惠王，在燕国为臣事君，是为了对燕国和燕昭王尽忠，而为避祸害离燕奔赵，也是可以保全先王知人之明的。同时还表明自己虽人在赵国，却恪守信义，不会做损害燕国的事情，并再次说明呈送本书信的缘由，希望燕惠王能够体察其心迹。至此，文章有力地反驳了燕惠王对乐毅的责难，尽情地表白了作者的忠心和理想。其中，虽说作者是从个人的恩怨关系、君臣关系去看待人生，抒发其心迹和情趣的，但是，书中所提出的治国安邦的思想理念和主张，是有着积极意义的，也是十分可取的。

　　本文在写作方面是有特色的。

　　首先是于辩冤之中见立论。文章作为向过去君王的上书，虽然没有直接陈述自己的政见，但是却能够通过回答燕惠王的责难而把自己的思想、政见表露出来，这就是它的巧妙之处。书中所述，主要是表露自己对先王的忠诚，辩驳自己有功于燕国，是惠王负于他，而不是他负于惠王，进而就很自然地陈述乐毅的曲折心迹，抒发自己的志趣与理想，这都是书中的辩冤和对惠王责难的回答。在这一叙述之中，文章提出知人善用，赏罚分明，按能力之大小而秉公授职授禄是成功君王的体现的思想观点，并以自己和先王之例加以论述。这样做既表达了自己的思想和政见，又使自己的辩白立于不败之地，很好地做到立论与辩冤相结合，使文章巧妙地于回答责难与辩冤中把自己的政见和思想体现出来。这是本文写作中的一个突出特点。

其次，由于乐毅与惠王原来是君臣隶属关系，虽有尊卑等级，但是后来又脱离了君臣关系，乐毅出奔赵国，被赵国封为望诸君，这就使他的上书能够超越其他奏章不能触犯君主的戒规，言语之间就有了批驳对方的自由，能够鲜明地表示对"亲左右之说，不察疏远之行"的燕惠王的不满，并对燕惠王作了无情的谴责和批评，用以回敬对方。这样有力地分辩是非曲直，证明先王的圣明，燕惠王的昏庸，乐毅的无罪，这在其他上书奏章中是不可能做到的。全篇言辞虽委婉恳挚，但充满幽愤之情，特别是诉说人才的被压抑，使人同情和感慨。但是全篇不局限于诉说一般的情感，气势雄伟瑰丽，表达了自己的清高气节，语气不亢不卑，光明磊落，气度不凡。如对燕昭王的知遇之恩，满怀感激和效忠之心；对燕惠王的责难，则饱含悲愤郁闷之情；对自己的心迹的表白，则流露出真实感人之情势。这一切充分地表达了作者的思想感情和理想，显示出作者的高洁的品格。

本篇确为一篇出色的上行书信体文书，引起历代众多读者的共鸣，后人阅读了此书，多产生"未尝不废书而泣也"的感觉。对此，著名的史学家、档案工作者司马迁给予极大同情，他抱着赞扬乐毅的态度，写下了《乐毅列传》，反映了那个时代里，有才能的人才不能实现自己的理想和抱负的苦闷之情。

范雎（春秋战国）

献秦昭王书

　　臣闻明主涖政[1]，有闻者不得不赏，有能者不得不官[2]。劳大者其禄厚，功多者其爵尊，能治众者其官大[3]故无能者不敢当职焉，有能者亦不得蔽隐[4]。使以臣之言为可，愿行而益利其道[5]；以臣之言为不可，久留臣无为也[6]。

　　语曰："庸主赏所爱而罚所恶，明主不然，赏必加于有功，而刑必断于有罪[7]。"今臣之胸，不足以当椹质，而要不足以待斧钺[8]，岂敢以疑事尝试于王哉！虽以臣为贱人而轻辱，独不重任臣者之无反复于王耶[9]？且臣闻周有砥砚，宋有结绿，梁有县藜，楚有和璞[10]，此四宝者，土之所生，良工之所失也[11]，而为天下名器。然则圣王之所弃者，独不足以厚国家乎[12]？

　　臣闻善厚家者取之于国[13]，善厚国者取之于诸侯，天下有明主，则诸侯不得擅厚者[14]，何也？为其割荣也[15]！良医知病人之死生，而圣主明于成败之事。利则行之，害则舍之，疑则少尝之。虽舜禹复生，弗能改也！

　　语之至者[16]，臣不敢载之于书，其浅者又不足听也。意者臣愚而不概于王心耶[17]？亡其言臣者贱而不可用乎[18]？自非然者[19]，臣愿得少赐游观之间[20]，望见颜色[21]。一语无效，请伏斧质[22]。

注释

[1]涖(lì)政：执政。涖，即"莅"，临也。[2]闻(wèn)：声望。官：此作动词，授官。[3]尊：贵，高。治众：管理许多政务。[4]得：被。"不得蔽隐"即不被埋没。[5]而：连词，后者为目的。益：更加。[6]久留臣无为：久留臣在这里也没用。意即臣不能想出有用的主意，则不如不留。[7]恶(wù)：讨厌。然：这样。于：引出动作的接受者。[8]当：承受。椹质：杀人时做垫用的砧板。要：即"腰"。待：承受。[9]虽：即使。独：副词，表反问，相当于"难道"。重：重视。任臣者：推荐小臣的人。无反复于王：对君王始终如一，忠心不渝。[10]砥砨(dǐè)、结绿、县藜、和璞：均为玉名。[11]失：此指未能进行鉴别。[12]厚：有益。[13]之：代"厚"，好处。[14]擅：独揽。[15]割荣：共享荣耀。[16]语：谈话。至：深。指极重要的事，即"诸侯不得擅厚"，不让魏冉专权的事。[17]意者：想来大概。概：合。[18]亡其：也作"妄其"、"忘其"，选择连词。言臣者：举荐臣的人。[19]自非：如果不是。[20]游观之间：游览、观赏的空闲时间。[21]颜色：指皇上。[22]斧质：刑罚，意指治罪。

译文

臣听说圣明的君主执政，有声望的人不会得不到奖赏，有才能的人不会不给封官。出力多的人俸禄多，功劳大的人爵位高，能多办事的人官职大，因此无能的人不敢担当职务，有才能的人也不会被埋没。如果君王认为臣的话是正确的，希望能推行，从而更加有利于君王的统治；如果认为臣的话不正确，那么久留小臣也是无用的。

古话说：昏庸的君王奖赏他所喜欢的人而惩罚他讨厌的人。圣明的君主就不这样，奖赏一定是加给有功的人，而刑罚一定是断给有罪的人。臣的胸膛不能用来充当砧板，而腰部也不能承受斧劈，岂敢以惑乱之事来向君王作尝试（以身试法）呢？即使您把臣看作下贱人而轻视侮辱，难道就不考虑到举荐臣的人对陛下是忠诚不渝的吗？况且臣听说周有砥砨，宋有结绿，梁有县藜，楚有和璞，这四种宝玉出产在大地上，虽然未能被良匠识别，但却是天下的奇珍异宝。那么，被君王遗弃的人，难道就不可能是有益于国家的人才吗？

臣听说善于为自家谋利益的人，是从国家捞得好处；而善于为国家谋利益的人，是向诸侯取得好处。天下有圣明的君主，就不能让诸侯独揽利益。为什么呢？因为他们会分享君王的荣耀。良医知道病人的生死，圣主清楚事情的成败。有利就推行，有害就舍弃，有疑问就少去做无谓的尝试。即使虞舜夏禹再生，也不能改变。

臣想说的极重要的事，不能写在信上。这样浅近的道理又不能让君王听进去。想来大概是臣愚钝，不能合于君王的心思吧？或者是举荐臣的人是不可信任的？如果不是这样，臣希望君王能把游览的空闲时间稍微赐给一点，让臣见见您。臣要对您说的话有一句不起作用，就请君王治罪。

品析

范雎（？—公元前255年），战国时魏人。事魏期间，受权贵魏齐的迫害，幸免于死。后来在魏人郑平安的帮助下，秦国使者王稽将范雎带至秦国，并举荐给秦昭王，始不为秦昭王所重，及至秦王观阅了他的奏章，才出庭接见了范雎，待之敬如贵宾。次日，秦王三次拜问就教于范雎，范雎进献了霸王帝业之计，深得秦王赏识和宠爱，拜他为相，后封为应侯。秦大臣魏冉专权，范雎几度游说秦王将其驱逐。又说，范雎曾冒死上疏秦王，欲夺太后之弟穰侯之位。范雎事秦为政期间，忠心耿耿地巩固秦昭王的统治地位，为发展秦国的经济与军事实力，协助建立秦国的霸王帝业等做出了极大的贡献，是秦国的著名政治活动家。范雎在建立了功名，报了恩仇之后，即称病引退，归还相印而出走，不为权贵荣华酒色所迷惑，亦不为宦海之狂涛险滩所淹没，可谓聪明之至。

《献秦昭王书》选自《战国策·秦策三》，是范雎进献于秦昭王的第一份奏疏，也称自荐秦王的上书。刘勰在《文心雕龙·书记》中说"战国以前，君臣同书"，指的就是这种公文形式。其时，在秦国执政的穰侯、华阳君等人，是秦昭王母宣太后之弟，与魏冉等专权，守旧，排挤和反对至秦国的客卿，对这些人不予重用，故范雎初至秦国，受到秦王的怠慢。为了取得秦王的信任，范雎向秦王上书，初步陈述了自己的政治主张。秦王阅读了奏疏，大喜，即召见范雎。《战国策·范雎说秦王》比较客观地记述了秦王三次请教范雎的真实情况，以及范雎在《献秦昭王书》中所未能详述的政见，致使秦王大喜，告范雎说："愿先生悉以教寡人，无疑寡人也。"可见，范雎的政见迎合了秦昭王的政治与军事需要，是符合秦国霸王帝业的根本利益的。

《献秦昭王书》，主要是范雎向秦王陈述英明的君主要使国家强盛起来，要治理好国家，就必须广揽人才，必须重用贤能志士。首先，文章提出，明主立政强国，应当是"无能者不敢当职"，"有能亦不得蔽隐"，要不分客主，不拘一格，只要是贤能的人，就应该任用他，充分发挥他的才能智慧。接着，文章叙述昏庸君主和英明君主的区别，就在于是否赏罚分明。文章以楚之和璞等四件珍宝为例说明有才能的人尽管被埋没，但他仍然是珍宝，同样可以有益于国家。然后，文章指出圣明的君主应该广揽人才，发现各种人才与贤能志士，应该像医生那样能够判明病人的生死，应该明了成败之事理，"利则行之，害则舍之，疑则少尝之"。最后，文章表明范雎以冒死之决心上书，希望秦王可以当面听听他的意见。

文章所述的尽管是范雎希望能够得到秦王的召见和任用，但是他却是从秦国的富强和秦王的利益上着想而提出自己的政治主张的，这样就自然使秦王乐于接受。在古代国家治理中，许多封建志士为了得到君王的任用，为了施展自己的抱负和政治主张，总是大胆地自荐于君王，向君王上书陈述政见，范雎的自荐书就属于这种。文中提出如何做贤明君王，如何管理朝政，如何正确地使用人才的思想，至今仍是有借鉴意义的。

本篇上书在写作上是成功的。

首先，文章思想内容鲜明，语言奇丽华茂，颇有战国时期呈献诸侯公文的特色。这就如刘勰所说："及七国献书，诡丽辐辏。"文章虽说是请求秦王召见和任用自己的呈文，但是书中所提出的思想观点鲜明,说理清晰,比喻恰当,逻辑性严密,说服力强,如从范雎后来受到秦王的召见和重用来看,就足以说明其感人的力量。同时,作者紧紧抓住治国强政,建立霸业以及如何使用人才,疏远小人,凡事要衡量利弊等措施和方法方面进行论述,就使人不得不接受他的意见和主张。这是因为作者不拘泥于自己的求见和受重用,也不仅仅局限于表现自己,而是以其合理的思想观点来说服对方。

　　其次,文章的另一特色是,善于抓住秦王当时的心理状态,顺着对方的思想感情、情趣志向,以及急于用人的心理要求等,把内容引导到对方关心的关键性问题上,即所论及的用人问题、治国管理的方法等,使之能够符合统治者的利益需要,服从上书所要表达的主要任务。可以设想,如果对方为昏庸君主,是不可能去发现和使用人才的,就不可能做到赏罚分明,公正地去治理国家,也就必然不会接受范雎的政见主张。由于文章做到了这点,认清对方的心理和情感、志趣,就能够使作者虽身处逆境,"而功成计合"。这种表现技巧的巧妙,显示出其高超的雄辩能力。而且,文章又能委婉陈词,含意深刻,点到即止。范雎初到秦国,当然不可能直接对君主和穰侯等提出正面的批评,但又要表露他的思想观点,以便取得机会面见秦王深入阐述,故全篇语言虽谦恭,但柔中有刚,斩钉截铁,不容置疑,最终达到了自己的目的。这样好的上书对后世上书呈文颇有影响,如李斯的《谏逐客书》,在表现手法和技巧等方面,就很受此篇的影响。

李斯（秦）

谏逐客书[1]

臣闻吏议逐客，窃以为过矣。昔缪公求士，西取由余于戎，东得百里奚于宛，迎蹇叔于宋，来丕豹、公孙支于晋[2]。此五子者，不产于秦，而缪公用之，并国二十，遂霸西戎。孝公用商鞅之法[3]，移风易俗，民以殷盛，国以富强[4]，百姓乐用，诸侯亲服，获楚魏之师，举地千里，至今治强[5]。惠王用张仪之计，拔三川之地[6]，西并巴蜀，北收上郡，南取汉中，包九夷[7]，制鄢郢，东据成皋之险，割膏腴之壤，遂散六国之从，使之西面事秦，功施于今[8]。昭王得范睢，废穰侯，逐华阳，强公室，杜私门，蚕食诸侯，使秦成帝业。此四君者，皆以客之功[9]。由此观之，客何负于秦哉？向使四君却客而不内[10]，疏士而不用，是使国无富利之实，而秦无强大之名也。

今陛下致昆山之玉[11]，有随、和之宝，垂明月之珠，服太阿之剑，乘纤离之马，建翠凤之旗，树灵鼍之鼓。此数宝者，秦不生一焉，而陛下说之[12]，何也？必以秦国之所生然后可，则是夜光之璧不饰朝廷，犀象之器不为玩好，郑卫之女不充后宫，而骏良駃騠不实外厩，江南金锡不为用，西蜀丹青不为采[13]。所以饰后宫，充下陈，娱心意，悦耳目者[14]，必出于秦然后可，则是宛珠之簪，傅玑之珥，阿缟之衣，锦绣之饰不进于前[15]；而随俗雅化、佳冶窈窕赵女不立于侧也[16]。夫击瓮叩缶，弹筝博髀[17]，而歌呼呜呜快耳者，真秦之声也；《郑》、《卫》、《桑间》、《昭》、《虞》、《武象》者[18]，异国之乐也。今弃击瓮叩缶而就《郑》、《卫》，退弹筝而取《昭》、《虞》，若是者何也？快意当前，适观而已矣[19]。今取人则不然[20]：不问可否，不论曲直，非秦者去，为客者逐。然则是所重者，在乎色、乐、珠玉，而所轻者，在乎民人也。此非所以跨海内、制诸侯之术也。

臣闻地广者粟多，国大者民众，兵强则士勇。是以泰山不让土壤，故能成其大；河海不择细流，故能就其深[21]；王者不却众庶，故能明其德[22]。是以地无四方，民无异国，四时充美，鬼神降福，此五帝三王之所以无敌也[23]。今乃弃黔首以资敌国，却宾客以业诸侯[24]，使天下士退而不敢西向，裹足不入秦，此所谓"藉寇兵而赍盗粮"者也[25]。

夫物不产于秦，可宝者多；士不产于秦，而愿忠者众。今逐客以资敌国，损民以益仇，内自虚而外树怨于诸侯[26]，求国之无危，不可得也。

注释

[1]本篇选自《史记·李斯列传》，是李斯向秦王呈递的奏章。在本篇前有一段交代："秦王拜斯为客卿。会韩国人郑国来间秦，以作注溉渠。已而觉。秦宗室大臣皆言秦王曰：'诸侯人来事秦者，大抵为其主游间于秦耳。请一切逐客。'李斯议亦在逐中。"韩国人为拖垮秦国财力，派间谍郑国怂恿秦王开渠。这个计谋被发现后，李斯见秦王因一个间谍就要驱逐所有客卿，因此上书劝谏。他抓住统一六国的战略问题，剖明利害，批驳逐客的错误。秦王终于被说服，取消了逐客令。[2]缪公：即秦穆公（前659年—前621年在位），名任好。缪，即"穆"。由余：春秋时晋国人，流亡到戎。秦穆公用计离间他与戎王，收他为谋

臣。后秦用由余之计,灭十二戎国,扩疆千里。百里奚:楚国人,本虞国大夫,晋灭虞后,被晋俘虏,作为晋王之女的陪嫁奴仆入秦,后逃到楚国,被楚兵俘虏。穆公闻其贤,以五张黑色公羊皮将他赎回,任用为相。蹇(jiǎn)叔:百里奚的好友,经百里奚推荐,穆公厚礼聘其为上大夫。时蹇叔游宋,故迎之于宋。丕豹:晋大夫丕郑之子。晋惠公(夷吾)杀了丕郑,丕豹逃至秦,穆公任用他为大将。公孙支:岐人,寓居于晋,穆公收为谋臣,任大夫。[3]商鞅之法:商鞅(战国时卫国人)任秦相十年,佐孝公变法,奠定了秦统一六国的基础。[4]以:则,乃。[5]获楚魏之师:战胜楚魏的军队。秦孝公二十二年(前 340 年),商鞅大破魏军,俘虏魏公子卬,魏割河西之地予秦。同年又南侵楚国。治强:太平,强盛。[6]张仪之计:张仪(魏国人,秦惠文王时为秦相)用连横之计破坏六国的合纵,秦因此能对六国各个击破。拔:攻取。三川:指黄河,伊水,洛水。[7]九夷:指当时楚国境内的少数民族。[8]散:解散,瓦解。从:同"纵"。西面:面向西,因秦在西边。施(yì):延续。[9]以:因。[10]向:当初。使:假设。却:拒绝。内:同"纳"。[11]致:得到。[12]说(yuè):喜欢。[13]后宫:嫔妃所居宫室,指代嫔妃。[14]下陈:后列,指侍妾。所以……者:用来……的东西。[15]进:进呈。[16]随俗雅化:随着时尚善于改变(装饰)。[17]搏髀(bì):拍打大腿来打拍子。[18]《郑》、《卫》、《桑间》:指郑、卫一带的民间音乐。《昭》、《虞》:相传为舜时乐曲。《武象》:周武王时的乐舞曲。[19]适观:适合观赏。[20]取人:用人。然:这样。[21]让:拒绝。成:形成。择:嫌弃。就:形成。[22]却:拒绝。众庶:全体百姓。明:表明,证明。[23]四时:四季。[24]黔首:秦时对百姓之称。资:资助。以:连词。业:扶助。[25]裹足:双脚如被缠住。藉:借。赍(jī):赠送。[26]树怨:结怨。意即被逐到别国的人与秦结怨,等于派了仇人到外国反对自己。

译文

臣听说一些官吏在商议驱逐客卿,私下认为(这样做)是错误的。从前秦穆公招聘贤士,从西面的戎招来了由余,从东面的宛得到了百里奚,从宋迎来了蹇叔,从晋求到了丕豹、公孙支。这五个人都不在秦国生长,可穆公任用了他们,吞并了 20 个国家,于是称霸西戎。秦孝公采用了商鞅的主张,改变老法规,人民因而富足兴旺,国家因而富足强大,百姓甘愿为国所用,各诸侯国都来亲近服从,战胜了楚魏的军队,夺地千里,至今强盛太平。惠王采用了张仪的计策,攻取了三川地带。西面吞并了巴蜀；北面收取了上郡；南面得到了汉中，占有了楚境少数民族，控制了鄢、郢；东面占据了成皋这样的险要之处，割取了肥美的土地。于是瓦解了六国的合纵之计，使他们向西服侍秦国，功劳一直延续到现在。秦昭王得了范雎（听从了范的劝告），废贬了穰侯魏冉，逐出了华阳君，巩固了王室，堵塞了私门（夺回实权），蚕食诸侯，使秦国成就了帝王之业。这四个君王，都是因为客卿的功劳（才能巩固他们的统治）。由此看来，客卿有什么对不起秦国的呢？假使以前四个君王拒绝、不收留这些客卿，疏远贤士而不任用他们，这就会使国家没有富足的实力，秦国没有强大的名望。

现在陛下得到了昆仑山的美玉，占有随侯珠、和氏璧这样的宝贝，戴着光如明月的珍珠，佩带如太阿这样的宝剑，骑着如纤离这样的好马，竖着翠凤羽为饰的旗帜，摆着灵鼍皮制成的鼓。这几件宝物，秦地一件都不出产，可陛下却喜欢它们，为什么呢？如果一定要秦国出产的才可以用，那么，夜光之璧就不能在朝廷装饰，犀牛角和象牙器具就不能用于观赏，诸侯各国的美女就不能充任嫔妃，骏马駃騠就不能在秦的马棚饲养，江南的金锡就不能作为器皿，西蜀的丹青就不能用来做彩色颜料。那些用来装饰后宫，充当侍妾，使人心意快活、耳目愉悦的东西，如果一定要在秦国出产的才行，那么，宛珠做的钗簪，缀着玑珠的耳环，东阿绢丝做的衣裳，织锦、刺绣这些装饰都不能进呈到君王的面前，而时髦窈窕的美女也不能立于君王的身边。那敲瓦盆、叩瓦缸、弹竹筝，拍腿呜呜唱歌，使人快活的音乐，可就是真正的秦国音乐，而郑国、卫国、《桑间》的音乐，《昭》、《虞》、《武象》这些歌曲，则是异国的音乐。现在秦国淘汰敲瓦盆、叩瓦缸的音乐，却取用郑卫之音，抛弃弹筝而取《昭》、《虞》。如此，是什么道理呢？只不过是图眼前的快乐，适合自己观赏罢了。然而用人却不是这样：不问他可用不可用，不管他做得对不对，只要不是秦国人，就得离去，做客卿的就要被驱逐。这就是说，君王所看重的，在于声色珠玉，而所看轻的是人才。这不是君王用来统治天下、制服诸侯的办法。

臣听说地广则粮多，国家大则人口多，武器锋利则士兵勇敢。因此，泰山不舍弃点点土壤，才能形成它的高大；河海不嫌弃涓涓溪流，才能成就它的深广；君王不抛弃任何人，才能表明他的德行。土地没有东西南北之分，人民没有异国界限，四季富足美满，鬼神也会降福保佑，这就是从前五帝三王之所以无敌于天下的原因。现在君王就想抛弃百姓来资助敌国，驱逐宾客来扶助诸侯建功立业，使得天下贤士退缩而不敢向西来，停步不前，不敢进入秦国，这就是人们所说的送武器和粮草给敌人、强盗。

物品不产在秦，但可宝贵的很多；贤士不出生于秦，但愿意效忠的不少。现在驱逐客卿来资助敌国，减少秦国人口来增益仇敌的人力，国内就空虚无贤士，而对外又与各国结怨，要想求得国家无危险，这是不可能的。

品析

李斯（？—公元前 208 年），战国时期楚国上蔡（今河南上蔡县）人。年轻时曾做过郡小吏，与韩非同是荀况学生，学"帝王之术"，后于公元前 247 年西行入秦，初为吕不韦"舍人"（门客），尔后升任为"郎"（宫廷侍卫官）。其间，李斯曾向秦始皇提出"灭诸侯，成帝业，为天下一统"的政治主张，为秦始皇所接受，此后受到秦始皇的信任和重用，逐渐升任"长史"（朝廷秘书长）、客卿（外来人员的高级职务）、廷尉（最高司法官）、丞相等重要官职，辅助秦始皇统一六国，完成了帝王霸业。秦统一全中国后，李斯提出了许多重要的政治措施，如"废封建（分封制）"，"设郡县"，统一全国法令、文字、度量衡等，大都为秦始皇所接受。然而，由于李斯的所处立场与个人偏见等原因，他在建议秦始皇"焚书坑儒"和谗害韩非等事件中，却扮演了不光彩的角色，而对赵高阴谋篡权活动缺乏认识和斗争，以致在秦始皇死后，李斯自己也被赵高陷害，腰斩于咸阳。李斯是历史上著名的政治家、思想家，在秦始皇统一天下、建立中国封建专制制度等方面都作出了杰出的贡献。

李斯不仅精通"帝王之术"，熟知封建国家政务管理，而且写出了许多有名的奏章文书体作品。由于具有很高的文学艺术性，因而不少作品被作为优秀的文学散文为历代所传颂。他的著作除了《谏逐客书》外，还有《论统一书》、《焚书奏》、《论督责书》、《自罪书》以及有名的《泰山刻石文》和《上书言治骊山陵》（见《全秦文卷一》）等作品，都是十分出色的，刘勰称之"事略而意径"。

　　李斯在这篇奏章中，力排众议，旗帜鲜明地提出：逐客对于秦国的不利，而任用客卿才能有利于秦国帝王霸业的建立和国家的统治，客卿对于秦国有重要作用和贡献。文章首先列举了秦国不断壮大的历史事实，说明秦国从秦穆公开始招纳西戎的由余，楚国的百里奚，宋国的蹇叔，晋国的丕豹、公孙支等贤士能人，大胆地任用客卿、招纳贤士是秦国强大和发展的重要因素，客卿在成就秦国的帝王霸业中作出重大贡献。其次，文章从四方宝物集中于秦国的事实出发，论述了秦始皇重宝物——能够聚天下宝物于秦国，为其所享用，而轻客卿——对于人才的选择不视其能力的大小，不考究他的所作所为是对还是不对，只凭是客卿就予以驱逐，这种做法是极端错误的。最后，文章分析指出，驱逐客卿是一种削弱自己、壮大敌人的政策，为了秦国的帝王霸业，就必须坚决放弃这种错误做法，改变逐客的政策，广纳有用人才，才能完成帝王之业，使秦国强盛，统一天下。这样，李斯的进言就从根本上符合秦始皇统一天下的思想，维护了秦国的最高利益，虽然与秦始皇的逐客政策有冲突，但是能够使之折服，很快醒悟，接受李斯的建议，改变了逐客之错误主张。

　　李斯在奏章中提出要凌驾天下，制服诸侯，要使秦国强大兴盛起来，必须广纳人才，使用能人贤士的思想，对于秦国统一天下，是起了积极的重要作用的。其中，李斯提到使用贤士能人，应该不拘是否客卿，是否秦国人，也就是说，应当不拘国别，不管来自哪一个诸侯国，只要是贤士能人，都应当予以重用，而不应当驱逐他们。同时，李斯指出治国之中不问人才的具体表现，片面地强调外来人才（客卿）不用，并予以驱逐，这样在国家管理中就自取虚弱，外强仇国，国家就难免没有危险。因此，管理国家就应当像重视珍宝一样重视人才。这些思想主张，不仅在当时具有进步作用，而且对于今天在国家管理中如何正确使用人才，如何治理政务，如何爱民安邦振兴国家，都是具有积极的借鉴意义的。今天，西方国家，如美国等能够不拘国籍如何，只要是人才，就大胆地使用，这与其国家的发达不无关系，其思想与李斯所提出的思想也是如此之吻合。可见，李斯的人才思想，无疑是具有现代意义的。当然，对于外来人才也有一个如何选优的问题，并非外来"和尚"才能念经，而本地本土"和尚"就不会念经。古往今来，中国人往往容易片面看问题，强调吸引使用"客卿"（外来和尚），却容易忽略或排挤本地本土"和尚"，招来了"女婿"，气走了"儿子"，总是难以科学地对待之。这是本篇奏书没有谈及的问题。

综上所述，可以看出，《谏逐客书》是古代公文的成功之作。通观本篇奏章，义理深刻，观点突出，思想鲜明，影响深远，特别是文中所述及的管理国家的思想和使用人才的思想，都深刻地影响着后世，流传千年而不衰，这是文章的重要写作特色。刘勰在《文心雕龙·论说》中说："李斯之止逐客，并烦情入机，动言中务；虽批逆鳞，而功成计合。"确实是如此，《谏逐客书》不仅是一篇很出色的奏章文书，而且是一篇优秀的论说性散文。全篇论述充分，说理透辟，广征博引，摆事实讲道理，能入情入理，以情动人。例如，文章开篇就引征秦穆公以来重用客卿使秦国强盛的史实，又从四方之宝物集中于秦，而秦却重之，由此论及客卿不产于秦，却为何不能被秦所用，论证秦国不产宝物，而拥有四方宝物，同样客卿来自四方，秦也应当重用他们。这种逻辑类推的方法，加之史实的引用，就使这篇奏章无懈可击，而且语言精练，逻辑性强。

同时，文章的另一重要特色在于：善于遣词造句，音节和谐流畅而响亮；富于辞藻，文辞修饰整齐，又能铺张扬厉，善用对比，说服力极强，大有战国纵横辞说的风格；说理透彻，语言表达机智、巧妙，能够做到既说服君王，而又不激怒君王，使之接受，这是上行文书的要领。此文做到这一点，是其最为成功之处。另外，在这篇奏章里，作者把自己的思想观点建立在符合整个统治阶级利益的基础之上，不计自己是客卿的得失,而是从整个秦国的帝王霸业来陈其利弊,述其厉害,这样就从最根本之处打动秦始皇,及其取消逐客令。由于李斯熟知秦国的政务,精通帝王之术,因此,他在运用史实说明自己的观点时,非常娴熟而又十分巧妙,观点无法被推翻,使秦始皇不得不接受自己的建议,达到上书的目的。鲁迅先生在《汉文学史纲要》中称:"法家大抵少文采,惟李斯奏议,尚有华辞。"显然,《谏逐客书》是秦代的一篇出色的公务文书代表作,也是流传千古之文书作品之佳作。

陈馀（秦）

遗章邯书[1]

白起为秦将[2]南征鄢郢，北阬马服[3]，攻城略地，不可胜计，而竟赐死；蒙恬为秦将[4]，北逐戎人[5]，开榆中地数千里[6]，竟斩阳周[7]。何者？功多秦不能尽封，因以法诛之。

今将军为秦将三岁矣。所亡失以万数，而诸侯并起滋益多，彼赵高素谀日久[8]，今事急，亦恐二世诛之，故欲以法诛将军以塞责[9]，使人更代将军以脱其祸。夫将军居外久，多内却[10]，有功亦诛，无功亦诛。且天之亡秦，无愚智皆知之[11]。

今将军内不能直谏，外为亡国将。孤持独立而欲常存，岂不哀哉！将军何不还兵，当诸侯为从，约共攻秦，分王其地，南面称孤，此孰与身伏铁锧[12]，妻子为僇乎[13]？

注释

[1]遗：赠与，给。章邯：秦国名将，后投降项羽，封为雍王。[2]白起：秦国名将，善用兵，曾为秦国打拼天下，攻城略地七十余城，因与秦昭王意见不合，被赐剑自杀。[3]阬：坑杀。阬，同"坑"。马服：即马服君赵括。长平之战役，秦军坑杀马服君降卒 40 万人。[4]蒙恬：秦将，屡有战功，曾率军 10 万，北逐匈奴，并修筑万里长城，后秦二世即位，被赵高陷害而赐死。[5]戎人：时指匈奴。[6]榆中：古地名，榆林塞，今为内蒙古鄂尔多斯，黄河北岸。蒙恬率军士累石头筑

城,树榆林为寨。[7]阳周:秦县,今陕西安定县北45千米。蒙恬被诬陷因于阳周。[8]赵高:秦始皇的宦官。素谀:一向蒙蔽。[9]塞责:搪塞,推卸自己的责任。[10]多内却:此指章邯与赵高之间关系不好,多有过节。却,与"隙"相通,指裂痕,有间隙,仇怨。[11]无愚智:即无论愚蠢还是聪明的人。[12]鈇锧:腰斩之刑。鈇(fū),同"斧,铡刀"。锧(zhì),同"质",斩人之砧。[13]妻子为僇:指妻子家属一同被株连杀害。僇(lù):同"戮",即戮杀。

译文

　　白起是秦国的著名将领,曾率军南征楚国的鄢城与郢都,北战赵国,坑杀了赵国40万军士,为秦国攻城占地无数(70余座),然而却被害赐死。蒙恬是秦国有名的大将,曾率军北驱追赶匈奴,保卫了边疆,开拓了榆林地区几千里的土地,也还是被囚禁于阳周赐死。这是为什么?是因为他们的功劳太多太大了,秦国不能按照其功劳大小来分封,于是就借故把他们杀害了(用所谓的法律来杀害有功之臣)。

　　如今将军(你)担任秦国大将已三年了,打战之中所损失的兵将数以万计,而诸侯与义军并起,日益增多。那个赵高在朝中专权,向来只会对上蒙蔽、献媚秦二世,对你陷害。如今事情(战事)危急了,也害怕被秦二世胡亥诛杀,于是想借故(用秦法)来诛杀将军你,以便搪塞真相,推卸他的责任,派遣其他人代替你的职务(执掌兵权),避免他自己的祸事。将军你长期在外行军打战,而赵高与你多有过节,日久恣意使坏于你,这样你有功劳会被诛杀,无功劳更是要被诛杀的。而且,天意要灭亡秦朝的(趋势),无论是聪明的人,还是愚蠢的人,都是知道的。

　　如今将军你在内不能直谏说话,以揭发赵高的阴谋,在外则成为一个亡国之将,孤立无助。在这种情况下也想依旧保全自己,难道不是很哀痛和可怜的吗?,(不可能的事情)那么,将军你何不退兵回转过来,与诸侯义军相约联合,共同攻打暴秦(秦朝),分占秦朝土地,(你)也南面称王。如此行事,比起自己身受腰斩之刑,妻子家属被株连杀戮,是哪种好呢?

品析

　　陈馀（？—公元前 204 年），战国末魏国大梁（今河南开封西）人，喜好儒术。陈馀游赵国苦陉时，富人公乘氏将其女许配给他为妻。年轻时与张耳结为刎颈之交，两人均是魏国有名的游士。陈涉起义后，当陈涉兵至陈地时，陈馀与张耳同去拜见陈涉，曾劝谏陈涉从建立帝业考虑暂时不立王，陈涉不听。此后陈馀和张耳又同为陈涉部将武臣的左右校尉，从白马渡河，占据了赵地，武臣立为赵王，陈馀为大将军，张耳为丞相。武臣死后，陈馀与张耳于信都共立赵歇为赵王。在与秦将章邯争战于钜鹿时，陈馀和张耳为增援问题竟然反目成仇，张耳归项羽后又降汉，陈馀则一直辅佐赵王歇。张耳被项羽封为赵地的常山王，陈馀不服，借齐兵击败张耳，助赵王歇复国，陈馀则被立为代王，号成安君。张耳降汉后，同韩信攻打赵、代两地，赵军大败，赵王歇被俘，陈馀则被斩于泜水。

　　《遗章邯书》，选自《史记》中的《项羽本纪》，是陈馀代表反秦义军写给秦朝名将章邯的一封劝降书。当时，秦朝派章邯为大将，试图围歼陈涉起义大军，虽然项羽曾数败章邯，但是由于章邯巧用兵且勇猛善战，也击败义军多次，对义军十分不利。其时，章邯驻军棘原，项羽则驻军漳河南岸，两军相持未战。秦二世派人责备章邯，章邯恐惧，派长史司马欣进京申明情况，而朝廷拒绝接见并表示不信任。司马欣逃回对章邯说，朝廷腐败，赵高专权，独揽朝政，我军如打败则被罚，打胜也无赏，终难免一死，请将军仔细考虑。在章邯与义军争斗和朝廷内部矛盾重重之时，陈馀适时地写了此劝降书，劝其反秦降项。章邯先犹豫不决，后又打了败仗，思考再三，终于在殷墟与项羽会见结盟，倒戈反秦。章邯被项羽封为雍王，司马欣则被封为上将军。

　　本文虽然写得简短，却显得精悍有力，说服力极其强烈。首先，文章列举了秦历史上的名将白起、蒙恬等人，为了秦的天下奋不顾身地打拼，不仅功高无赏，而且落得身败名裂，先后被诛杀的可悲下场，说明秦朝政治黑暗,赏罚不明。接着,文章叙述了章邯的处境与赵高专权谋害功臣的史实,提醒章邯不能步白起、蒙恬等人的后尘,希望他能够下定决心摆脱孤苦险境,以免有功被杀,无功也被杀的结局。最后,文章指出章邯只有赶快倒戈反秦,才是唯一的出路,如果与义军相约攻秦,就能分地封王。这样就解除了章邯的顾虑,使其顺利倒戈反秦,后被封为雍王。这就践实了这种约言。

　　文章的写作特色是明显的,全篇在写法上使用了前后呼应法,并能够简明扼要地列举历史实例来说明中心内容,以便达到劝降的目的和文章的效用。如文章中多处而又恰当地使用对比手法,前后呼应,陈其利弊,数其不平,指其出路;而且文章还能够抓住对方的心理特征、内心矛盾,为其拨开迷雾,使对方猛醒而心服口服。显然,章邯在接书之后,虽然有犹豫,但是最终能够倒戈与项羽结盟反秦,足以说明如此巧妙的劝降书,是具有很强的说服力和艺术感染效果的。

刘 邦（汉）

高帝求贤诏

　　盖闻王者莫高于周文，伯者莫高于齐桓[1]，皆待贤人而成名。今天下贤者智能，岂特古之人乎，患在人主不交故也，士奚由进[2]。今吾以天之灵，贤士大夫，定有天下，以为一家，欲其长久，世世奉宗庙亡绝也。贤人已与我共平之矣，而不与我共安利之，可乎？贤士大夫，有肯从我遊者，吾能尊显之。布告天下，使明知朕意。御史大夫昌下相国，相国酂侯下诸侯王。御史中执法下郡守。其有意称明德者，必身劝为之驾[3]，遣诣相国府，署行义年[4]。有而弗言[5]，觉免[6]。年老癃病，勿遣。

注释

　　[1]伯：霸。[2]奚：何。[3]身劝为之驾：郡守亲自往劝，为之驾车。[4]署：写下，记下。行：行状。义：作"仪"，仪容。[5]弗言：指郡守等官员不言及，不举荐。[6]觉：发觉。免：罢免官职。

译文

　　听说古代帝王没有超过周文王的，霸主没有超过齐桓公的，他们都是依靠贤人的帮助得以成名。现在天下的贤人，一定也很有智谋能力，难道只有古人才有智能不成？所怕的就是君主不能和他们相交,不去交接他们,贤士从何招纳?现在我靠了上天的英灵和贤士大夫的力量,平定了天下,四海成为一家,很希望能够世世代代留传不绝。天下贤士已经和我一同平定天下了,却不跟我共同享受幸福,这怎么行呢?贤士大夫,凡肯跟从我一同治国的,我能够尊崇他,显扬他。现布告天下,使大家都明白我的意思。御史大夫周昌传达到相国,相国传达到诸侯王,另外由御史中执法传达到郡守。他们所管辖的地方,如果确有显明德行的人,郡守定要亲自去劝他出来,替他备车,请他到相国府里,记下他的行状仪容年纪,倘有了贤人隐匿不报,一经发觉,就要免职。对于年老或患病的人,就不必差遣了。

品析

西汉高祖刘邦(公元前256年—前195年),沛郡丰邑(现江苏省徐州市所辖的丰县)中阳里人,字季。在兄弟四人中排行第三,曾任沛县泗水亭长。刘邦在秦末农民战争中起兵,并趁关中秦兵少而率先领兵入关,被项羽立为汉王。虽数败于项羽,但是由于他能够用人驭将,最终战胜了项羽,后建立了汉朝,始定都洛阳,后迁都长安。刘邦登基做了皇帝之后,为巩固皇权,通过打击萧何等元老功臣,设计诛杀韩信等将领的多种手段,削弱了诸侯势力和丞相的权力,但也激起英布谋反,在平定叛乱时身中流矢重伤,后不治身亡。刘邦死后葬于长陵,谥号为高皇帝,庙号是太祖,史称为汉高祖刘邦。

刘邦在建立汉朝之后,即以文治理天下,诏令天下,征用儒生,广泛寻求治国安邦的贤才志士。本篇《高帝求贤诏》,就是他在立国之初,为巩固汉王朝的统治,治理国家,发展社会生产,繁荣国家经济,给民以休养生息的情况下,因急需各种有用人才而颁发的诏令。

其时,刘邦在政治上承袭秦朝的中央集权制和郡县制,但是却废除了秦朝的苛政酷法。在他攻入咸阳之时,就与民约法三章,对百姓秋毫无犯,深得民心,同时封存府库,收缴了秦朝的档案文件资料。在平定天下后,刘邦命萧何参照秦朝法律,制定了"汉律九章"。这是在战国时期李悝所制订的《法经》六篇(盗法、贼法、网法、捕法、杂法、具法）基础上，补充了户律（户口管理、婚姻制度和赋税征收）、兴律（主要规定征发徭役、城防守备）和厩律（主要规定牛马畜牧和驿传方面）而成的。刘邦重用叔孙通，令其整理朝纲，叔孙通先后制定了适应汉初统治者需要的政治礼仪制度，如《汉仪》十二篇、《汉礼度》、《律令傍章》十八篇等仪法法令，并得到颁布执行。在治国管理中，刘邦以儒家思想为主，以法家思想为辅，提出了"德主刑辅"，即以教化为主，刑罚为辅，使之形成刚柔相济、宽严相当的统治效果，对汉朝的巩固起了重要作用，也为后人留下了一笔宝贵的治理国家的思想和文化遗产。

刘邦开创的汉朝，推行并奠定了中国封建社会的儒家思想文化制度。其间，刘邦建立了规模宏大的国家图书与档案库——天禄阁、石渠阁等。是时，天下已定，刘邦即"命萧何次律令，韩信申军法，张苍定章程，叔孙通制礼仪，陆贾造《新语》。又与功臣剖符作誓，丹书铁契，金匮石室，藏之宗庙"，形成了丰富的典藏文书资料。

刘邦是中国历史上杰出的政治家和卓越的封建帝王。他对中国的统一强大，对汉民族的形成、汉文化的保护发扬起了重要作用。他开创的国家政治制度和高瞻远瞩、深谋远虑的对后世的安排，使大汉王朝延续了长达426年，成为中国历史上最长的统一的和强盛的封建朝代。因而，汉高祖刘邦为后世国人景仰、怀念与歌颂。

诏，即诏告，诏谕布告。刘勰在《文心雕龙·诏策》中说："诏者，告也。"这是古代帝王君主向臣民和诸侯王发布命令，传达旨意的一种诏令文书，属于下行公文。诏，始于汉朝初年，定"命"四品，其三曰"诏"，后世皆因之。就如汉朝蔡邕在《独断》上卷中讲："凡天子命令，一曰策书，二曰制书，三曰诏书，四曰戒书。"诏书虽不一定是帝王自己所作，但必须经帝王审阅或授权臣下代作。诏书作为封建帝王传令四方的文告，也是古代文体的一种。

本篇诏书，主要叙述了汉高祖刘邦寻求天下贤人志士的心情以及颁布寻求人才的命令，表达了汉高祖渴求人才、使用人才的思想。首先，文章引述上古称王称伯者都是依靠贤人志士的帮助方才得以成功的,说明能否成就事业,关键是人主(主要是君王)能否交接人才。接着,文章叙述自己依靠贤士们的力量,平定了天下,希望大家共同享受幸福,共同治理国家。最后,文章布告天下诸郡州县的官吏,应当注重选拔人才,使贤人志士能够共同为巩固汉朝政权而服务,否则将罢免其官职。

　　上述这些思想,是有一定的进步意义的,特别是文章所提出的在治国管理之中,并不是今人不如古人,关键是"患在人主不交故也",即人主不能与贤人志士相交,不去接近他们,这是成就事业、治理国家之大忌。这里,不仅体现了刘邦自责的思想,更说明了管理国家应使用人才的重要思想,揭示了许多事实,即管理国家的实际情况。这就是作为"人主",作为各级主要官吏,如果不去接近贤人志士,就不会重视他们;如果不去与之交心,同样也就不会了解他们,不知其所长所短,自然也就不能正确地使用他们,使他们能够人尽其才。事实上,只有知彼知己,才能正确地使用贤人志士,才能取得成就。这种思想是刘邦的人才思想的充分体现,也是他早期人才思想的继续,是有其一致性的。据《汉书·高帝纪》记载:高祖在洛阳南宫宴请诸大臣,席间谈及取天下之事,刘邦说:"列侯诸将无敢隐朕,皆言其情。吾所以有天下者何?项氏之所以失天下者何?"高起、王陵对曰:"陛下慢而侮人,项羽仁而爱人。然陛下使人攻城略地,所降下者因以予之,与天下同利也。项羽妒贤嫉能,有功者害之,贤者疑之,战胜而不予人功,得地而不予人利,此其所以失天下也。"高祖曰:"公知其一,未知其二。夫运筹策帷帐之中,决胜千里之外,吾不如子房;镇国家,抚百姓,给馈饷,不绝粮道,吾不如萧何;连百万之军,战必胜,攻必取,吾不如韩信。此三者,皆人杰也,吾能用之,此吾所以取天下也。项羽有一范增而不能用,此其所以为我擒也。"群臣心悦诚服。可见,取天下也好,治天下也罢,不仅需要人主能够与贤者能人"共平之",也要"共安利之"。同时,更应当与之相交,能知之,"能用之",这是事业成功之关键因素,也是刘邦在本篇诏令中所体现出来的用人和治国管理思想。几千年来,刘邦的"用人之道"不仅成为古代用人和治国之佳话,而且也成为中国历史上治理国家之典范,值得今人学习效法。

　　不过,尽管文章表述了汉高祖要与贤人志士共享幸福的心情,但是事实表明,许多帝王能与贤人"共平之",却难以与贤人"共安利之"。到头来,韩信因所谓谋反而被诛,大有"良弓藏,走狗烹"之势。这是有其深刻的权益关系的,即统治者为维护其统治地位而施用的一种手段,也往往是历代统治者的一种通病。

　　《高帝求贤诏》,在写作上是具有一定特色的。通观全篇,辞意恳切,感情动人。如叙其治国安邦的成败,以为关键在于人主能否与之相交,又如,"贤人已与我共平之矣,而不与我共安利之,可乎","吾能尊显之"等语句,情意真切,流露出作者渴求人才的真实心情。另外,文章能够古今相对照,如开篇部分恰到好处地援引古代圣人贤人之史,以衬今人之事,不仅加强了文章的说服力,而且也加强了感情色彩。同时,文章简短、明了而义理深刻,包含了丰富的治国理念和人才思想。因而,本篇诏令,也是了解和研究刘邦治国理念,特别是人才思想的重要史料。

贾谊（汉）

论积贮疏[1]

　　筦子曰："仓廪实而知礼节[2]。"民不足而可治者[3]，自古及今，未之尝闻[4]。古之人曰："一夫不耕，或受之饥[5]；一女不织，或受之寒。"生之有时，而用之亡度，则物力必屈[6]。古之治天下，至纤至悉也[7]，故其畜积足恃[8]。今背本而趋末[9]，食者甚众，是天下之大残也[10]；淫侈之俗[11]，日日以长[12]，是天下之大贼也[13]。残贼公行[14]，莫之或止[15]；大命将泛[16]，莫之振救。生之者甚少，而靡之者甚多[17]，天下财产，何得不蹶[18]？汉之为汉[19]，几四十年矣[20]，公私之积，犹可哀痛[21]。失时不雨[22]，民且狼顾[23]；岁恶不入[24]，请卖爵子[25]。既闻耳矣，安有为天下阽危者若是而上不惊者[26]。

　　世之有饥穰[27]，天之行也[28]，禹、汤被之矣[29]。即不幸而有方二三千里之旱，国胡以相恤[30]？卒然边境有急[31]，数十百万之众，国胡以馈之[32]？兵旱相乘[33]，天下大屈，有勇力者聚徒而衡击[34]，罢夫羸老易子而咬其骨[35]。政治未毕通也[36]，远方之能疑者[37]，并举而争起矣[38]。乃骇而图之[39]，岂将有及乎[40]？

　　夫积贮者，天下之大命也。苟粟多而财有余[41]，何为而不成[42]？以攻则取，以守则固，以战则胜[43]。怀敌附远[44]，何招而不至[45]？今驱民而归之农[46]，皆著于本[47]，使天下各食其力；末技游食之民[48]，转而缘南亩[49]，则畜积足而人乐其所矣[50]。可以为富安天下[51]，而直为此廪廪也[52]。窃为陛下惜之[53]！

注释

[1]本文选自《汉书·食货志》，题目为后人所加。积贮：储存。此指储存粮食。[2]筦：同"管"，管子，即管仲，春秋时齐国国相，佐桓公成霸业。仓廪句，引自《管子·牧民》。仓廪：仓库。实：满。[3]治：治理，管理。[4]未之尝闻：没听说过这样的事。之，代词，代"民不足而可治"这件事，在句子中作"闻"的宾语，否定句的代词宾语提前。[5]或受之饥：有人受饥饿。或，有人。之：语助词。[6]时：时间。亡：无。度：限度。屈(jué)：竭。[7]之：助词，常用于副词下。至：极。孅(xiān)：同"纤"，纤细，细致。悉：周密。[8]畜：同蓄。恃：依靠。[9]背：放弃。本：根本，指农业。末：不重要的事情，指工商业。[10]残：伤害。[11]俗：风气。[12]以：连词，用在状语后面。[13]贼：危害。[14]公行：公开做。[15]之：代词，代"残贼公行"。或：语气词，加强否定语气。[16]大命：国家命运。泛(fěng)：通"覂"，翻覆，毁灭。[17]靡：同"糜"，耗费。[18]何得：怎能。蹷：竭尽。[19]汉之为汉：汉朝建立自己的政权。[20]几(jǐ)：将近。[21]积蓄：犹可哀痛：还叫人感到痛心。意即少得可怜。[22]失时：过失。[23]且：将要。狼顾：像狼一样时时回头看。形容恐慌。[24]岁恶：年成不好。不入：百姓无法交纳税赋，国家无收入。[25]请卖爵子：朝廷出卖爵位，百姓出卖子女。[26]为：治理。阽(diàn)危：摇摇欲坠。若是：像这样。[27]穰(ráng)：丰收。[28]行：道，此指规律。[29]被：蒙受，遭受。[30]即：假设。胡：何。[31]卒然：忽然。"卒"，同"猝"。[32]馈：赠送，此指发放粮饷。[33]乘：叠。[34]聚徒：聚集群众。衡击：指抢劫。"衡"，同"横"，威胁。[35]罢(pí)夫：身体病残者。"罢"，通"疲"，疲乏。羸：衰弱。易：交换。[36]毕：完全。通：达。[37]疑(nǐ)：同"擬"（拟），即相比。[38]并：一齐，都。举：举事，起义。[39]图：图谋，设法对付。之：代词，代"远方之能疑者"。此句主语为皇上。[40]岂：难道。有及：来得及。[41]苟：假如。[42]为：做。[43]以：介词，凭。介词的宾语省略，指"粟多财余"。[44]怀：亲近。附：归附。两词均为使动用法。远：疏远不亲。[45]

何:谁。招:招抚。[46]归之农:使之(民)归农。归,归向,此指从事。[47]著(zhuó):附着。[48]末枝:不重要的技能,指工商业。[49]缘南亩:趋向农事。[50]乐其所:安于他们所(过的生活)。[51]以:介词,凭。介词宾语省略。为:做到。富安:富足、安定,使动用法。[52]而:连词,表转折。直:竟。廪廪:恐惧的样子。廪,同"懔"。[53]窃:私下,谦词。惜:哀、痛。之:代词,代"直为此廪廪"。

译文

　　管仲说:"仓库粮食充足,那么百姓就知礼法。"百姓衣食不足国家却可以管理好,这样的事从古到今都没听说过。古人说:"一个农夫不耕田,就有人挨饿;一个妇女不织布,就有人受冻。"创造财物有时间限制,而享用它们却无限度,那么社会财富一定会耗尽。古时圣人管理天下,极其细致,周密,所以他们的储备(积蓄)足以为他们的依靠。现在放弃农业这个根本却去从事工商,吃粮食的人多,是天下的大害;淫靡奢侈的风气,一天天滋长,是天下的大祸。祸害公然流行,没有人去制止它;国家前途将要毁灭,没有人去拯救它。创造财物的人少,而耗费财物的人很多,社会的财富怎么能不匮尽?汉朝建立政权将近 40 年了,可国家、百姓的积蓄(少得可怜),很叫人痛心。(在此情况下)久不下雨,百姓就会感到恐慌;年成不好,国家出卖官爵,百姓出卖儿子(来换取粮食)。这些皇上已经听到了,哪有治理国家而使国家摇摇欲坠到像这种样子皇上却不惊恐的呢?

　　年成有丰歉是自然规律,夏禹、成汤也曾经遭受过。如果不幸几千里地遭受旱灾,国家用什么来救济百姓? 如果突然边境有战事,数十万、数百万士兵,国家拿什么来发放粮饷? 兵、旱一起来,国家财物非常缺乏,强壮勇猛的人就会聚集群众,威胁天下,老弱病残就只好互换儿女来吃。而朝廷的政令就不能完全通行,边远地带敢与皇上相比的会一起造反。那时皇上才惊恐而要设法对付他们,难道还来得及么?

　　(现在)积贮粮食是(关系)国家命运的事。如果粮食富足财物有余,什么事会做不成功? 凭着这个,攻就能夺得,守就能牢固,战就能胜利。它能使敌人顺从,归附,什么人会招抚不来呢? 现在驱使百姓从事农业,使百姓都附着于根本,使天下人都自食其力,而从事工商的人也转去从事农业,那么粮食富足百姓也就安居乐业。本应能够凭这使天下富足、安定的,可是竟然形成这样危险的局面,我私下为此替皇上痛惜。

品析

贾谊(公元前 200 年—前 168 年),即汉高祖七年—汉文帝十二年,西汉洛阳(今河南洛阳市)人,西汉杰出的政论家、文学家。贾谊年轻时代就以文才而闻名于州郡,汉文帝初年,年仅 20 多岁的贾谊由洛阳守吴公推荐,受到汉文帝刘恒的召见,被委任为博士,官至太中大夫,成为当时最年轻的朝臣。每当皇帝诏见朝臣商议政事,各位老先生常常无以对答,而贾谊却总是对答得很完美,人人都感到贾谊所说的正是自己要讲的。贾谊的才能为汉文帝所喜欢,常被召见,"数问以得失"。就如《汉书·贾谊传》所载:"是时,匈奴强,天下初定,制度疏阔。诸侯王僭拟,地过古制,淮南、济北王皆为逆诛。谊数上疏陈政事,多所欲匡建。"贾谊从政期间,汉朝建立仅 40 余年,汉朝政权尚处于年轻时期,各个方面都有待进一步巩固。贾谊作为有识之封建文人,从巩固汉王朝的封建统治,维护汉朝执政者阶级利益出发,对当时的朝政提出了许多有益的建议和批评,揭露了当时的所谓"太平盛世"所掩盖的尖锐矛盾,积极主张改革朝政体制,革除弊端,因而触犯了封建权贵们的既得利益,遭到他们的反对和中伤。汉文帝没有调查,偏听偏信于左右大臣之言,疏远了贾谊,先贬他为长沙王太傅,四年之后,又改任梁王太傅。后来梁王坠马而死,贾谊自伤为傅无状,忧忧而死,年仅 33 岁。

贾谊在其短暂的封建政务活动中,积极建议中央朝廷逐步削弱地方封建割据势力,巩固中央集权,维护全国的统一;他强调重农,以民为本,发展农业生产,以充裕民食,安定百姓生活;他强调应当重视边务,加强军备力量,以便全力抗击匈奴的入侵。这些政见对于汉朝的安邦治国都具有重要作用。贾谊是汉初著名的政治家、政论家和行政管理者,是我国有名的汉赋作者,擅长于政论文体的奏章文书撰制。贾谊的文章,除了本篇之外,如《陈政事书》、《过秦论》(旧分上、中、下三篇)等篇,都精于分析形势,陈述利害,内容充实,雄辩有力,善于总结前代治国管理的历史经验教训,对后世的政论文体文书的撰写,均很有影响。历来,后人从文学研究的角度,称其《过秦论》开中国散文中"史论"体裁之先河,在中国文学史上具有重要地位。而实际上,不论是本篇文章,还是《陈政事书》、《过秦论》等篇,都是政论性文书作品,是此类文书体文章之先端,在文书学发展史上具有不可否认的地位。后人辑录他的文章为《贾长沙集》,另有《新书》十卷。

《论积贮疏》,是贾谊向汉文帝呈进的奏疏,选自《汉书·食货志》,题目是后人所加的。疏,是分条陈述的意思。刘勰在《文心雕龙·奏启》中说:"自汉以来,奏事或称上疏。"自两汉以来,臣子向君王或下级向上级的奏事或称为上疏,这是一种古代的上行公文,也是古代文体的一种。正如刘勰在《文心雕龙·奏启》中说:"陈政事,献典仪,上急变,劾愆谬,总谓之奏。"又说:"奏者,进也。言敷于下,情进于上也。"可见,这种奏疏就是用于向朝廷与皇帝进呈政见,陈述事情,呈献典礼条文,上告紧急事故,弹劾罪恶过失等,以及用于其他政务活动的公文体式。因此,奏疏是古代的一种应用文书体文章,也属于古代政论性散文。

汉代政论文,主要是议论时政的奏、疏、表、策等文章和讨论社会、政治问题的专论,而这些文章,最初是作为奏疏、章表、策等进呈执政者的文书,后来被当作政论文章和文学作品来诵读。汉代著名的政论文作者有贾谊、晁错、董仲舒、刘湘、王符、崔实和仲长统等,而以贾谊为代表。

汉文帝初年,虽然汉文帝"躬修俭节,思安百姓"(《汉书·食货志》),也曾经颁布重农抑商的政策,但是,由于大地主、大商人的势力日益壮大,土地兼并也日益严重,致使"富者田连阡陌,贫者无立锥之地"（《汉书·食货志》）。当时，失掉土地的农民纷纷流向城市，或是弃农经商，或是成为工商业的佣工，或是沦为游民。这样一来，粮食生产不足，百姓贫困饥饿，国家和人民的食粮贮备匮乏，国库不足甚至空虚，给国家和社会带来许多困难。这就是当时朝廷所面临的亟待解决的问题。贾谊作为封建志士与文人，一方面看到人民的疾苦，另一方面也看到汉朝统治者危机四伏，为此，他大胆地向汉文帝呈上了这份奏疏，陈述了他的政见。

本篇奏疏，充分体现了贾谊的经济思想和治国管理理念。首先，文章从治国管理的理论和当时国情与实际形势的角度分析说明积贮粮食是统治阶级的当务之急。作者指出，只有生产和积贮充足的粮食，才能使百姓有饭吃，有饭吃才能使百姓安居乐业，而百姓安居乐业，社会才能安定，国家才能治理好，朝廷政权才能得到巩固。同时，反复说明贮备粮食、发展生产与政治的关系极大，是关系到能否管理好国家的大事。接着，文章就如何应付战争和自然灾害两个方面，进一步说明不贮备粮食的危害性。即如果粮食亏空，不但不能应付突发的战事与自然灾害，而且还会引起人民的叛乱，于是就不能巩固已取得的政权。贾谊希望引起汉文帝重视，采取措施防患于未然。最后，文章从加强边务，防止匈奴入侵，以及对攻、守、战有利，对号令天下，使敌人归顺有利等方面，进一步说明积贮粮食是一件至关重要的事情。文章还分析指出积贮粮食的根本办法是驱使百姓从事农业生产，压缩工商业，使百姓各食其力，安居乐业。总之，文章反复告诫汉朝统治者如果不注意民生问题，不加强农业生产，不增加粮食贮备，就不能管理好国家，就不能使政权得到巩固。

上述这些思想观点，对于当时社会的进步是有积极作用的。虽然说，作者是从封建统治阶级利益出发，从治理天下、防御外族入侵、巩固汉朝政权方面去考虑粮食生产和贮备问题，但是，他的观点在客观上反映了百姓的一定利益要求，推动了社会生产的发展。历史证明，贾谊在《论积贮疏》这一具有历史意义的文章中所体现与反映的治理国家的思想和观点，对于漫长的封建社会中的小农经济生产产生过深远影响,特别是在中国这个长期以农业经济为主的社会的发展过程中,能够提出以农为基础,以民为本,关注民生的思想理念,不仅切合汉朝的时政和社会实际,而且影响着整个中国社会与历史的发展方向,此等远见卓识,实为可贵,至今闪烁着历史的光芒。在当今人口众多的中国,耕地日益减少,环境日益恶化,农业问题日益突出,其中有如吃饭与穿衣等具体问题,都是不可以忽视的民生问题,关系着社会的稳定、民族的存亡、国家的兴盛。因而,细细读此文章,深深体会文章所述之治国思想理念,对于今天中国社会的发展,更是有着重要的现实意义。

《论积贮疏》,作为进呈皇帝的奏疏呈文,具有鲜明的写作特色。首先是观点明确,中心突出,能够从国家治理,防止灾害,加强边防等不同方面,反复论证说明积贮粮食、发展农业生产的意义与作用,层次清楚,逻辑性强,结构严谨。通篇说理透彻,据实论理,论证雄辩有力,且又生动活泼。文章文笔犀利,笔吐情感,语言感情浓烈,增强其说服力、感染力。另外,文章从整个封建统治阶级的根本利益着眼,大胆地陈述自己的政见,这就符合汉朝统治者的大体,也符合奏疏体文书写作之大体。同时,本篇文章文字简洁,遣词造句精练,符合奏疏呈文便于皇帝省览的要求。这就如刘勰在《文心雕龙·奏启》中所指出:"若夫贾谊之《务农》(即《论积贮疏》)……理既切至,辞亦通畅,可谓识大体矣。"这里说的义理深切,文辞通畅,可以说是对本篇文章恰如其分的评价。而刘勰在《文心雕龙·议对》中,则更为明确地称赞说:"自两汉文明,楷式昭备,霭霭多士,发言盈庭,若贾谊之遍代诸生,可谓捷于议也。"总之,贾谊的许多文书作品,以其积极健康和鲜明的思想性、高超的文学艺术性而备受历代读者推崇,对后世文书作品的发展影响深远。

贾谊的许多文书奏章,都是具有高度的思想性的,能够抓住当时社会生活和政务管理、治国安邦中的重大问题,陈述或表现出自己的政治远见,因而往往被皇帝采纳,在汉初的政治革新过程中起了不可否认的积极作用。他那种敢于面对现实和为国事政务的痛哭流涕针砭时弊的斗争精神，以及文章中那种强烈炽热的感情，多种表现手法和峻拔锋利、刚健清新的风格等，给汉代的文书撰制以很大的影响。正如鲁迅先生在《汉文学史纲要》中指出："为文皆疏直激切，尽所欲言……惟谊尤有文采，而沈实则稍逊。如其《治安策》、《过秦论》，与晁错之《贤良对策》、《言兵事疏》、《守边劝农疏》等，皆为西汉鸿文，沾溉后人，其泽甚远。"事实正是这样，后来的许多文书奏章撰制者，能够注意反映社会现实，揭露社会矛盾，痛陈时弊，愈加慷慨激昂，富于激情，同时也不乏具体生动的描绘、举例。但是也有许多文书奏章说理性强而文采不足。总之，贾谊的文书作品确实是久负盛名，受到历代文论家称颂，对促进文书学的发展具有不可替代的作用。

晁错（汉）

论贵粟疏[1]

圣王在上，而民不冻饥者，非能耕而食之，织而衣之也，为开其资财之道也[2]。故尧、禹有九年之水，汤有七年之旱[3]，而国亡捐瘠者，以畜积多而备先具也[4]。

今海内为一，土地人民之众，不避汤、禹[5]，加以亡天灾数年之水旱，而畜积未及者，何也？地有遗利[6]，民有余力，生谷之土未尽垦，山泽之利未尽出也，游食之民未尽归农也[7]。民贫，则奸邪生。贫，生于不足；不足，生于不农；不农，则不地著[8]；不地著，则离乡轻家，民如鸟兽[9]。虽有高城深池，严法重刑，犹不能禁也。夫寒之于衣，不待轻暖[10]；饥之于食，不待甘旨。饥寒至身，不顾廉耻。人情一日不再食则饥，终岁不制衣则寒[11]。夫腹饥不得食，肤寒不得衣，虽慈母不能保其子，君安能有其民哉？明主知其然也，故务民于农桑[12]，薄赋敛，广畜积，以实仓廪[13]，备水旱，故民可得而有也。

民者，在上所以牧之，趋利如水走下，四方亡择也[14]。夫珠玉金银，饥不可食，寒不可衣，然而众贵之者，以上用之故也[15]。其为物轻微易臧，在于把握，可以周海内而亡饥寒之患[16]。此令臣轻背其主，而民易去其乡，盗贼有所劝，亡逃者得轻资也[17]。粟米布帛，生于地，长于时，聚于力，非可一日成也；数石之重，中人弗胜，不为奸邪所利[18]；一日弗得而饥寒至。是故明君贵五谷而贱金玉[19]。

今农夫五口之家，其服役者，不下二人；其能耕者，不过百晦[20]；百晦之收，不过百石。春耕夏耘，秋获冬臧，伐薪樵，治官府，给徭役[21]。春不得避风尘，夏不得避暑热，秋不得避阴雨，冬不得避寒冻，四时之间，亡日休息。又私自送往迎来，吊死问疾，养孤长幼在其中[22]。勤苦如此，尚复被水旱之灾，急政暴赋，赋敛不时，朝令而暮改[23]。当具，有者，半贾而卖；亡者，取倍称之息[24]，于是有卖田宅、鬻子孙以偿责者矣[25]。而商贾大者积贮倍息，小者坐列贩卖，操其奇赢[26]日游都市，乘上之急，所卖必倍。故其男不耕耘，女不蚕织，衣必文采，食必粱肉[27]，亡农夫之苦，有阡陌之得[28]。因其富厚，交通王侯，力过吏势，以利相倾[29]。千里游敖，冠盖[30]相望，乘坚策肥，履丝曳缟[31]。此商人所以兼并农人，农人所以流亡者也[32]。今法律贱商人[33]，商人已富贵矣；尊农夫，农夫已贫贱矣！故俗之所贵，主之所贱也；吏之所卑，法之所尊也[34]。上下相反，好恶乖迕，而欲国富法立，不可得也[35]。

方今之务，莫若使民务农而已矣。欲民务农，在于贵粟。贵粟之道[36]，在于使民以粟为赏罚。今募天下入粟县官，得以拜爵[37]，得以除罪。如此，富人有爵，农民有钱，粟有所渫[38]。夫能入粟以受爵，皆有余者也。取于有余以供上用，则贫民之赋可损[39]，所谓损有余，补不足，令出而民利者也。顺于民心，所补者三：一曰主用足，二曰民赋少，三曰劝农功[40]。今令："民有车骑马一匹者，复卒三人[41]。"车骑者,天下武备也,故为复卒[42]。神农之教曰:"有石城十仞,汤池百步,带甲百万,而亡粟,弗能守也[43]。"以是观之,粟者,王者大用,政之本务[44]。令民入粟受爵,至五大夫以上,迺复一人耳,此其与骑马之功相去远矣[45]。爵者,上之所擅,出于口而亡穷[46];粟者,民之所种,生于地而不乏。夫得高爵与免罪,人之所甚欲也。使天下入粟于边,以受爵免罪,不过三岁,塞下之粟必多矣[47]。

注释

　　[1]贵:以……为贵。[2]食(sì)之:使百姓(有饭)吃。衣之:使百姓(有衣服)穿。为:介词,表原因。[3]九年之水:据《史记·夏本纪》记载:"尧听四岳,用鲧治水,九年而水不息,功用不成。"鲧(gǔn),古人名,传说中为禹的父亲。后来洪水由禹治理,故并言"尧、禹"。七年之旱:汤时大旱,五年或是七年,说法不一。[4]亡:同"无"。捐:弃。瘠(zì):通"胔",尸体。以:介词,表原因。[5]不避:不让,不差于。[6]遗利:挖掘未尽的潜力。[7]游食之民:不从事劳动的人。[8]地著:土著,在一个地方定居。[9]民如鸟兽:比喻人民如鸟兽,随处求生。[10]之:用于介宾词组前,使介宾词组与主语结合。[11]情:诚,的确。[12]其然:道理是这样。务:使,从事。[13]薄:少,此作动词,使少,减轻。以:连词,表目的,译作"来"。实:充实。[14]在:在于。上:指君王。所以牧之:用来统治他们的办法。走下:向下流。[15]贵之:以之为贵,把它看得很贵重。以:因。用:资财,此指以之为资财。[16]臧:同"藏"。在于把握:拿在手中。周:环绕,走遍。[17]令:使。背:背离。易:轻易。劝:规劝,这里是引诱的意思。轻资:轻便的财物。[18]中人:中等力量的人,即一般人。为:介词,被。利:得利。[19]贱:以……为贱。[20]下:少于。过:多于,超过。畮:古"亩"字。[21]治:修理。给:应。[22]私自:各人自己。其:指劳动收入,即百亩之收成。[23]尚:还。政:通"征",暴:急,猛。不时:不按时(征收)。[24]当具:当缴税时。具,供。贾:即"價"(价)。取:此指借。倍称:即加倍。[25]鬻(yù):卖。责(zhài):通"债"。[26]奇(jī)赢:有余财而蓄聚奇异之物。[27]文采:指鲜艳的花纹绸缎。[28]阡陌(qiān mò):田亩。[29]因:凭。交通:交往。以:介词,因为,表缘由,动机。[30]敖:通"遨"。冠盖:指做官的人的冠服和他们车乘的篷盖。[31]坚

坚固的车子。策：鞭打，赶着。肥：肥壮的马。履：此作动词，穿。曳：拖着。缟：丝织，白绢。[32]所以……者：前句表"……的办法"，后一句表"……的原因"。[33]贱商人：以商人为贱，即压低商人的社会地位。[34]卑：轻视。尊：重视。[35]乖迕（wǔ）：相违背。[36]道：办法。[37]募：号召。县官：指政府。[38]渫：通"泄"，分散出去。[39]损：减少。[40]补者：指好处。劝：勉励。功：工作，此指从事农业生产。[41]车骑马：战马，骑兵用的战马。复：免除。卒：步兵，指服兵役的壮丁。[42]为：给以。[43]神农：传说中的上古氏族首领，首先教人种植，故称神农。仞：古代以七尺或八尺为一仞。汤池：能烫伤人的护城河。步：古代以五尺或六尺为一步。带甲：穿甲衣的兵士。[44]以是：根据这点。大用：重要的东西。本务：根本的事情。[45]五大夫：一种爵号。汉朝制度，侯以下分二十级，大夫在第九级。廼：古"乃"字。此：这样做。其与：表比较。功：奖励。[46]擅：专有。[47]以：连词，释作"来"，表目的。三岁：三年。

译文

　　圣明的君王在上统治，百姓不挨饿受冻的原因，不是因为君王能够种粮食给百姓吃，能织布给他们穿，而是因为能够开辟给他们物资财富的来源。所以尧禹时代有 9 年水灾，商汤时代有 7 年旱灾，而国家却没有人被遗弃，被饿死，就是因为粮食积蓄多而早有准备。

　　现在全国统一，土地、人口之多，不下于夏禹、商汤的时代，加上没有接连数年的水灾、旱灾，可是积蓄却比不上当时，这原因是什么呢？这是因为土地有尚未挖掘的潜力，人民有尚未发挥的力量，生产粮食的土地尚未全部开垦，山林、水利资源尚未完全开发，没有工作的游民尚未全部回到农业生产中去。人民贫困，就将会有奸邪产生。贫困，是由于衣食不足，而衣食不足是由于不务农。不务农，就不会在一地定居；不定居，就会轻易离家，人民如鸟兽一样到处求生，即使有很高的城墙和很深的护城河，有严格的法律和很重的刑罚，也不能管束住他们。受冻的时候，人们对于衣服，并不指望那又轻又暖的高质衣料；挨饿的时候，人们对于食物，并不指望那香甜可口的美味佳肴。饥寒临头，就会不顾廉耻。人的确是一天不吃两顿饭就感觉饿，终年不添置衣衫就感觉冷。肚子饿了不能够有东西吃，身上冷了不

能够有衣服穿，即使慈母也不能够保全自己的子女，这样，君王又怎
么能拥有百姓呢？圣明的君主都清楚这样的道理，所以使百姓从事
农业，减少赋税，增加粮食的储备，以此来充实粮仓，防备水旱之灾，
因此就能拥有百姓了。

　　百姓完全在于君主用什么办法管理他们，他们追求利益就如同
水往低处流，而不选择东西南北。珠玉金银，饿了不能吃，冷了不能
穿，可是大家都把它们看得很贵重，这是因为君王把它们作为资财的
缘故。它们又轻又小，易于收藏，携带在身，可以周游四方而无饥寒
之忧。这些财宝会使得臣子轻易背离主子，使百姓轻易离开家乡，使
盗贼受它们的引诱，使逃亡者得到轻便的财物。粟米布匹，从地里生
长，在一定季节成熟，依靠一定的力量才能积聚起来，非一日可成功。
几石重的粮食，一般人拿不动，故不易被坏人得到。然而，一日没有
就要挨饿受冻。因此，圣明的君主重视五谷，而不看重金玉。

　　现在，五口人的农民家庭，服役的不少于两人；他们能耕种的土
地，不超过百亩；而百亩的收成不超过百石。他们春耕夏耘，秋收冬
藏，打柴草，修建官府建筑，应付官差。春天不能躲风尘，夏天不能避
暑热，秋天不能躲阴雨，冬天不能避严寒。四季之中，无一日休息。
还有个人的交际往来，祭奠先人，慰问病人，抚养孤老，哺育幼儿，（一
切开销）都在这点收成之中。辛苦到这种地步，还要遭受水旱之灾，
应付急征暴赋。而征收赋税又无一定时间，早上的命令晚上又改了。
缴纳税款时，家中有东西的就半价卖给商人，家中没东西的就出加倍
利息借钱，于是就有卖田宅，卖儿女来偿还债务的了。而商人，大的
就囤积商品牟取暴利，小的就开店贩卖，有余财而掌握大量奇异商
品，每天都在市场活动，趁政府急需，卖的价钱一定是成倍增长的。
所以他们男不耕田，女不织布，穿的一定是华丽的衣服，吃的是好米
肥肉；他们没有付出农夫的劳苦，却占有农田的收获。他们凭着自己
富有，交往王侯，势力超过官吏，为了各自的私利而互相倾轧。他们
出游千里，彼此冠盖相望，乘坐坚固的车，骑着肥壮的马，穿着丝鞋，
披着绸衣。以上就是商人兼并农民的办法，是农民会流亡在外的原

因。现在法律压抑商人，可商人已经富贵了；法律重视农民，可农民已经贫穷了。一般人认为应该尊重的，却是政府应该轻视的；而官吏们轻视的，却是法律应该尊重的。上下相反，好恶相违，却想要让国家富强，法律确立，这是不可能的。

当前的事情，再没有比使百姓务农更要紧的了。要想让百姓务农，在于使粮食贵重，使粮食贵重的办法，在于让百姓用交粮来得赏和免罚。现在号召天下百姓向政府缴粮来达到封爵、免罪的目的。这样，富人有爵位，农民有钱，粮食散出。能够缴粮来得到封爵的，都是粮食有富余的人。从富余的人那里取出粮食供政府使用，那么，贫苦百姓的赋税就可减轻。这就叫减有余来补不足，诏令一下，就会对百姓有好处，这个办法符合百姓愿望。好处有三：一是政府的财用充足，二是百姓的赋税减少，三是能鼓励人们从事农业。现在规定："出一匹战马的，可免除三人的兵役。"战马是我们的军备，所以得以免除兵役。神农的话说："有石头城墙七八丈高，有护城河百步宽，有穿甲的兵士百万人，但没有粮食，仍不能取胜。"由此看来，粮食对政府是很重要的，是最根本的国家大事。现在让百姓缴粮授官爵，官爵至五大夫以上，不过才免除了一个人的徭役罢了，这样做和献战马的奖励相差很多。封爵，皇上所专有，只是出自于口而无穷尽；粮食，百姓所种，长在田里而不会缺少。得到爵位和免除罪行，是人们很希望的事。让天下百姓缴粮到边关，来得爵位、免罪，不超出三年，塞下的粮食一定会很多的。

品析

晁错（公元前 200 年—前 154 年），即汉高祖七年—汉景帝三年，汉朝颍川郡（今河南省禹州市）人。晁错是汉初著名的思想家、政治家和学者，主要研究申不害（战国时期韩国的宰相）、商鞅（秦国宰相）一派的法学，主张用刑法来巩固封建统治，同时，也研究儒家经学的传统。因为他学问渊博，享有盛名，在汉文帝刘恒时先后被任命为太常掌故、博士、太子舍人、家令、中大夫；汉景帝刘启即位以后，又把他升作御史大夫。晁错是一个积极的政治改革者,他看到汉初王朝虽建立,但是也承袭了秦朝的一些弊病。当时,百姓生活仍然贫困,匈奴常常入侵,祸害人民,而诸侯势力大,中央不能控制,严重威胁中央集权的巩固。因此,就实行中央集权、边防、兵事、重农积谷等问题,晁错呈上了许多有建设性的奏章,对于稳定汉初的政治局面,抵御外族入侵,发展农业生产,无疑是有积极的政治作用的。但是,由于晁错力主削弱诸侯的权力,加强中央权力,因而也就触犯了诸侯的既得利益,吴、楚等七国借口要诛杀晁错,举兵反叛朝廷。此时,汉景帝害怕,听信爰盎谗言,只好将晁错处死,希望七国退兵。然而,七国并不停止进兵,朝廷只得依靠武力,方才平息七国叛乱。晁错在任职期间,上了不少奏疏,如他的《言兵事书》、《论守边备塞书》、《论募民徙塞书》等文章中的建议,都深得汉文帝赏识,多被采纳,对于移民屯田防边防御匈奴入侵,巩固边疆等都起了很大作用。

　　《论贵粟疏》选自《汉书·食货志》,题目为后人所加。《汉书·晁错传》说,"错复言守边备塞,劝农力本当世急务二事",班固将"守边备塞"部分载入晁错之本传,此即刘勰在《文心雕龙·奏启》中所指出的《兵事》一文,将"劝农力本",即此《论贵粟疏》部分载入《汉书·食货志》,其实它们本是一篇奏疏呈文。此两部分合而为一文,较能全面展现晁错对当时的政治斗争、政治改革、汉初社会稳定、社会经济发展、国家治理之看法。汉初,经过战乱和社会变动,又面临匈奴入侵的威胁,粮食就成了至关重要的问题,贾谊对此也有恳切之奏疏,汉文帝接受贾谊的建议,"始开籍田,躬耕以劝百姓"。晁错则在此基础上进一步地陈述了对边防和民食的具体措施,这是对贾谊《论积贮疏》的进一步补充和完善,也表现了晁错的经济思想。

　　晁错在这篇奏疏里,主要论述了重农抑商、贵粟、奖励农耕、发展农业生产、巩固封建统治的思想。首先,文章从古今对比入题,即对比尧、禹、商汤战胜水旱灾害,以及今人粮食不足的事实,提出粮食生产之重要性。然后历数民贫之状况、原因,说明不务农之危害,指出劝农桑,薄赋税,广积粮,有备无患,这样才能拥有百姓,政权才能巩固。接着，文章叙述"贵五谷而贱金玉"的政策主张，通过农民的贫困与商人的富足的对比，说明重农贵粟是富民强国之根本。最后，文章提出他的主张和办法，即鼓励人们用粮食来买爵位和赎罪。

晁错在这篇奏疏中提出的思想观点和措施，迎合了汉朝统治阶级的需要，很快就被汉文帝所接受，并颁令在全国范围内实行以粟买爵的办法，而且在不久之后就实行田赋减半，后来又下令 12 年免收田租税等政策。这种治国之策略，是汉朝开国以来"重农抑商"政策的继续。它的推行，刺激了农业生产，调动了农业生产的积极性，促进了农业生产的发展，因而国家积累了许多财力物力，度过了暂时贫困的难关，使汉景帝时期初步出现社会较安定、经济较富足的局面，也为汉武帝实现全国大统一，走向汉朝的鼎盛时期奠定了基础。晁错在文章中叙述百姓的困苦，以及百姓从事粮食生产的艰难等，客观上反映了百姓的要求和愿望，这是文中的民主性。当然，晁错所提出以粟买爵和赎罪、减免租税等，受益更多的是地主阶级。同样，作者之目的也是要替汉朝统治者谋划长治久安之道。

应当承认，晁错能够在贾谊的思想基础上比较系统地论述重农贵粟的观点和政策，符合当时汉朝的国情。即使在今天科学技术发达的新的历史时期，民不可饥，民不可寒，民生为本，也始终是治国管理中不可忽视的重要问题。毛泽东主席曾指出："手中有粮，心中不慌。"在当今世界人口最多且以农业人口为多数的中国，粮食问题、民众的吃饭问题是关系国家存亡和社会稳定的大事，不可掉以轻心。因此，晁错所提出的重农贵粟之观点，不仅对于当时的社会发展和国家的稳定是有进步意义的，而且对于今天也是有借鉴意义的。同时，还应当看到，汉朝社会中的贫富悬殊现象日益凸现，对于汉朝政权的巩固和社会的稳定极其不利。为此，文章切中时弊提出的"损有余，补不足"的思想，可谓真知灼见。它无论是对于当时封建社会的汉朝，还是对于今天我们新创建的人民共和国国家，在调整社会中的各种关系，促进社会和经济的和谐发展方面，都是同样适用的，也同样具有重要作用。现今我们的国家也提出和倡导构建社会主义和谐社会，抑制现实社会生活中的贫富悬殊，人类社会必将走共同富裕的道路，那么，这种"损有余，补不足"的思想和办法、措施，确实应当认真吸取和加以推行，方能使当今社会和谐发展，以稳定来之不易的安定团结之局面。

本篇奏疏的写作是很有特色的，刘勰称其是"理既切至，辞亦通畅"，基本上概括了它的写作特点。首先，文章所提出的思想观点鲜明，中心突出，全文都能紧紧围绕重农贵粟的基本论点而展开，从远古至现在，从古人到今人，反复地逐层地叙述论证，陈其利弊，诉其主张和办法。文章所叙，义理深刻，说理透彻，组织严密，语势凌厉，有破有立，论述层层深入，富有雄辩力。其次，文章的文笔矫健流畅，运用的对比与描写，都能够具体生动、历历在目。所用论据充分有力，虽是寄其对农民贫苦之同情心，然而目的是引起汉朝统治者的惊觉，苦心规劝统治者采取有力措施，以巩固其封建统治。因此，本篇奏疏被刘勰称为是懂得写作奏疏文书之大体，历来均被认为是一篇优美的政论体文书作品，也是一篇传颂千古的散文佳作。

晁错的许多政论性奏章文书，都具有很强的思想性，对人民群众生活寄以深切的同情，能够就事论事，能够针对当时的重大社会生活问题，分析形势，提出主张和办法，做到条分缕析，切实可行，这些都符合上疏文体的规范。虽说是文采不够，但是他的奏疏却能够做到语言简洁、精练，避免使用繁缛的铺叙和华丽的辞藻，而使所呈之文词意明畅，论述深刻，说理层层深入，逻辑性严密，富有节奏，气势逼人，充分显示了政治家、思想家撰写文书作品之本色，这是值得我们学习借鉴的。

李固（汉）

与黄琼书

闻已度伊、洛[1]，近在万岁亭[2]，岂即事有渐，将顺王乎[3]？

盖君子谓："伯夷隘，柳下惠不恭[4]。"故传曰："不夷不惠，可否之间[5]。"盖圣贤居身之所珍也[6]。诚遂欲枕山栖谷[7]，拟迹巢、由[8]，斯则可矣；若当辅政济民[9]，今其时也。自生民以来[10]，善政少而乱俗多[11]，必待尧舜之君，此为志士终无时矣！

常闻语曰[12]："峣峣者易缺，皦皦者易污[13]。"阳春之曲，和者必寡[14]；盛名之下，其实难副[15]。近鲁阳樊君被征初至，朝廷设坛席，犹待神明[16]。虽无大异[17]，而言行所守[18]，亦无所缺。而毁谤布流，应时折减者[19]，岂非观听望深，声名太盛乎[20]？自顷征聘之士[21]，胡元安、薛孟尝、朱仲昭、顾季鸿等，其功业皆无所采[22]，是故俗论皆言"处士纯盗虚声[23]"。愿先生弘此远谟[24]，令人叹服，一雪此言耳[25]。

注释

[1]伊、洛：河名，即伊水与洛水，均在河南西北部，分别流入黄河。[2]万岁

亭：建于河南登封市附近，北面朝伊、洛两河。[3]"岂即事"二句：该不是你应招的事情有所进展，要接受朝廷的诏令吗？岂：语气词，意即岂不是，该不是。顺王：顺从王命，指朝廷下达征聘的诏令。[4]伯夷隘，柳下惠不恭：语出《孟子·公孙丑上》曰："伯夷隘，柳下惠不恭；隘与不恭，君子不由也。"意即伯夷心胸很狭小，而柳下惠很不自重不严肃，对于这两者（"隘与不恭"），有才德的人是不会这样做的。伯夷：殷末人，周武王伐殷时，与其弟叔齐一起劝阻，后殷亡，兄弟俩逃至首阳山饿死。隘：狭隘。柳下惠：春秋时鲁国人，任大夫，曾三次被逐退，仍不屈从。恭：恭敬，自重，严肃。[5]不夷不惠，可否之间：此句出自扬雄著《法言·渊骞篇》，意指不要像伯夷那样心胸狭隘，也不要如柳下惠有那种不自重的行为，要取二者之间的态度。即劝说黄琼处进退之时，应当适时宜、识时务。[6]居身：立身处世。[7]枕山栖谷：把大山当枕头，将山谷作为住所，隐居于山林峡谷之间。[8]巢、由：即巢父、许由，两人均为帝尧时的贤人隐士。据传尧要把君王之位让给巢父，巢父不受，尧又要把君王之位让给许由，许由则隐居了。[9]辅政济民：辅佐皇帝处理朝政，救助百姓。[10]生民：人们，人类。[11]善政：指清明的政治。乱俗：指混乱的风俗、社会风气。[12]语：古语，也指俗语、谚语。[13]"峣峣者"二句：指的是高耸的东西容易折损，洁白的东西容易被玷污。峣峣（yáo yáo）：很高，高耸。皦皦（jiǎo jiǎo）：洁白，玉石的白净，明亮清晰清白的样子，同"皎皎"。[14]"阳春"二句：意即这种高雅的阳春白雪之曲调，能够与之同唱的人是不多的。"阳春"：歌曲名，古时楚国一种很高雅（较高级）的歌曲，与之相对应的有《下里巴人》，是一种较为通俗的歌曲。据《文选》中的《宋玉对楚王问》记载：有人在楚国都城唱《阳春白雪》，能够和唱者不过几十人，而唱《下里巴人》时，能够和唱者则有几千人。和：和唱，跟着唱。[15]盛名之下，其实难副：指一个名声很高的人，与其实际才能和成就是很难相称、相符的。[16]鲁阳：为今河南省鲁山县。樊君：即樊英，鲁阳人。《后汉书》中的《方术列传》载：樊英精通五经和术数之学，许多人拜他为师，地方州郡聘其做官，均不允，后来汉顺帝诏令他入京做官，他才接受五官中郎将之职。犹：如同，好像。[17]大异：太大的差别（不同），指不同于众人的（出众）的表现。[18]守：操守，指遵循的规则、规范。[19]应时：顺应着时间的推移、流失。折减：打折扣、减少。[20]"岂非观听"二句：据《后汉书》记载，朝廷招聘樊英时，礼仪隆重，及至应对时，竟无匡救时政的深谋远虑之对策，使人们大失所望。观听，即视听。望深：期望、希望很大。声名太盛：即名声太大（太高）。[21]自顷：指近来，不久的时间。[22]胡元安、薛孟尝、朱仲昭、顾季鸿等：此四人均为应朝廷征召聘请的隐士。

无所采：没有什么可以采用。[23]"是故"句：因为这个缘故，时下社会舆论说这些不做官的人（隐士）徒有虚名。俗论：指当时的社会舆论。[24]弘：大，发扬光大。远谟：具有深谋远虑的规划。[25]一雪此言：一下子彻底地洗刷这个名声（这句话），指"处士纯盗虚声"的时下社会舆论。雪：洗雪，洗刷。

译文

我听说你已渡过了伊水和洛水，到了京城附近的万岁亭。该不是（想必）你应朝廷招聘的事情有所进展，将要顺从皇帝的诏令吧？

从来那些有识之君子就认为："伯夷的心胸太狭小，柳下惠很不自爱自重。"因而解释经义的书（《法言》）说："（为人做官的）不能像伯夷那样心胸狭隘，但是也不要如柳下惠那样不自重自爱（三次被贬而不辞官的行为），而要取二者之中间态度，不走两个极端。"古代圣贤们的这些话，大概就是他们所珍重的为人和立身处事的态度与规范。假若你真的要过着那种以大山为枕，以峡谷为居所，隐居在深山穷谷之中的生活，而去仿效巢父和许由的行为，拒绝应诏，这是可以的。但是如果你要辅佐皇帝办理政事，拯救百姓，那么，此时正是时候（时机）了。自有人类之后，社会上总是政治清明的时候少，而社会风气混乱的时候多，如若要等到像尧舜那样的圣贤君主的出现（方才出来做官），那么有为志士就没有从政（治理天下）的时机了。

以往时常听得有句古话说："高耸的东西容易折损，皎皎洁白的东西容易被玷污。"如《阳春白雪》那样高雅的歌曲，能够与之和唱的人是不多的；一个名声很高很大的人，与其实际才能是很难相称相符的。近来鲁阳的樊英被皇帝征召至京城，朝廷为他筑高台设宴席，待其若神灵一样。到了应对时，他竟无匡救时政的深谋远虑之对策，使人们大失所望。虽然，他没有什么出众才能，但是言行也符合规范，没有什么缺点。然而毁谤和批评他的言辞四处散布流传，使他的美好名声随着时间的流逝而逐渐减色，这难道不是因为他的名声太盛而人们对他的期望太高的缘故吗？新近那些应朝廷征召的的隐士，如胡元安、薛孟尝、朱仲昭、顾季鸿等人，他们都没有什么可取的功德成就,所以时下社会舆论说他们这些自称不做官的隐士,纯粹是没有真才实学而徒有虚名的人。我希望先生你能够施展你的才干,做出令世人叹服钦佩的宏图大业,以便彻底地洗刷掉这个言论(这些有辱于名士的话)。

品析

李固(94—147年),字子坚,汉朝汉中南郑(今陕西南郑)人。少年时就十分好学,常常不远万里寻师请教,且喜好结交朋友,曾多次被推荐于朝廷,皆未就。汉顺帝刘保阳嘉二年(133年),朝廷公卿共荐李固对策,皇帝即诏令李固应对,得到皇帝的赏识,拜为议郎,先后任荆州刺史、泰山太守、大司农、太尉等要职。其间,他力主除却外戚,罢免宦官,尊崇儒生,敢于反对宦官权贵。汉顺帝死后,他竭力辅佐少帝,但因外戚和宦官在朝廷中专权,致使李固父子三人无端遭外戚大将军梁冀杀害。虽然梁冀镇压杀戮异己令海内惊惧,然而人们还是十分怀念李固的。

李固在从事政务的过程中,所撰写的章、表、奏议、教令、对策、记、铭等文书体文章约有11篇。

《与黄琼书》,选自南朝宋范晔《后汉书》卷九十一《黄琼传》,此文首尾的文字,已被范晔删去,仅存正文。黄琼,字世英,后汉江夏安陆(今湖北安陆)人,出身官僚家庭。东汉顺帝刘保永建年间(126—132年)由公卿推荐,朝廷征召他进京做官,他应召随公车来到了洛阳附近,又称病不进,故朝中有人对其深有异议,弹劾他不敬。李固平素钦佩黄琼,就写了这封书信激励他应召进京做官。黄琼得信后,方始动身入京,被拜为议郎,稍后迁至尚书仆射,后至太尉、司空。黄琼与李固等人不满宦官和外戚梁冀专权,颇有名望,曾多次上书言事,如提出发展农桑、提倡节约、重用儒生等,多被皇帝采纳。

《与黄琼书》,虽说当时是作为一种书札,并不属于上行或下行文书,但是李固是在皇帝征召黄琼不进的情况下,为国家着想,替皇帝做说客,给朝廷招揽人才而作的,是为统治集团服务的。这种行为,实际上是属于公务性的，客观上完成了朝廷之命。《文心雕龙·书记》中说："夫书记广大，衣被事体，笔札杂名，古今多品。"可见，本文应被看作是一种文书作品，或称为非公务性质的文书作品。这确实符合这篇书信所反映的思想内容，也符合《文心雕龙·书记》所说的各种书札的特点：是"并述理于心，著言于翰，虽艺文之末品，而政事之先务也"。汉朝时期的许多优秀书信，正是这样的，首先反映的是社会政治问题，是以谈论封建政务为主要内容的。那么，本文作为汉朝时代的文书作品，就是很自然的事了。

本文主要是李固劝说黄琼应当抓住时机，尽早顺应朝廷的征召入京做官，以便担负朝廷的重任，为封建国家出力，为皇帝效忠，并希望他能够做出"令人叹服"的政绩，做一个真正的名士，成为一个出色的有政治抱负的朝廷官员。这些虽为黄琼个人着想，但是更为主要的是为封建朝廷着想，为君王着想。同时，在文章中他提出的"盛名之下，其实难副"之论断，确实是至理名言，至今仍是现实生活之真谛，始终闪烁着社会生活哲理之光芒。在当今的社会生活中，人人应该有自知之明，这不仅是为人处世修养的一种表现，也是成就任何事业的一种深刻哲理。不论是从政的，还是从商的，从事科学研究的，均是如此。特别是那些为政做官者，以及那些"明星"、"名士"们，尽管他们时不时出现在人们的面前，但有些人却也是"盛名之下，其实难副"。这岂不是值得人们深思的吗？

因而，这封书信，虽然写得简短，但思想内容却具有十分深刻和鲜明的特点。如文章中饱含了对黄琼的关怀爱护，希望他能够应召，以免受到朝廷大臣的非议，其中也体现了作者辅佐皇帝和拯救百姓的思想。此文的特点是"条畅以任气，优柔以怿怀"，书中在表达这种思想时言论得体，容易令人接受。同时，文章能够有理有据，比喻得当，情词恳切，动人心弦，用"盛名之下，其实难副"的生活哲理及修养准则来委婉地批评黄琼，以当时应召的所谓"名士"、"隐士"不能做出对朝廷与百姓有益的事为例来激励对方，言辞虽激烈，却能够使其感奋，猛醒，似有激将之法。言下之意是对方如果不是"纯盗虚名"，就应当应皇帝之诏令入京做官，这样就使对方不得不接受自己的观点。从此事最终有一个圆满的结局，即黄琼很快入京应召来看，足见其书之艺术效果。

本文作为古代文书作品，是当时东汉社会生活和国家政治经济活动、朝廷管理活动的真实历史记录，这样，文章就显示出真实性强的重要特点。在文章中，我们可以真实地看到东汉时期官员举荐制度的运行管理情况：东汉在官员选拔招聘时，是先由州郡县长官或朝中大臣推荐，再由朝廷行文或是皇帝颁发诏令加以任命使用的。由于没有建立完善的法规制度，人为因素常导致官员选拔的腐败现象。官员的选拔不仅被少数权贵外戚、宦官和官僚所把持，而且使社会滋生了贿赂公行、卖官买官等现象和混乱、庸俗的社会风气，扼杀了大批具有真才实学之志士，使得他们往往深感救民和报国无门。而一些所谓"处士"、"隐士"则或是盗取虚名，蓄意抬高自己的身价，或是刻意相互标榜、吹捧对方，或是故意逃避举荐征召，以便博取更高的社会声誉，然而真正做了官，却原来是"金玉其外，败絮其中"，没有什么真才实学和治国救民之道。因而，文章中所记述和批评的"阳春之曲，和者必寡"，"处士纯盗虚声"，"盛名之下，其实难副"，"自顷征聘之士，胡元安、薛孟尝、朱仲昭、顾季鸿等，其功业皆无所采"等现象和史实，正是这种情况的真实反映。因此，本文不仅是我们了解和研究东汉时期政治制度、官吏选拔任用、国家管理与社会风尚习气的重要参考文献资料，同时也对我们国家今天的党政管理，特别是对党政官员的正确选拔任用，防止古代官员腐败、买官卖官和混乱的社会风气的重演与蔓延等，都具有重要的参考借鉴作用。

刘恒（汉）

赐南粤王赵佗书

皇帝谨问南粤王[1]，甚苦心劳意。

朕高皇帝侧室之子，弃外奉北藩于代[2]。道里辽远，雍蔽朴愚，未尝致书[3]。高皇帝弃群臣[4]，孝惠皇帝即世[5]，高后自临事[6]，不幸有疾，日进不衰[7]，以故悖暴乎治[8]。诸吕为变乱法，不能独制，乃取他姓子，为孝惠皇帝嗣。赖宗庙之灵，功臣之力，诛之已毕。朕以王侯吏不释之故[9]，不得不立，今即位。乃者闻王遣将军隆虑侯书[10]，求亲昆弟，请罢长沙两将军[11]。朕以王书，罢将军博阳侯；亲昆弟在真定者[12]，已遣人存问；修治先人冢。

前者闻王发兵于边，为寇灾不止[13]。当其时，长沙苦之，南郡尤甚。虽王之国庸独利乎[14]？必多杀士卒，伤良将吏，寡人之妻，孤人之子，独人父母。得一亡十，朕不忍为也。

朕欲定地犬牙相入者，以问吏，吏曰："高皇帝所以介长沙土也[15]。"朕不得擅变焉。吏曰："得王之地不足以为大，得王之财不足以为富。"服领以南[16]，王自治之。虽然，王之号为帝。两帝并立，亡一乘之使以通其道，是争也。争而不让，仁者不为也。愿与王分弃前患[17]。终今以来，通使如故[18]。故使贾驰谕告王朕意[19]，王亦受之，毋为寇灾矣。

上褚五十衣，中褚三十衣，下褚二十衣，遗王[20]。愿王听乐娱忧，存问邻国[21]。

注释

[1]问：指慰问、问候。南粤王：姓赵，名佗，真定人。秦时为南海龙川令，秦二世时乘乱绝关自备，自立为南粤王，汉时高帝认可。[2]高皇帝侧室之子：言非刘邦正嫡所生，汉文帝刘恒系薄姬所生。弃外奉北藩于代：高祖十一年（公元前196年），诛陈豨，平定代地，刘恒被刘邦封为代地之王。[3]未尝致书：言不得通使于越，意即我奉封在遥远的藩地，不曾与你通书信和互派信使者。[4]弃：丢开、舍弃，此指去世，言刘邦离开人世。[5]孝惠皇帝：刘盈，高皇帝刘邦子，在位七年。[6]高后：刘邦结发妻，吕氏，名雉，惠帝母。自少帝元年临朝称制，执掌实际朝纲大权，八年病逝。[7]日进不衰：言疾病日益严重。[8]悖（bèi）：违背，惑乱。[9]不释之故：指辞让帝位不见处置的缘故，意即王侯百官要其就任帝位，坚持不放。[10]隆虑侯：周灶，即高后所派遣击佗者。隆虑：在今河南林县。[11]求亲兄弟：求访赵佗在故乡的亲兄弟。请罢长沙两将军：罢免派兵攻打越地的两将军，以此使佗附汉。[12]真定：西汉国，又为恒山郡，今属河北保定。[13]发兵于边，为寇灾不止：指赵佗派遣越兵侵扰边境（长沙郡之属县），引发不断的战乱。[14]庸：非，不是。此二句指越兵侵边，长沙、南郡皆苦，汉军抵抗，引起战乱，对于越是不利的。[15]介：隔。[16]服：认可。领：占有、统治。[17]分：指彼此共同丢弃。前患：指以前所结下的祸患。[18]终今以来，通使如故：言从今通使至于终久，意即通使有如以前一样，始终如一，永远不变。[19]贾：即陆贾，汉刘邦之得力大臣，楚人，以客从高祖定天下。陆贾有口才，曾奉命出使南粤招谕赵佗，拜大中大夫，所著之书，号为《新语》，共有12篇。[20]褚：以棉装衣曰"褚"。上中下：指棉之多少厚薄之差。遗王：即赠送给你（王）。[21]邻国：指东越与瓯骆等。

译文

皇帝谨向南粤王问好，你是一片苦心劳意的。

我是高皇帝侧室的儿子，被弃于外面，封藩于代地。由于道路遥远,性情朴拙寡闻,一直不曾和你通信及派使者往来。高皇帝离开群臣去世,而后孝惠皇帝也去世。高后自我临朝听政,以后不幸得病,日益严重,不知治道,违背和惑乱朝政。以致诸吕惑乱国法朝政,不能独制,于是取他姓的儿子,为孝惠皇帝续嗣。但是依靠宗庙之灵、功臣之力,将姓吕的全部诛灭。因为王侯百官要立我帝位,不肯放我,我即不得不立。现在登上皇帝之位了,才从王(你)寄将军隆虑侯的信中听说,(你)希望求访你的亲兄弟,请罢免进击越地的长沙两个将军。我因为你的信,罢免了将军博阳侯了;你的亲兄弟在真定这个地方,已经叫人去查访了;你先人的坟墓,也替你修理了。

前回还听说你派兵到边界上侵扰,为寇为灾不停。在那个时候,长沙受害受苦,南郡更为厉害。这样对你的国家不是也没有好处吗?结果必定是多杀了些士兵,伤害了些好的将官,使人家的妻子成为寡妇,儿子成为孤儿,使人家父母孤独。如此得一亡十,我不忍心这样做了。

我准备要划清交界互相交错的地方,去问了官吏,吏说:"这是高皇帝以此来隔开长沙的地方(土)。"我不敢擅自改变。官吏又说:"得到你的土地不能算是大的,得到你的财,不能算是富足的。"所以我愿意将长沙以南的地方归你所有,让你自治。然而,你的名号是帝,两帝并存于一时,又不通音信和互派使者,这是两雄相争了。相争互不相让,这是仁者所不肯做的事情。我愿意和你共同放弃以往的争斗,从此以后,始终如一地和从前一样通使问候。所以派遣陆贾赶紧把我的谕告转达给你,你能够领受这个意思,切不要为寇为灾。

现在把上等棉衣五十件、中等三十件、下等二十件,赠送给你(王)。请你(王)勉寻快乐,勿担忧虑,和邻国常通音信和好。

品析

汉文帝刘恒,为汉高祖刘邦中子,其母薄姬。高祖十一年(公元前196年),诛陈豨,定代地,封立刘恒为代王。及至高后吕雉死,丞相陈平、太尉周勃、朱虚侯刘章等共诛诸吕,谋立代王为汉帝。于是,刘恒于公元前 179 年即帝位,在位 23 年。在位期间,刘恒以宽仁施政于天下,勤于节约,据《汉书·文帝纪》称:"宫室苑囿车骑服御无所增益。有不便,辄弛以利民。曾欲作露台,召匠计之,直百金。上曰:'百金,中人十家之产也。吾奉先帝宫室,常恐羞之,何以台为!'身衣弋绨,所幸慎夫人衣不曳(yè)地,帷帐无文绣,以示敦朴,为天下先。……专务以德化民,是以海内殷富,兴于礼义,断狱数百,几致刑措。"总之,汉文帝刘恒因以仁治理国家而著称于世,他奉行以义和德感化臣民的政策,使国家统一,社会安定,人民生活富足,百姓安居乐业,有效地巩固了汉朝政权。同时,他能克己勤俭,较少挥霍百姓钱财,以此为臣民所效法。这些对于克服汉初经济困难,特别是在经济尚不富足,急需恢复生产的情况下,是有一定的积极作用的。

《赐南粤王赵佗书》,选自《汉书·西南夷两粤朝鲜传》。书,即诏书,是汉文帝刘恒赐给赵佗的诏书,类似今天某上级机关或领导人送给某下级机关或领导人的函件,是具有专指性的公文。

高帝十一年(公元前 196 年),遣陆贾立赵佗为南粤王,使赵佗向汉称臣,奉汉约。及至高后临朝之五年(公元前 183 年)春,赵佗自尊为南粤武帝,并出兵攻击长沙边邑,与汉朝并立。此僵局延及汉文帝时,汉朝天下已成一统,汉文帝以仁治抚镇天下,"使告诸侯四夷从代来即位意",即不以威力兵武加于远方。文帝二年(公元前 178 年),"为佗亲冢在真定置守邑,岁时奉祀。召其昆弟,尊官厚赐宠之"(《汉书·西南夷两粤朝鲜传》)。是时,文帝召丞相陈平问谁可出使南粤,陈平告文帝,高祖时是陆贾出使南粤,文帝乃召陆贾为太中大夫,谒者一人为副使,再度出使南粤,招抚赵佗。本篇即是陆贾出使之时,文帝让其带给赵佗的诏书。

《赐南粤王赵佗书》篇中大意,讲述汉文帝以宽仁招抚赵佗,欲佗废去帝号,归顺汉朝。文章首先叙述文帝初时被封于代地,与之少通信使。接着,文章叙述了汉初之变,即高帝、惠帝的相继去世,诸吕作乱,文帝是应时势要求即帝位的,以及汉朝对越地与赵佗亲属的态度、礼遇。继而叙述赵佗派兵侵边而给国家和百姓带来的苦难,表明文帝于心不忍。最后，文章表述不宜两帝并存，两雄相争，而应当互通信使，奉汉约，并赐给物品，以此感召赵佗归顺汉朝，使朝廷不费一兵一卒而得到国家的统一。这在避免分裂，实现中国的统一上，是一种可以借鉴的经验办法。

《赐南粤王赵佗书》，在写作上是成功的，也独具特色。

首先，文章纲举目张，遣词造句有分寸，前后照应巧妙。例如，文章是为了招安南粤王赵佗，而赐予诏书，又叙述汉文帝即位，是出于不得已，并非是自己所渴求，而是顺应时势，是朝廷百官推戴的结果，"以王侯吏不释之故，不得不立"，这样，表明帝位不可力争，岂宜妄窃？为末段之"争让"埋下伏笔，暗示赵佗应当去除帝号。再如，文章叙述赵佗扰边和叛汉之处，忽然借询问其官吏几句话，将此避开，以免伤及对方（赵佗）。说并不是赵佗的罪过不该讨伐，也不是汉朝没有能力（兵力）去讨伐。这样既不伤害赵佗，使他归顺汉朝，又能够使汉文帝不失去皇帝的威严。末尾提出"号为帝"一句，不批评指责赵佗称帝越位的不法行为，只讲两帝并存而互不相让，这是聪明人（仁者）不应该做的事情。这就使该篇诏书处处显得措词得体，言语之间极有分寸，无懈可击。

其次，文章的另一特色是，该文竭力以诚感人，仁宽为大。例如文章开头称自己是汉高祖侧室之子，奉藩于外；言自己不忍兵戈，使百姓妻离子散，造成民众的兵寇之灾；叙述对赵佗宗族的宽仁厚待，字里行间，包含着帝王宽仁至诚之心情，洋溢着帝王的春雨甘露，欲使之感动。如此之写法，可谓是"春露之滋"，显示出诏书具有很强烈的感召力和说服力。汉文帝可以不用一兵一卒，而仅凭诏书一封，就顺利地使南粤王赵佗臣服归顺汉朝，去除帝号，足见其文章高超的写作技巧和方法。这正如刘勰在《文心雕龙·诏策》中所称赞的那样："皇王施令，寅严宗诰。我有丝言，兆民尹好。辉音峻举，鸿风远蹈。腾义飞辞，涣其大号。"显然，这就达到了文章应有的艺术效果。

赵佗（汉）

报文帝改帝号书

　　蛮夷大长老夫臣佗，昧死再拜，上书皇帝陛下：

　　老夫故粤吏也。高皇帝幸赐臣佗玺[1]，以为南粤王[2]，使为外臣，时内贡职[3]。孝惠皇帝即位，义不忍绝，所赐老夫者甚厚。高后自临用事，近细士[4]，信谗臣，别异蛮夷[5]，出令曰："毋予蛮夷外粤金铁田器[6]。马牛羊即予，予牡毋予牝[7]。"老夫处辟[8]，马牛羊齿已长[9]，自以祭祀不修，有死罪。使内史藩、中尉高、御史平，凡三辈上书谢过，皆不反。又风闻老夫父母坟墓已坏削[10]，兄弟宗族已诛论。吏相与议曰[11]："今内不得振于汉，外无以自高异[12]。"故更号为帝。自帝其国，非敢有害于天下也。高皇后闻之大怒，削去南粤之籍，使使不通[13]。老夫窃疑长沙王谗臣，故敢发兵以伐其边。且南方卑湿，蛮夷中，西有西瓯[14]，其众半赢[15]，南面称王；东有闽越，其众数千人，亦称王；西北有长沙，其半蛮夷，亦称王。老夫故敢妄窃帝号，聊以自娱。

　　老夫身定百邑之地，东西南北数千万里，带甲百万有余，然北面而臣事汉[16]，何也？不敢背先人之故。

　　老夫处粤四十九年，于今抱孙焉，然夙兴夜寐，寝不安席，食不甘味，目不视靡曼之色[17]，耳不听钟鼓之音者[18]，以不得事汉也！

今陛下幸哀怜，复故号，通使汉如故。老夫死，骨不腐。改号不敢为帝矣！谨北面因使者献白玉一双，翠鸟千，犀角十，紫贝五百，桂蠹一器[19]，生翠四十双，孔雀二双。昧死再拜，以闻皇帝陛下。

注释

[1]玺(xǐ)：玉玺，皇帝所赐给的印章。仅限于皇帝和诸侯国王。[2]以为：此指"把……封为"，汉高祖十一年(公元前196年)，遣陆贾封赵佗为南粤王。[3]内贡：即进贡。[4]近细士：亲近小人。[5]别异：此指非正常对待，疏远，不友好。[6]毋予：不要给。[7]牡：雄性。牝(pìn)：雌性。[8]辟：通"僻"。[9]齿已长：意指老了。[10]风闻：闻风声，听说。[11]相与议：在一起互相议论。[12]振于汉：振兴汉朝。无以自高异：自己觉得没有什么建树。高异，高于别人的地方。[13]使使不通：无使节来往。第一个"使"为动词，使得。第二个"使"为名词，使节。[14]西瓯：故城在广西贵县南。[15]嬴(lěi)：病弱。[16]北面而臣事汉：越地处中国南部，南粤王赵佗在南，向北边的中央政权称臣。[17]靡曼之色：美女之色。[18]钟鼓之音：指音乐之声。[19]桂蠹：桂树中的虫子，食桂树，积之成蜜，可食，与蜜蜂酿蜜相类似。

译文

蛮夷大长老夫臣赵佗，冒死再拜，上书皇帝陛下：

老夫本是以前(秦朝)粤吏，高皇帝赐给我玉玺，分封我做南粤王，使我能够做个外臣，时常得以进贡朝廷。孝惠帝登了帝位，重义而不忍弃我，极厚待我。自从高后临朝听政用事，亲近小人，信任奸臣，待蛮夷不友好，颁发命令说："不要将金铁农器给予蛮夷，马、牛、羊，只可把雄的给他，不可将雌的给他。"老夫我地处偏僻之处，马、牛、羊已经老了；自以为不修祭祀，应该有罪。于是便差遣了内史藩、中尉高、御史平，先后三次上书谢罪，但都去了没有回来。又听说老夫父母的坟墓已经被毁坏了，兄弟宗族都定了死罪。我的臣子与我互相议论说:"如今在内得罪了汉朝,在外自己又无所建树。"因此我就改号称帝了。但是我只是做本国的皇帝,并不敢有损于天下的人。高后听说了,大怒,削去我南粤王的封号,不叫使者来往。老夫疑心是长沙王说我的坏话,所以发兵讨伐他的边界。况且南方地低又潮湿,在蛮夷之中,西有西瓯,他的人多半是羸弱的,也南面称王了;东有闽越,他的百姓,不过几千个人,也称王了;西北有长沙,他的人民大半是蛮夷,也称王了;所以我才敢妄自称帝,以此作为自己的一种快乐,聊以自慰。

老夫亲自平定了百邑的地方,东西南北几千万里,披甲的士兵有100多万,然而却要向北称臣,侍奉汉朝,这是为什么呢? 就是不敢违背先人的缘故。

老夫住在南粤已有49年了,如今已抱着孙子了,然而却一天到晚睡不安宁,食不甘味,眼不见美色,耳不听音乐,为什么呢? 就是因为不能侍奉汉朝的缘故。

现在幸蒙陛下哀怜,恢复了我的旧号,照旧和以前那样互通信使往来。老夫就是死了,骨头也就不朽烂了。从此以后,改号不敢称皇帝了。谨诚地让使者向汉朝进献白玉一双、翠鸟千只、犀角十个、紫贝五百个、桂蠹一器、生翠四十双、孔雀两双。冒死再拜,以便听从皇帝陛下。

品析

赵佗,汉时南粤王,真定人。秦时为南海龙川令。秦朝统一天下,迁徙有罪者到粤地,与其土人杂居。至秦二世时,天下大乱,南海尉任嚣病重,召南海龙川令赵佗商议大事,告诉赵佗说:"闻陈胜等作乱,豪杰叛秦相立,南海辟远,恐盗兵侵此。吾欲兴兵绝新道,自备待诸侯变,会疾甚。且番禺负山险阻,南北东西数千里,颇有中国人相辅,此亦一州之主,可为国。郡中长吏亡足与谋者,故召公告之。"(《汉书·西南夷两粤朝鲜传》)同时,并行书颁发,任命赵佗为南海尉。任嚣死,赵佗遵其嘱,移檄横浦、阳山、湟溪关,说:"盗兵且至,急绝道聚兵自守"。之后，以法诛秦所置官吏，及至秦灭亡，赵佗起兵击败并占据桂林、象郡，自立为南粤武王。

《报文帝改帝号书》，与《赐南粤王赵佗书》同选自《汉书·西南夷两粤朝鲜传》，这是赵佗回复汉文帝的奏书，类似今天一往一来之公文，是具有针对性的奏章。

秦末汉初，赵佗乘天下之大乱，平定百粤，于汉朝建立之前即称王。时汉高祖以为天下新定，为避免劳兵伤财，"故释佗不诛"。汉高祖十一年（公元前 196 年），高祖刘邦派遣陆贾出使南粤，抚慰赵佗，封他为南粤王，赐之印（玉玺），使和百粤，毋为南边害，其封地与长沙接境。高后吕雉临朝，知赵佗有轻慢之心，而有司奏请禁止向南粤送铁器金石。赵佗认为：高皇帝立我，今高后听谗臣之言，断绝其器物，必是长沙王之计，欲击灭南海并占领之，自以为功。于是赵佗借此为由，自立为帝，号为南武帝。同时，赵佗发兵攻长沙，并败其数县。高后遣将军隆虑侯提兵征讨，因水土不适，士兵多数染上疫病，兵不能翻越山岭。及至高后病亡，乃罢兵。赵佗因此以兵威及闽粤等地，扩张土地东西万余里，"称制，与中国侔"。汉文帝刘恒即位，遂弃吕后时以兵戈征服南粤的做法，而采用以宽仁治天下的策略，派遣陆贾再次出使南粤，并赐书抚告之。待陆贾至，赵佗诚服，"乃顿首谢恩，愿奉明诏，长为藩臣，奉贡职"。于是，赵佗下令告本国臣民，以为两雄不俱立，两贤不并世，汉皇帝贤天子，自今以后，去除帝制。因而《报文帝改帝号书》，即是在这种情况下回复汉文帝的上书。事毕，陆贾还报，汉文帝大悦。此后，南粤"称王朝命如诸侯"。

本篇奏书，主要是向汉文帝陈述之所以称王和称帝的缘由与经过，并表示归顺汉朝，说明改帝号的心情和态度。文章首先叙述了汉高祖分封赵佗为南粤王，而赵佗也守约朝贡汉朝。紧接着，文章诉说了吕后临朝，听信谗言，亲近小人，断其金铁农器，发兵伐南粤，在不得已的情况下，赵佗只好南面称帝了。最后，文章描述了南粤的现况、实力，即讲述赵佗平定了百邑，拥有地方东南西北成千上万里，同时还拥有军队百万，却要向北称臣，侍奉汉朝，这是遵守与汉高祖皇帝之约定。与此同时，文章还表明了赵佗的心迹和态度：从此以后，改号不称帝了，并将依据礼节进贡物品，以表心意。

值得注意的是，文章反映的是赵佗受汉朝招安，改号不称帝的历史情况，但是，它却反映了汉高祖刘邦、汉文帝刘恒在治国安邦，促进国家统一的过程中，善于施行宽仁之政的思想。事实证明，吕后执政时，轻慢外臣，歧视外族，引起祸乱，而又要以武力征服，其结果适得其反，促使赵佗称帝。而汉文帝继承汉高祖的和边政策，以仁义治天下，却能够不费一兵一卒，便使外藩归顺，侍奉汉朝。这种治国之思想，是积极可取的，对于今天的国家管理，实现国家统一，也是可借鉴的。

《报文帝改帝号书》，是针对《赐南粤王赵佗书》而回复报告汉文帝的奏书，因而在公文的写作上有其明显的特色。

首先，文章针对性强，气势不凡。该文是就汉文帝要求赵佗改帝号，归顺汉朝，侍奉汉朝，毋扰边之事，进行铺叙，展开全文的，使通篇报书能够紧扣所要叙述的事情和中心内容。细观报书，处处与帝书针锋相对，语语带有英雄气质。例如，文章叙述赵佗虽为汉高祖、汉惠帝两朝之外臣，然而却没有任何地方出现感恩之语，并不以为于秦乱之时称王是错误的，而是自认为属于不侵不叛之臣，非犹如中原王侯裂地而封。又如叙述吕后听信谗言，发兵伐讨南粤，赵佗无奈之下称帝犯边，亦无任何认罪之语。总之，文章不因为作者是臣子与藩王，就显示出奴颜卑膝，或卑躬求荣的丑态，而是气势凌人，处处表现出英雄气质。因此，《汉书》称其虽去帝号，之后而帝号如故，读此可知。

其次，文章措词得体，简洁明了，这是本文的又一重要特色。文章叙述自己被汉高祖赐封为南粤藩王，后又称帝扰边，为此辩白，既言其顺理，又不触怒汉朝，言辞不卑不亢。例如，其意以为汉朝加惠于我，则我愿为臣；汉朝不加惠于我，则我便为帝。而称帝之后，有所顾忌，终不能低首下心，与南方寡弱诸王为伍。又如追叙此前臣汉之故，原非为汉朝威德可以臣我，只是念及先父坟墓与兄弟宗族俱在汉地，而彼时陆贾有掘烧夷灭之言，姑借此以为曲全之计。而在文章的末尾用复故号、通汉使两句表明汉文帝之恩，进而轻轻转入改号，戛然而止。这样，在措词方面就显得十分得体和得法，给人以不卑不亢之感觉，而且又使文章的主题表达显得简明扼要。

刘启（汉）

景帝令二千石修职诏

　　雕文刻镂[1]，伤农事者也；锦绣纂组，害女红者也[2]。农事伤，则饥之本也；女红害，则寒之原也。夫饥寒并至，而能无为非者寡矣。朕亲耕，后亲桑[3]，以奉宗庙粢盛祭服[4]，为天下先[5]。不受献，减太官[6]，省繇赋[7]，欲天下务农蚕，素有畜积，以备灾害。彊毋攘弱，众毋暴寡[8]，老耆以寿终，幼孤得遂长[9]。今岁或不登，民食颇寡，其咎安在[10]？或诈伪为吏[11]，吏以货赂为市，渔夺百姓，侵牟万民[12]。县丞长吏也[13]，奸法与盗盗甚无谓也[14]。其令二千石，各修其职[15]。不事官职耗乱者[16]，丞相以闻，请其罪[17]。布告天下，使明知朕意。

注释

　　[1]雕文刻镂（lòu）：雕刻玉石、金铁。文，同"纹"。镂，钢。[2]锦绣纂组：指彩丝、绣面、丝带、纺丝、刺绣、编带。与上句的雕刻玉石均为比较奢侈的要求。女红：妇女纺织工作。[3]朕（zhèn）：皇帝自称。后：皇后。桑：作动词，养蚕织布。[4]以：连词，表目的，释作"来"。宗庙粢盛祭服：祭祖用的食品、衣服。粢盛，黍稷曰"粢"，在器曰"盛"。[5]先：走在前面，即做榜样。[6]太官：掌管膳食的官。[7]繇：同"徭"，徭役。[8]彊：通"强"。毋：不。攘（rǎng）：侵夺。暴：欺凌。[9]耆（qí）：即"老"的意思，古时年到八十曰"耆"。以、得：表情况允许。遂：顺利，做到。[10]或：看来。不登：年成不好。登，即指庄稼成熟。咎：错误。

[11]为:当。[12]以货赂为市:把财物拿去做买卖。渔夺:以不正当的手段取利,此指贪取民物。侵牟(móu):侵扰。牟,一种吃苗根的虫,此指污吏侵食百姓的财物。[13]长(zhǎng)吏:吏之长。[14]奸法:即因法作奸,执法却作奸(坏事)。与盗盗:即与盗为盗。与,助。甚无谓:很不是(国家)所说的意思,即国家设吏的目的。[15]其:作命令副词。二千石:俸禄为二千石的官吏。修:整治,明察。[16]事:侍奉。耗(máo)乱:不明。[17]丞相以闻:(报告)丞相,让他知道。以,连词。请其罪:将其治罪。

译文

雕刻玉石、金铁,对于农事不利;纺丝、刺绣、编带,对于纺织有害。农事受害,就是饥饿的根本;纺织受害,就是挨冻的本源。饥饿寒冻一起到来,那能够不做坏事的就少了。我亲自耕种,皇后亲自养蚕织布,来提供祭祀的食品、衣服,为天下(务农蚕)做榜样。不受供奉,精减太官,减轻徭役,就是想要天下人务农蚕,平素要有积蓄,以备灾害。强不侵夺弱,多不欺凌少,使得老人得以寿终,幼孤得以成长。今年看来收成不好,百姓衣食很少,这里的错误在哪里呢?也许是以诈伪之人为官吏,官吏把财物用来做买卖,向百姓取利,侵扰万民。县丞,是一县官吏之长,却执法犯法,助盗为盗,这不是国家设立官吏的目的。现下令俸禄二千石的官吏,各自整顿明察职守。见有不忠于职守,不明察的官吏,即向丞相报告,定他们的罪。现向天下宣告,使百姓知道我的意思。

品析

刘启,即汉景帝,是汉孝文皇帝刘恒的儿子,其母窦太后,于汉文帝元年一月(公元前179年)被立为太子。公元前157年6月1日,汉文帝刘恒死。同年6月9日,刘启即帝位,后死于公元前141年1月27日,葬阳陵,在位16年。在位期间,刘启能够"孝景遵业",继续推行刘邦和刘恒的治国大策方略。史书称其温良恭俭,勤于政务管理,体恤百姓,曾"屡敕有司以农为务",下诏减收田赋一半,即把原来的"十五而税一"改为"三十而税一"，以尽可能地减轻农民的负担，这就在客观上推动了农业生产。汉景帝执政，能够招贤纳言，善于管理和使用人才，如重用晁错等有作为的封建志士大臣；能够坚持削弱诸侯王的势力，以加强中央集权，成功平定了吴、楚之乱，确保了国家的统一和社会的安定；能够加强边务，抗击匈奴贵族的入侵，保证了边境的安宁和生产。其一系列政策措施使四方"移风易俗，黎民醇厚"（《汉书·景帝纪》）。刘启作为汉高祖、汉文帝的得力继承人，与文帝一道开创了"文景之治"。这个时期，由刘邦建立的封建地主阶级的新兴国家，继续向前发展，这与景帝的努力和开明政治的实施是分不开的。

《景帝令二千石修职诏》，选自《汉书·景帝纪》，《古文观止》亦选录。此诏书发布于景帝后元二年（公元前142年）四月。其时，匈奴入侵雁门一带，大肆掠夺财物，扰乱边境，给汉朝带来了很大困难；同时，由于灾荒，"以岁不登"，致使百姓饥苦，缺衣少穿，加之贪官污吏侵夺百姓，乱派徭役，加重了农民的负担，百姓十分困苦。为此，景帝刘启体恤百姓，了解百姓，采取了一些措施，先后下诏令禁止用粮食喂马，下令减少徭役和赋税，诏令各个郡国，劝民务农，严禁官吏征发百姓开采黄金、珠玉，以误农事，告诫百官忠于职守等。而本篇诏文，就是其中实施开明政治的一部分，也是为应对当时国家管理、社会稳定、发展经济的需要而颁发的诏令文告。

本篇诏文，主要是诏令四方百姓、各郡州和诸侯国要以农桑为本，大力发展农业生产，并告诫百官不得侵扰百姓务农事，否则治其罪，体现了景帝体恤百姓疾苦的心情。文章首先指出动用民工雕刻宝玉珍珠、刺绣编带等，是一种伤农事害女红的行为，也伤害了国家的根本。接着，文章表明皇帝与皇后都要自己亲自耕种，纺织，为天下务农做出榜样，说明实行"不受献，减太官，省繇赋"的措施，就是要使天下务农桑，以备灾害。然后，文章严令豪强、官吏不得侵扰万民，以强欺弱，孤幼老人要受到保护，同时号令百官要忠于职守，依此整顿明察，否则百姓可向丞相报告，定他们的罪。这些开明政策的实施，无疑促进了当时的农业生产的发展，对于巩固汉朝的统治，以利人民休养生息，都是具有积极意义的。这里应当指出，封建帝王在百姓困苦之时，能够劝农务桑，严禁官吏侵夺民物，共度灾荒，这是难能可贵的。在封建社会治国管理中，实行以民为本、以农事为本的措施和思想，显然是治国安邦之首要策略。汉景帝颁布具有进步性的开明的治国方略，是看到了民饥则乱、民寒则反的危险。帝王亲耕务农，精简官吏机构，制止贪官污吏侵害百姓，免除徭役，减轻人民负担，实行与民共济，这才有历史上的"文景之治"，社会进步，经济发展，百姓安居乐业。这在今天也是一个值得人们思考的问题，对于当代的执政者来说，更应当从中吸取有益的治国管理经验，学习继承古人优秀的治国管理文化。

本篇诏文在写作上是很有特色的。首先感情深厚，语气感人至深。例如文章开头把驱赶百姓去雕石刻金，看成是侵夺万民之本，以亲自耕织表率天下，劝民务农事，充分体现皇帝是忧虑万民疾苦饥寒的，诏令辞气中饱含着春风化雨的润泽。其次，在诏告百官诸侯王忠于职守，告诫豪强不得侵扰百姓，以强食弱时，则严词峻令，有如深秋严霜之凛冽，且有轰雷不绝之威风。另外，诏文的文辞华丽，也是文章的重要特色，如文章虽用四六骈体文句，但却能文尽其意，充分表达其思想内容，且文章多用短句，显得简洁扼要。刘勰在《文心雕龙·诏策》中提出，对于诏策文的写作应当做到："气含风雨之润"，"敕戒恒诰，则笔吐星汉之华……眚灾肆赦，则文有春露之滋"，"明罚敕法，则辞有秋霜之冽"。这篇诏文确实达到了这些写作要求，不失为出色的诏令文书作品。

刘 彻（汉）

武帝求茂才异等诏

　　盖有非常之功，必待非常之人。故马或奔踶[1]而致千里，士或有负俗之累[2]而立功名。夫泛驾之马[3]，跅驰之士[4]，亦在御之而已。其令州郡察吏民有茂才异等[5]，可为将相及使绝国者[6]。

注释

　　[1]奔踶：不受羁勒之马，站立时容易踢人，走起路来却能奔驰千里。踶，即踏、踢。[2]负俗之累：指被世俗所议论。负，承受。累，此指精神上的压力。[3]泛驾：指马有烈性，而不循轨辙。泛，翻、覆。[4]跅（tuò）驰：放荡，不受拘束。[5]茂才异等：指超群之人才。茂才，即秀才，因光武帝名秀，后人避讳，故改称"茂才"。异等，超等，出类拔萃。[6]绝国：边远国家。

译文

　　一般说来，要建立非同寻常的功业，必须依靠非同寻常的人去完成。所以，有的马性子虽烈，却能奔驰千里；有的人虽被人议论指责（不与世俗同而受讥讽），却能建立功名。那种可能把马车拉翻的烈马，那种放荡不羁的士人（才能超群的人），也要看我们如何驾驭、使用他们，如何管理得法。现令州郡官员留心考察，发现选拔那些非同寻常的人才，让他们作将相或出使别国。

品析

汉武帝刘彻（公元前 157 年—前 86 年），系汉景帝刘启中子，母王美人（后立为皇太后），刘彻 4 岁时被立为胶东王，7 岁时（公元前 150 年）被立为皇太子，16 岁时，其父汉景帝死（公元前 140 年，即建元元年），刘彻即位，在位 54 年，寿终 71 岁。汉武帝是一位很有作为的封建君王，他雄才大略，却又不改文景（文帝、景帝）之恭俭，以济斯民。《汉书·武帝纪》称之："孝武初立，卓然罢黜百家，表章《六经》，遂畴咨海内，举其俊茂，与之立功。兴太学，修郊祀，改正朔，定历数，协音律，作诗乐，建封禅，礼百神。"在位期间，汉武帝实行了种种比较清明的政策，卓有成效地开拓了疆土，抵御外族入侵，安邦治国，发展社会生产，繁荣国家经济，使西汉成为我国封建社会发展历史上一个强盛时期。在这期间，汉武帝大胆改革封建社会的官僚组织机构，特别是加强了朝廷的内廷行政指挥机构——尚书（也称中书），对封建社会的官制产生深远影响。在文书和文书工作方面，他也取得卓越的成就。他崇尚儒术，重视文书在封建政务中的作用，所颁发的诏书文谕，多为后世所称颂，就如刘勰在《文心雕龙·诏策》中所说的："武帝崇儒，选言弘奥，策封三王，文同训典，劝戒渊雅，垂范后代。"

《武帝求茂才异等诏》，选自《汉书·武帝纪》，亦载《古文观止》。本篇诏书颁发于汉武帝元封五年（公元前 106 年）。其时由于西汉经济的发展、国家政权管理和对内对外关系的需要，特别是由于管理机构的扩大，疆域的开拓，与之适应的是"置刺史部十三州"，这样就需要大批的各种相应的管理人才和军事上的指挥人才。同时，由于"大司马大将军青（卫青）死"，以及"名臣文武欲尽"（《汉书·武帝纪》），在这种情况下，国家内外的各种政务活动都急需各种有才能的人，于是，汉武帝颁布诏书在全国选用人才，招纳罗集各种行政管理的贤能志士为其封建统治服务。

本篇诏文，主要内容是汉武帝下诏选用贤良志士，启用超群之才，体现了他的关于人才管理与使用的思想和方法。文章首先指出建立不寻常功劳,即从事不寻常工作,必须要有不寻常的人。接着,文章以千里马作比喻,说明这种马虽狂奔踢人,然而能走千里,有才能的人亦如此,问题的关键是如何驯服驾驭得当,如何管理使用得法而已。最后,文章诏令各州郡官员应该大胆地选拔各种人才,并给予重用。应当指出,这种招贤措施的颁布,是和汉武帝本身具有雄才大略分不开的。清代王符曾所辑《古文小品咀华》就说:"武帝雄心露于'非常'二字,文、景用人,必求长者之意,至此索然矣。"一般地说,伯乐识千里马,千里马也需要伯乐来识拔。对于执政者来说,特别是君王,如果他是贤君明主,一般要选拔任用超群之才,反之,昏庸的君主,其周围的人或是启用的人就一般,甚或是一群庸碌无能的愚才和奴才。因此,汉武帝使用选拔人才的思想与方法,这是难能可贵的,是有积极意义的,值得当今执政者好好学习借鉴,为了国家和社会的进步,切勿使用那些庸人与奸人,而应该使用那些仁者和能人,那些货真价实的有"超群之才"的人。

本篇文章是一篇具有自己特色的诏令。

首先,文章虽然短小,但所包含的思想和道理却是十分丰富的,充满了使用人才的辩证思想和方法。文章能巧妙地运用千里马作比喻,使说理深刻而又形象,增强了说服力。而且,文章立论鲜明,于开头就把作者的思想观点开门见山地摆出来,进而加以论述,这样使诏令文句谨严,逻辑性强。同时,文章词意恳切,使汉武帝思才爱才之心跃然纸上,反映了汉武帝不拘一格选拔人才的思想。

其次,文章反映了汉武帝对待诏令文书撰写的谨慎认真之态度。据《汉书·淮南王传》记载:"时武帝方好文艺,以安属为诸父,辨博善为文辞,甚尊重之。每为报书及赐,常召司马相如等视草。"这是因为,诏令文告是朝廷处理全国政务,指挥号令天下的工具,承载着传递封建帝王的指令信息之任务,正如刘勰在《文心雕龙·诏策》中所说的:"王言之大,动入史策,其出如綍,不反若汗。"古代有识帝王对文书的撰写持认真严谨的态度,充分认识到它在管理国家政务中的重大作用,许多优秀文书佳作的出现与此关系至大。许多事实证明,杰出的文书,就如刘勰指出的,"皇王施令,寅严宗诰……辉音峻举,鸿风远蹈,腾义飞辞,涣其大号"(刘勰《文心雕龙·诏策》)。我们应当从中吸取有益的经验。

司马迁(汉)

报任安书(节选)

仆之先,非有剖符丹书之功[1],文史星历,近乎卜祝之间[2],固主上所戏弄,倡优所畜,流俗之所轻也[3]。假令仆伏法受诛,若九牛亡一毛,与蝼蚁何以异!而世又不与能死节者次比,特以为智穷罪极,不能自免,卒就死耳[4]。何也?素所自树立使然也[5]。人固有一死,死或重于泰山,或轻于鸿毛,用之所趋异也[6]。太上不辱先,其次不辱身,其次不辱理色,其次不辱辞令,其次诎体受辱,其次易服受辱,其次关木索、被箠楚受辱,其次剔毛发、婴金铁受辱,其次毁肌肤、断肢体受辱,最下腐刑极矣[7]。传曰:"刑不上大夫。"[8]此言士节不可不勉励也[9]。猛虎在深山,百兽震恐,及在槛阱之中,摇尾而求食,积威约之渐也[10]。故士有画地为牢,势不可入;削木为吏,议不可对,定计于鲜也[11]。今交手足,受木索,暴肌肤,受榜箠,幽于圜墙之中[12],当此之时,见狱吏则头枪地,视徒隶则正惕息[13]。何者?积威约之势也。及以至是言不辱者,所谓强颜耳,曷足贵乎[14]?且西伯,伯也,拘于羑里[15];李斯,相也,具于五刑[16];淮阴,王也,受械于陈[17];彭越、张敖,南面称孤,系狱抵罪[18];绛侯诛诸吕,权倾五伯,囚于请室[19];魏其,大将也,衣赭衣,关三木[20]；季布为朱家钳奴；灌夫受辱于居室[21]。此人皆身至王侯将相，声闻邻国，及罪至罔加，不能引决自裁，在尘埃之中[22]。古今一体，安在其不辱也[23]？由此言也，勇怯，势也；强弱，形也。审矣，何足怪乎[24]！夫人不能早自裁绳墨之外，以稍陵迟，至于鞭箠之间，乃欲引节，斯不亦远乎[25]！古人所以重施刑于大夫者，殆为此也[26]。

夫人情莫不贪生恶死，念父母，顾妻子；至激于义理者不然[27]，乃有所不得已也[28]。今仆不幸早失父母，无兄弟之亲，独身孤立，少卿视仆于妻子何如哉[29]？且勇者不必死节，怯夫慕义，何处不勉焉[30]！仆虽怯懦欲苟活，亦颇识去就之分矣，何至自沉溺缧绁之辱哉[31]？且夫臧获婢妾，犹能引决，况仆之不得已乎[32]？所以隐忍辱苟活，幽于粪土之中而不辞者，恨私心有所不尽，鄙陋没世，而文采不表于后世也[33]。

古者富贵而名摩灭，不可胜记，唯倜傥非常之人称焉[34]。盖文王拘而演《周易》[35]；仲尼厄而作《春秋》[36]；屈原放逐，乃赋《离骚》[37]；左丘失明，厥有《国语》[38]；孙子膑脚，《兵法》修列[39]；不韦迁蜀，世传《吕览》[40]；韩非囚秦，《说难》、《孤愤》[41]；《诗》三百篇，大抵圣贤发愤之所为作也[42]。此人皆意有郁结，不得通其道，故述往事，思来者[43]。乃如左丘无目，孙子断足，终不可用，退而论书策以舒其愤，思垂空文以自见[44]。仆窃不逊，近自托于无能之辞，网罗天下放失旧闻，略考其事，综其终始[45]，稽其成败兴坏之纪，上计轩辕，下至于兹[46]，为十表，本纪十二，书八章，世家三十，列传七十，凡百三十篇。亦欲以究天人之际，通古今之变，成一家之言[47]。草创未就，会遭此祸，惜其不成，是以就极刑而无愠色[48]。仆诚以著此书，藏之名山，传之其人，通邑大都[49]，则仆偿前辱之责。虽万被戮，岂有悔哉[50]！然此可为智者道，难为俗人言也。

　　且负下未易居，下流多谤议[51]，仆以口语，遇遭此祸，重为乡党所戮笑[52]，以污辱先人，亦何面目复上父母丘墓乎？虽累百世，垢弥甚耳[53]！是以肠一日而九回，居则忽忽若有所亡，出则不知其所往[54]。每念斯耻，汗未尝不发背沾衣也。身直为闺阁之臣，宁得自引，深藏于岩穴邪[55]？故且从俗浮沉，与时俯仰，以通其狂惑[56]。今少卿乃教以推贤进士，无乃与仆私心剌谬乎[57]？今虽欲自雕琢，曼辞以自饰，无益于俗不信[58]，适足取辱耳。要之死日[59]，然后是非乃定。书不能悉意，略陈固陋[60]。谨再拜。

注释

　　[1]先：即先人，祖上。剖符丹书：古时朝廷发给有功之臣的契券，有此其子孙可减免罪行，此为汉朝对有功之臣的特殊待遇。[2]文史星历：太史令的职务是掌管天文、史籍、律历。卜祝：即卜官和巫祝。[3]倡优所畜：就像倡优一样被蓄养着。倡优，古代艺人，如乐工、伶人等供人娱乐的演员，社会地位低下。流俗：世俗。[4]"假令"七句：亡：丧失，失掉。蝼蚁：蝼蛄和蚂蚁，此指微不足道的生命，小生命。与：许，与……同等对待。死节者：为名节而死的人。特以为：只是认为。[5]"素所自树立"句：这是自己素日（平时）所从事的职业和所处的地位而使自己至于这样的地步（这些本来为人所轻视）。树立：立身行事、处事。[6]用之所趋异：功用的地方（趋向）不一样，即死的价值、目的与意义不同。[7]"太上"十句：太上：最上，第一。不辱先：没有使祖先受辱。不辱理色：在道理和颜面（脸色）上没有受到污辱。不辱辞令：不被语言所污辱。诎体受辱：屈身下跪叩头受到侮辱。诎体，指因罪被牵累、囚禁，身体屈曲。易服：古时罪犯穿赭色的囚衣。关木索：戴上枷锁刑具。关，即穿、戴上。被箠（chuí）楚：受到刑具责打（拷打）。剔毛发：剃去头发，即髡（kūn）刑。婴金铁：用铁圈围束住脖子，指钳刑。婴，缠绕、围绕。毁肌肤、断肢体：古时使用的残酷肉刑，即劓（yì，割鼻

子）、刵（ěr，割耳朵）、膑（bìn，砍断脚）、黥（qíng，刻刺面额并涂墨）等刑罚。腐刑：宫刑。极：极点，指所受耻辱到了极点。[8]刑不上大夫：语自《礼记·曲礼上》，意即大夫以上的官员犯法，可以不用受到刑罚。[9]士节不可不勉励：士大夫的节操不可以不勉励，使自身免受刑罚。士节，即士的节操、气节。[10]"猛虎"五句：槛：兽圈、关野兽的笼子。阱：陷阱，指为捕捉野兽所设陷阱。积威约之渐：指日积月累地对老虎长期施加威力和约束，而使老虎逐渐被驯服。[11]"故士"五句：意即在地上画圈（范围）为牢狱，士人也不可以进去（不愿进去）；即使是制作一个木头的狱吏来审罪，士人也不能去对质，因为他应态度鲜明及早打定主意，不必等到受了欺凌耻辱才要引身自杀。吏：狱吏。议：审罪。鲜：明、新，引申为早。[12]交手足：手和足被交叉捆绑着。暴肌肤：指受刑的人剥光衣服，暴露出肌肉皮肤以受刑。受榜（péng）箠：遭受鞭打。圜墙：监牢。[13]头枪地：叩头触地。枪，同"抢"。正惕息：胆战心惊，不敢喘息。正，即正容，《汉书》作"心"。惕，即惧怕。息，即喘息。[14]及以至是：等到了这步田地。强颜：厚着脸皮，强作欢颜。曷：何。[15]西伯：即周文王。羑（yǒu）里：今河南汤阴县境内，殷纣王曾在此地囚禁周文王。[16]李斯：秦始皇的丞相。具于五刑：受到五种刑罚，即割鼻、斩左右趾、笞（chī）杀、枭首（斩首）、菹（zū，剁成肉酱）骨肉于市。[17]淮阴：韩信为淮阴侯，刘邦打败项羽，韩信受封为楚王。受械：受刑。此句指有人告韩信谋反，刘邦听从陈平计谋，借口要游云梦泽，韩信到陈地迎见刘邦，被刘邦乘机逮捕，后赦降为淮阴侯。[18]彭越：在刘邦时屡建奇功，封为梁王，有人诬告其谋反，为吕后所杀，并被灭三族。张敖：赵王张耳之子、刘邦女婿，袭爵为赵王。刘邦经过赵地，对张敖不礼，张敖则因贯高等人欲谋刺刘邦受牵连，被捕入狱，后得释放。南面称孤：古时面向南而称王。抵罪：按法治罪。[19]绛侯：即周勃，刘邦的功臣，官职太尉。后来诸吕专权，谋反作乱，周勃与陈平等共诛诸吕，拥立文帝，但周勃在此后也被人诬告谋反，曾一度入狱。倾：超过、压倒。五伯：五霸，即春秋时齐桓公、晋文公、楚庄公、秦穆公和宋襄公等五大诸侯。请室：汉时大臣请罪之室。[20]魏其：即魏其侯窦婴，在平定七国叛乱时立了大功，拜为大将军，后被丞相田蚡诬陷入狱，并遭杀害。衣赭衣：身上穿着红色的囚衣（罪犯的衣服）。三木：即枷、桎、梏三种用于颈、手、足上的刑具。[21]季布：楚人，项羽的将领，曾数次羞辱刘邦，项羽败，刘邦悬千金捉拿季布。季布则剃发并用铁圈束颈，自卖身与大侠朱家为奴。灌夫：汉武帝时任太仆，在汉初平定七国叛乱时立了大功，与丞相田蚡不和，被拘囚于居室，遭诬陷而死。居室，汉朝官署名。[22]罔加：指受到法律法令的处罚。引决自裁：自杀之意。

在尘埃之中：在监狱牢房之中。[23]一体：即一样。安在其不辱：如何能够说不会受到侮辱呢？[24]"勇怯"六句：此意是，一个人的勇敢与怯弱，是由权势所决定的，而他的强大和弱小，也是由于所处的情形是有利还是不利所决定的。这是很明白的呀，有什么奇怪的呢！审：明白。[25]"夫人"五句：此意是，人不能够在受到法律处罚（法网加身）之前及早自杀，拖延时间下去，意气就逐渐衰颓，及至受到严刑拷打，才要为气节而自杀，这不就已经太晚了吗？（差得太远了！）绳墨：指法律法令。稍：渐渐。陵迟：衰落，意气衰颓。引节：讲究气节，指为守气节而死。远：晚。[26]重施刑于大夫：对大夫施刑要慎重。殆：大概。[27]至激于义理者不然：至于被道义所激发的人就不是这样（不一样）。[28]乃有所不得已：乃是有他不得不考虑的自己与家庭的因素。[29]于妻子何如哉：对待妻子的态度如何呢？[30]"且勇者"三句：意即况且英勇无畏的人，可以不用为气节而死，而懦弱的人仰慕仁义气节，什么地方不可以勉励自己为气节而死呢？[31]"亦颇识"二句：此意是，能够知道舍生就义的界限（本分），那为什么还至于自陷于囚系（束缚囚犯的刑具）的耻辱之中呢？去就：指舍生就义。[32]臧获：古时如奴婢的贱称。臧，男奴。获，女婢、女奴。引决：自裁、自杀。况仆之不得已：何况我受过奇耻大辱，难以压制自杀的想法。[33]"所以"四句：此意是，我之所以能够忍受耻辱，苟且偷生活着，而不得不被关闭囚禁在监牢里面，是痛恨自己的心愿（撰写《史记》）还不能实现，遭受耻辱的身体死去之后，使文采不能发表流传于后世。粪土之中：意同上文"尘埃之中"。私心：指内心想要做的事情。没世：身死之后。[34]摩灭：同"磨灭"，消灭、消失。胜：尽。倜傥：才气豪迈，洒脱不受拘束。称焉：指著称于后世。[35]"盖文王"句：周文王曾被拘禁于羑里而推演出《周易》。据传，伏羲画八卦，周文王在被拘禁时依此推演成六十四卦，成了《周易》一书的骨干与基础。演：推演，扩大。[36]"仲尼"句：孔子曾周游列国，但始终不得志，晚年困顿叹道不得行，后于鲁国写作史书《春秋》。[37]屈原：战国末期楚人，中国古代第一个伟大的诗人，被诬陷放逐江南，写就名诗《离骚》。[38]左丘：春秋时期鲁国史官，失明后才写作《国语》。[39]孙子：即战国时著名军事家孙膑，著有兵法（史称《孙膑兵法》）。据《史记·孙子列传》记载，孙膑与魏将庞涓同向鬼谷子学习兵法，庞涓妒忌孙膑才能，诬陷而断了孙膑的两足。后孙膑投奔齐国，率军伐魏杀了庞涓。《兵法》：即《孙膑兵法》。修列：编著、撰写。[40]不韦：即吕不韦，秦始皇时宰相，因罪被贬迁蜀地，后在路上自杀身亡。传世的《吕览》，即《吕氏春秋》，是吕不韦担任宰相时召集门客编写的。[41]韩非：韩国的公子，战国时著名思想家、法家代表人物，为秦始皇赏识，得引入秦,后为李斯陷害而下狱死。《说难》、《孤愤》是《韩非子》中的名篇,为韩非入秦前所著。[42]《诗》:即《诗经》,中国古代第一部诗歌总集。[43]"此人"四句:此意是,这些人都是思想胸意郁闷有解不开的疙瘩,无法行其道,实现自己的理想抱负,因而追述往事,希望后来的人能够了解自己的心思志向。[44]乃如:至于。不可用:不被重用。退而论书策:退而收集整理(罗列己见)自己的议论、见解,著书立说。书策:书册,古时刻字书写的竹简。思垂空文:心想为世人留下未能付实践的著作(空有己见的文章)。以自见:以此来表现自己的志向。[45]近:最近,近来。自托于无能之辞:凭借自己无用粗劣的文章。网罗:收集、搜集。放失旧闻:散失的文献资料、传闻旧事。略:大略。事:故事,传说,传闻。综其终始:综合考查核对事情的始末。[46]"稽其"句:考察探索他们事业成败与国家兴亡的规律(经验教训)。轩辕:即黄帝,传说中的上古君王(皇帝)。兹:当今,指汉武帝时。《史记》记述至汉武帝太初年间。[47]究天人之际:指从宇宙到人类社会生活,从自然到社会政治、国家管理等及其之间关系,都有阐述。天,指宇宙天地自然。人,指人类社会。古今之变:从古代到今天的历史变革。[48]草创:制作、撰写。会遭:遭遇,遭逢。就极刑:承受那种极端的刑罚,指宫刑。愠(yùn)色:愤怒怨恨之脸色(表情)。[49]诚:诚然,果真,真是这样。传之其人:传给可以流传的人,指能够传己书(《史记》)的人。通邑大都:意即能够使自己的书(《史记》)流传于邑与大都。通,即流布,流传。[50]则仆偿前辱之责:意即,如此(这样),我就可以说是偿还了以前所遭受宫刑耻辱的这一笔债务。责,通"债"。万被戮:更为厉害的刑罚。意即为著述此书而受辱不死。戮,即"辱"。[51]"且负下"二句:此意是,何况担负着被污辱之名(负罪之下),而且地位卑下,实有难处(甚不易处),如果不衡量自己的卑贱地位,而去做推贤进士的事情,就更会遭受到人的诽谤责难。未易居:不容易(难以)过活。下流:比喻地位卑下(处在受侮辱的地位)的人。[52]口语:指为李陵求情辩护。重为乡党所戮笑:"乡党"指乡村父老。意即更加为乡村父老们所耻笑。[53]"虽累"二句:虽然是日积月累了千年百代,那种被污辱的名声也会更为深重,难以洗刷掉受到的耻辱。[54]肠一日而九回:意即忧愁痛苦在心胸之中反复萦绕回荡,就如肠子一天之内九回(多次)转动。忽忽若有所亡:恍恍惚惚有所遗忘丧失。[55]"身直"三句:意即自己不过就像是成为宦官之人,哪能够自己引身而退,过着深藏于高山岩穴的隐居生活呢? 直:不过,只不过,简直。闺阁之臣:此指宦官。闺阁,即宫中小门,指皇帝内廷深密之处。岩穴:此指隐士。[56]从俗浮沉:随波逐流,跟随社会习俗沉浮变化。与时俯仰:跟随着时代上下。通其狂惑：疏散自己的烦恼郁闷。狂惑，指悲愤欲狂与内心矛盾。[57]私心：私意，指自己的态度和意向。刺（là）谬：违背，乖谬。[58]自雕琢：自我装饰，指利用推贤进士的行为来遮掩自己的耻辱。曼辞：美好、漂亮的辞藻，好听的话。曼，即美。不信：不能见信（取信）于人，不能被别人信任。[59]要之：总之。[60]悉意：尽意。固陋：愚蠢浅陋的见解认识，此指自己的思想情感。

译文

我的祖先，没有获得剖符、丹书的功劳，只是掌管文献、史籍、天文、历法，地位接近于占卜、巫祝之间的官，本来就是被皇上所戏弄，像乐工、优伶般被畜养，被世俗所轻视的。假使我伏法被处死，就像九牛身上失去一根毫毛，同死掉一只蝼蛄、蚂蚁有什么不同呢？而世俗的人又不能把我同死于节义的人相提并论，只会认为我是智虑穷尽，罪大恶极，自己无法解脱，终于被杀罢了。为什么呢？这是自己平素的建树本来就被人轻视造成的。人本来都要死，有的人死得比泰山还重，有的人死得比鸿毛还轻，这是因为他们死的作用不同啊！最上等的是不使祖先受辱，其次不使自身受辱，其次不在脸色上受辱，其次不在言辞上受辱，其次被捆绑着受辱，其次是穿着罪人的赭色囚服而受辱，其次是戴上脚镣手铐、被杖击鞭笞而受辱，其次是被剃光头发、颈戴铁圈而受辱，其次是毁坏肌肤、断肢截体而受辱，最下等的是受腐刑，受辱到了极点。《礼记》说："大夫以上的官员犯法，可以不用受到刑罚。"这是说士大夫的气节不能不勉励。猛虎生活在深山里，各种野兽都震惊恐惧，等到它落入陷阱和木笼之中时，就只得摇着尾巴乞求食物，这是人不断地使用威力和约束而逐渐使它驯服的。所以，士人看见画地为牢而决不进入，面对削木而成的假狱吏也决不同它对话，这是由于早有主意，事先就态度鲜明，决计在入狱受刑之前自杀。现在受刑的人手脚交叉，被木枷锁住、绳索捆绑，皮肉暴露在外，受着棍打和鞭笞，关在牢狱之中。在这种时候，看见狱吏就叩头触地，看见牢卒就恐惧喘息。这是为什么呢？这是用威势制约而逐渐造成的状态。事情已经到了这种地步，再谈什么不受污辱，就是人们常说的厚脸皮了，还有什么值得尊贵的呢？况且，像西伯姬昌，是诸侯的领袖，曾被拘禁在羑里；李斯，是丞相，也受尽了五刑；淮阴侯韩信，被封为王，却在陈地被戴上刑具；彭越、张敖南面称王，却关在狱中抵罪；绛侯周勃，曾诛杀诸吕，一时间权力大于春秋五霸，也被囚禁在请罪室中；魏其侯窦婴，是一员大将，也穿上了红色的囚衣，手、脚、颈项都套上了刑具；季布以铁圈束颈卖身给朱家当了奴隶；灌夫被拘于居室而受屈辱。这些人的身份都到了王侯将相的地位，声名传扬到邻国，等到犯了罪而法网加身的时候，不能下定决心自杀，仍在囚禁之中，古今都一样，哪里有不受辱的呢？由此说来，勇敢或怯懦，是形势决定的；强大或弱小，也是形势造成的。确实是这样，有什么值得奇怪的呢？况且一个人不能早在被法律处罚前自杀，而逐渐颓丧，到了被摧残、杖打受刑的时候，才想为气节而死，这不也太晚了吗？古人之所以慎重地对士大夫用刑，大概是由于这个缘故。

就人的常情而言，没有谁不贪生怕死的，都挂念父母，顾虑妻室儿女。至于那些激愤于正义公理的人当然不是这样，这里有迫不得已的情况。现在我很不幸，父母早死，没有兄弟亲属，单身孤立于世，少卿你看我对妻室儿女又怎样呢？况且勇敢的人不一定要为名节去死，怯懦的人仰慕大义，什么地方不能勉励自己呢？我虽然怯懦软弱，想苟活在人世，也很懂得死节和苟活的分别，哪会自己甘心陷入被拘系而受污辱的境地呢？而且奴隶婢妾尚且还能下决心自杀，何况像我到了这样不得已的地步呢？我之所以忍受着屈辱苟且活下来，囚禁在污浊的监狱之中却不肯死的原因，是遗憾我内心的志愿有未达到的，平平庸庸地死了，而文章著述不能流传于后世啊。

古时候那些虽然富贵但名声磨灭不传的人，多得数不清，只有那些卓越而不平常的人才为后世所称颂。（那就是：）周文王被拘禁而后推演出《周易》；孔子遭受困厄写作《春秋》；屈原被放逐，才创作《离骚》；左丘明双目失明，才有《国语》；孙膑被截去膝盖骨，《孙膑兵法》才撰写出来；吕不韦被贬谪蜀地，后世才流传着《吕氏春秋》；韩非被囚禁在秦国，著述《说难》、《孤愤》；《诗》三百篇，大都是圣人贤人抒发内心的愤懑而写作的。这些人都是心中有着压抑郁结不解的地方，不能实现其理想，所以记述过去的事迹，让将来的人了解他的志向。就像左丘明失明，孙膑断了双脚，终生不能被人重用，便退隐著书，论述自己的见解，以此来抒发胸中的愤慨，希望文章流传下去以表明自己的志趣。我私下里也自不量力，近来用我那不高明的文辞，收集天下散失的历史传闻，粗略地考订其事实，综述其事实的本末，推究其成败盛衰的道理，上自黄帝，下至于当今，写成 10 篇表，12 篇本纪，8 篇书，30 篇世家，70 篇列传，一共 130 篇，也是想探求天道与人事之间的关系，贯通古往今来变化的脉络，成为一家之言。刚开始草创还没有完毕，遭遇到这场灾祸，我痛惜这部书还没有完成，因此便接受了最残酷的刑罚也没有露出怨恨的颜色。如果我真能写成这部书，打算把它藏进名山，传给可传的人，传播到通都大邑，那么，我便抵偿了以前所受的侮辱，即便是让我千次万次地被侮辱，又有什么后悔的呢！然而，这些只能向有见识的人诉说，却很难向世俗之人讲清楚啊！

　　而且身上负罪的人不容易立身处世，处于卑下的受侮辱地位的人，经常受到指责非议。我因为说话不注意分寸，而遭遇这场大祸，深为乡里之人、朋友羞辱和嘲笑，并污辱了祖宗，又有什么面目再到父母的坟墓上去祭扫呢？即使日积月累，到百代之后，这耻辱只会更加深重啊！因此，我愁肠子百转，坐在家中，精神恍恍惚惚，好像丢失了什么，出门则不知道往哪儿走。每当想到这件耻辱的事，冷汗没有不从脊背上冒出来而沾湿衣襟的。我不过是一个宦官，怎么能够自己引退，深藏于山林岩穴隐居呢？所以只好暂且跟着世俗随波逐流，随时应付，抒发内心的悲愤和矛盾。如今少卿竟教导我要推举进荐贤士，这难道不是和我自己的愿望相违背的吗？现在我即使想自我雕饰一番，用美好的言辞来为自己开脱，这也没有好处，因为世俗之人是不会相信的，只会使我自讨侮辱啊。总之，人要到死后的日子，然后是非才能够论定。书信不能详尽地表达我的意思，只是略为陈述我愚执、浅陋的意见罢了。恭敬地拜了两拜。

品析

　　司马迁（公元前 145—约前 87 年），字子长，汉朝左冯翊夏阳（今陕西韩城县）人。司马迁少幼时在家乡过着"耕牧"生活，十岁时随父亲始到长安，自此读书习"古文"。其父司马谈是汉武帝时期的太史令、历史学家，精通天文星历、《易经》、黄老之学，司马迁很自然地受了家庭影响，并有机会向孔安国学古文《尚书》、向董仲舒学习今文《春秋》。20 岁之后，曾多次游历了全国南北著名河山、名胜要地，考察了古代的各种传说琐闻、历史风土人情，接触了解了许多社会实际生活，获得了丰富的阅历和社会知识，并收集了大量的历史文献、档案文件资料。

　　此后，司马迁回到长安，被任命为郎中（皇帝的侍从官），曾跟随汉武帝出巡大江南北、长城内外，使他能够有机会更为深入地了解社会和地方朝政情况，更能广闻博见，体察民间疾苦，这对于他日后撰写《史记》及其他著述，产生了积极的重大影响。汉武帝元封元年（公元前 110 年）司马谈死。三年后，司马迁继任太史令，由于职务之便，他博览了汉朝朝廷藏书、档案文件资料，并广泛地搜集资料，于太初元年（公元前 104 年）开始撰写《史记》。汉武帝天汉二年（公元前 99 年），李陵在抗击匈奴时被俘投降，司马迁为李陵向汉武帝求情，并陈述对李陵的看法，为此而触怒了汉武帝，被下狱治罪，遭受残酷的宫刑，成为他一生中的奇耻大辱。出狱后，他仍然做了中书令，管理着朝廷的奏章文书，暂且"隐忍苟活"，发愤著书，时至 53 岁时，终于完成了《史记》的写作。不久，司马迁怀着满腔愤恨与世长辞。据王国维《太史公行年考》，司马迁大约是在汉武帝末年逝世的。

　　《史记》共有 52 万多字，比较真实地记述了上自黄帝，下至汉武帝大约 3000 年的历史，是我国最早的一部纪传体通史。对此，刘向、扬雄称："迁有良史之材，服其善序事理，辨而不华，华而不俚，其文直其事核，不虚美、不隐恶，故谓之实录。"（《汉书·司马迁传》）《史记》作为实录之史书，客观地记录了历史事件和历史人物，特别是记述历史、描叙历史事件能够高度概括,描写人物形象生动鲜明,能寓论于叙述之中,抒情浓厚,不仅开创了纪传体史学,成为一部出色的史书,而且开创了我国传记文学,是一部优秀的传记文学作品。鲁迅在《汉文学史纲要》中称之为,"史家之绝唱,无韵之《离骚》"。

书信体散文为汉朝的散文发展增添了一种新内容。此时,出现了许多优美的书信体文章,如司马迁的《报任安书》、杨恽的《报孙会宗书》、朱浮的《为幽州牧与彭宠书》等。这些书信体文章,通过具体事物的叙述、议论,充分表达了作者的思想感情,并反映了一定的社会现实,而且由于作者有感而发,能够直抒胸臆,具有浓厚的抒情气氛,能够生动地展示出作者的精神面貌,使人读来有如见其人、如闻其声之感,而对作者的遭遇,则常常是感同身受。

《报任安书》,选自萧统《文选》卷四十一,又见《汉书·司马迁传》。《报任安书》,各书所载差异甚大。学界多以为《汉书》所载最忠实原著,《文选》所载后人改动之处亦多。本篇《报任安书》参阅中华书局出版的清初吴楚材、吴调侯《古文观止》校核。因篇幅缘故,进行了节选。书,即书札。它是司马迁因李陵事件遭受了腐刑之后写给他的好朋友任安的一封信,属于平辈书函。刘勰在《文心雕龙·书记》中说:汉魏的书函,"并述理于心,著言于翰;虽艺文之末品,而政事之先务也"。司马迁与任安的来往书函,是作者心声的自述,但更是围绕封建政务,即就如何为朝廷"推贤进士"问题而展开的,故可以看作是非公务性之中包含公务性的平行文书。任安字少卿,出身贫贱,曾任大将军卫青舍人、益州刺史、北军使者护军等职。因为当时司马迁担任的中书令是朝廷中掌管尚书出入奏章文书等事,为汉朝宫廷中的机要职务,时近皇帝,为此,任安写信要司马迁利用中书令的地位"推贤进士",即其意是为封建朝廷统治和管理需要而进荐人才。过了很久,司马迁于汉武帝太始四年(公元前93年)十一月方为之复此信。其时,任安因戾太子事被下狱,故书中虑及任安的安危问题,果然任安后来被腰斩处死。

书言志,是作者心声的表露。《报任安书》真实地反映了司马迁此时此境的心情和理想。司马迁从任安的来信要他"推贤进士"之说教，引发自己满腹牢骚，对当朝皇帝横加给自己的残酷迫害，提出了强烈的控诉，并表示了自己忍辱负重、发愤著书的决心。首先，司马迁以充满悲愤的心情给任安复信，沉痛地叙述了他遭受宫刑后的处境，抒发了内心的无限痛苦，交代了不能及时复书的缘故，并列举了历代朝臣对宦官态度的史事，述说了为什么不能完成任安交给的为朝廷"推贤进士"的苦衷，从而表明了他的人生观和道德观。接着，文章叙述自己被害遭受宫刑的经过和原因，从而比较实事求是地评价了李陵，为其辩冤申诉，有理有据，并大胆揭露封建社会的罪恶，对汉武帝喜怒无常、是非颠倒、滥施淫威行径提出强烈的控诉。同时，文章诉说自己苟且偷生的原因，即是为了坚持撰写《史记》，表白自己的人生观："人固有一死，死或重于泰山，或轻于鸿毛，用之所趋异也。"这种进步的人生观激励着他为实现自己的理想而甘受奇耻大辱，始终不懈地坚持撰写《史记》，为后世留下了伟大的不朽之史书，也为后人留下那种可歌可泣、不屈不挠、倔强刚毅、勇于追求真理，以及无怨无悔、忍辱负重献身于祖国历史文化事业的可贵精神。当然，司马迁撰写《史记》其主要目的是考察、探索封建帝业、国家兴亡的规律，为统治者提供治国管理经验与教训。但是，他这种进步的生死观和面对权贵势力而不屈服的可贵精神，不仅始终为历代文人志士所效法和传颂，同时也曾为毛泽东同志的《为人民服务》等文章所引用和推崇。周恩来总理也指出，司马迁实际上是一位古代的档案工作者，要求全国档案工作者和文书秘书人员都要学习司马迁。可见他所表明的思想情操、人格品德和世界观、生死观、价值观，对于今天世人的人身修养，都是具有积极的进步的教育意义。

同时，我们从《报任安书》中也看到，古时朝廷中的史官、档案工作者，其地位是卑贱的，从事的是被人瞧不起的职业，是皇帝手中的"政治玩物"，但是司马迁在受到"宫刑"之后，仍然一如既往，尽心尽业地做好工作，坚忍不拔地坚持完成《史记》撰写工作。这样，他一生心血的结晶《史记》，就为后人留下了弥足珍贵的史料和文学遗产。

而本篇文章，作为文书作品，既是司马迁和任安之间的思想情感交流的信息载体，也是司马迁自己家世、人生追求、理想志向、生活志趣、个人的不幸遭遇，以及撰写《史记》的动因、想法等的自我表述的信息记录，因而，本篇文章为我们了解、研究司马迁的思想品德、性格情操、生死观及其生平事迹，包括对《史记》的研究等，提供了真实可靠而又宝贵的原始记录材料。

《报任安书》是一篇传诵千古的书信体文书名作。刘勰在《文心雕龙·书记》中总结汉魏书记体文书时称赞道："观史迁之《报任安》，……志气盘桓，各含殊采，并抒轴乎尺素，抑扬乎寸心。"而李兆洛在《骈体文钞》卷十九也说："厚集其陈，郁怒奋势，成此奇观。"这些都确切地说出了此书的特点，即文章感情充沛、气势雄伟，胸中有奇气洋溢于书中，有如滔滔江河一泻万里，又如千里之驹纵横驰骋，尽情地"抒愤懑以晓左右"，充分地表达了内心的思想感情。因此，在写法上，文章则以议论为主，结合叙事和抒情，三者巧妙结合，即论理说议中心突出，思想观点明确；论述自身修养和道德观、人生观，能够广征博引，列举诸多的历史史实、圣贤志士的事迹，字里行间处处闪烁着他的思想光芒和渊博的知识与智慧；叙事描写具体生动、实事求是，如对李陵事件的评述，文章既为李陵申诉，也为自己辩诬，写得有理有据，历举古往今来命运坎坷和发愤著书的历史人物以为自励。文章在抒情时则触物触景生情，有感而发，回环曲折、一唱三叹，尽情地倾吐了心中之情，真诚感人、催人泪下，既使人欲悲欲叹，又使人为之振奋，与之共勉。文章语言流畅、条理清楚，特别是，作者随着悲愤郁闷的情怀和汹涌澎湃的思绪的喷发，巧妙地在语言上适时地运用排句、叠句、反诘句，更使文章气势跌宕、千回百转、波澜起伏，充分显示作者藐视压迫者和为自己崇高理想而斗争的精神，以及人生态度、生活情感，具有极大的激动人心的艺术感染力。这正如刘勰在《文心雕龙·书记》中所说："详总书体，本在尽言，言以散郁陶，托风采，故宜条畅以任气，优柔以怿怀。文明从容，亦心声之献酬也。"这种评述并不过分，甚至可以说十分中肯，符合本篇文章的实际情况。事实正是如此，本文正是以健康的积极的思想内容和完美的艺术技巧相结合而为后代所称颂，成为流传千古之佳文。

司马相如（汉）

上书谏猎

臣闻物有同类而殊能者，故力称乌获，捷言庆忌，勇期贲育[1]。臣之愚，窃以为人诚有之，兽亦宜然。今陛下好陵阻险，射猛兽，卒然遇逸材之兽[2]，骇不存之地[3]，犯属车之清尘[4]，舆不及还辕[5]，人不暇施巧，虽有乌获逢蒙之技不得用，枯木朽株，尽为难矣。是胡越起于毂下，而羌夷接轸也[6]，岂不殆哉。虽万全而无患，然本非天子之所宜近也。且夫清道而后行，中路而驰，犹时有衔橛之变[7]，况乎涉丰草，骋邱墟，前有利兽之乐，而内无存变之意，其为害也不难矣。夫轻万乘之重，不以为安乐，出万有一危之塗以为娱[8]，臣窃为陛下不取。盖明者远见于未萌，而知者避危于无形[9]。祸固多藏于隐微[10]，而发于人之所忽者也。故鄙谚曰："家累千金，坐不垂堂[11]"。此言虽小，可以喻大。臣愿陛下留意幸察。

注释

　　[1]乌获:秦武王力士。庆忌:吴王僚子,阖闾曾以马逐之江上,而不能及。贲:孟贲,古之勇士,传说水行不避蛟龙,陆行不避狼虎。育:夏育,勇士。[2]卒:通"猝"。逸材:非同一般。[3]不存之地:无法安存的地步。[4]"犯属车"二句:言猛兽向人进攻。犯,之为动词。[5]还辕:车子掉头。[6]胡越、羌(qiāng)

夷：羌族，为古代少数民族之一。此指敌人。轸：车底部四面横木，借指车。[7]
衔橜之变：指马衔或断，车钩心或出，导致车马倾覆。[8]万有一危：有一万之
危。塗：即"途"。[9]知：即"智"。[10]祇：同"祸"。[11]"家累千金"二句：指富
人不敢近屋檐而坐，恐瓦坠伤身。垂堂，近屋檐处。

译文

　　臣听说物有的同属一类，然而本能相差极大，所以论气力要首称
乌获，论跑得快要数庆忌，勇敢无畏的有孟贲、夏育。臣愚昧，私下认
为人固然有这样的差别，野兽也是一样的。现在陛下喜欢到险峻的
山林去打猎，如果突然遇到猛兽，它们害怕受到危害无法安存，就会
向人发动进攻，那时，车子来不及掉头，人来不及抵抗，即使有乌获、
逢蒙那样的本领，也无法发挥，哪怕是枯木朽株，都会成为我们的威
胁。这样，好像胡、越敌军出现在皇上车子旁边，羌、夷等敌人逼近皇
上的车子一样，岂不危险！即使能够万分安全而没有灾祸发生，然而
也不是天子所该走近的。再说，清除了道路，在路中行驶，尚且还可
能有马衔断、车钩出的变故，何况是跋涉于深山，驰骋于丘陵上、野地
里。眼前只有贪求捕获野兽的乐趣，心里却没有留心事故的可能发
生，那么造成祸害也是容易的。轻视天子的尊贵，不以平安无恙为
乐，而喜欢到那万分里有一分危险的道路上去奔驰，却认为是快乐，
臣私下认为这不是陛下所应该做的。一般来说，明智的人能预见尚
未发生的事情，智慧的人能避免尚未发生的危险。祸患往往隐藏于
不显眼之处，而发生于人们不注意之时。所以，有句俗话说："家有千
金的人，不坐在堂前屋檐下。"这说的虽是小事，却可以譬喻大事。臣
希望陛下多留意加以考察。

品析

　　司马相如（公元前 179—前 117 年，即汉文帝元年—汉武帝元狩
六年），字长卿，原名犬子，因慕蔺相如为人和才华，故改名相如，汉朝
蜀郡成都人。司马相如少时勤学好读，亦喜好学击剑，一生为官清

廉、正直。汉景帝时为武骑常侍,因病免官。后来又游于梁,为梁孝王门客,常与齐人邹阳、淮阴人枚乘、吴人严忌等交游,甚投合。其间,著有《子虚之赋》,为汉武帝所赏识,拜为郎。在奉命出使西南时,被拜为中郎将,致力于打通西南之路,为安定西南做出贡献,为此,朝廷大悦,之后任教园令,晚年因病免官,卒于家中。朝廷使人往他家取书,因常常是书刚写就,即有人取走,故只存《封禅文》遗作,让其妻呈交皇帝。

司马相如是汉代著名的辞赋家,平生所作辞赋甚多,其中《子虚》、《上林》为历代所传颂,还有《长门赋》、《大人赋》、《哀秦二世赋》等篇,也写得很出色。同时,他的文书奏章等作品亦写得十分精彩,如除了本篇外,还有《谕巴蜀檄》、《难蜀父老》等檄移体文书,也常常为古代文论家所推崇。司马相如著有《司马文园集》。

《上书谏猎》,选自《汉书》卷五十七(《司马相如传》),这是司马相如劝谏汉武帝勿要射猎的奏疏,大约作于元朔初(约公元前128—前127年)。汉朝时,上行文书已分为章、表、奏、议诸种文体,此篇属于上行呈文奏章。当时司马相如常常称病在家闲居,不慕官场仕途,他以闲散的郎官身份,常随从汉武帝到长杨宫(今陕西周至县)射猎。西汉初期的君王们常常以校猎作为一种游戏,司马相如在《子虚》、《上林》等篇中已描述了这种风尚,而长杨宫则是专供皇帝和朝廷大官们射猎的场所。但是,这种射猎活动确实明显产生了一些不良后果,既不安全,也劳民伤财。是时,汉武帝刚勇好强,喜欢亲自用箭射击熊和野猪,在马上飞驰追逐野兽。相如认为这种做法是很不安全的,故上书劝谏。

本篇谏书,主要是劝谏汉武帝为安全起见,切勿射猎。文章先叙述射猎是一种不安全的活动,并分析了其中不安全的因素,从人的本能讲到动物野兽的本能,认为被射之野兽随时都可能伤人,同时,奔驰追逐野兽的道路、丛林和乘坐的车马都可能出现危险,指出这不是皇帝所应该接近的地方。接着,进一步叙述即使在射猎中有了防备,清除了道路上的危险等,都还不能保证是安全的,从而说明"既固多藏于隐微，而发于人所忽"的道理。最后，文章指出汉武帝为保安全，不要去射猎，做事情要明察可能发生的情况，防患于未然。这一片苦心的劝谏，很快就为汉武帝所接受，认为司马相如讲得有道理。当然，作者这些苦心劝谏和忠告，都是为封建统治者服务的，体现了作者的忠君思想。但是，文章却在客观上阻止了统治者追求自己射猎娱乐而给人民带来不必要的负担，避免给自然和动物的生存造成破坏。

司马相如不仅为官有道，而且是撰写文书的好手。

刘勰在《文心雕龙·檄移》中称赞司马相如的檄移文书写得好，说："相如之《难蜀老》，文晓而喻博，有移檄之骨。"而其他上书奏章，司马相如也是写得很有特色的，本文《上书谏猎》正是这样。通观全篇，文章简短扼要，却又义理深刻。全文仅200余字，虽说是为了效忠汉武帝，进言劝谏其勿要射猎，以保证安全，但是，这不仅仅是因为他效忠皇帝，为皇帝着想而考虑得细致周到，更主要的是他指出做事情要防患于未然的道理。这些，对于整个封建政务的管理，对于治理整个国家，都是可以推而广之的。所以，文章能够在生活的细微末节之中，在人与自然的和谐相处、和谐发展之中，发掘出很深刻的哲理，它说明不仅仅在日常生活、社会生活中可以这样做，对于巩固封建统治、处理政务，也是可以这样做的。此外，文章能够抓住重点，紧紧扣住中心，畅所欲言，语言华丽而又朴实，具有辞赋家的写作特点，使深刻的哲理体现于华美的词句之中，表现出丰富的思想。不仅如此，文章善于抓住人物的心理特点，使劝谏达到预期的效果，特别是，文章能够针对安全心理来展开论述，使劝谏入情入理，符合汉武帝的心理特点。古时，在上书奏章中，能否抓住统治者的心理特点而陈述道理，这是决定上书进谏能否成功的关键因素之一，也是文书作品是否具有说服力的重要体现。也就是说，必须做到既能够把话儿说得清楚明白，使道理叙述得透彻，详尽地表达作者的看法，又不触怒最高统治者，使对方乐意接受，能够使所呈送的奏章产生强烈的感染力和说服力,进而达到撰写上书奏章的目的和应有效果,充分发挥其应有作用。正因为如此,本篇奏书才具有很强的说服力。这对于现时的文书撰写,特别是上行文书,是一个很好的借鉴。

桓宽（汉）

盐铁论·利议

大夫曰："作世明主，忧劳万民，思念北边之未安[1]，故使使者举贤良、文学高第[2]，详延有道之士[3]，将欲观殊议异策，虚心倾耳以听，庶几云得[4]。诸生无能出奇计，远图匈奴安边境之策，抱枯竹[5]，守空言，不知趋舍之宜，时世之变。议论无所依，如膝痒而搔背。辩讼公门之下[6]，汹汹不可胜听，如品即口以成事。此岂明主所欲闻哉？"

文学曰："诸生对册[7]，殊路同归。指在于崇礼义，退财利，复往古之道，匡当世之失[8]，莫不云太平。虽未尽可亶用[9]，宜略有可行者焉。执事闇于明礼[10]，而喻于利末，沮事墮议[11]。计虑筹策以故至今未决。非儒无成事，公卿欲成利也。"[12]

大夫曰："色厉而内荏，乱真者也。文表而枲里[13]，乱实者也。文学裒文博带[14]，窃周公之服；鞠躬蹴踏，窃仲尼之容；议论称诵，窃商赐之辞；刺讥言治，过管晏之才。心卑卿相，志小万乘[15]。及授之政，昏乱不治。故以言举人，若以毛相马[16]。此其所以多不称举。诏策曰：'朕嘉宇内之士，故详延四方豪杰文学博习之士，趋迁官禄[17]。'言者不必有德，何者？言之易而行之难。有舍其车而识其牛，贵其不言而多成事也。吴铎以其舌自破[18]，主父偃以其舌自杀[19]。鸱鸮夜鸣[20]，无益于明；主父鸣鸱，无益于死。非有司欲成利，文学桎梏于旧术[21]，牵于间言者也。"

文学曰："能言之，能行之者，汤武也。能言，不能行者，有司也。文学窃周公之服。有司窃周公之位。文学桎梏于旧术，有司桎梏于财利。主父偃以舌自杀，有司以利自困。夫骥之才千里，非造父不能使[22]。禹之知万人[23]，非舜为相不能用。故季桓子听政[24]，柳下惠忽然不见[25]；孔子之为司寇，然后悖炽[26]。骥，举之在伯乐，其功在造父。造父摄辔，马无驽良，皆可取道。周公之时，士无贤不肖，皆可与言治。故御之良者善调马，相之贤者善使士。今举异才而使臧驺御之[27]，是犹枙骥盐车而责之使疾[28]。此贤良文学多不称举也。"

大夫曰："嘻！诸生阘茸无行[29]，多言而不用，情貌不相副。若穿窬之盗[30]，自古而患之。是孔丘斥逐与鲁君，曾不用于世也。何者？以其首摄多端[31]，迁时而不要也。故秦王燔去其术而不行，坑之渭中而不用。乃安得鼓口舌，申颜眉[32]，预前议论[33]，是非国家之事也？"

注释

[1]北边：指汉朝北方。未安：没有安定。此指处于汉朝北方边境的匈奴贵族经常侵扰，使边境未能安定。[2]举：荐举，选拔。贤良、文学高第：系指汉文帝刘恒后元二年开始举贤良方正，汉武帝建元元年，下令"举贤良方正直言敢谏之士"，汉昭帝始元五年，又下令三辅太常举贤良各二人，郡国举文学高第各一人。[3]详：周详，此指广泛之意。延：延聘，聘请。[4]庶几：表期望或可能之副词，意即"大概可以"。[5]枯竹：即枯干的竹简，西汉中期以前尚未发明纸张，记叙文字大都书写在竹简之上，故指书本。[6]公门：即君门，泛指朝廷。[7]对册：即对策。古时由皇帝或朝廷主考大臣主持考试时，应举的人回答主考人的

提问称之为对策。[8]匡(kuāng)：纠正。[9]亶(dǎn)：尽，全部。[10]闇(àn)：同"暗"，黑暗，不清楚、糊涂、隐藏不露。[11]沮(jǔ)：阻止、败坏。隳(huī)：毁坏。[12]公卿：朝廷中的高级官员，此指以桑弘羊为首的国家官员。[13]文表：用刺绣做衣服的面子。枲(xǐ)里：用麻做衣服的里子。[14]裒(bāo)：衣，宽大的服装。裒，又写作"褒"。博带：宽阔的带子。裒子博带是儒家的服装。[15]卿相：国家执政的高级官吏。万乘：指皇帝。战国时称天子为"万乘之主"，意即拥有一万辆兵车。[16]以毛相马：只凭毛色鉴别马的好坏。[17]趣(cù)：通"促"，迅速，原作"超"，误。[18]吴铎(duó)：产于吴地的大铃。[19]主父偃(yǎn)：汉朝临西人，武帝时任中大夫，曾为汉武帝谋划削弱诸侯王的割据势力，并揭发了一些诸侯的罪行，诸侯因此恨他，后借故谗害他。[20]鶡(hé)鴠(dǎn)：传说中的鸟，常在晚上鸣叫，此比喻主父偃常在暗中告发别人。[21]桎(zhì)梏(gù)：古代拘禁犯人手脚的镣铐。这里作动词用，表束缚之意。[22]造父：相传是给周穆王管马的人，善于驯马。[23]知：知慧，后来写作"智慧"。知万人：顶得上一万人的智慧。[24]季桓子：春秋末期鲁国大夫季孙斯，是鲁国新兴地主阶级的代表。听政：管理国家事务。[25]忽然不见：指隐居起来。事实上，季桓子和柳下惠是不同时代的人，柳下惠也没有隐居过，与文中所述有出入。[26]悖炽：很兴盛的样子。这里指人才众多。[27]臧(zāng)驺(zōu)：蹩脚的车把式。此比喻桑弘羊等人。臧是奴仆，驺是驭手，一般的奴仆不能做驭手。[28]枙骥盐车：把好马套在盐车上。古人认为好马拉盐车是不得其用。枙：通"轭"，驾车时搁在牛马颈上的曲木。此为动词，即驾的意思。[29]阘(tà)茸(róng)：卑贱。无行：品行不好。[30]穿窬(yú)之盗：穿墙越壁的小偷。窬，从墙上爬过去。[31]首摄：也作"首鼠"、"首施"，表犹豫踌躇、进退不定的意思。多端：头绪很多。这里是指孔子所提倡的"礼"非常烦琐。[32]申颜眉：表眉飞色舞的意思。申，通"伸"，舒展。颜，面容。[33]预：参与。前：前列。古时朝廷议政时，百官朝见皇帝，高级官员在前列。

译文

大夫说："作为今天圣明的君主，总是为万民忧劳，为北方边境还不能安定而操心，所以派遣使者到各地选拔贤良方正和文学造诣高的人，广泛聘请有见识的人才，察看他们非凡的议论和谋略，倾听他们的政见，以求有所收获。而诸位儒生却无能，不能提出好的计谋，制定抗击匈奴、安定边疆的策略，却只会死抱着陈旧的书本，死守着无用的教条，既不懂得什么是应该取与舍的，也不懂得去适应形势的变化。议论问题无的放矢，就像膝盖痒了却去搔背一样。在朝廷上争论，吵吵嚷嚷，使人讨厌，就像'品'字是由'口'字垒成的一样，信口开河。这怎么能是圣明的君主所要听的呢？"

文学说："儒生作对策，虽路子不同而目的却是相同的，都是为了崇尚礼义，排斥财利，恢复古代之道，用以纠正当今之过失，没有一个不是为了求取天下太平。虽然其意见不一定全部可用，但有些是可行的。朝廷大官执政者不知道怎么样阐明礼义，而只知道追求利益，就败坏了事情，损害了建议。而运筹谋略至今未能决断，并非儒生不会成大事，而是公卿大臣们一心追求财利。"

大夫说："表面严厉而内心怯懦，是以假乱真的；外表（刺绣）好看而里子（粗麻）丑陋，是以虚乱实的。你们这些'贤良文学'穿着宽大的衣服，系着宽大的带子，是窃取周公的服装；装成毕恭毕敬、诚惶诚恐的样子，是窃取孔丘之容象；谈论'先王之道'，像子夏、子贡一样有口才；批评时政，谈论治国之道，好像比管仲、晏婴还有才能。你们心里看不起国家的执政大臣，甚至连皇帝也不放在眼里。然而待到授予权力，管理国家，就会昏乱不堪治理。所以，根据是否会说话来选拔人才，就如以毛色来鉴别马的好坏一样。这是实际才能与其名声不相符的原因。皇帝颁布文告说：'我看重天下有才能的人，所以广泛征聘有才德博古通今的人士，赶快选拔他们做官，增加其俸禄。'但是，会说话的人不一定有德才，为什么？因为讲是容易的，而做起来就难了。有的人不注意他的车子而注意他的牛（做标识），是因为看重牛不会说话而却能干许多事。吴地出产的大铃因为其铜舌长年敲击而破裂，主父偃也因为他的舌头而害了自己。鹕鶋常在夜里鸣叫，却不能使天早亮，主父偃告发别人，却无法使自己免于死亡。事情所以办不成，并非官吏们追求财利，而是因为儒家过时的说教束缚了思想，被那些诋毁朝廷的闲言蜚语捆住了手脚。"

文学说："能说又能做的，是商汤和周武王。能说而不能做的是你们朝廷大臣们。文学窃取的是周公的衣服，你们官吏窃取的是周公的职位。文学束缚于儒家的老一套，官吏却束缚于财利。主父偃因为舌头（揭发别人）害了自己，官吏们却因为财利使自己陷入困境。千里马虽可以行千里，但是没有造父就驾驭不了。禹的智慧顶得上万人，但是没有舜请他做相就不能发挥作用。所以，季桓子一执政，柳下惠就忽然弃官隐居起来了；孔子做了司寇，贤能之士就大量出现。选拔骥这种千里马，在于伯乐，而使它发挥作用的却是造父。造父赶车，马无论好坏，都可以使其听从使唤。周公执政时，士无论是贤还是不贤，都可以参与治理天下。所以说，好的赶车人善于训练马，好的国相善于使用人。现在选拔出奇才，却派无能之辈去驾驭，就好像把千里马套在笨重的盐车上而要它飞奔快跑一样。这就是我们贤良文学与受荐举时名声不相符的原因。"

大夫说："哈哈，儒生卑贱且品行恶劣，光会说不会做，表里不一。就像穿墙越壁的盗贼一样，自古以来就是社会的祸害。这是孔子被驱逐出鲁国，不为当世所用的原因，为什么？是因为他的那一套周礼烦琐得要命，和时代离得太远所以不能要。所以，秦始皇烧去儒家之书，而不照那一套去做，把儒生活埋于咸阳，而不去使用他们。这样说来，怎么能让你们摇唇鼓舌，眉飞色舞，参加到大臣的行列里高谈阔论，批评国家的政事呢？"

品析

桓宽字次公，汝南（今河南上蔡县）人，汉宣帝时，被举为郎官，后任庐江太守丞。桓宽博学通达群书，致力于研究《公羊春秋》，善于撰写文章。于公元前70年左右编撰了流传千古的《盐铁论》，成为文书秘书与档案学编撰史上的重要文献。

《盐铁论》是西汉桓宽根据汉昭帝始元六年（公元前81年）朝廷召开的一次关于盐铁的会议记录整理而成的，全书分为60篇。它采用会议上互相对话的形式，记述了当时就如何管理国家，达到长治久安而展开论战的历史情况。西汉之初，由于大地主阶级和大商人垄断了煮盐、冶炼、铸币等工商业,操纵着国家的经济命脉,也由于分封各地的诸侯王先后分裂西汉政权,给国家管理带来了动乱;特别是北方匈奴奴隶主贵族不断对西汉北部地区进行武装掠夺,给人民带来了极大的痛苦。至西汉中期,为了消除祸乱,有效地治理国家,在西汉朝廷主管经济的大臣桑弘羊,根据汉武帝巩固国家统一,加强中央集权,抗击匈奴入侵的政治路线,参与制定并贯彻了盐铁官营等一系列重大政策。在当时情况下,盐铁官营政策的实施,不仅增加了国家财政收入,填补了战争费用的消耗,而且起到"离朋党、禁淫侈、绝兼并之路"的作用,既削弱了地主阶级及诸侯王的利益,调动了百姓的生产积极性,又取得抗击匈奴侵略的胜利,有效地维护了国家的统一和社会的安定,使国家出现了经济繁荣的局面。但是,就如何管理国家,建设西汉政权,却存在着不同的看法和认识,历史上称之为儒法之争。其时(公元前81年),朝廷召集了天下的贤良等60多人聚集于京城,与御史大夫桑弘羊等朝廷官员展开了有关盐铁问题的辩论,后世称之为"盐铁会议"。而这次会议,实际上就是针对治理国家,实现地主阶级封建国家长治久安的一种争论,反映了不同的思想认识和政治主张,以及不同的策略。《盐铁论》记录和反映的正是这样一个真实的重要的历史发展变化过程中的一个重要事件。

《盐铁论》,就其文体来说,它作为古代封建国家朝廷会议的一种记录材料,属于古代文书体之一,类似今天的会议记录。它在记述会议情况时,一般是以谈话为基本形式来进行的,因而它不需要描述性的语言,而选择对话语言形式,并以先后谈话为序进行整理而成的。它是一部研究西汉中、后期政治、经济、文化的重要著作。因为文章能以对话形式来表达人物的思想和情感、各种理念和观点的论争、思想碰撞,事件与场景的记叙都比较生动、形象,而且文章记录的语言简洁流畅,具有较高的文学价值,是一个优秀的会议记录性文书作品。

《盐铁论·利议》,这是大夫与文学,即朝廷官吏与文学诸生围绕着"礼"和"利"的问题而展开的一场辩论会的记录文字。在国家治理方面，朝廷官吏和文学诸生由于各自的经历和所处环境、地位等的不同，因而所持政见也就不同，于是，这样的辩论，就形成了历史上的一种儒法思想之论争。首先，文章记述了朝廷大夫所发表的政见，认为贤明的皇帝为民为国之计，选拔贤良方正和文学高第，广泛征求人才，但是儒生们不能胜任，只会死抱书本，于朝廷之上吵吵嚷嚷；对此，儒生给予驳斥，认为之所以成不了大事，是因为公卿大臣要牟取财利。接着，文章记述了朝廷大夫对诸生的批评：诸生治理国家只会讲，不会干实际事情，表里不一，认为国家管理不好，是因为儒家说教束缚了人们的思想，而不是官吏们追求财利；对此，诸生又予以驳斥，认为好的人才必须有好的官吏去使用他。最后，文章记述朝廷大夫反驳诸生的意见，如认为诸生表里不一，光说不会做，是社会的祸害，应当像孔丘那样被鲁君驱逐出国；朝廷应像秦始皇那样活埋儒生，焚其经书，不允许他们批评国家的政事。

从以上所述可以看出，儒生和朝廷官吏在治理国家问题上，尽管目的是一样的，都是为了封建国家的长治久安，然而，他们所持政见明显不同，甚至是相互对立的。其中，虽然各有道理，却又都带有偏见和片面性。因而，文章在写作方面，就表现出明显的特色，即首先是文章言辞激烈，论争性强；其次，文章善于比喻，能引经据典，博采史实，都使双方论争显示出较高的雄辩能力；再次，文章虽是当时的会议记录文字，但是却记述清楚、层次分明，能围绕所论争的问题而进行记述，使得文章思想观点明确，中心突出。这对于今天的会议记录整理与记述文字，都是可供借鉴的，是很有学习参考作用的。当然，文章也有明显的缺陷，即思想偏激，所持政见比较片面、不客观。古往今来，国家的治理，社会的长治久安，是一个十分复杂的系统工程，既要讲究"利"，也要讲究"礼"；既要儒家学说，又要法家理论；同样，社会与朝廷的管理，包括当今的国家管理，也是既要"法治"，又要"仁治"，因而它是一种多方面的管理，需要将不同的策略加以综合运用，必须兼而有之，方能避免片面性，获取较大的治理效果，实现科学地治理国家，科学地发展与繁荣社会经济，提升人民的生活水平。

邹阳(汉)

狱中上梁王书[1]

　　臣闻忠无不报，信不见疑[2]。臣常以为然，徒虚语耳！昔者荆轲慕燕丹之义[3]，白虹贯日，太子畏之[4]。卫先生为秦画长平之事，太白食昴，昭王疑之[5]。夫精诚变天地[6]，而信不谕两主[7]，岂不哀哉！今臣尽忠竭诚，毕议愿知[8]，左右不明[9]，卒从吏讯[10]，为世所疑，是使荆轲、卫先生复起，而燕、秦不寤也。愿大王熟察之。

　　昔玉人献宝[11]，楚王诛之；李斯竭忠，胡亥极刑。是以箕子阳狂[12]，接舆避世[13]，恐遭此患也。愿大王察玉人、李斯之意，而后楚王、胡亥之听[14]，勿使臣为箕子、接舆所笑。臣闻比干剖心，子胥鸱夷[15]，臣始不信，乃今知之。愿大王熟察，少加怜焉。

　　语曰："白头如新，倾盖如故[16]。"何则？知与不知也。故樊於期逃秦之燕，借荆轲首以奉丹事[17]；王奢去齐之魏，临城自刭，以却齐而存魏[18]。夫王奢、樊於期非新于齐、秦而故于燕、魏也，所以去二国、死两君者[19]，行合于志，而慕义无穷也。是以苏秦不信于天下，为燕尾生[20]；白圭战亡六城[21]，为魏取中山。何则？诚有以相知也。

　　苏秦相燕，人恶之于燕王，燕王按剑而怒，食以駃騠[22]。白圭显于中山，人恶之于魏文侯，文侯投以夜光之璧。何则？两主二臣，剖心析肝相信，岂移于浮词哉[23]！故女无美恶，入宫见妒[24]；士无贤不肖，入朝见嫉。昔者司马喜膑脚于宋[25]，卒相中山；范雎摺胁折齿于魏[26]，卒为应侯。此二人者，皆信必然之画[27]，捐朋党之私[28]，挟孤独之交[29]，故不能自免于嫉妒之人也。是以申徒狄蹈雍之河[30]，徐衍负石入海[31]，不容身于世，义不苟取比周于朝[32]，以移主上之心。故百里奚乞食于路，穆公委之以政；宁戚饭牛车下[33]，而桓公任之以国。此二人岂素宦于朝，借誉于左右[34]，然后二主用之哉！感于心，合于意，坚如胶漆，昆弟不能离，岂惑于众口哉！

　　故偏听生奸，独任成乱。昔鲁听季孙之说而逐孔子[35]；宋信子冉之计而囚墨翟[36]。夫以孔、墨之辨，不能自免于谗谀，而二国以危。何则？众口铄金，积毁销骨[37]。是以秦用戎人由余，而霸中国；齐用越人子臧[38]，而强威、宣。此二国岂拘于俗，牵于世，系奇偏之辞哉[39]？公听并观，垂明当世。故意合则胡越为昆弟[40]，由余、子臧是矣；不合则骨肉为仇敌，朱、象、管、蔡是矣[41]。今人主诚能用齐、秦之明，后宋、鲁之听，则五霸不足侔[42]，三王易为比也。

　　是以圣王觉悟，捐子之之心，而不悦田常之贤[43]，封比干之后，修孕妇之墓[44]，故功业覆于天下。何则？欲善无厌也。夫晋文公亲其仇，而强霸诸侯；齐桓公用其仇[45]，而一匡天下。何则？慈仁殷勤，诚佳于心，此不可以虚辞借也[46]。

　　至夫秦用商鞅之法，东弱韩、魏[47]，立强天下，而卒车裂之；越用大夫种之谋[48]，禽劲吴而霸中国[49]，遂诛其身。

是以孙叔敖三去相而不悔[50]，於陵子仲辞三公而为人灌园[51]。今人主诚能去骄傲之心，怀可报之意，披心腹，见情素，隳肝胆[52]，施厚德，终与之穷达[53]，无爱于士[54]，则桀之犬可使吠尧，而跖之客可使刺由[55]，何况因万乘之权，假圣王之资乎[56]？然则荆轲湛七族[57]，要离燔妻子[58]，岂足为大王道哉！

臣闻明月之珠，夜光之璧，以暗投之于道，众莫不按剑相眄者[59]。何则？无因而至前也。蟠木根柢，轮囷离奇[60]，而为万乘之器者。何则？以左右先为之容也[61]。故无因而至前，虽出随侯之珠，夜光之璧，祗足结怨而不见德[62]。故有人先游[63]，则枯木朽株树功而不忘。今天下布衣穷居之士，身在贫贱，虽蒙尧、舜之术，挟伊、管之辩[64]，怀龙逢、比干之意[65]，欲尽忠当世之君，而素无根柢之容，虽竭精神，欲开忠言，辅人主之治，则人主必袭按剑相眄之迹矣[66]。是使布衣之士，不得为枯木朽株之资也。

是以圣制世御俗[67]，独化于陶钧之上[68]，而不牵乎卑辞之语，不夺乎众多之口[69]。故秦皇帝任中庶子蒙嘉之言[70]，以信荆轲之说，而匕首窃发；周文猎泾渭，载吕尚而归[71]，以王天下。秦信左右而亡，周用乌集而王[72]。何则？以其能越拘挛之语，驰域外之议[73]，独观于昭旷之道也。今人主沈于谄谀之辞，牵于帷墙之制[74]，使不羁之士与牛骥同皁[75]，此鲍焦所以忿于世[76]，而不留富贵之乐也。

臣闻盛饰入朝者，不以私污义。砥厉名号者[77]，不以利伤行。故里名胜母[78]，曾子不入；邑号朝歌，墨子回车[79]。今欲使天下恢廓之士[80]，诱于威重之权，胁于位势之贵，回面污行[81]，以事谄谀之人，而求亲近于左右，则士有伏死堀穴岩薮之中耳[82]，安有尽忠信而趋阙下者哉[83]！

注释

[1]梁王:梁孝王,汉景帝少子。[2]见:被。[3]燕丹:燕太子丹。[4]"白虹"句:传说荆轲为太子丹报仇,去刺杀秦始皇。出发时,出现白虹穿日而过的天象。古人认为这预兆人间有不平凡的行动,可太子丹反而认为是不祥之兆而畏惧。[5]"卫先生"句:秦昭襄王(也称秦昭王)四十七年(公元前260年),秦将白起曾大破赵军于长平,派卫先生去见秦昭王,请求增兵。这时出现太白金星食(侵犯)昴的天象,本可认为是秦军攻赵的征兆,可秦王却因范雎说坏话而怀疑白起和卫先生,不发兵粮,故灭赵不成。[6]变天地:使天象发生变化。[7]谕两主:使太子丹、秦昭王两主了解。[8]毕议:尽其计议。[9]左右不明:不直说是梁王不明,而婉言是左右不明。[10]卒:终于。从:动词,此作"受到"解。讯:审讯。此句主语为邹阳自己。[11]玉人献宝:相传卞和得到一块璞(未剖开的玉石),两次献与楚王,楚王不识,处卞和刖刑(断脚)。[12]箕子阳狂:殷纣王的叔父箕子因谏被囚,假装疯癫。阳,同"佯"。[13]接舆:春秋时楚国的隐士。[14]后:把……放后边,邹阳希望梁王不要像楚王、胡亥那样听信谗言,不相信自己。[15]"臣闻比干"句:殷纣王时贤臣比干因强谏纣王而被剖心。吴国大臣伍子胥因劝谏夫差而被杀,夫差用鸱夷(皮袋子)盛子胥尸骨投入江中。[16]白头:意指相处时间已经很长。倾盖:路上相遇,停车交谈,意指相处时间很短。[17]"故樊於期"二句:樊於期为秦将,因得罪秦而逃到燕国,秦始皇灭其家,又以重金购其头。荆轲欲刺秦王,樊於期慨然自刎,让荆轲取其首级去见秦王。[18]"王奢"三句:齐臣王奢因得罪齐而逃到魏国,齐国因此伐魏。王奢为了不连累魏国,登城自刎而死。[19]死两君:为二君而死。[20]为燕尾生:对燕国来说则为尾生。尾生,传说中极守信用的人。此句意即苏秦对燕国,则可称得上是尾生这样守信用的人。[21]"白圭"句:战国时中山国将领白圭对外战败,失六城,中山君想把他处死。白圭逃到魏国,魏文侯厚待他。后来他帮助魏国灭了中山国。[22]食(sì)以骐骥:即"以骐骥食之(苏秦)"。骐骥,良马名。[23]移:此指改变看法,产生怀疑。[24]无:不论。[25]司马喜:宋国人。膑脚:割去膝盖骨。[26]范雎:魏国人。一次随魏国大夫须贾出使齐国,回国后,须贾告他曾私自接受齐王的礼物,魏相魏齐对他产生怀疑,令人痛打范雎。摺胁:折断肋骨。[27]画:计划。[28]捐:弃,不存,不持。[29]挟:持。[30]申徒狄:相传为

殷末人,谏君不被听信,自投雍水而死。[31]徐衍:周末人,不满乱世,负石自沉于海。[32]义不苟取比周于朝:讲信义而不愿违心地在朝廷结党拉帮。比周:结党。[33]宁戚:春秋时卫国人,贤而不被用,隐居为商。一次齐桓公走夜路,见宁戚唱着歌在车边喂牛,桓公知其贤能,任用了他。[34]素:一贯。借誉:让别人替自己说好话。[35]"鲁听"句:《左传》无载,不知何据。[36]"宋信"句:未详。[37]众口铄金,积毁销骨:众人交口毁谤,久之金石也会被熔化。现已作成语使用。[38]由余:春秋时晋人,因事逃,后为秦穆公用。子臧:春秋时越人,后为齐所用。[39]牵、系:拘束,拘泥。此指为一面之词所惑。奇偏之辞:一面之词。[40]意合:意气相投。胡、越:指北方和南方的民族,相隔甚远。[41]朱、象、管、蔡:朱,丹朱,尧的儿子。相传丹朱不肖,尧不传位与他。象,舜的弟弟,曾有意杀舜。管、蔡,管叔、蔡叔均为周武王的弟弟,武王死后,曾谋叛,后管叔被杀,蔡叔被流放。[42]侔(móu):等同,比拟。[43]子之:战国时燕王哙的相,曾骗取燕王信任,以致造成燕国大乱,几乎亡国。田常:陈恒,春秋时齐简公的相,简公宠信他,他掌握了齐国大权后,杀了简公,后又夺取了王位。[44]"封比干"二句:封赏比干后代,修建孕妇坟墓。传说纣王与妲己戏笑,剖看孕妇的胎儿。此二句劝梁王褒扬暴君虐杀的人,以示圣明。[45]晋文公亲其仇:晋文公重耳为太子时遭骊姬谗害,献公派寺人披(宦官)去杀他,文公仓皇出逃。19年后文公回晋国当国君,宽赦了寺人披,寺人披即揭发了文公仇人的阴谋。齐桓公用其仇:齐桓公曾与公子纠争夺王位,管仲为公子纠狙击桓公,射中桓公带钩。桓公回国后不记旧仇,采用鲍叔牙建议,任管仲为相。[46]借:给予。[47]东:当状语。弱:挫败。[48]种:即文种,越国大夫,辅佐越王勾践灭亡了吴国,后被越王杀了。[49]禽:同"擒"。劲吴:强大的吴国。[50]孙叔敖:楚国令尹。[51]於(wū)陵:地名,在今山东长山县南。子仲:陈仲子,楚王闻仲子贤,欲以为相,仲子夫妻逃,为人灌园。[52]隳(huī):落,滴。[53]之:代"士"。穷达:逆境与顺境。[54]爱:吝啬。于:对于。[55]"则桀之犬"二句:意即受人之恩,则为其效力以报恩,不问谁善谁恶。[56]因、假:凭借,依靠。[57]湛(chén):同"沉",没也。指被诛灭。[58]要离燔妻子:吴王阖闾欲杀公子庆忌,要离愿往。为取信于庆忌,他让吴王砍断其右手,烧死其妻子,伪装得罪逃走,去见庆忌。刺死庆忌后,要离也自杀。[59]以:用。"以"后边省略宾语"之"(代珠璧)。[60]蟠(pán):屈曲。根柢:树根。轮囷(qūn)离奇:曲曲折折。[61]容:雕刻加饰。[62]祗:同"只"。[63]游:进纳。[64]伊、管:伊尹、管仲,指代贤士。[65]龙逄(páng):夏桀时贤臣,因谏被杀。此指代忠臣。[66]袭……之迹:因循……

的做法。[67]制世御俗：治理国家。[68]钧：制陶模具下圆转者为钧。[69]牵、夺：指毫无主见，被别人控制。乎：于，引出施动者。[70]中庶子蒙嘉：为秦王宠臣，因受贿于荆轲，为燕美言，使荆轲得以见秦王。中庶子，官名，太子的属官。[71]周文：周文王。吕尚：姜太公。[72]乌集：指文王与吕尚非故旧，如乌鸟偶集。[73]越、驰：与上文"牵、夺"相反，越出，超出。[74]帷墙：妻妾居所，此指宠臣。[75]皁（zào）：今作"皂"，牛马槽。[76]鲍焦：周之介士，愤世嫉俗，甘愿过清贫的日子，后抱木而死。[77]砥厉名号：指培养情操，爱惜名声。砥厉，磨刀石，此作动词。[78]里：里巷。名：动词，叫。[79]"邑号朝歌"二句：纣时都邑名朝歌，所谓"朝歌者，不时也，朝朝而歌，无所用心"，墨子觉得这与自己"非乐"主张不合，故掉转车头而不入。[80]恢廓：指有远大志向。[81]回面：改变面容，即违心地放弃自己的主张。[82]薮（sǒu）：少水而草木茂盛的泽地。[83]阙下：朝廷。

译文

我听说只要忠诚就不会得不到报答，讲求信义就不会被人怀疑。过去我一直认为是对的。岂知完全是空话。从前荆轲敬仰燕太子丹的义气（为太子丹行刺秦王），就因为白虹穿日而过，太子丹就害怕了；卫先生为秦策划攻赵之事，就因为太白食昴星，秦昭王就怀疑他们了。这些忠臣的精诚能使天象发生变化，然而他们的信义却无法让二主了解，岂不可悲！现在，我竭尽忠心，把一切计议都说出来，让您知道，可是您的左右并不了解我，到底还是把我交给狱吏审讯，使我被世人怀疑，这真是又出现了荆轲、卫先生不被燕、秦所了解的事啊！希望大王认真体察！

当初卞和献宝，楚王却处罚他；李斯尽忠，秦二世却诛杀他。所以箕子才装疯，接舆才避世，就是怕遭此祸。希望大王能体察像卞和、李斯那样的忠臣之心，而不要像楚王、胡亥那样听信谗言，别让箕子、接舆嘲笑我不懂得和他们一样装疯避世而遭祸。臣听说贤臣比干被纣王剖心，伍子胥被夫差诛戮，过去我还不信，现在才明白真有其事。希望大王明察，稍加怜惜。

俗话说："相处到老却像陌生人，偶然相遇却一见如故。"这是为什么呢？就是了解与不了解的问题。所以，樊於期逃离秦国到燕国，竟然愿把自己的头颅交给荆轲去成就燕太子丹刺杀秦王的大事；王奢逃离齐国到魏国，竟然登城自刎而保全魏国。他们并不是刚与齐、秦新交而与魏、燕为故旧，然而他们却逃离齐、秦，为魏、燕献身，完全是因为这样做合于他们的志向，为求信义他们可牺牲一切。苏秦虽对天下不讲信义，可是对燕国却表现了像尾生那样的忠信；白圭在战争中失去中山国的六城，却能帮魏消灭中山国。这是为什么呢？实在是因为他们君臣彼此相知。

苏秦在燕为相，有人向燕王进谗言，燕王按剑而怒，非但不信，反而杀了良马慰劳苏秦；白圭灭中山而名声显扬，有人向魏文侯进谗言，文侯反而赠送夜明珠给白圭。这是为什么呢？这是因为两主二臣披肝沥胆，互相信任，岂能为流言蜚语所动摇！所以，女子无论美还是丑，只要被选进宫就遭嫉妒；士无论贤还是不肖，只要在朝廷任官就遭攻击。从前司马喜在宋被处膑刑，最终却在中山为相；范雎在魏遭受鞭笞，最终却在秦拜为侯。这两个人，都是只信奉必然之理，而不知拉帮结党，只依靠少数人的交谊，故无法避免被人嫉妒。申徒狄自投雍水，徐衍则抱石沉海，在世上无法容身，就是因为他们讲求信义，而不愿在朝廷结党来改变君王的意愿。与此相反，当初百里奚在路上乞食，后来秦穆公则把政事委任给他；原先宁戚在车边喂牛，后来齐桓公把国事委任给他。难道这两人是一贯在朝廷任职，靠君王左右的称誉，然后才为君王所用吗？他们是因为和君王心意相合，因此坚如胶漆，亲如兄弟，不可分离，岂能被众人的谗言所惑！

故此，偏听偏信就会出现奸人，独断专行就会发生祸乱。从前鲁国国君听信季孙之言而驱逐了孔子，宋国国君听从子冉之计而囚禁墨子。凭着孔子、墨子这样的善辩，仍然不能避免被人谗言，而两个国家也因此遭到了危害。这是为什么呢？就是因为众口铄金，积毁销骨。相反，秦国任用戎人由余，则称霸中原；齐国任用越人子臧，而使威王、宣王两代君主的国势强盛。这秦、齐二国，哪有被世俗所拘束，为一面之词所惑？如果公正地听取意见，全面地看待问题，就能让贤明的名声流传于当世。所以,意气相投则遥远的北方和南方的民族可成为兄弟,就像由余、子臧;意气不合则骨肉也可成为仇敌,就如丹朱、象、管叔、蔡叔。现在君王您若真能如齐王、秦王那样圣明,不像宋王、鲁王那样偏听偏信,那即使春秋五霸也无法与您相比,而三王也很容易效法了。

圣明的君主清醒明白,摒弃子之那样的野心家,不亲近田常那样的阴谋家,加封比干那样的忠臣之后,褒扬像孕妇那样遭暴君虐杀的人,以此成就功业。为什么要这样做呢?是因为君主做好事不该有满足的时候。晋文公能亲近他的仇人,因而称霸诸侯;齐桓公能任用他的敌人,因而天下归正。这说明了什么?这说明仁德慈爱,殷勤待人,只能是真正发自内心,而不能以虚情假意的话语来表达。

秦国用商鞅之法,东挫韩魏,称强天下,可是他后来被车裂而死;越国用文种之谋,打败强大的吴国,称霸一方,可是他最终却被诛身亡。故此孙叔敖才三次被解职却毫不悔恨,而陈仲子则不受高位却替人灌园。如果主子真能丢开骄傲之心,怀有值得士人报效的心意,披肝沥胆,推心置腹,对贤士施以厚德,始终与贤士共患难,同享乐,对贤士毫不吝啬,那么,让夏桀的狗吠帝尧,让盗跖的门客刺杀贤士许由,这样的事都可能发生(受主之恩,会全心为主效力,而不问是否正确),更何况是以圣君的名义行事(人们更不会拒绝)。真能如此,像荆轲甘愿为燕太子丹而被诛灭七族,要离甘愿为吴王而断臂杀妻的事(忠心耿耿,万死不辞)就会很多,在此无法一一向大王列举了。

臣听说,在黑暗中,即使用夜明珠那样的宝贝向路上行人投掷,人们也会捏着剑把斜着眼注视,对它存有戒备之心,为什么呢?就因为它是无缘无故地出现在人们面前的;可那弯弯曲曲的木头、树根却可能变成君王的器物(东西不好却受重用),就因为君王的左右已经事先对它们进行了雕刻装饰。所以,若无缘无故而出现,即使随侯珠、夜光璧也只能被人冷落,而无法体现它们的价值;可若有人引荐,美言,那即使是枯木朽株也能被任用,标榜它们的功劳。现在,天下布衣守穷之士,出身贫贱,虽说有尧、舜之术,有伊、管之才,怀龙逄、比干之忠，极希望为当今国主效力，然而，就因一直没能像曲木树根那样被雕刻装饰，无人美言，即使竭尽精神想要尽忠言，辅明君，君主也会和那些见明珠投来而心存戒备的人一样，冷淡对待这些布衣之士，而布衣之士就不可能有枯木朽株那样的荣幸了。

所以，明君治理国家，只有像制陶者转钧那样独立掌管天下，而不能毫无主见地被一些无见识的言论所影响，被众人之口所限制。像秦王就因采用蒙嘉主张，才会相信荆轲，以致发生图穷匕首见的危险事情。周文王到渭水打猎，发现贤士吕尚，与其同车而归，从而统治天下。秦王偏听左右而国家危亡，文王偶遇吕尚而成就王业。这是为什么呢？就因为文王能排除无益之见，听取外界的议论，独自看到光明宽广道路。现在国君被谄谀之辞陶醉，受到宠臣的牵制，使贤士只能与牛马同槽。这就是鲍焦之所以愤世嫉俗，不愿留恋富贵生活的原因。

臣听说盛装入朝的，不应以私情玷污信义；注重名节的，不应以私利玷污品行。所以，遇到叫"胜母"的里巷，讲孝道的曾子就不愿进入；来到叫"朝歌"的城邑，主张非乐的墨子就回车离去。如果使天下有志之士被位高权重者所掌控压迫，要违心地放弃自己的主张，玷污自己的品行，以谄谀小人，求得亲近君王的宠臣，那么，就只会有老死于深山岩穴的志士，而不会有愿意到朝廷为国尽忠效力的贤臣了。

品析

邹阳，生卒年不详，汉朝临淄（今山东东部）人。初期与严忌、枚乘等俱仕于吴王，是当时的游士，善辩且甚有谋略和政治远见。因察觉吴王有反汉之意，即上书谏吴王，吴王不听其言。是时，正值汉景帝少子梁孝王贵盛，亦招纳贤士，邹阳遂与枚乘、严忌等离吴去梁，做了梁孝王刘武的门客。然而，梁王亦争帝位，遭爰盎的反对，梁王即与羊胜、公孙诡等谋划刺杀了爰盎，对此，邹阳表示异议。尔后，梁王谋逆事败露，羊胜等人被杀，梁王也受责，幸好有邹阳为其周旋求情，梁王才得以免罪，于是备千金酬谢邹阳，自此梁王深爱之，引为上客。

邹阳的奏章，除了《狱中上梁王书》之外，还有《上吴王书》等也是文书佳作，为历代所传颂之作品。

《狱中上梁王书》，选自《汉书·邹阳传》，萧统的《文选》卷三十九有录载。这是邹阳因受人谗毁而被下狱时，在狱中写给梁孝王的自我表白的奏章。当时，邹阳仕于梁孝王门下，为人有智略，且慷慨，但又不苟合于羊胜、公孙诡等人，还因为邹阳不同意梁王与羊胜等人叛逆朝廷，曾力谏梁孝王，受到羊胜等人的排挤，并向梁孝王进谗言。梁孝王听信于羊胜，大怒于邹阳，将其下狱，欲杀害之。于是，邹阳就从狱中给梁王上书，梁王阅罢，立即释放了他，待为上客。

在这篇上书中，作者先针对自己效忠梁孝王却获罪的不幸遭遇，指出这是一种不公正的做法，并且大胆地提出对"忠无不报，信不见疑"的怀疑与否定。继而，文章通过引用大量的历史事实，运用生动的比喻，说明"忠而见疑，贤而受谤"是普遍的社会现象，揭露了统治者对大臣赏罚不明的现象，希望能够引起梁孝王同情并认真地详尽地体察。接着，作者不惜文墨用大篇幅来叙述历史上君王亲小人远志士的事例，说明要强国清政，要开创霸业，君王首先要亲志士远小人，不为谗言所惑，不偏听偏信。要做到"忠无不报，信不见疑"，就必须君臣相知，彼此互相了解；在事业上要志同道合，不管在顺境或是逆境，都能同甘苦，共患难，始终如一；希望梁孝王不要为小人所包围，不要陶醉在献媚阿谀的语言之中，希望梁王了解自己，重新相信自己。然后，文章从许多史实中归纳出一点，即君王要使自己圣明，立于不败之地，要建立霸业，不仅要毫无成见地任用贤者志士，不避旧仇，而且要善于识别和任用能人贤者，委以重任，方能使国家振兴起来。最后，文章指出：天下有远大抱负的志士决不为权贵所压迫屈服；要放弃自己的理想而陷入污浊之泥坑，去效法小人而取得君王的欢心，这是办不到的。从而鲜明而大胆地表明他的志趣和决心。至此，作者可谓是以死来规谏，以死来辩冤了。这样的上书符合邹阳当时的心情，也符合他的为人。文章强烈地抒发了作者抱忠而受囚之不平，流露了怀才而不遇的愤慨，表达了至死不屈的清高气节。这就难怪会使历代文人志士产生共鸣，受到历代文人的推崇。

　　本篇上书，主要出发点是为自己辩白冤情，但却不是小心翼翼地乞求，而是大义凛然地表达，表现自己的崇高气节。文中所表现的这种气节是有一定的进步意义的。例如，效忠国家至死不渝，遵守信用始终如一，要真诚待人，等等，这些做人的基本道德准则，都是十分可取的。它同样适用于国家管理，适用于君臣关系，并且提出作为君臣在国家治理中所应当有的正确关系，即要"忠无不报，信不见疑"。显然，这些思想闪烁着进步的光芒，直至今天，在构建诚信社会的新时代，仍然有深刻的意义。同时，我们也应当看到，文章所涉及的管理思想也是极其丰富的。比如，君王如何识别人才，如何选用人才，又如何大胆地委以重任，如何避免偏听偏信，如何远离小人等等，都有着积极的进步意义和借鉴作用。特别是在国家管理中的人事制度方面，任用干部是任人唯亲还是任人唯贤，始终是历代历朝一个带有根本性的问题，而文章虽说作于几千年之前，但是，抛开时代与阶级观点不论，文章显得有现实的借鉴意义。另外，文章还深刻地揭露了许多不平等的社会现象，也揭示了许多的社会问题，如指出偏听偏信就会出现奸人，独断专行就会发生祸乱，这些都是在国家管理中带有普遍规律性的社会现象，其深刻的社会哲理，至今也仍然是有现实意义的，值得深思。

　　《狱中上梁王书》，这是臣下邹阳上梁孝王的奏疏呈文，但是它主要是属于论说性的呈文。刘勰在《文心雕龙·论说》中说："至于邹阳说吴、梁，谕巧而理至，故虽危而无咎矣。"这里说出了邹阳奏疏的基本特色。

　　首先，文章说理深刻，思想丰富，以理而辩冤，借辩冤而阐述深刻的道理，借历史的事实，陈述丰富的治国思想。虽说作者的主要目的是为自己向梁孝王辩白冤情，但是文章却明白地提出在建立帝王霸业、治理国家的时候，应当正确处理封建社会中君臣关系之间的"忠"与"信"的问题，因而，文章为自己辩冤的话说得不多，为自己评功论赏的话则少提，甚至是不提。这样就使上书说理深刻，不拘泥于辩冤的细枝末节，而能够涉及国家管理、人才效益、君臣关系、为人道德准则等带有根本性意义的问题。全文将这些问题作为论述的主题，进行反复说明论述，于是就能够顺着对方的思想感情，从符合封建统治阶级的根本需要出发，把其引到关键性的中心内容。

其次，在运用语言表达技巧方面，文章能够服从上书的主要任务的需要，符合上述深刻的思想内容，这样，作者虽然碰到困难，身在险境之中，可是事情却成功了，计划也完成了。因此，这样的写法，就使本篇上书显得婉转，又善于辩析，使事理深刻，思想内容丰富；同时，提出的问题虽尖锐，措词也激烈，却又不易伤人，避免了正面的指责，易于为对方所接受，这样就能够使作者化险为夷，得免灾难。文章巧于运用辞令和善于辩理，仍然有战国时游士之文风，这是文章的一大特色。

本篇上书在写作上还有另一大特色，就是能够大量地引用历史事例和典故，使论证雄辩有力，说理深刻。虽然行文反复跌宕，却能够表述得清楚明白，比喻巧妙，形象生动，言词绚丽，气势奔放，义正词严，且又不亢不卑，绵里藏针，锋芒隐露等等，这些都体现了本篇上书的极好说辞和表达技巧。当然，我们也应当看到，由于邹阳是在狱中写成此书的，可能不及细加修改，故有的地方文字似觉粗疏。

路温舒（汉）

尚德缓刑书

臣闻齐有无知之祸[1]，而桓公以兴；晋有骊姬之难，而文公用伯[2]。近世赵王不终，诸吕作乱，而孝文为太宗[3]。由是观之，祸乱之作，将以开圣人也[4]。故桓文扶微兴坏，尊文武之业，泽加百姓，功润诸侯。虽不及三王，天下归仁焉。文帝永思至德，以承天心，崇仁义，省刑罚，通关梁，一远近[5]，敬贤如大宾，爱民如赤子，内恕情之所安[6]，而施之于海内。是以图圄空虚，天下太平。夫继变化之后，必有异旧之恩，此贤圣所以昭天命也[7]。

往者昭帝即世而无嗣，大臣忧戚，焦心合谋，皆以昌邑尊亲[8]，援而立之。然天不授命，淫乱其心，遂以自亡。深察祸变之故，乃皇天所以开圣也。故大将军受命武帝，股肱汉国[9]，披肝胆，决大计，黜亡义，立有德，辅天而行然后宗庙以安，天下咸宁。

臣闻春秋正即位，大一统而慎始也[10]。陛下初登至尊，与天合符，宜改前世之失，正始受命之统，涤烦文，除民疾，存亡继绝，以应天意。臣闻秦有十失，其一尚存，治狱之吏是也。秦之时，羞文学[11]，好武勇，贱仁义之士，贵治狱之吏，正言者谓之诽谤，遏过者谓之妖言[12]。故盛服先生不用于世[13]，忠良切言皆郁于胸；誉谀之声日满于耳，虚美熏心实祸蔽塞。此乃秦之所以亡天下也。

方今天下，赖陛下恩厚，亡金革之危[14]、饥寒之患，父子夫妻，戮力安家[15]。然太平未洽者，狱乱之也[16]。夫狱者，天下之大命也。死者不可复生，绝者不可复属[17]。《书》曰："与其杀不辜，宁失不经[18]。"今治狱吏则不然，上下相殴，以刻为明[19]。深者获公名，平者多后患[20]。故治狱之吏，皆欲人死，非憎人也，自安之道，在人之死。是以死人之血流离于市；被刑之徒比肩而立[21]；大辟之计，岁以万数[22]。此仁圣之所以伤也，太平之未洽，凡以此也[23]。夫人情安则乐生，痛则思死，棰楚之下，何求而不得[24]。故囚人不胜痛，则饰辞以视之[25]；吏治者利其然，则指道以明之[26]；上奏畏却，则锻炼而周纳之[27]。盖奏当之成，虽咎繇听之[28]，犹以为死有余辜。何则？成练者众[29]，文致之罪明也[30]。是以狱吏专为深刻，残贼而亡极，媮为一切[31]，不顾国患，此世之大贼也。故俗语曰："画地为狱，议不入；刻木为吏，期不对[32]。"此皆疾吏之风，悲痛之辞也。故天下之患，莫深于狱，败法乱正，离亲塞道，莫甚乎治狱之吏，此所谓一尚存者也。

臣闻乌鸢之卵不毁，而后凤凰集[33]；诽谤之罪不诛，而后良言进。故古人有言："山薮藏疾，川泽纳污，瑾瑜匿恶，国君含垢。"唯陛下除诽谤以招切言，开天下之口，广箴谏之路[34]，扫亡秦之失，尊文、武之德，省法制，宽刑罚，以废治狱。则太平之风可兴于世，永履和乐，与天亡极，天下幸甚。

注释

[1]无知之祸：春秋战国时，齐襄公无道，齐将乱，襄公弟公子纠、公子小白

分别出奔鲁国、莒国。公元前 686 年，公孙无知弑襄公，公子纠和公子小白都回齐争夺王位。小白先入齐国，后被立为桓公。[2]骊姬之难：骊姬乃晋献公宠姬，暗中诬陷申生、重耳、夷吾三公子。申生自杀，重耳、夷吾出逃。献公立骊姬子奚齐为储，晋大臣里克杀奚齐，迎夷吾入晋，立为惠公。惠公卒，太子继位，为怀公。后秦穆公帮助重耳回晋，立为文公。伯：即"霸"。[3]孝文为太宗：汉惠帝崩，吕太后临朝，诸吕专权。周勃、陈平等大臣密谋共诛诸吕，迎立代王，即孝文帝，庙号太宗。[4]开：开创，开导。[5]通关梁：通关隘。一：使动用法，意即合归为一。[6]恕：以己之心推想别人之心。情之所安：指百姓愿望所在。[7]异旧：异于往昔。昭：显示。[8]昌邑：昌邑王刘贺。因昭帝无子，大臣迎刘贺为嗣。因其行为淫乱，霍光率群臣向太后请求废之。[9]大将军受命武帝：汉武帝崩，大将军霍光受遗诏辅昭帝。股肱：此作动词，意即辅佐。[10]春秋：指正当其时。正：始，才。大：以……为大。[11]羞：以……为耻。[12]遏：制止。[13]盛服先生：指儒士。[14]金革：兵革，指战争。[15]戮力：齐心合力。[16]洽：普遍。狱：指讼事。[17]属（zhǔ）：连接。[18]失：犯错误。不经：不合常规。[19]明：英明正确。[20]深者：用法苛刻者。[21]比肩：肩膀挨着肩膀。此句形容人很多。[22]大辟：执行死刑。[23]伤：受损害。以：因。[24]棰楚：刑具。楚，刑杖。何求而不得：有什么口供会得不到。意即重刑之下犯人往往只能屈招。[25]饰辞：编造供词。视：即"示"。之：代"吏"。[26]利其然：以其然为利，即认为这样做有利。明：即"示"。之：代"囚人"。[27]却：驳回。锻炼：此指千方百计做得滴水不漏。周纳：指多方罗织罪名，陷人于罪。[28]当：判罪。之：前一个"之"代"囚"，后一个"之"代"吏"。[29]成练：使"练"成，意即使罗织的罪名得以成立，得到承认，成了确有其罪。[30]文致：罗织，构陷。[31]深刻：用刑苛刻严酷。残贼：残害。亡极：无极，无以复加。媮（tōu）：苟且。[32]议：拟。期：必。对：向。[33]鸟鸢（yuān）：鹰。[34]箴（zhēn）：规劝。

译文

　　臣听说春秋时齐国发生公孙无知之祸，齐桓公因此而兴起；晋国发生骊姬诬陷的灾难，晋文公因此成就霸业。近世赵王如意不能善终，姓吕的家族叛乱，孝文帝因此而为太宗。由此看来，祸乱的发生，是将要给圣明君主开辟道路啊。所以齐桓公、晋文公扶助弱小的国家，振兴破败的国家，尊崇周文王和武王的功业，施恩于百姓，功德滋益诸侯。虽然比不上三王，然而天下还是归服于他们的仁德。文帝有深远的思虑、最高尚的道德，顺承天意，崇尚仁义，减轻刑罚，畅通关隘，统一远近的地方，敬重贤人如敬重贵宾一样，爱护百姓像爱护婴儿一样，以己之心推想百姓之愿，施仁德于天下。因此，监狱无罪犯，天下得太平。在继变乱之后，一定要施行不同于过去的恩德，这就是圣贤显示天命之所在。

从前昭帝去世无子嗣，大臣忧虑，共同商议，都认为昌邑王尊贵而又亲近，引而立为皇帝。但是上天不授给他帝王的使命，使他的心淫乱，终于因此自取灭亡。仔细探察祸变的原因，都是皇天要以此开创圣人大业。所以大将军霍光受命于武帝，辅佐汉朝，披肝沥胆，决策大事，废无义之帝，立有德之君，辅助上天行事，然后国家得以安定，天下得以太平。

臣听说国君正当其时而即位，是以一统江山为大，故而开始时一定是很慎重的。陛下初登帝位，符合天意，应当纠正前代的过错，从头开始这帝王之业，废弃繁杂条文，消除百姓疾苦，把将要亡绝的好传统继承下去，以顺应天意。臣听说秦朝有十种过失，其中一种过失现在还存在，就是负责审案的官吏违法判案的过失。秦朝时候，打击儒学，崇尚武勇精神，轻视奉行仁义的人，重视负责判案的官吏，正直的言论被认为是诽谤，阻拦犯错误的话被说成是妖言。所以那些衣冠整齐的儒生在那时不被重用，忠良恳切的言辞都郁积在胸中，称赞阿谀声天天响在耳边，虚伪的赞美迷住了心窍，把实际的祸患掩蔽起来。这就是秦朝失去天下的原因。

如今天下靠着陛下恩厚，没有战争的危险、饥饿寒冷的忧患，父子、夫妻合力安家。但是天下还不能完全太平，原因就是刑法讼事混乱无章。判案，这是天下最重要的事情，被处死的人不能复活，人被砍断了肢体不能再给他接起来。《书经》上说："与其杀死无罪的人，宁愿犯不遵守成规旧法的错误。"现在负责判案的官吏却不是这样，上下相互竞争，把苛刻严酷当作正确英明，判案严酷的获得公道的名声，判案公平的后来多有祸患。所以负责判案的官吏，都想把人置于死地，并不是他们憎恨有罪的人，而是他们求得自身安全的办法就在于置人于死地。因此死人的血在街上漂流，受刑的人并肩站着，处死刑的人计算起来每年数以万计。这就是奉行仁义的圣人感到悲伤的原因。天下太平未能完全实现，都是因为这引起的。人的常情是安逸的时候就希望活着，痛苦的时候就想要死掉，在木棍荆杖鞭打的时候，从被打人身上有什么要求得不到呢？所以罪犯忍受不了痛苦，就编造假话招供，审案的官吏就利用这种情况，指出某种罪名，点明罪犯应该招认的罪状；审案的官吏担心案子报上去后会被驳倒退回来，于是便违法罗织罪状，套上罪名，到了报告上级判罪结果的时候，即使是咎繇听了囚犯的罪状，也认为处死抵偿不了他的罪过。为什么呢？这是因为审案的官吏违法陷人于罪、广列罪名，玩弄法律条文把罪状写得十分明显的缘故。因此审案的官吏专门苛刻严峻地对待犯人，残害人没有止境，办一切事情都马马虎虎，不顾国家遭到祸患，这是世上的大害。所以俗话说道："在地上画一座监狱，也不进去；面对着木刻的狱吏，也不与它对话。"这反映出社会上痛恨狱吏的风气，是很悲痛的语言。所以天下的祸害，没有什么比得上法官判案这件事。败坏法纪，扰乱正道，使亲人分离，道义不明，没有谁比负责判案的官吏更厉害的。这就是所说的秦朝的过错有一条至今还存在的原因。

臣听说连苍鹰下的蛋也不会遭到毁坏，然后凤凰才会群集；人们不因说批评、指责的话而被问罪，然后才会进献良言。所以古人有种说法："山林有草木病害也隐藏在其中，河流湖泊广大则容纳污秽的东西，美玉隐藏着瑕斑，那么国君也当能容忍辱骂。"希望陛下能够不让人因批评、指责的言论而获罪，用来招致恳切的忠言，让天下人开口说话，扩大人们规劝、进谏的渠道，扫除造成秦朝灭亡的过错，尊崇周文王、周武王的德行，减省法制条文，宽缓刑罚，用这些来清除治狱的积弊，那么天下就可以出现太平的气象，长期和平安乐，和天地一样没有穷尽，那将是天下的幸事。

品析

　　路温舒，字长君，西汉钜鹿（今河北省平乡县）东里人，是西汉著名的司法官。他出生于贫苦人家，父为里监门，少时为人牧羊，自幼学习刻苦，常用荷蒲叶编织在一起作纸写字读书。起初学习律令，当过县狱史、郡决曹史；后来又修习《春秋》经义，举孝廉，为山邑丞，当过廷尉史。后来汉昭帝去世，宣帝即位，路温舒先后升为广阳私府长、右扶风丞、临淮太守等职，治理地方政务有显著成就，最后老死于任上。他信奉儒家学说，一生长期担任各级官署中的文秘职务，主持起草文书。作为一名杰出的秘书人员，他忠于职守，敢于直谏，正直无私，具有强烈的政治责任感和使命感。在他的身上体现了汉代士人为人民争取生存权利的良知和勇气。

　　《尚德缓刑书》，选自《汉书》中的《路温舒传》，《古文观止》有选载。这是路温舒呈交汉宣帝关于刑法方面的奏章，属于奏启体文书。文章作于汉宣帝即位之际。西汉武帝以来，法制日渐趋于烦苛严厉，狱吏多以苛刻为能，执刑严酷，周纳人罪，以致刑徒"比肩"，"大辟之计，岁以万数"，百姓怨声载道，严重危及汉王朝的统治。汉昭帝去世，因其无子而迎立昌邑王刘贺即位，没想到昌邑王刘贺荒淫腐败，不谋政事，犯罪日增。后来大将军霍光率领群臣奏请太后废之，重新迎立汉武帝子戾太子之孙刘询即位（公元前73年），史称汉宣帝。此时，路温舒趁汉宣帝初登帝位之际，上此奏章。宣帝阅罢路温舒奏章，很赏识他的意见，遂升迁其为广阳私府长。宣帝还曾下诏在廷尉下面设置廷平四员，秩六百石，负责审理冤狱。

　　此奏章，主要是论述了君王治理朝政，要使国家永保太平，就应当在国家管理，特别是刑法管理中崇尚仁义道德，轻缓刑罚的思想。首先，文章列述了历史上的祸患动乱，致使许多霸王出现，乱世造就了一代圣贤君主的情况。指出：这是因为他们能够接受动乱的教训，崇尚仁义，省减刑罚，敬重贤人，爱护百姓，使牢狱空虚无人，罪犯减少，天下太平。希望宣帝初登帝位，能够改前代的失策，以开清明政治。接着，文章叙述了秦朝的失策，其中之一就是苛政酷吏，进而总结亡秦的原因和历史教训。同时，文章剖析了西汉当时狱政存在的严重问题，然后提出要使国家安定，政权巩固，经济强盛，就要废除秦朝遗留下来的酷吏苛政，要招纳贤士，远离小人，广开言路，让百姓说话，尊尚文、武德行，减省法制，宽舒刑罚。若能做到这一切，那么，太平的风气，即可盛行于世，和平快乐的境地就没有尽头，国家的政权即可巩固。所有这些批评与建议，对于当时西汉政权的巩固都是有着积极意义的。因此，路温舒在文章中所阐述的刑法思想和治国的主张，就很快为汉宣帝所接受。

古代国家管理，尊崇文武德行，也就是崇尚仁义道德，这是许多政治家所提出的管理思想，但是也有不少政治家主张以法治天下。路温舒从事刑法管理，文章中所主张的刑法思想，主要是偏重儒家的以仁义道德治天下。他主张省减刑罚，摒除严酷狱吏，这是因为他有着深切的体会。他认为秦朝灭亡的原因，是法密政苛，重用狱吏。汉承袭秦朝这一弊政，必须改革。他还反对刑讯逼供，认为刑讯逼供使罪犯编造假供，给狱吏枉法定罪开了方便之门。他在奏疏中还提出废除诽谤罪，以便广开言路。文章在一定程度上暴露了封建社会酷吏残害百姓的现象，这是有积极意义的。文章不仅就刑法管理、司法公正问题提出自己的思想政治主张，而且也涉及整个国家管理思想，特别是君王应当宽仁，以仁义治天下，应当广开言路，招贤纳言，去除小人等等，这些都是古代行政管理中的核心问题。同时，文章要求君王和官吏要借鉴历史上各个朝代兴亡的经验教训，这是有很强的积极意义的。实际上，不懂得历史，不能借鉴历史经验的统治者，不是一个英明正确的统治者，不是一个善于管理的人。这些，对于今天来说，也是有一定借鉴作用的。当然，要成功地治理天下，也不能仅仅效法圣人的"仁治"，也要兼以"法治"。不过，也可以看出，刑法的强化，严刑酷吏的出现，并非是国家管理中的好现象，也不是管理国家所追求的目标，只有那种牢狱空虚，罪犯减少，父子夫妻合力安家的情形，才是国家安定兴盛的好兆头。而司法公正，这是社会公平的体现，也是国家安定和社会进步的重要因素，是国家治理的良好追求目标，从中我们应当体察和继承古人先进的法治管理思想和方法。当然，文章中对于汉文帝的颂扬和"天人感应论"的说教，则表现了作者历史的阶级的局限。

《尚德缓刑书》，在撰写方法方面是很有特色的。刘勰在《文心雕龙·奏启》中称其说："温舒之《缓狱》……理既切至，辞亦通畅，可谓识大体矣。"这些精辟的评说，可以说，是指出了本篇奏章的基本特点的。我们看到，通篇文章所说所议义理深刻，语气恳切，文辞也通畅，显示路温舒掌握了撰写奏疏的大体方法。刘勰在《文心雕龙·奏启》中指出："奏之为笔，固以明允笃诚为本，辨析疏通为首。强志足以成务，博见足以穷理，酌古御今，治繁总要，此其体也。"《尚德缓刑书》就是符合奏章写作之大体的，文章能够广征博引，针砭时弊，说清道理。例如文章广泛地引用古代之史实，剖析秦朝灭亡的历史教训，指出当时西汉存在的苛政酷吏的问题，使提出的尊尚道德、省减刑罚、广开言路、清政明治的思想观点和道理，以及统治者应有的思想品德修养等问题，都能阐述得清楚而深刻。特别是文章引述秦亡的教训与西汉时的种种严刑酷吏现象加以对照研究，比较分析，更使人震惊和令人深思。当然，文章这样的写法和思想内容的表述，都是服从于文章所要表达的中心思想观点，即是为统治者的国家长治久安服务的。总之，文章能够"辞顺而意笃"（《汉书·路温舒传》），这些都是写作奏疏文书可借鉴的方法。

班昭（汉）

为兄上书

　　妾同产兄[1]，西域都护、定远侯超[2]，幸得以微功，特蒙重赏：爵列通侯，位两千石[3]。天恩殊绝，诚非小臣所当被蒙。

　　超之始出，志捐躯命[4]，冀立微功，以自陈效[5]。会陈睦之变[6]，道路隔绝。超以一身，转侧绝域，晓譬诸国，因其兵众，每有攻战，辄为先登，身被金夷[7]，不避死亡。赖蒙陛下神灵，且得延命沙漠[8]，至今积三十年。骨肉生离，不复相识，所与相随，时人士众，皆已物故[9]。超年最长，今且七十，衰老被病[10]，头发无黑，两手不仁，耳目不聪明[11]，扶杖乃能行；虽欲竭尽其力，以报塞天恩，迫于岁暮，犬马齿索[12]。蛮夷之性，悖逆侮老[13]，而超旦暮入地[14]，久不见代，恐开奸宄之源[15]，生逆乱之心。而卿大夫咸怀一切[16]，莫肯远虑。如有卒暴[17]，超之气力，不能从心，便为上捐国家累世之功，下弃忠臣竭力之用，诚可痛也。

　　故超万里归诚[18]，自陈苦急[19]，延颈逾望[20]，三年于今，未蒙省录[21]。妾窃闻：古者十五受兵，六十还之[22]，亦有休息不任职也。缘陛下以至孝理天下[23]，得万国之欢心，不遗小国之臣。况超得备侯伯之位，故敢触死为超求哀,匄超余年,一得生还,复见阙庭[24]。使国家无劳远之虑,西域无仓卒之忧;超得长蒙文王葬骨之恩,子方哀老之惠[25]。《诗》云:"民亦劳止,迄可小康,惠此中国,以绥四方。"[26]

超有书与妾生诀,恐不复相见。妾诚伤超以壮年竭忠孝于沙漠,疲老则便死于旷野,诚可哀怜;如不蒙救护,超后有一旦之变,冀幸超家得蒙赵母、卫姬相请之贷[27]。妾愚憨不知大义,触犯忌讳。

(书奏,帝感其言,乃征超还。)

注释

[1]妾:古时妇女对自己的谦称。同产兄:同胞兄。[2]超:班超,字仲升,先因家贫为人抄书奉养老母,后投笔从戎,深入西域三十余载,保卫了汉朝政权。被封为定远侯,任西域都护府都护。[3]通侯:秦朝时爵位分十二等,通侯为最高一级爵位,汉沿用。位:任职,此指担任俸禄为两千石的官职。[4]之:助词,用于主谓词组之间。[5]以:连词。自:亲自。陈效:表示效力。[6]陈睦之变:公元75年,汉明帝刘庄死后,龟(qiū)兹等国趁机攻陷汉朝的西域都护府,都护陈睦被俘。[7]晓譬:告知,使了解。辄:总是。被:同"披"。金夷:创伤。夷,同"痍"。[8]且:姑且。[9]物故:亡故。物,通"歾(mò)"。[10]被病:带病,染病。被,同"披"。[11]聪明:指视觉、听觉灵敏。[12]犬马:代兄自谦之词。索:尽。[13]悖(bèi):违背。[14]旦暮:早晚,指时间迅速。[15]见:被。奸宄(guǐ):犯法作乱。[16]咸:全部。[17]卒(cù):突然。暴:暴乱。[18]归诚:献上一片忠心。[19]陈:陈述。班超曾写《绝域请还疏》,请求退休回家。[20]延:伸。逾望:遥望。[21]省(xǐng)录:检查,准许。[22]还之:让他回来。[23]缘:因。[24]匄(gài):即"丐",乞求。阙庭:指朝廷。阙,皇宫门前两边的楼。庭,通"廷"。[25]文王葬骨:周文王修筑灵台时,将掘得的死人之骨重新安葬。子方哀老:战国时魏文侯之师田子方因国君将弃老马,认为"少尽其力,老而弃之,非仁也"。国君于是收回饲养。[26]迄:一作"汔",差不多。康:安居,休息。绥:安抚,安好。言先施恩惠于中国,然后乃安四方。[27]赵母、卫姬相请之贷:赵母、卫姬事先请罪式的宽免。赵母,战国赵将赵奢之妻,赵括之母。赵王任用赵

括为将,赵母担心其将失败,事先请求赵王不用赵括为将,赵王不同意,赵母于是提出万一兵败,不要把自己牵连进去,赵王同意了,后果未获罪。卫姬:齐桓公夫人,因齐桓公与管仲商议伐卫,卫姬便先代卫向齐桓公请罪,桓公于是终止了这一行动。贷:宽免。事见《史记》。

译文

我的胞兄西域都护、定远侯班超,有幸以他的小小功劳,特别受到皇上封赏:爵位在通侯一级,担任俸禄为二千石的官职。皇恩非常,确实不是一般臣子所能得到的。

班超刚出使时,志在为国牺牲,希望能够建立小小的功劳,亲表效力。适逢陈睦之变,道路阻隔,班超仅凭一身,转战西域,让西域各国都知道(朝廷的旨意)。由于敌人人数众多,因而每有战斗,班超总是自己抢先登城,身带创伤,不避死亡。依靠陛下神灵保佑,他才能在沙漠中暂时维持生命,至今已有 30 年。现在骨肉至亲分离,不再相识,那些随行人员,当时人还多,今都亡故。班超年龄最大,现年近七十,衰老带病,头发全白,两手麻木,视听不灵,拄拐杖才能行走。虽然他竭尽全力,要来报答皇恩,无奈年事已高,牙齿脱落。那里人都是野蛮的性情,违背天理,欺侮年老上级,而班超早晚会死去,长久不派人接替他,恐怕那些人要开犯法作乱的头,要生叛逆的野心。而卿大夫虽然掌管一切,却都不愿做长远考虑。如果突然有暴乱发生,班超力不从心,那时将是上毁国家几代的功业,下毁忠臣拼命付出的代价,实在叫人哀痛啊!

所以班超万里之外献上自己的忠心,陈述自己的急苦,伸着脖子期望,至今 3 年,还未得到批准。我私下听说,过去 15 岁从军,60 岁让他回家,也还有休息不任职的时候。因陛下以孝治天下,得到万国拥护,包括小国的臣民。何况班超已在侯伯的爵位。在此我大胆冒死为班超请求申述哀衷,乞求班超的余年,真能活着回来,能再朝拜皇上。这样就使国家没有担心远方的顾虑,西域也无突然事变的忧患,班超也永远蒙受文王葬骨般的深恩、子方哀怜老马般的慈惠。

《诗经·民劳》说："百姓已经很疲劳了，该让他们休息一下了。先给王朝百姓施恩惠，以此来安抚四方。"

班超有信来与我诀别，担心不能再见面了。我实在很痛惜他从壮年起在沙漠尽忠孝，衰老则死于旷野，真叫人哀怜！如果班超不能被救护，以后若有突发的事变，我希望能得到赵母、卫姬事先请罪式的宽免。我愚憨不明大义，可能触犯忌讳（请宽恕）。

（奏折呈递后，皇帝为其言感动，于是准班超回朝。）

品析

班昭（约49—120年），一名班姬，字惠姬，扶风安陵（今陕西咸阳）人。汉代史学家班彪之女，《汉书》著作者班固之妹，其夫曹寿（曹世叔），早亡。班昭从小就受过良好的文化教育，特别受到其父、兄的影响与熏陶，爱好史学，造诣深。班固死后，《汉书》尚未完稿，班昭奉汉和帝诏令续写《汉书》，是我国著名的女史学家。据说，《汉书》初出，时人多未分晓，班昭又教授著名学者马融等人诵读，借以传播《汉书》。后来，汉和帝将班昭召入宫廷，让其担任皇后、嫔妃和公主的老师，故号称曹大家。班昭七十余卒，时皇太后素服举哀，使者监护丧事。班昭所著赋、颂、铭、诔、问、注、哀辞、书论、上疏、遗令凡16篇。值得一提的是，班昭还著有《东征赋》和著名的《女戒》七篇，受到刘勰称赞："班姬《女戒》，足称母师也。"

《为兄上书》，选自《后汉书·班昭传》。这是班昭代其兄班超向皇帝请求辞职休养的奏章。当时，班昭的次兄班超是东汉的名将，在西域任上31年，以他的才略和对朝廷的忠诚，多次镇压了内乱，抵御了外族入侵，为汉朝的巩固，特别是边域的安定和生产发展，作出了杰出的贡献。但是，他在垂暮之年，仍被留在西域。班超年老思乡，曾数次请求朝廷准许其退休返京，并向皇帝呈交《乞归疏》，但是朝廷均不准许。为此，其妹妹班昭就为兄给汉和帝刘肇上此奏书。

作为请求性的奏章，文章首先是以自谦自卑的口气表示对皇帝给予班超的"天恩"的感激。接着，文章略述了当年班超的业绩与对朝廷的忠心和志向，表明其兄班超虽然是竭尽全力要报效皇恩和国家，但是人已经是风烛残年，力不能胜任朝廷给予的重任，其结果是"便为上捐国家累世之功，下弃忠臣竭力之用"，于国家于自己都不利。然后，文章引用历朝历代官员年近60岁给予退休不任职的事例，以及"文王葬骨"、"子方哀老"之典故，表明其请求不仅合情合理，也是符合经典与圣人的要求的。最后，文章再次恳请皇帝能够恩准其兄班超返京以度余年，表现了班昭"触死为超求哀"的勇气和精神。据《后汉书》记载，皇帝阅览了班昭的这一奏章，深为感动，当即准许班超返京。汉和帝刘肇永元十四年（102年）八月，班超回到了家，九月即死于洛阳，足见班昭反映的情况是属实的。

班昭是一位杰出的女作家、史学家，也是一位出色的文书制作者。她的《为兄上书》是一篇出色的上行文书，在写作上有许多可取之处。

首先，文章奏请诚恳，反映问题真实，主旨真切，言辞感人，情理动人。正如刘勰所说："书奏宜理。"在文书撰写中，作为呈送皇帝的奏疏，叙述必须讲究道理，说理要充分、清楚明白，既要合乎整个封建统治阶级的"理"，也要合乎人之常情。例如班昭述说其兄身体状况不能胜任其重担，否则遇到突发事变，对国家和皇朝都不利，这就从整个统治阶级政权的巩固、边疆建设的大处着眼，即从其大道理上讲符合封建统治阶级的"理"；而请求退休返京，暮年之人思念故土，也合乎人之常情。又如，在遣词造句上，文章十分注意运用感情色彩浓厚的语词，如用"延命沙漠，至今积三十年"，以及"诚可痛也"、"诚可哀怜"等来描写班超的处境和班昭的心情感想，抒情浓烈，足以令人顿时产生同情之心。这样，既用道理也用感情来感动皇帝，说服了皇帝准许其兄返京。而班超也曾呈送《乞归疏》，但皇帝未准。然而，班昭此书呈送朝廷，皇帝阅罢为之动容，即下诏恩准，这就足见文章产生了很强的说服力和感染力。这点在上奏文书中是很重要的。应该指出，作为上访书函，能否反映真实情况，以真实情意去说服对方，在今天的许多上访书信写作中是应好好思考的。

　　其次，本文表达含蓄，多用典故，既言简意明，又意在言外，这也是许多奏疏章表的特点。作为给皇帝的上书，特别是属于谈及自己的私人文书，既要能够表达自己的思想，又要不触怒皇帝，否则就有杀头的危险，所以文章就往往要表现出谦恭的态度，要合乎尊卑等级关系，使皇帝看了能够接受。这就要求说话含蓄，讲究语言表达技巧，使对方听起来有弦外之音，明白作者的言下之意。本篇上书能够较好地做到这点。例如，陈述班超30余载的业绩与功劳，是"幸得微功"，"赖蒙陛下神灵，且得延命沙漠"，这种表达方式既说出作者要说的话，又容易为皇帝所接受。又如，明说是皇帝对班超"天恩殊绝，诚非小臣所当被蒙"，暗说在于表白班超之劳苦功高，"身被金夷，不避死亡"，"竭尽其力，以报塞天恩"，借以达到打动皇帝的目的。在表露班超"万里归诚，自陈苦急，延颈逾望，三年于今，未蒙省录"的情况时，则暗含不满于朝廷刻薄寡恩，只知道让将士们为其卖命，而不知道让将士们休养生息的不合理制度。另外，文章巧妙地借用"文王葬骨"、"子方哀老"、"赵母"、"卫姬"等典故和引用《诗经》来表现深刻的含义与思想，字里行间透露出无限的人性化感情色彩。凡此种种，比起明陈直说要有力得多，也符合封建经典、圣人规范，使人无懈可击。这些，都是本篇上书的重要写作特色。

孔融（汉·三国魏）

与曹操论盛孝章书

岁月不居[1]，时节如流。五十之年，忽焉已至[2]。公为始满[3]，融又过二。海内知识[4]，零落殆尽，惟会稽盛孝章尚存。其人困于孙氏，妻孥湮没，单子独立[5]，孤危愁苦。若使忧能伤人，此子不得永年矣[6]！

《春秋传》曰："诸侯有相灭亡者，桓公不能救，则桓公耻之[7]。"今孝章实丈夫之雄也，天下谈士，依以扬声[8]，而身不免于幽絷[9]，命不期于旦夕[10]，是吾祖不当复论损益之友[11]，而朱穆所以绝交也[12]。公诚能驰一介之使，加咫尺之书，则孝章可致，友道可弘矣[13]。

今之少年，喜谤前辈，或能讥评孝章。孝章要为天下大名，九牧之人[14]，所共称叹。燕君市骏马之骨[15]，非欲以骋道里，乃当以招绝足也[16]。惟公匡扶汉室，宗社将绝，又能正之。正之之术，实须得贤。珠玉无胫而自至者，以人好之也[17]，况贤者之有足乎！昭王筑台以尊郭隗，隗虽小才，而逢大遇，竟能发明主之至心，故乐毅自魏往，剧辛自赵往，邹衍自齐往[18]。向使郭隗倒悬而王不解[19]，临溺而王不拯，则士亦将高翔远引，莫有北首燕路者矣[20]。

凡所称引，自公所知，而复有云者，欲公崇笃斯义也[21]。因表不悉[22]。

注释

[1]居：停。[2]忽焉：忽然。焉，多为语助词，也作乃、才、哪里、怎么（多用于反问），跟介词"于"加代词"是"相当。[3]始满：刚满，此指刚满五十。[4]知识：相识的人。[5]湮没：丧亡。孑（jié）：单独，孤单。[6]永年：长寿。[7]"《春秋传》"四句：指《春秋公羊传》僖公元年中的记叙，即邢国为狄所灭，齐桓公因不能救邢国而引以为耻。孔融以此来激曹操救盛孝章。[8]谈士：游谈之士。扬声：显扬名声。[9]幽絷（zhí）：囚禁。[10]不期于旦夕：不能以旦夕为期，即危在旦夕。[11]吾祖：指孔子，孔融是孔子的后裔，故意为我的祖先（孔子）。损益之友：《论语·季氏》："益者三友，损者三友。友直、友谅、友多闻，益矣。友便辟、友善柔、友便佞，损矣。"（"友直"、"友便辟"等相同句式中的"友"，皆为意动用法，即"以……为友"）。此为孔子论友的思想，认为有益的交友方式有三种，有害的交友方式也有三种。[12]朱穆所以绝交：东汉人朱穆因感叹社会不讲友道，作《绝交论》。[13]致：得到。弘：发扬光大。[14]要：总的。九牧：九州的长官牧伯。[15]燕君市骏马之骨：战国燕昭王欲求天下贤士，重振国家，以雪齐破国杀父之仇，郭隗以涓人千金买千里马之骨的故事，启发燕昭王招贤"先从隗始"，这样，天下贤士听说了一定会来投奔。燕昭王接受了郭隗的建议，筑宫殿拜隗为师。孔融以此来说明招致盛孝章，可使天下贤士接踵而至。[16]绝足：指千里马。[17]胫（jìng）：小腿。以：因。[18]乐毅、剧辛、邹衍：乐毅为魏名将乐羊之后；剧辛为赵人；邹衍即驺衍，齐人，战国有名的学者，阴阳家的代表。三人到燕国后，辅佐燕昭王。[19]向：从前。倒悬：此可理解为受屈。[20]引：避开。首：向。[21]崇笃：推崇重视。斯：这。[22]因表不悉：于是略陈浅见，不能详尽。悉，详尽。

译文

岁月不停，时光如流，50年的时间，忽然已过。曹公您刚满五十，而孔融还多两岁。海内相识之士，差不多都已去世，只有会稽盛孝章还活着，他被困在孙权手下，妻与子都已去世，只有他孤独一人生活着，处境孤苦危险。如果忧愁能够伤人，那么他是不能长寿了。

《春秋公羊传》说："诸侯有将被灭亡的，齐桓公若不能拯救他们，那他就以此为耻辱。"现在孝章确是男子汉里的杰出人物,天下的游谈之士,都依靠他来显扬自己的名声,可他却不能逃脱被囚禁的命运。要是像这样(不能救盛孝章),我的先祖就不要谈什么有益的朋友和有害的朋友了,就难怪朱穆要作《绝交论》了。你要真能派一个使者迅速去找盛孝章,带上一封短信,那么孝章就能被召回来,友道也可得到发扬。

现在的年轻人,喜欢指责前辈,有人也讥评盛孝章,可盛孝章总的还算天下名人,是九州牧伯所共同称叹的。战国时燕昭王买千里马之骨,并不是想要它跑路,而是以此来求得真正的千里马。您想要匡正复兴汉室,汉朝衰落,只有您能重振朝纲,重振它的办法,实在是需要贤士的。珠玉无脚却能自己到来,是由于人喜欢它,何况贤士自己有脚。燕昭王为郭隗筑宫殿,尊郭隗为师,郭隗虽说是小才,却享受了很高的待遇,终于表达了明圣君主的至诚心意,因此乐毅从魏国、剧辛从赵国、邹衍从齐国去投奔燕国。但当时如果郭隗受屈而昭王不理解他,遇到就要溺死的困境昭王也不拯救他,那么贤士就将远走高飞,就不会有向北走在往燕国的路上的人了。

以上所讲的,当然是您所知道的,而我又重复说起的原因,是希望你能重视这里的道理,因而略作陈述,不能详叙。

品析

孔融,生于汉桓帝永兴元年(153 年),死于汉献帝建安十三年(208 年),字文举,鲁国(今山东省曲阜)人,孔子二十世孙。孔融自幼好学,聪明过人,善于应对,人皆称其有异才。28 岁时,辟举司徒尉,何进当权时,先欲杀融,后因融负有盛名,经众人劝阻,被何进举为侍御史。董卓当权时,融转升为北海相(郡治在今山东潍坊西南)。到了曹操当权时,迎献帝至许都,征融为将作大匠,后迁少府。孔融为人性情宽容少忌,秉性刚直,喜欢结交名士,且又喜引后进,常常宾客盈门,尤与蔡邕为善,史书称"融负其高气,志在靖难,而才疏意广,迄无成功"。孔融属于"建安七子"之一,但是他和其他六人政治态度不同,敢于批评时政,常常对曹操进行批评嘲讽,往往使其难堪,为此曹操大怒,遂令丞相军谋祭酒路粹枉状奏孔融,称融在任北海相时招兵买马,欲推翻朝廷,不守礼节等。对此,刘勰在《文心雕龙·奏启》中说:"路粹之奏孔融,则诬其衅恶",指出这是对孔融无中生有地捏造罪名。然而,孔融最终还是被"下狱弃市",时年56岁,妻子儿女均被曹操所杀。

孔融为汉末名士学者,擅长文章奏表檄文,散文语言劲健,议论尖锐,表现了鲜明的个性。《后汉书》卷一百有孔融传。魏文帝曹丕深好孔融文辞,比之于扬雄、班固,在《典论·论文》中,说他的文章"体气高妙,有过人者,然不能持论,理不胜词"。明人张溥在《汉魏六朝百三家集题辞》一文中,则称"东汉词章拘密,独少府诗文,豪气直上"。孔融所著诗、颂、碑文、论议、六言、策文、表、檄文、教令、书记共有20篇,今存有辑本《孔少府集》一卷。

《与曹操论盛孝章书》,也称《论盛孝章书》,选自萧统《文选》卷四十一,又见明刻《汉魏六朝百三名家集》本《孔少府集》。这是孔融在汉献帝建安九年(204年)写给曹操的上书,属笺奏书启体散文。刘盼遂《文选篇题考误》说:"按论上当有'与曹公'三字,不然则此书无著,似人物一篇矣。李善、李固翰皆曰,与魏太祖也。融死时魏未受命,依《会稽典录》作'与曹公'为是。本书笺奏书启,标目皆出受书之人,此不应独缺也。"为此,故称《与曹操论盛孝章书》为宜。

此书虽为救老朋友,实则是孔融为国家求贤才而向曹操荐贤的文书。据《会稽典录》记载:孙策占据了江南以后,为了巩固其统治地位,便诛杀异己英豪。盛孝章是汉末会稽人,曾任吴郡太守,负有盛名,孙策深忌他,即设法迫害盛孝章。其时,孔融担心盛孝章有祸,遂奏书曹操,于是征盛孝章为都尉,然而,诏令未至,盛孝章已为孙策的继任者孙权所害。是时,曹操在朝廷专权,孔融为其隶属,故孔融向曹操上书,这就应为上行文类奏书了。

《与曹操论盛孝章书》,主要是通过向执政的曹操请求营救好友盛孝章,来阐述说明整顿朝纲、治理国家,必须寻求有才能的人的思想观点。文章首先简要地介绍了盛孝章的为人、名气才干和目前的处境，希望曹操能从自身政治需要和国家治理的角度来考虑，颁发诏令，征召盛孝章，亦可使其免于祸难。接着，文章列举历史上圣明君王招纳贤才能人对于建立帝王霸业的重要作用之史实，说明重视人才，招纳任用贤才能人，就能帮助曹操完成辅佐匡正汉室的大业，同时指出寻求有才能的人，这也是整顿朝纲的根本方法。在这里，孔融提出了人才对于建立与维护封建政务的重要性，以及怎样对待人才、如何招纳人才的方法。这都是从维护执政者的利益出发的，因而符合曹操的志向和道德标准，自然也就为曹操所欣赏和采纳。曹操看了此书，即表奏盛孝章为都尉，下诏营救他，只可惜诏书未到，盛孝章已遇害。

孔融以文章见长，章表奏疏也写得相当出色，不少文章气势豪放，既语言锋利，又委婉而流畅，辞气昂扬，文采飞扬。就如刘勰在《文心雕龙·章表》中称："文举之《荐祢衡》，气扬采飞。"《与曹操论盛孝章书》正是他的代表作。文章从朋友之道和招贤纳士、国家治理的政治角度来劝说曹操出面营救盛孝章，写得恳切委婉，而又富有豪情，并把这两方面的描写有机地结合起来。文章先写友道，是为了向曹操推荐对国家有用之才，进而论述阐明招纳贤才是治理封建国家政务的根本方法。这样写有主有次，使这种上行文书不拘泥于朋友之道，抓住国家招贤纳才，为其政治服务的主题。显然，文章虽写得简短，但又使人明白其中之深远意义，做到言简意深。同时，文章在较短的篇幅中却能广征博引大量历史事实，借以论证说明招纳人才是建立国家与政务治理之重要方法，其中许多比喻恰当贴切，令人激于义志，启人深思，使之紧扣文章中心，又符合对方的志趣——即曹操有匡扶汉室，统一中华之大志，就易于为对方所接受采纳，反之，如果曹操不是胸怀大志，而如孙策之辈那样忌才，是不可能接受其政见的。例如用"市骏马骨"能招"绝足"，来比喻得到盛孝章，就能招来天下大批贤人志士。这样就使文章增加了说服力。

为此，应当看到，本篇上书所提出的整顿纲纪，复兴帝王之业，必须使用人才的思想，以及治理国家之时如何爱惜人才、使用人才的观点，都是极其有用的，其中包括这篇文书的写作方法技巧，对于今天仍然有借鉴作用。

曹操（汉·三国魏）

让县自明本志令[1]

　　孤始举孝廉[2]，年少，自以本非岩穴知名之士，恐为海内人之所见凡愚，欲为一郡守，好作政教以建立名誉，使世士明知之。故在济南，始除残去污，平心选举，违迕诸常侍[3]。以为强豪所忿，恐致嫁祸，故以病还。

　　去官之后，年纪尚少。顾视同岁中[4]，年有五十，未名为老。内自图之[5]，从此却去二十年，待天下清，乃与同岁中始举者等耳。故以四时归乡里，于谯东五十里筑精舍，欲秋夏读书，冬春射猎。求底下之地，欲以泥水自蔽[6]，绝宾客往来之望。然不能得如意。后征为都尉，迁典军校尉[7]，意遂更欲为国家讨贼立功，欲望封侯作征西将军，然后题墓道言："汉故征西将军曹侯之墓"，此其志也。

　　而遭值董卓之难，兴举义兵。是时合兵能多得耳，然常自损[8]，不欲多之。所以然者[9]，多兵意盛，与强敌争，倘更为祸始[10]。故汴水之战数千，后还到扬州更募，亦复不过三千人，此其本志有限也。后领兖州[11]，破降黄巾三十万众。又袁术僭号于九江[12]，下皆称臣，名门曰建号门，衣被皆为天子之制，两妇预争为皇后。志计已定，人有劝术使遂即帝位，露布天下[13]，答言："曹公尚在，未可也。"后孤讨禽其四将[14]，获其人众，遂使术穷亡解沮[15]，发病而死。及至袁绍据河北，兵势强盛，孤自度势[16]，实不敌之，但计投死为国，以义灭身[17]，足垂于后。幸而破绍，枭其二子[18]。又刘表自以为宗室，包藏奸心，乍前乍却[19]，以观世事，据有当州，孤复定之，遂平天下。身为宰相[20]，人臣之贵已极，意望已过矣。今孤言此，若为自大[21]，欲人言尽，故无讳耳[22]。设使国家无有孤，不知当几人称帝，几人称王[23]。

或者人见孤强盛，又性不信天命之事，恐私心相评，言有不逊之志[24]，妄相忖度，每用耿耿[25]。齐桓、晋文所以垂称至今日者[26]，以其兵势广大，犹能奉事周室也。《论语》云："三分天下有其二[27]，以服侍殷，周之德可谓至德矣[28]。"夫能以大事小也。昔乐毅走赵[29]，赵王欲与之图燕，乐毅伏而垂泣，对曰："臣事昭王，犹事大王；臣若获戾[30]，放在他国，没世然后已[31]，不忍谋赵之徒隶，况燕后嗣乎！"胡亥之杀蒙恬也[32]，恬曰："自吾先人及至子孙，积信于秦三世矣[33]；今臣将兵三十余万，其势足以背叛，然自知必死而守义者[34]，不敢辱先人之教以忘先王也。"孤每读此二人书，未尝不怆然流涕也。

孤祖父以至孤身，皆当亲重之任，可谓见信者矣，以及子桓兄弟[35]，过于三世矣。孤非徒对诸君说此也，常以语妻妾，皆令深知此意。孤谓之言："顾我万年之后[36]，汝曹皆当出嫁，欲令传道我心，使他人皆知之。"孤此言皆肝鬲之要也[37]。所以勤勤恳恳叙心腹者，见周公有《金縢》之书以自明[38]，恐人不信之故。

然欲孤便尔委捐所典兵众[39]，以还执事[40]，归就武平侯国，实不可也。何者？诚恐已离兵为人所祸也。既为子孙计，又已败则国家倾危，是以不得慕虚名而处实祸，此所不得为也。

　　前朝恩封三子为侯[41]，固辞不受，今更欲受之，非欲复以为荣，欲以为外援为万安计。孤闻介推之避晋封，申胥之逃楚赏[42]，未尝不舍书而叹，有以自省也。奉国威灵，仗钺征伐[43]，推弱以克强，处小而禽大[44]。意之所图，动无违事，心之所虑，何向不济[45]？遂荡平天下，不辱主命，可谓天助汉室，非人力也。然封兼四县，食户三万，何德堪之[46]！江湖未静[47]，不可让位；至于邑土，可得而辞。今上还阳夏、柘、苦三县户二万，但食武平万户，且以分损谤议，少减孤之责也[48]。

注释

　　[1]让县：让出、退还加封的三县。自明本志：说明自己的志向。[2]孝廉：善事父母，品行端正的人。汉武帝时开始令各郡每年举荐孝、廉各一名。曹操20时被举为孝廉。[3]"故在济南"四句：济南为东汉的一个王国，相当于一个郡，有十余县。王国设相，相当于太守。曹操于光和六年(183年)迁为济南相，奏免八个贪官污吏，得罪了皇帝的侍从近臣。违连：违反，得罪。[4]顾视同岁：看看同年一起被举为孝廉的人。[5]图：打算。[6]底下：下等，贫瘠。蔽：遮蔽，意即隐居。[7]迁典军校尉：校尉，官名，掌管近卫军。汉中平五年(188年)，设西园八校尉，蹇(jiǎn)硕为上军校尉(元帅)，袁绍为中军校尉(副元帅)，曹操为典军校尉，掌管军务。[8]自损：自我节制，不想多招兵。[9]所以然者：所以这样做的原因。[10]倘更为祸始：或许重新引起祸端。倘：或许。更：重新。[11]后领兖(yǎn)州：县名，在山东。初平三年(192年)青州黄巾军攻入兖州，杀刺史刘岱，济北相鲍信与兖州官吏迎曹操为兖州牧。[12]僭(jiàn)号：私用帝号，古时指地位在下的冒用地位在上的名义叫"僭"。袁术趁董卓之乱，割据淮南称帝。[13]露布：向天下布告。[14]禽：即"擒"。[15]解沮(jǔ)：瓦解崩溃。[16]度(duó)：估计。[17]以：为。[18]枭(xiāo)：旧时的刑罚，悬头示众。[19]乍：忽而。[20]身为宰相：建安十三年(208年)，汉朝为表彰曹操功绩，废止太尉、司

徒、司空三公，恢复西汉的丞相、御史大夫制度，曹操任丞相。[21]若：像。[22]
欲人言尽：欲使人言尽，即想要让别人无话可说。无讳：直言无讳。讳，因有所
顾忌而不敢说或不愿说。[23]"不知当几人称帝"二句：意指不可能维持统一的
局面，人人都想称王称帝。[24]不逊之志：不恭顺的打算，即想自立为帝。[25]
每：老是。[26]称：称誉。[27]"三分天下"句：三分天下，周文王占有其二。
[28]至德：最高尚的道德。[29]乐毅走赵：乐毅是魏乐羊的后人，到燕国后，燕
昭王拜为上将军，助燕破齐。昭王死后，惠王即位，中了齐国田单反间计，怀疑
乐毅，解除其兵权，乐毅畏诛，逃往赵国。[30]获戾（lì）：犯罪。此指在赵国犯
罪。[31]放：流放。没世：死。[32]胡亥：秦二世。蒙恬：秦之名将，北御匈奴有
功，后为胡亥处死。[33]"积信"句：积信，积功绩，为秦信。三世，自蒙恬祖父蒙
骜始已有三代。[34]自知必死而守义者：自知一定会被处死却仍守义不背叛的
原因。[35]子桓：曹丕的字。[36]顾：念，想。[37]汝曹：你们。肝鬲之要：意即
肺腑重要之言。鬲（gé），胸膈。[38]《金縢》之书：相传周武王病时，周朝的王室
未安，周公作祷辞向太王、王季、文王祷告，自请代死，祷毕将书藏于金縢之匮。
武王死，成王嗣位，年幼，故周公辅政，为流言所谤，周公遂避居东都 3 年。后成
王启匮，见祷辞，知其忠贞，便迎回成周。自明：说明自己的心意。[39]便尔：就
这样。委捐：放弃。[40]以：把。"以"的宾语"之"省略，指"所典兵众"。[41]
前：时间状语。[42]"孤闻介推之避晋封"二句：两句的"之"均为助词，于主谓之
间，取消句子的独立性。介推：即介之推，从晋文公（重耳）出亡 19 年，文公回国
为君。介之推不受封，与母同隐绵山。申胥：即申包胥，春秋时楚人。吴伐楚，
包胥到秦求救兵，哭了七日，感动了秦哀公，出兵救楚。楚昭王欲奖赏包胥，他
不愿受赏而逃。[43]仗钺（yuè）：持斧。钺，古代兵器。此指代天子征伐。[44]
"推弱"二句：推，推进、扩大。处，处于。意指自己是以弱克强，以小胜大。[45]
不济：不胜。[46]何德堪之：以何功德来领受这样的恩赏？[47]江湖未静：天下
未太平。[48]邑（yì），城邑，县。"且以分损谤议"二句：意即减少人们对我的诽
谤、指责。

译文

我刚被举孝廉时，年纪较轻，自认为本不是隐居未仕的知名之
士，恐怕被人视为平凡愚昧，就只想当一个郡的太守以便从事政务来
建立名誉，使世人能够清楚了解我。因此在济南，开始了罢免贪官、

公平举贤的工作,却得罪了一伙宦官。我觉得被豪强所恨,恐怕招致灾祸,因此托病还乡。

弃官以后,年纪还轻,看看同年举孝廉的人中,年纪已有五十的,也不以为老。自己心内算计了一下,从现在起再过20年,等到天下清平时,也才与同年被举孝廉的人同龄。因此我回到乡里,在谯县东五十里筑学舍,准备秋夏读书,冬春射猎。我只求有一点贫瘠的土地,在这里耕作隐居,断绝宾客来往探望,可是却不能如意。后来我被征为都尉,再升典军校尉,心里于是更想为国家讨贼立功,希望能封侯作征西将军。在我死后,我的墓碑上能题上:"汉故征西将军曹侯之墓",这就是我当时的志向。

而后遇上董卓之乱,各地纷纷兴举义兵。这时招兵能招得很多,可是我常常自我节制,不愿多招。之所以这样做的原因,是因为兵多意气盛,与强敌相争可能再引起新的祸端。因此汴水之战时,我部下只有数千人,后回到扬州重新招募,也不超过3000人,这是我本来的志向有限。初平三年(192年)我暂时代管兖州,这年冬天破降黄巾军30万人。此后又有袁术在九江私用帝号,下属都称臣,把楼门命名为建号门,衣饰都按皇帝的制度,两个夫人预先争当皇后。计划已定,有人劝袁术现在就可即帝位,布告天下,袁术回答说:"曹公尚在,还不可以。"后来我征讨他,擒获他的四员部将,俘虏他大量的士兵,于是使得袁术全军崩溃,他最后发病而死。到了袁绍占据河北,兵势强盛,我估计不能抵挡他,不过,我觉得拼死为国,为义而死也是足以流传于后世的。幸而破了袁绍,他的二子被杀枭首。还有刘表,自称是汉朝宗室,包藏奸心,忽进忽退,观望世事发展,据有荆州,我又战胜了他,于是平定了天下。我身为宰相,地位已是显贵到极点了,超过了我原来的愿望。现在我说这些,似乎是自高自大,其实是为了不让人们有闲话,就直言不讳了。假使国家没有我,真不知会有多少人想称帝、称王。

也许有人见我的势力强盛,又生性不信天命,就私下议论,说我有不恭顺的打算,他们胡乱猜测,老是耿耿于怀。齐桓公、晋文公之所以流传至今，仍被称誉，是因为他们力量强大，却还侍奉周朝。《论语》说："三分天下，周文王有二分，仍服侍殷朝，周的德行真可以说是最高尚的。"这是能够以大的服侍小的。从前乐毅逃往赵国，赵王与他商量攻取燕国，乐毅伏地而垂泪，对赵王说："臣侍奉昭王，就像侍奉大王一样。如果将来臣犯了罪，流放到别国，那么就这样到死算了，即使是赵国的低贱的徒隶，臣也不忍图谋，何况燕王的后代。"胡亥杀蒙恬时，蒙恬说："从我的先祖至子孙，在秦积累功绩、受到信任已三代了。现在我率兵 30 万，如果想背叛，我的力量也足够了，可是我明知一定要死，却仍守义不背叛，是因为不敢辱没先人的教诲而忘记先王。"我每次读关于这两人的书籍，没有不怆然泪下的。

我的祖父一直到我都担任皇帝的亲信和重臣，可以说是很被信任的，一直到子桓他们弟兄，这已超过三代了。我不是仅仅对各位说这些，我常说给家里人（侍妾）听，让她们都深知我的意思。我对她们说："待我死之后，你们都要出嫁。我希望你们去传扬我的心意，使其他人都知道。"我这些话都是出自肺腑的重要之言。之所以诚心诚意地述说我的志向，是因为见周公有《金縢》一书自表心意，我担心别人不相信的缘故。

可是，要想让我就这样放弃所掌管的兵将，而把他们交给朝廷，回到武平侯国去，这实在是不可能的。为什么呢？实是担心自己放弃兵权后被人所害。一方面是为子孙考虑，另一方面自己失败则国家危险，因此就不能图谋虚名辞去职务，从而招致灾祸。当然，这是不得已而为之。

过去朝廷恩封我的三子为侯，我们执意不受，现在又表示接受，并不是又想以受封为荣耀，而是想把这作为外援，以为万全之计。我每次读到介之推回避受封，申包胥逃开受赏，没有不放下书本而感叹的，以此自省。承国家声威，仗皇上授权去征伐，以弱胜强，以小胜大。我所要做的，行事无有错处，而我所考虑的又有哪个不对？如此才平定天下，不辱圣命，可以说是天助汉室，而不是依靠人力。如今我的封地有四县，食邑有三万户，我有何功德来领受这样的恩赏啊！

天下未平，不可让位，至于封赏，却可以推辞。现在退还阳夏、柘、苦三县，食邑二万户，只接受武平食邑万户，姑且以此减少诽谤和议论，稍稍减少别人对我的指责吧。

品析

　　曹操（155—220 年），字孟德，沛国谯（今安徽省亳县）人。他出生于宦官家庭，系汉相曹参之后。20 岁举孝廉，初任洛阳北部尉、顿丘令。中平元年（184 年）黄巾起义，他曾组织地主武装，镇压农民革命，从中发展了自己的势力，被升迁为济南相。初平元年（190 年），由于董卓专权，各地方势力纷纷起兵讨伐董卓，此时董卓立献帝，表曹操为骁骑校尉，曹操惧与董卓计事，潜归陈留，散家财组织义兵，加入袁绍部的讨卓联军。初平三年（192 年）冬，曹操收编青州（今山东临淄）黄巾起义军 30 余万，并以兖州为基地参与争夺中原之战。先是打败董卓余部，迎献帝迁都许昌，受封大将军与丞相，夺得控制朝廷的大权，形成"挟天子以令诸侯"之局势。此后，南征北讨，相继击败袁术、袁绍等北方武装割据势力，统一了北方，与刘备、孙权鼎足而三。此时，曹操已成为汉末的实际统治者，被封为魏王。此后，他的儿子曹丕废汉称帝，建立了魏王朝，追尊他为太祖武皇帝。传有辑本《魏武帝集》。

　　曹操是中国历史上一位杰出的政治家、军事家、文学家。他一生中从其统治集团的利益、需要出发，对于改革政治和改革文风，都作出了一定的贡献，如他能够接受农民起义的教训，采取了打击豪强、抑制兼并、广兴屯田等一系列较为进步的政策，推动了生产的发展，并且实行了"唯才是举"等开明的政治措施，进而统一了北方。曹操在文学方面也卓有成就，成为当时北方文坛的领袖，鲁迅称其"是一个改造文章的祖师"（《鲁迅全集》卷三，381 页）。

　　《让县自明本志令》，也称《述志令》，选自《三国志·魏书·武帝纪》，裴松之注引《魏武故事》。令，古时君王下行的公文称之为令。此令文作于建安十五年（210 年）十二月，时曹操已 56 岁，被封魏王。

是时，曹操统一了中国的北方，拥兵百万，在朝中大权独揽，"挟天子以令诸侯"，因此朝中上下对曹操不满日多，议论他有"不逊之志"，是"托名汉相，其实汉贼"，"欲废汉自立"。孙权、刘备两大敌对势力也时刻威胁曹操，特别是军事上孙、刘联合对抗曹操，争取人心，孤立曹操。为此，曹操颁发了《让县自明本志令》，意在借退还加封的阳夏、拓、苦三县为名，对孙权、刘备两大敌对势力予以反击，消除朝中人士对他的异议，是一篇表明自己的心迹——没有废汉自立之心的下行文告。

这篇令文，首先详尽地叙述了曹操的政治抱负和平生志向与心迹。自述自己由于举孝廉，做了官，本想好好做一郡之太守，办好地方政教，革除旧弊，努力"除残去秽，平心选举"，但是没有料到会因此得罪地方豪强和权臣贵戚，为他们所不容；为避祸，自己不得不辞官回家务农，读书，射猎，做一个普普通通的人，过上隐居的日子。然而这样也不能如愿，后来被征为典军校尉，也不过是想要效忠朝廷，为国家立功封侯，做个"征西将军"即为其志。可是由于董卓专权，各地割据，你争我夺，天下扰乱，不得已负起平定天下的重担。接着文章叙述了作者南征北战，消灭了地方割据势力，统一了北方，负起辅助汉朝的职责。然后，文章引用历史上的圣人周公、齐桓公等人自比，倾诉了自己效法这些圣人效忠朝廷的志向，以此来说明他终身不背汉朝，无废汉自立之野心，要求在他死后其妻妾们出嫁，以传其心迹。最后，文章向天下人诉说其想法："江湖未静，不可让位；至于邑土，可得而辞"，表明在天下未定之时，绝不可放弃兵权，否则就是"慕虚名而处实祸"，既害国也害家，表示了要以平定天下为己任的决心。这就是一个有作为的政治家、军事家的远大抱负和志向。

在汉末朝廷腐败没落、群雄竞起、天下纷争、军阀割据的局面之下，曹操以平定天下为己任，统一了北方，这在历史上是起到进步作用的。同时，曹操以其政治家的洞察力，看到要实现其志向，必须紧紧抓住兵权，其他如功名邑土等都可以放弃，这样于国于家都有利。这种设想和打算，客观上适应和符合了历史发展趋势，否则就可能几人称帝几人称王，天下永无安宁之日。

曹操不仅是一个出色的政治家、军事家,而且在撰写文书方面也是一个能手,本篇令文在写作技巧上的成功,就是一个很好的例证。其特点如下:

首先是指事造实,倾诉自如。透过全篇令文,能够"指事造实",针对具体问题把话说清楚,而不模棱两可,即针对别人对他的种种非议,秉笔直书,运用历史事实形象、生动地叙述和详尽地表白自己的政治抱负与远大志向,感情浓厚,直抒胸臆。正如刘勰在《文心雕龙·诏策》中所说:"魏武称作敕戒当指事而语,勿得依违,晓治要矣。"而在《文心雕龙·章表》中,刘勰说:"曹公称为表不必三让,又勿得浮华。"曹操以自己的写作来实践关于撰写诏令文书的思想观点。例如文章能够根据平定天下的政治需要,尽情地抒发胸臆,使其思想感情挥洒自如,既说出了他的忠心——忠于汉朝,又道出了他的决心——为免除家祸国难,决不放弃兵权,如此毫不隐瞒,毫不含糊,与天下人推心置腹,使其政治理想得到充分的表现。这种撰文的风格特点,对当时及后世产生了深刻影响,刘勰在《文心雕龙·章表》中给予充分肯定,说:"所以魏初表章指事造实。求其靡丽,则未足美矣。"因而,这篇令文也就成为了解曹操生平及其活动的重要历史档案资料。

其次,这篇令文的文笔苍劲有力,气势雄伟飞动,语气严峻而感情浓烈纯厚,如"设使国家无有孤,不知当几人称帝,几人称王",为了表明其忠于汉朝的心迹,文章说死后要妻妾出嫁,"欲令传道我心"等等。这些都显示出文章"通脱"、"清峻"的风格特征,不愧是一篇杰出的文告,也是一篇出色的散文。曹操的其他文书体散文,也同样具有"通脱"、"清峻"的风格特色,即思想内容上力倡通脱,文章风格清峻、简约严明。如《求贤令》、《抑兼并令》、《求逸才令》等文都写得简明扼要,能秉笔直书。鲁迅在《魏晋风格及文章与药及酒之关系》一文中称道:"他胆子很大,文章从通脱得力不少,做文章时又没有顾忌,想写的便写出来。"(《鲁迅全集》卷三,381 页)。这确实说出了曹操的文书体散文的风格特点。

诸葛亮(汉·三国蜀)

前出师表

　　臣亮言：先帝创业未半[1]，而中道崩殂[2]。今天下三分，益州疲弊[3]，此诚危急存亡之秋也[4]。然侍卫之臣不懈于内，忠志之士忘身于外者，盖追先帝之殊遇[5]，欲报之于陛下也。诚宜开张圣听[6]，以光先帝遗德[7]，恢弘志士之气[8]；不宜妄自菲薄，引喻失义[9]，以塞忠谏之路也[10]。

　　宫中府中[11]，俱为一体[12]，陟罚臧否[13]，不宜异同。若有作奸犯科及为忠善者，宜付有司论其刑赏[14]，以昭陛下平明之理[15]，不宜偏私，使内外异法也[16]。侍中、侍郎郭攸之、费祎、董允等，此皆良实[17]，志虑忠纯，是以先帝简拔以遗陛下[18]。愚以为宫中之事[19]，事无大小悉以咨之[20]，然后施行，必能裨补阙漏[21]，有所广益。将军向宠，性行淑均[22]，晓畅军事，试用于昔日，先帝称之曰能，是以众议举宠为督。愚以为营中之事，悉以咨之，必能使行阵和睦[23]，优劣得所[24]。亲贤臣，远小人，此先汉所以兴隆也；亲小人，远贤臣，此后汉所以倾颓也。先帝在时，每与臣论此事，未尝不叹息痛恨于桓、灵也[25]。侍中、尚书、长史、参军，此悉贞亮死节之臣[26]，愿陛下亲之信之，则汉室之隆，可计日而待也。

臣本布衣，躬耕于南阳，苟全性命于乱世，不求闻达于诸侯[27]。先帝不以臣卑鄙，猥自枉屈[28]，三顾臣于草庐之中，谘臣以当世之事，由是感激，遂许先帝以驱驰[29]。后值倾覆[30]，受任于败军之际，奉命于危难之间，尔来二十有一年矣[31]！先帝知臣谨慎，故临崩寄臣以大事也。受命以来，夙夜忧叹[32]，恐托付不效[33]，以伤先帝之明[34]。故五月渡泸[35]，深入不毛。今南方已定，兵甲已足，当奖率三军，北定中原，庶竭驽钝[36]，攘除奸凶，兴复汉室，还于旧都[37]。此臣所以报先帝而忠陛下之职分也。至于斟酌损益[38]，进尽忠言，则攸之、祎、允之任也。

愿陛下托臣以讨贼兴复之效；不效，则治臣之罪，以告先帝之灵。若无兴德之言[39]，则责攸之、祎、允等之慢[40]，以彰其咎[41]。陛下亦宜自谋[42]，以谘诹善道[43]，察纳雅言[44]，深追先帝遗诏[45]。臣不胜受恩感激。今当远离，临表涕零，不知所言！

注释

[1]先帝：指先主刘备。[2]崩殂（cú）：去世。崩，古时天子死曰"崩"。[3]益州：指蜀汉，益州是蜀都所在地。[4]诚：确实。秋：指时候。[5]盖：表示对缘由的解释。追：指追念。遇：待遇。[6]开张圣听：敞开耳朵，听取大家意见。[7]光：发扬光大。[8]恢弘：发扬扩大。[9]引喻失义：说话时称引、譬喻不合道理。[10]以：第一分句"以"作连词，表行为的目的。第二分句"以"作连词，表行为的结果。[11]宫中：指宫禁侍臣。府中：丞相府所属官吏，即政府一般官员。[12]一体：一个本体，蜀汉之臣。[13]陟（zhì）：提升。臧否（zāng pǐ）：善与恶。[14]有司：古代设官分职，各有专司，因称各有关部门为"有司"。[15]昭：显示。平明：公平、严明。理：治理。[16]内外：指宫中、府中。[17]良实：善良、诚实。攸，音 yōu。祎，音 yī。[18]简拔：选拔。[19]愚：自称谦词。[20]无：不论。与"大小"组成的词组作状语。悉：全部。以：介词，后面省略了代"事"的"之"。

咨:询问。之:他们,指前所述郭攸之等。[21]裨(bì):弥补。阙:缺点,过错。[22]淑均:善良,公正。[23]行(háng)阵:军队内部。[24]优劣得所:好的次的各得其所。[25]颓(tuí):坍塌,衰败。于:引出动作的接受者。桓、灵:东汉桓帝刘志和灵帝刘宏。他们因用人不当,宠信宦官,政治腐败,造成汉末大乱的局势。[26]侍中、尚书、长史、参军:分别指郭攸之、费祎、陈震、张裔、蒋琬。死节:为节而死,即为国而死。[27]闻达:扬名。[28]猥:发声词。枉:旧时指地位高的人降低自己的身份。[29]以:两个"以"均为介词,引出动作所涉及的对象。[30]倾覆:指汉献帝建安十三年(208 年)刘备于当阳长坂为曹操所败。[31]受任:指长坂刘备战败,诸葛亮受任使吴,与孙权商约,共御曹操。尔:指示词。有:又。[32]夙:早晨。[33]不效:没有效果。[34]以:连词,表结果。明:明察。[35]渡泸:指蜀后主建兴三年(225 年)南中郡叛乱,诸葛亮率师出征。泸,今金沙江。[36]庶:表可能或期望。驽钝:比喻才能平庸。驽,劣马。[37]还:攻取。旧都:指长安、洛阳,汉朝原来的都城为长安、洛阳。[38]损益:减少、增加。[39]兴德:发扬德行。[40]慢:怠慢。[41]以:连词,表目的。彰:显明。咎:过错。[42]谋:用心思。[43]谘诹(zōu):询问、征求、咨询。[44]雅言:忠言。[45]深追:好好想想。

译文

臣诸葛亮上书:先帝开创事业未及一半,却中途辞世。现在天下已分成三国,我们益州地方困苦味穷乏,这真是危急存亡的时候啊!可是,侍卫大臣在内毫不懈怠,忠勇将士在外奋不顾身,原因是大家追念先帝对自己的特殊的赏识,想要向陛下报答恩情。陛下确实应该敞开耳朵,听取大家意见,来发扬光大先帝的德行、志士的气概;不应该随便自轻自贱,引喻不合道理,以至于堵塞了向陛下尽忠劝谏的道路。

宫禁侍臣、政府官员,都是蜀汉之臣,对善人与恶人的提升惩罚,不应该有不同。如有触犯法令的人,应交付有关部门进行惩罚,有尽忠为善的,应让有关部门给予奖励,由此来显示陛下公平严明的治理,不应该存有私心,使得内外法规不一致。侍中、侍郎郭攸之、费祎、董允等人,都是善良、诚实的人,志向、思想忠实、纯正,所以先帝才选拔他们给陛下使用。我认为宫中的事，无论大小，都应该征求他们的意见，然后施行，那样一定能够弥补缺漏，有所增益。向宠将军品行善良公正，通晓军事，昔日试用，先帝称赞他有才能，因此众臣议论推荐他为中部督。我认为军队的事情，都征求他的意见，一定能使军队内部和睦，用人妥当，优的、次的各得其所。亲近贤臣，疏远小人，这就是前汉能够兴隆的原因；亲近小人，疏远贤臣，这就是后汉衰败的原因。先帝活着时，每当与我谈论这些事情，无不叹息，痛心桓帝、灵帝的做法。侍中郭攸之、费祎，尚书陈震、长史张裔、参军蒋琬，这些都是坚贞诚实、能以死报效国家的臣子，希望陛下能亲近他们，信任他们，那么汉室的兴隆就指日可待了。

　　臣本是普通百姓，在南阳以耕种为生，在乱世中苟全性命，不求在诸侯中扬名。先帝不把臣看作是卑微低贱的人，反而屈身下驾，三次到我的茅屋中拜访，询问我当今世上的事情，为此我十分感激，于是答应出山为先帝效劳。以后正遇上长坂败北，我就在战败之际、危难之中接受使命，那时至今 21 年了。先帝知道臣做事谨慎，所以逝世之前把大事托付给臣。接受遗命以来，臣早晚忧叹，唯恐所托付之事没有结果，以至有伤于先帝的明察。所以五月渡泸水，深入边远地区征战。现在南方已定，兵甲也足，应当奖励三军，率部北定中原，但愿能尽我平庸的才能，铲除奸恶，复兴汉室，夺回旧都。这也是臣报答先帝，效忠陛下的职责本分。至于斟酌情况，掌握分寸，进献忠言，则是郭攸之、费祎、董允等人的职责了。

　　希望陛下把讨贼兴汉的大事托付给臣，如果没有成就，就治臣的罪，以此告慰先帝的英灵。如果没有发扬德行的忠言，就指斥郭攸之、费祎、董允等人的怠慢，来公开他们的过错。陛下也应该多用心思，来访求正确的道理，采纳忠言，要好好想想先帝的诏令，臣受恩不胜感激。现在我就要远去，临写表时涕泪齐下，不知自己都说了什么。

诸葛亮（汉·三国蜀）

后出师表

先帝虑汉、贼不两立[1]，王业不偏安[2]，故托臣以讨贼也。以先帝之明，量臣之才，固知臣伐贼[3]，才弱敌强也。然不伐贼，王业必亡；惟坐待亡，孰与伐之[4]？是故托臣而弗疑也。

臣受命之日，寝不安席，食不甘味。思惟北征[5]，宜先入南。故五月渡泸，深入不毛[6]，并日而食[7]；臣非不自惜也，顾王业不可得偏全于蜀都[8]，故冒危难，以奉先帝之遗意也[9]。而议者谓为非计[10]。今贼适疲于西，又务于东[11]，兵法乘劳[12]，此进趋之时也[13]。谨陈其事如左[14]：

高帝明并日月[15]，谋臣渊深[16]，然涉险被创[17]，危然后安。今陛下未及高帝，谋臣不如良、平[18]，而欲以长计取胜[19]，坐定天下[20]。此臣之未解一也。

刘繇、王郎[21]，各据州郡，论安言计，动引圣人，群疑满腹，众难塞胸，今岁不战，明年不征，使孙策坐大[22]，遂并江东。此臣之未解二也。

曹操智计，殊绝于人[23]，其用兵也，髣髴孙、吴[24]，然困于南阳[25]，险于乌巢[26]，危于祁连[27]，偪于黎阳[28]，几败北山[29]，殆死潼关[30]，然后伪定一时耳[31]。况臣才弱，而欲以不危而定之。此臣之未解三也。

曹操五攻昌霸不下[32]，四越巢湖不成[33]，任用李服，而李服图之[34]，委夏侯，而夏侯败亡。先帝称操为能，犹有此失，况臣驽下，何能必胜？此臣之未解四也。

自臣到汉中，中间期年耳[35]，然丧赵云、阳群、马云、阎芝、丁立、白寿、刘郃、邓铜等及曲长、屯将七十余人[36]，突将无前；賨叟青羌，散骑、武骑[37]，一千余人。此皆数十年之内，所纠合四方之精锐，非一州之所有。若复数年，则损三分之二也，当何以图敌？此臣之未解五也。

今民穷兵疲，而事不可息[38]。事不可息，则住与行，劳费正等。而不及今图之[39]，欲以一州之地，与贼持久。此臣之未解六也。

夫难平者[40]，事也。昔先帝败军于楚[41]，当此时，曹操拊手，谓天下以定[42]。然后先帝东连吴、越，西取巴、蜀，举兵北征，夏侯授首，此操之失计，而汉事将成也。然后吴更违盟，关羽毁败[43]，秭归蹉跌[44]，曹丕称帝[45]，凡事如是，难可逆见[46]。臣鞠躬尽瘁，死而后已。至于成败利钝，非臣之明所能逆睹也[47]。

注释

[1]汉：蜀汉。贼：指曹魏。[2]偏安：只局促于一地称王。[3]固：本来。[4]孰与：哪里比得上。[5]思惟：考虑。[6]不毛：即不毛之地。[7]并日：两天合为一天。[8]顾：副词，表转折之意。[9]以：连词。[10]议者：指蜀国反对出师北征的官吏。非计：非上策。[11]适疲于西：正为西所疲。建兴六年（228年）初，诸葛亮进攻祁山时，魏的南安、天水、安定三郡叛魏应汉，曹魏须应付此事。务于东：为东而耗力。建兴六年八月，魏将曹休为东吴陆逊战败，逊斩获万余，曹魏又因此事而精疲力尽。务，致力应付。[12]兵法乘劳：兵书说要乘敌人疲劳而进攻。[13]进趋：向敌人进军。[14]如左：相当于今所说的"如下"，因古时

书写横行，由右往左，故称"如左"。[15]高帝：汉高祖刘邦。并：并列。[16]渊深：知识渊博，深谋远虑。[17]被创：受伤。刘邦在战争中曾多次受伤。[18]良、平：指汉高祖刘邦的谋臣张良、陈平。[19]长计：长久相持。[20]坐：安稳。[21]刘繇（yóu）：字正礼，汉末任扬州（今合肥）刺史，后为扬州牧，为孙策所败之后，退保豫章（今南昌）。王朗：字景兴，汉末为会稽太守，为孙策所败，降孙策，后又为曹操所征用。[22]坐大：安然强大起来。[23]于：介词，表比较。[24]髣髴：为"仿佛"的异体字。孙、吴：战国时的军事家孙膑、吴起。[25]困于南阳：董卓部将张济为给董卓报仇攻打吕布，张济屯弘农，士卒饥饿，遂入南阳（汉时南阳郡治宛县，为今河南南阳）。张济死，其侄张绣领兵。建安二年（197年）春，曹操至宛，张绣降，继而悔，复反，曹操与之战于南阳，兵败，为流矢所中，长子昂等遇害。[26]险于乌巢：建安五年（200年），袁绍拒曹操于官渡，曹操军粮少，曾与荀彧书，欲还军许都（今河南许昌），荀彧分析利弊，劝曹操坚持下去。后曹操用袁绍谋士许攸（许因绍不信任，故奔曹操）之计，进攻袁绍屯军粮的乌巢，斩守将，焚粮草，致使袁绍大败。[27]危于祁连：建安九年（204年），袁尚带兵攻袁谭，曹操围困邺（袁尚驻邺）。七月，尚还救邺，曹操击破之，尚夜遁保祁连山，再为曹操所破。曹操复围邺，险为袁尚守将审配的伏兵射中，后审配兄子开所守城东门纳曹操军，曹操军生擒审配，斩之，邺定。[28]偪于黎阳：建安七年（202年）夏，袁绍病死，其子袁尚、袁谭屯黎阳。九月，曹操征之，连战，尚、谭数败退，固守。建安八年（203年）三月，曹操大破之，尚、谭夜遁。偪：即"逼"，进逼，攻打之意。[29]几败北山：建安二十四年（219年），曹操部将夏侯渊与刘备战于阳平，被杀。三月，曹操从长安出斜谷，与刘备争汉中，运粮北山下，备固险拒守，曹操军士多逃亡。五月，曹操引军还长安，汉中遂为刘备所据。[30]殆死潼关：建安十六年（211年），曹操讨马超、韩遂等于潼关。曹操自潼关北渡黄河，未成，马超赴船急战，校尉丁斐于是放牛马引诱超兵，兵乱取牛马，曹操乃得渡。（据《三国志》）[31]伪：以汉为正统，故称魏为"伪"。[32]五攻昌霸：建安四年（199年），东海昌霸叛曹操附刘备，曹操多次攻打不下。[33]四越巢湖：魏以合肥为重镇，孙权常遣兵围合肥，魏军多次从巢湖出兵进击孙权。[34]李服：李服曾与董承、刘备等图谋刺杀曹操，事情泄露，曹操捕杀董承、李服等人。[35]期（jī）年：一周年。建兴五年（227年）诸葛亮北驻汉中。[36]曲长、屯将：部曲中的将官、屯兵的将官。[37]突将：冲锋的将士。无前：打先锋的将士。賨（cóng）叟、青羌：两种西南少数民族将士。散骑、武骑：骑兵分部的名称。[38]息：停止。[39]及：趁着。[40]平：即"评"，判断。[41]败军于楚：指刘备曾败于当阳长坂（古代楚地)一事。拊手：指拍手称快。[42]以：同"已"。[43]然：可是。吴更违盟：指东吴改变主意，违背盟约。建安二十四年(219年)，孙权用吕蒙计袭荆州，杀关羽父子。[44]秭归蹉跌：关羽父子被杀后，刘备兴师伐吴，于秭归为吴所败。秭归(zǐ guī)：县名，在湖北。蹉(cuō)跌：指失败。[45]曹丕称帝：汉献帝延康元年(220年)，曹丕废汉献帝自己称帝，即魏文帝。[46]逆见：预料。[47]利钝：顺利、困难。逆睹(dǔ)：预料。

译文

先帝考虑到汉朝与魏贼不能同时存在，要复兴王业，不能只满足局促在一地称王，所以把讨贼的重任委托给臣。凭着先帝的明察，量度臣的才能，本来就知道让臣去讨伐敌人，臣的才能薄弱而敌人则力量强大。可是，不去讨伐敌人，王业必定灭亡，与其坐而待亡，哪比得上去讨伐他们？因此委托臣而毫不迟疑。

臣接受任命时，睡不安宁，吃不香甜。臣考虑要北征，应该先平定南中诸郡，所以臣五月渡泸水，深入不毛之地，两天吃一天的食粮。臣不是不爱惜自己的身体，只是王业不能只偏安于蜀地，所以冒着危险艰难来奉行先帝的遗旨，可是反对出师的人却说这样做并非上策。现在敌人正因内部叛乱、东吴取胜而精疲力尽，而用兵之法是要乘敌人疲顿的时候进攻，现在正是进攻的好时机。谨陈述此事如下：

高祖刘邦的明智可以与日月相比，他的谋臣知识渊博，深谋远虑，可是他也曾历险受伤，危险之后才得到平安。现在陛下还比不上高祖，谋臣也不如张良、陈平，可是却想以长久相持的战略来取胜，安安稳稳地平定天下。这是臣不能理解的第一点。

刘繇、王朗，各据自己的州郡，谈论治安计策，动辄引用圣人的言论(由于纯属空谈，不起作用)，群臣满腹疑虑，胸中充塞疑难。今年不出战，明年不出征，使孙策安然强盛，最后就吞并江东。这是臣所不能理解的第二点。

曹操的智谋计策，远远地超过别人，他的用兵就如孙膑、吴起。可是他也曾于南阳被困、乌巢历险、祁连经危，曾经数战黎阳，险些败于北山，几乎死于潼关，而后才得一时安定。何况臣才能薄弱，但却想以不经危险来平定天下。这是臣所不能理解的第三点。

曹操五攻昌霸不下，四越巢湖未成功。任用李服，李服却想谋害他；委任夏侯渊，而夏侯渊却又阵亡。先帝时常称曹操很有才能，而他还打了许多败仗，何况臣才能低下，哪能一定取胜？这是臣所不能理解的第四点。

自臣到汉中，这当中才过了一年，可是却已失去了赵云、阳群、马云、阎芝、丁立、白寿、刘郃、邓铜等人以及部曲中的将官、屯兵的将官70多人，失去了冲锋陷阵的将士、少数民族的将士以及一些骑兵分部将士1000余人。这些都是几十年内由四方的精锐纠合起来的，不是一州所能有的。若又再过几年，那将损失三分之二，到时凭什么来对付敌人呢？这是臣所不能理解的第五点。

现在民穷兵疲，可战事却不能停止。战事不停止，那么驻守、出击的劳力、费用是相等的。可是却不趁现在去进击敌人，而想凭一州之地，与敌人长期相持，这是臣所不理解的第六点。

世上难以判断的是战事。以前先帝败于长坂，那时曹操拍手称快，说是天下已定。可是这以后先帝东联吴越，西取巴蜀，发兵北征，夏侯渊被杀；这是曹操的失算，复兴汉室的事业将要成功了。可是后来东吴改变主意违背盟约（袭取荆州），击杀关羽，先帝于秭归失败，曹丕于后称帝。凡事像这样是很难预料的。臣只能鞠躬尽瘁，死而后已，至于成功与失败、顺利与困难，这就不是臣的智慧所能预料的了。

品析

诸葛亮（181—234年），字孔明，琅琊阳都（今山东沂南县）人，是我国三国时期卓越的政治家、军事家。诸葛亮早孤，后避乱荆州，即南阳隆中（今湖北襄阳附近），过着自耕自食的隐居生活，自比管仲、乐毅。汉献帝建安十二年（207年），刘备与关羽、张飞一同邀请他出来帮助平天下，接二连三拜访才得以相见，此即"三顾茅屋"。诸葛亮为刘备三人的精诚所动,就向刘备提出了联吴拒曹的方针,并建议先取荆州、益州作为基地,再出师北伐中原,复兴汉室。自此,诸葛亮一心一意辅助刘备复兴汉室。建安十三年(208年),刘备在诸葛亮的帮助下联合孙权,大败曹操于赤壁,后陆续取得荆州、益州、汉中等地,建立了蜀汉政权。延康二年(221年),诸葛亮力劝刘备即皇帝位,亮则被委任为丞相。刘备死后,接受遗诏辅佐刘禅,后主刘禅封诸葛亮为武乡侯、领益州牧,蜀国政事都由他裁决。于是,诸葛亮东与孙吴讲和,南征孟获,平定南中诸郡,积极充实军备,治兵讲武,准备北伐。前后六次出师北伐曹魏,后病卒于军中,时年54岁,谥忠武侯。

诸葛亮一生勤勤恳恳,恪尽职守,鞠躬尽瘁,志在恢复中原,努力实践刘备的遗嘱,重兴汉室。因而他始终不渝地整饬内政,开发边疆,发展农耕,扩充军备,巧设革新"连弩",制造"木牛流马",对当时我国西南一带农业生产的发展起了积极的促进作用。他一生擅长军事,精通孙子兵法,是我国古代著名的军事家。他并不以文学著称,但是他的《梁甫吟》、前后《出师表》等,确实是历代所传颂不绝之名篇。其言教书奏颇多,今所传《诸葛丞相集》四卷,系后人从史传中辑录而成。

《出师表》,分为《前出师表》和《后出师表》。"表",即是章表体文书,属于奏章一类的文体,为上行公文。古代臣子对于君主有所陈请,就使用这种上行公文。汉代以前一般把这一类文章统称为"上书",到了汉朝,"汉定礼仪,则有四品",即始分"章"、"奏"、"表"、"议"等不同名目,以示区别。此类公务文书,在国家管理中具有重要作用,就如刘勰指出:"章表奏议,经国之枢机。"但是,它们的作用也是不尽相同的,其中"表以陈情",即表是向君王陈述政事,诉说心迹的呈文,如"出师表",即是关于军队出征的奏疏呈文。

《前出师表》最初见于《三国志·诸葛亮传》,篇名为后人所加,后来又为梁朝昭明太子萧统的《文选》选录。这是建兴五年(227年)诸葛亮率师出驻于汉中,临行前向后主刘禅所上之表,规劝皇帝要听信忠言，任用贤臣。而《后出师表》是诸葛亮在出师未获成功，朝中大臣颇有反对兴师动众的情况下，于建兴六年（228年）冬，再次出师北伐前针对朝中的异议向刘禅呈奏的表文。后人遂分前后两表。《三国志》本传裴松之的注文说此表亮集所无，出张俨《默记》。后人疑其伪作，但亮兄瑾之子诸葛恪曾经说见过他叔父的这篇《后出师表》，这大概是因为军机所致，不宜公诸大众，故不让它流传于当世，因此为原集及史传所不载。如果从体例和文辞风格上看，前后两表是一致的，应为诸葛亮所作。

《前出师表》的主要内容和中心旨意，是规劝后主刘禅要保持蜀汉政治的清明，继承和发扬刘备的遗志与品德，希望刘禅要尊贤纳谏，亲近贤人，远离小人，使诸葛亮能够专心北伐而无后顾之忧，并反复说明出师的任务与目的。在奏疏中，他向刘禅推荐了朝内可以倚重的文臣武将，希望刘禅能够信任他们，亲近他们，依靠他们来扶助汉室的兴隆。最后，表文略述他受先帝的礼遇，于危难之中接受先帝的使命，辅佐刘备复兴汉室的经过，从中表述他对蜀汉的忠诚的心迹和北取中原的决心意志。而《后出师表》主要是针对朝中对他首次出师北伐失败的异议，说明不兴师北伐，是违背先帝的遗志的，即使出师不利，也应北伐，因为不北伐，"王业亦亡；惟坐待亡，孰与伐之"。这不仅关系到复兴汉室的大业，而且关系到蜀国的安危，所以希望后主不要动摇。最后，他再次表白自己的心迹，要"鞠躬尽瘁，死而后已"，重申不计得失，一定要出师北伐尽忠为国的思想。虽然说诸葛亮是从维护封建统治阶级利益的目的出发，尽忠侍奉君主，报效国家，但他那种"鞠躬尽瘁，死而后已"的忠贞气节和精神，确实是长期以来为人们所称颂和效法的。

前后两份出师表，尽管都只是因为出师北伐而向刘禅呈送的表文，意在表明作者心迹和志向，但文章涉及的思想极其丰富。如其中包含了作者关于管理国家的思想，特别是帝王如何使用人才，亲什么，远什么，如何正确对待自己，听取臣下意见，如何宫廷内外一体，上下一致去振兴汉室等等；又如表中涉及许多兵法思想，亦为诸葛亮的军事思想的很好体现。所有这些,对于今天都是可以借鉴的。执政者、领导者尤其应秉承这一精神,为国民谋取幸福,而非为一己私利。

前后《出师表》,在写作上是极其成功的,它不仅是章表奏疏之佳作,而且是文学作品的名篇,为历代人们所传诵不绝。刘勰在《文心雕龙·章表》中说:"孔明之《辞后主》,志尽文畅;虽华实异旨,并表之英也。"这种对《出师表》的评价确非过誉之词。通观前后表文,情理透彻,文辞流畅,语言恳切,心明如镜,特别是在表述作者那种勤勤恳恳,志在复兴汉室的忠贞思想时,语言的感染力是极其强烈的,使人读来为之涕泪,并为之肃然起敬。同时,《后出师表》在表述作者出师伐魏、复兴汉室的心迹时,力排众议,以众多历史事实来说明出师北伐的方针是对的,是继承先帝刘备之遗志,这样就从国家安危、汉室振兴的高度和宏观层面,也从军事斗争的微观层面分析问题,熔史实、情理和国家大计于一炉,使说理充分有力,进而表明作者的心迹和信心、决心是对的,起到互相衬托的作用。正因为它们是如此优秀之表文,方能在海内外广为传诵。

曹植（汉·三国魏）

求自试表

臣植言：臣闻士之生世，入则事父，出则事君，事父尚于荣亲，事君贵于兴国。故慈父不能爱无益之子，仁君不能畜无用之臣。夫论德而授官者，成功之君也；量能而授爵者，毕命之臣也[1]。故君无虚授，臣无虚受。虚授谓之谬举，虚受谓之尸禄[2]，《诗》之"素餐"所由作也[3]。昔二虢不辞两国之任，其德厚也；旦、奭不让燕、鲁之封，其功大也[4]。今臣蒙国重恩，三世于今矣[5]。正值陛下升平之际[6]，沐浴圣泽，潜润德教[7]，可谓厚幸矣。而窃位东藩，爵在上列[8]，身被轻媛，口厌百味[9]，目极华靡，耳倦丝竹者，爵重禄厚之所致也。退念古之受爵禄者，有异于此，皆以功勤济国，辅主惠民。今臣无德可述，无功可纪，若此终年，无益国朝，将挂风人"彼其"之讥[10]。是以上惭玄冕，俯愧朱绂[11]。

方今天下一统，九州晏如[12]，顾西尚有违命之蜀，东有不臣之吴，使边境未得税甲[13]，谋士未得高枕者，诚欲混同宇内[14]，以致太和也。故启灭有扈而夏功昭，成克商、奄而周德著[15]。今陛下以圣明统世，将欲卒文、武之功[16]，继成、康之隆[17]，简良授能[18]，以方叔、邵虎之臣[19]，镇卫四境，为国爪牙者，可谓当矣。然而高鸟未挂于轻缴[20]，渊鱼

未悬于钩饵者,恐钩射之术,或未尽也。昔耿弇不俟光武,
亟击张步,言不以贼遗于君父也[21]。故车右伏剑于鸣毂,
雍门刎首于齐境[22]。若此二子,岂恶生而尚死哉[23]?诚忿
其慢主而凌君也。夫君之宠臣,欲以除患兴利;臣之事君,
必杀身静乱,以功报主也[24]。昔贾谊弱冠,求试属国,请系
单于之颈而制其命[25];终军以妙年使越,欲得长缨缨其王,
羁致北阙[26]。此二臣者,岂好为夸主而曜世俗哉[27]?志或
郁结,欲逞其才力,输能于明君也。昔汉武为霍去病治
第[28],辞曰:"匈奴未灭,臣无以家为!"夫忧国忘家,捐躯济
难,忠臣之志也。

今臣居外,非不厚也,而寝不安席,食不遑味者[29],以
二方未殄为念[30]。伏见先帝武臣宿兵[31],年耆即世者有闻
矣[32],虽贤不乏世,宿将旧卒犹习武战也。窃不自量,志在
授命[33],庶立毛发之功[34],以报所受之恩。若使陛下出不
世之诏[35],效臣锥刀之用[36],使得西属大将军,当一校之
队[37];若东属大司马[38],统偏师之任。必乘危蹈险,骋舟奋
骊,突刃触锋,为士卒先。虽未能擒权馘亮[39],庶将虏其雄
率,歼其丑类,必效须臾之捷,以灭终身之愧。使名挂史笔,
事列朝策[40]。虽身分蜀境,首悬吴阙[41],犹生之年也[42]。
如微才弗试,没世无闻,徒荣其躯而丰其体,生无益于事,死
无损于数[43],虚荷上位而忝重禄[44],禽息鸟视[45],终于白
首,此徒圈牢之养物,非臣之所志也。

流闻东军失备,师徒小衄[46],辍食忘餐,奋袂攘衽[47],
抚剑东顾,而心已驰于吴、会矣。臣昔从先武皇帝[48],南极
赤岸,东临沧海,西望玉门,北出玄塞[49],伏见所以行师用
兵之势,可谓神妙也。故兵者不可豫言[50],临难而制变者

也。志欲自效于明时，立功于圣世，每览史籍，观古忠臣义士，出一朝之命以徇国家之难[51]，身虽屠裂，而功名著于景钟，名绩垂于竹帛[52]，未尝不抚心而叹息也。

　　臣闻明主使臣，不废有罪。故奔北、败军之将用[53]，而秦、鲁以成其功；绝缨、盗马之臣赦[54]，而楚、赵以济其难[55]。臣窃感先帝早崩，威王弃世[56]，臣独何人，以堪长久。常恐先朝露，填沟壑，坟土未干，而身名并灭。臣闻骐骥长鸣[57]，伯乐昭其能；卢狗悲号，韩国知其才[58]。是以劲之齐、楚之路，以逞千里之任[59]；试之狡兔之捷，以验搏噬之用。今臣志狗马之微功，窃自惟度，终无伯乐、韩国之举，是以于悒而窃自痛者也[60]。夫临博而企竦[61]，闻乐而窃抃者[62]，或有赏音而识道也。昔毛遂，赵之陪隶，犹假锥囊之喻，以寤主立功[63]。何况巍巍大魏多士之朝，而无慷慨死难之臣乎？

　　夫自衒自媒者[64]，士女之丑行也；干时求进者，道家之明忌也[65]。而臣敢陈闻于陛下者，诚与国分形同气[66]，忧患共之者也。冀以尘雾之微，补益山海；萤烛末光，增辉日月。是以敢冒其丑而献其忠，必知为朝士所哂[67]。圣主不以人废言，伏惟陛下少垂神听[68]，臣则幸矣。

注释

　　[1]毕命：绝命，死命，尽力效命。[2]虚：空，毫无根据。尸禄：做官不尽职而虚受俸禄。[3]素餐：《诗经·魏风·伐檀(tán)》："彼君子兮，不素餐兮。"素餐即不做事白吃饭。所由：名词性词组，意为来由。[4]二虢(guó)：西周的虢仲、虢叔，王季之子，文王的母弟，分别封于东虢、西虢。虢，周朝国名，也作姓。旦、奭(shì)：文王子周公旦、召公奭，周初大臣，分别封于鲁、燕。[5]三世：指魏武帝曹操、文帝曹丕、明帝曹叡。[6]升平：太平。[7]潜润：浸润。[8]窃：谦词。东藩：东方藩国之王。上列：指被封为鄄(juàn)城王、雍丘王。鄄城，古地名，在

今山东省。[9]轻燠(nuǎn)：又轻又暖的衣服。厌：饱足。[10]挂：此指留给或提供。风人：诗人。彼其：《诗经·曹风·候人》："彼其之子，不称其服。"意为那个人的德行，不能与他的服饰相称。[11]惭(cán)：惭愧。玄冕：王者礼冠。绂(fú)：绶。[12]晏如：安然。[13]税：解，脱。[14]混同：统一。[15]启：夏帝启。有扈：夏时诸侯，不服从夏，为启所灭。成：周成王。商、奄：商指商纣之子武庚和商朝遗民。奄是古国名，随武庚反抗周，为成王所灭。[16]卒：完成。文、武：指周文王、周武王。[17]成、康：周成王、周康王。隆：兴盛。[18]简：选拔。[19]方叔、邵虎：周宣王时贤臣，方叔征楚，邵虎平淮夷。[20]缴(zhuó)：生丝缕，系在箭的尾部。[21]耿弇(yǎn)不俟(sì)光武：汉光武帝(刘秀)的臣子耿弇与张步作战，张步人多，光武自率兵去救援，陈俊对耿弇说："虏兵盛，可闭营休士以需上(刘秀)来。"耿弇答道："乘舆(刘秀车驾)且到，臣子当击牛酾(shāi)酒以待百官，反欲以贼虏遗君父邪？"遂出兵攻张步，大破之。[22]车右伏剑、雍门刎首：先秦时，齐王出猎，车左毂发出响声，车右(坐在车右的武士)认为鸣声惊动了齐王而自刎。后越国军队至齐，尚未交战，然雍门子狄(守城门的人)认为这种情况对齐王的惊动甚于左毂发声，也自刎而死。越国得知齐有如此之烈士，不战而归。[23]恶：不喜欢。[24]静：武英殿本《三国志》作"靖"，平定。[25]"昔贾谊"三句：贾谊在给汉文帝的《陈政事疏》中请求："陛下何不试以臣为属国职官(掌管外国之官)，以主匈奴，行臣之计，请必系单于之颈而制其命。"[26]"终军"三句：终军18岁时上书汉武帝，自请："愿受长缨，必羁南粤王而至于阙下(朝廷)。"[27]曜(yào)：炫耀。"曜"，与"夸"后均省略"于"(向)。[28]第：宅第。[29]遑：空暇。[30]二方：吴、蜀。剋：即"克"。[31]宿：旧。[32]耆(qí)：同"老"。即世：去世。[33]授命：献出生命。[34]庶：或许。[35]不世：意即非同寻常。[36]效：使……尽。使动用法。锥刀：比喻微小。用：效用。[37]大将军：指曹真。一校：犹偏师。军中500人为一校。[38]大司马：指曹休。[39]权：孙权。馘(guó)：斩杀敌人并割下耳朵。亮：诸葛亮。[40]朝策：朝中的书策。[41]阙：宫阙。[42]犹生之年：还和活着一样，虽死犹生。[43]数：国家的运数。[44]荷：承受。忝(tiǎn)：愧。[45]禽、鸟：名词作状语，像禽、鸟那样。息：生息。[46]流闻：传闻。衄(nù)：挫败。[47]袂(mèi)：袖子。[48]先武皇帝：魏武帝曹操。[49]赤岸：赤壁。玄塞：北方的边塞。玄，黑色，古人以五色配四方及中央，北方为黑色，故曰玄塞。[50]豫：同"预"。[51]狥：同"徇"，亦作"殉"，依从，曲从。[52]景钟：晋景公钟，春秋时，晋将魏颗击退秦兵，他的功绩被刻于景钟上。此可理解为与"竹帛"互训，意即史册。[53]奔北、败军之将：秦将百里视（字孟明）、西乞术、白乙丙三人于崤山之战被晋打败俘虏，后秦穆公仍用他们为将，最后打败晋人。鲁将曹沫曾三次被齐击败，鲁割地求和，后来鲁庄公与齐桓公于柯地会盟，曹沫持匕首劫持桓公，迫使桓公答应退还鲁国土地。[54]绝缨、盗马之臣：春秋时，楚庄王与群臣夜宴，烛灭，有人暗中引楚王美人衣，美人绝其冠缨，告庄王。庄王以为"赐人酒醉，欲显妇人之节"不可取，遂命群臣皆绝冠缨，然后才让人重新点燃蜡烛。后来楚晋交战，引美人者五会五获，以报庄王。秦穆公之马走失，为野人所食，穆公不怪罪，还赐给酒喝，后来秦晋交战，穆公被围，食马野人乃尽力解救穆公，大败晋人。[55]赵：秦与赵同祖，秦君祖先亦曾称赵氏。济：渡过。[56]先帝、威王：指文帝曹丕、任城王曹彰。[57]骐骥：千里马。[58]卢狗：韩卢，古代韩国黑色壮犬名。韩国：齐人，善相狗。[59]劾：同"效"，试。齐、楚之路：指远路。逞：显示。任：能力。[60]噬（shì）：咬。于（wū）悒（yì）：抑郁。悒，忧愁不安。[61]博：古代赌输赢的游戏，与棋相仿。企竦（sǒng）：提起脚跟站立。竦，同"悚"，害怕。[62]抃（biàn）：打拍子。[63]陪隶：陪臣。假锥囊之喻：秦围赵国，毛遂自荐愿随平原君往楚国求救，平原君认为贤才处世，就如锥子在囊中，总有一天会刺破皮囊，而毛遂在他家三年未有所闻，不相信毛遂有能力。毛遂就请求今天把他放入囊中，并表示：如果早放入，可能连锥把都露出来了，平原君最后同意了。果然赖毛遂之力，楚答应与赵联合抗秦。寤：悟。[64]自衒（xuàn）自媒：指士子自我炫耀，女子自我为媒。[65]干时：违背时势。道家主张顺应自然。[66]分形同气：从一个形体中分出，气血相同，意即与魏帝乃骨肉之亲。[67]咲："笑"的异体字。[68]少：稍。

译文

臣曹植上奏：臣听说士活在世上，在家就侍奉父母，出去就侍奉君主。侍奉父母贵在荣耀祖宗和双亲，侍奉君主贵在振兴国家。因此慈父不能爱无益之子，明君不能养无用之臣。那种论德而授予官职的，是必能成功的君主；而根据自己才能接受封爵的，是尽力效命的臣子。所以君主不会平白无故地授官，臣子不应该平白无故地接受官职。不论德而授官，这叫错误举用；不量力而接受，这叫尸禄，是《诗经》说的"素餐"的来由。从前虢仲、虢叔不辞去东虢、西虢的封地，周公旦、召公奭不辞去燕、鲁两地的封地，是因为他们功德很高。

现在臣蒙受国家大恩,到今天已经武帝、文帝、明帝三世了。现在正当陛下太平之时,承受圣上恩泽和教化,真可说是十分有幸了。还有,我的职位是东方藩国之王,爵位在上列,身穿暖和的衣裳,口里饱尝美味佳肴,看够了华美的东西,听够了管弦音乐,这都是因为爵位高,俸禄多所享受到的。回头想起古时受爵禄的人,就有和这不相同的,都是凭功劳来使国家得益,辅佐君王,造福于百姓的。现在臣无德可谈,无功可记,要像这样终结一生,则无益于国家,将给诗人们留下"彼其之子,不称其服"的讥讽。这样将上有愧于王冠(即有愧于皇帝),下有愧于朱绶(即有愧于自己的爵位)。

现在天下一统,九州平安。可是看西边还有不愿服从的蜀国,东边还有不愿称臣的吴国,这使得边境军民不能解甲不战,谋士不能高枕而卧,完全是为了要统一天下,求得太平和顺的时世。因此,夏启灭有扈而夏朝的功绩昭著,成王讨伐商的遗民而周朝的德行显明。现在陛下以圣明治世,将要完成周文王、武王的功业,再继周成王、康王的兴盛,提拔授官给贤士能人,以方叔、邵虎这样的臣子镇卫四方,当国君的辅佐,真可说是很正确的。然而高飞的鸟尚未挂在箭上,深渊的鱼尚未悬在钓饵下,恐怕征战之事,还不能完结。从前耿弇不等待光武帝到来,急速出击张步,说是不把敌人留给君王对付。齐王的车右武士因左毂鸣声而伏剑自刎,守门人因越军临齐而自刎,像这两个人,难道是不喜欢生存而崇尚死亡吗? 其实是因为他们认为发生这些事是对君主的怠慢、侮辱。君主宠幸臣子,要用他们除患兴利;臣子侍奉君主,应能为平定乱世而献身,用立功来报效君主。从前贾谊年方二十,请求任命他为掌管外国的官吏,要系单于之颈而控制他的命运;终军正当少年,请求出使南越国,要使南越国归附汉朝。这两个臣子,难道说是喜欢向君王、向世俗夸大炫耀自己么? 只因为他们的心意不为人知,所以想要发挥自己的才能,向明君贡献自己的能力。从前汉武帝要为霍去病修建宅第,他推辞不受,说"匈奴未灭,臣就无家"。忧国忘家,捐躯救难,是忠臣的志向。

现在臣身居藩国,待遇不是不优厚,可是寝不能安席,食无暇辨味的原因，是以吴、蜀未克为念。臣见先帝的武臣老兵，年老去世的已有听说了，虽然贤人不乏于世，但是老将旧兵还在习武。臣不自量，志在贡献自己的生命，说不定能立个毛发之功，来报答所受的恩惠。如果陛下能够下达非常诏令，使臣尽点微小的效用，让臣或是西属大将军曹真，率一个校队，或是东属大司马曹休，带一支偏师。臣必冒着危险，奋力向前，真刀真枪，身先士卒，即使不能擒获孙权，斩杀诸葛亮，或许也能俘获他们的大将，歼灭他们的士卒。定要夺得片刻的胜利，来消除终身的惭愧，使臣能够名垂青史，事迹列于朝廷而光荣。这样，臣即使身体在蜀国分成两半，首级悬挂在吴国的宫殿，也是虽死犹生。如果臣小小的才能不能试用，至死也默默无闻，只能徒使臣身荣体丰，活着对事情没有益处，死也无损国运，白白位列高位拿着厚禄，如禽鸟那样生息、视听，最后到老，这样仅仅是牢圈的牲畜，不是臣所向往的。

传闻东征失利，部队受挫，臣（极为不安）吃不下饭，挽起衣襟拉起袖子，摸着宝剑望向东方，心已飞到吴、会了。臣从前随先武皇帝，南达赤壁，东临沧海，西往玉门，北出边塞，臣见先帝行师用兵的方法，真可说是神妙！所以打仗不可预言，只能随机应变。臣想在圣明之世效力、立功，每每阅览史籍，看到古时忠臣义士，一朝下达命令，他们就为国殉难，身虽死，可是他们的名字、事迹却被记录在史册上，万古永垂，臣何曾不抚心而叹息啊！

臣听说圣明的君主使用臣子，不罢斥有罪之人。因此，败阵的将士百里视、曹沫被任用，秦穆公、鲁庄公由此而成功；被绝缨、盗马的臣子被赦免，楚庄王、秦穆公因此而度过灾难。臣私下感叹文帝早崩、威王逝世，臣偏偏是什么人，又能长寿？常恐如朝露不久人世，而填沟壑，坟土尚未干，形体就与功名一起湮灭了。臣听说千里马长鸣，伯乐使其特长昭明；卢狗悲号，韩国则知其本领。因此用千里马试走远路，来显示它的千里能力；用卢狗试追敏捷的狡兔，来考验它搏噬的能力。现在臣希望尽犬马的微功，臣私下忖度，终因无伯乐、韩国的举荐，因此抑郁而自痛。看人下棋而提起脚跟，听见音乐就暗暗打起拍子,大概是有欣赏、鉴别的能力。从前毛遂只是赵国的地位低贱的奴仆,尚借锥处囊中的比喻,来使平原君醒悟而为赵立功,何况是巍巍的多贤士的魏国,难道会没有慷慨无畏的臣子吗?(故此才要请求自试)

自我炫耀才能或自我做媒,是士子和女子的丑行;违反时势求进,是道家的大忌。而臣之所以敢于向陛下陈述意见,确实是因臣与陛下为骨肉之亲,虽分形却同气,患难相共的缘故。臣希望能以如尘雾这样的微力,来对国家有所增益;以如萤、烛一样微弱的光芒,来给日月增辉。因此臣大胆地冒丑献忠,臣知道必为朝廷士臣所笑。圣主不因人不贤而废其言。臣恭恭敬敬地想,如果陛下能稍听听,臣就感到万幸了。

品析

曹植(192—232年),字子建,曹操的第三个儿子、曹丕的弟弟,封陈王,谥号思,世称陈思王。他"生乎乱,长乎军",随父南征北讨,是在长期的战乱中成长起来的。他从小就爱好文学,聪慧,善于应对,十几岁就能"诵谈诗论及词赋数十万言";青年时就怀抱建功立业的雄心大志,深得曹操的宠爱,几次欲立为太子,但是由于曹植"任性而行,不自雕励,饮酒不节",在与曹丕争夺王位的过程中失败了。220年,曹丕称帝,此后对曹植施以种种的迫害,屡次将其贬爵,始为安乡侯,后徙封雍丘王。太和元年(227年)封俊仪,第二年复还雍丘,使其深感不得志,名为藩王,实为囚犯。明帝曹叡即位,曹植仍备受猜忌,几次上疏,希望得到重用,都不能如愿,因而终日过着困顿苦闷的生活,郁郁寡欢,终因抑郁得病而死,时年41岁。他的许多文章,流露出抱负不得施展的情感,特别是后期的作品更富于现实内容。曹植也是建安时期文坛领袖之一。他的文书体散文也很有成就,如《与杨德祖书》、《与吴季重书》,《谏伐辽东表》等,都是很出色的文书奏章或书信体散文。其文笔自然流畅,很有锋芒,感情洋溢,语言精练,词采华茂,现有诗80余首、赋和杂文100余篇传世,辑有《曹子建集》。

《求自试表》，选自《三国志・魏书志・陈思王植传》。刘勰在《文心雕龙・章表》中说："原夫章表之为用也，所以对扬王廷，昭明心曲。"而《求自试表》正是曹植在屡受排挤打击，多次遭贬，抑郁不得志之时，向皇帝表明自己要求立功报国的志愿的一份奏章，反映了他那种"常自愤怨，抱利器而无所施"，在政治上被压抑的苦闷心情。

《求自试表》作为表体文，曹植运用它向魏明帝曹叡陈述自己希望通过建立功业，报效国家，不负平生之政治抱负理想。首先，他从事父与事君的两方面，引用了历史事例，情理得当地论述了臣民不能无功受禄、无德受爵与受官职，而君王则不能虚授臣民爵禄的思想，进而诉说自己"沐浴圣泽，潜润德教"，备受皇恩的情况，由此说明自己应该辅助君王，以报效国家。接着，叙述太和元年（227年）虽为北方一统之太平时日，但是西蜀、东吴尚在，边境未宁，正是国家用人之际，应该重用忠臣志士，并且引述历史上许多辅主忧国之士的事例，希望自己能够像他们那样捐躯济难，以酬其志，有所作为，再三表明"徒其荣，虚其禄"，"生无益于事，死无损于数"，并非他的志向，为此不妨让他试试其微才，"身虽屠裂"，而能成就功名，也就心满意足了。最后，描述自己年寿不会太长了，之所以抑郁寡欢，是因为没有机会施展抱负，是无伯乐推荐千里马，为此求自试其才，请求能够重用他，以报效国家；同时说明他之所以上表，既是因为忧国忧家之患难，也是因为与皇帝同出一脉，叔侄间存在着无法割断的骨肉亲情，希望感念先帝之情，明其心迹。然而，尽管曹植如此再三表白自己的志向，终不能为魏明帝所体谅。究其原因，乃是争帝位所致，而非本篇表文缺少感化说服力。

曹植的这种自我引荐，求自试以展其才，不甘虚受其职与俸禄，希望建立功业的思想，虽是为统治集团效力，有其局限性，然而，他那渴望通过拼搏来体现自己人生价值的思想是值得肯定的。当今的国人，如果自己不努力奋斗，不靠自我的打拼，不用自己的才干和知识来获取职位与财富，而是依靠父辈及其关系去获得不应有的职位、财富，或是过着公子哥儿的浪荡生活，必将为社会所抛弃。而这篇文章所述的那种积极向上的思想，至今仍是有教育意义的。同时，透过曹植的表文，我们还可以看到贤才志士受压抑的情况，这正是帝王大业难以长久发展的重要原因。古往今来，许多贤人志士往往怀才不遇，越是有才干越是未能受到重用，或是受到压制排挤，甚至迫害，这是文章所反映和记录的一种社会现实。曹植在文中表达了自己独到的思想，涉及国家管理的许多问题，这些都是文章的思想精华所在。

《求自试表》作为表体文书，是写得十分成功的。刘勰在《文心雕龙·章表》中称许他说："陈思之表，独冠群才。观其体赡而律调，辞清而志显，应物掣巧，随机生趣，执辔有余，故能缓急应节矣。"这确实不是过誉之词。通观此表文，体制宏富而音律协调，全篇多用骈体短句，读来朗朗上口；文辞清明而情志显豁，感情浓烈饱满而又如诉如泣，尽情地抒发了作者的志趣并表白他的理想。在通篇结构上能够随物生巧，变化多趣，引经据典，采用的事例都能服从于表达他的政治抱负和经国辅主济民的政治主张的需要，就如同驾驭千里马，轻重缓急掌握得恰到好处，使其报国立功的志愿得到充分表达，于此，他的苦闷心情也自然地得到流露。同时，文章多用暗语，如圣明的君王应该如何做，忠臣志士又应该如何做等，实际上表达了对魏明帝及其父曹丕（文帝）对自己迫害的不满，这就使文尽其意，巧妙地抒发自我。曹植的其他表文，也都有这个风格特点，这和他终生志趣清高，秉性放任而抱负远大，怀抱奇才而不得施展，始终被压抑的生活道路与环境是分不开的。可以说，曹植的《求自试表》、《谏伐辽东表》等都是他这种心声的流露，而表文，则是他"对扬王廷，昭明心曲"的最好形式了。虽说，曹植在政治上未能有重大建树，然而，诗词歌赋则使他名扬千古。他的许多杰出的表文，不仅是优秀的散文，历来为人们所称颂，而且是文书作品佳作，在文书作品发展史上占有重要地位。

李密（三国蜀・西晋）

陈情表[1]

　　臣密言：臣以险衅[2]，夙遭闵凶[3]。生孩六月，慈父见背[4]；行年四岁，舅夺母志[5]。祖母刘悯臣孤弱，躬亲抚养[6]。臣少多疾病，九岁不行，零丁孤苦，至于成立[7]。既无叔伯，终鲜兄弟[8]，门衰祚薄[9]，晚有儿息[10]。外无期功强近之亲[11]，内无应门五尺之僮[12]。茕茕孑立[13]，形影相吊[14]。而刘夙婴疾病[15]，常在床褥，臣侍汤药，未曾废离。

　　逮奉圣朝[16]，沐浴清化[17]。前太守臣逵[18]，察臣孝廉[19]，后刺史臣荣[20]，举臣秀才。臣以供养无主[21]，辞不赴命[22]。诏书特下，拜臣郎中[23]，寻蒙国恩[24]，除臣洗马[25]。猥以微贱[26]，当侍东宫[27]，非臣陨首所能上报[28]。臣具以表闻[29]，辞不就职。诏书切峻[30]，责臣逋慢[31]；郡县逼迫，催臣上道；州司临门，急于星火[32]。臣欲奉诏奔驰[33]，则刘病日笃[34]，欲苟徇私情，则告诉不许[35]。臣之进退[36]，实为狼狈[37]。

　　伏惟圣朝以孝治天下[38]，凡在故老，犹蒙矜育[39]，况臣孤苦，特为尤甚。且臣少仕伪朝[40]，历职郎署[41]，本图宦达[42]，不矜名节[43]。今臣亡国贱俘，至微至陋[44]，过蒙拔擢[45]，宠命优渥[46]，岂敢盘桓[47]，有所希冀。但以刘日薄西山[48]，气息奄奄，人命危浅，朝不虑夕。臣无祖母，无以至今日[49]，祖母无臣，无以终余年，母孙二人，更相为命[50]，是以区区不能废远[51]。

臣密今年四十有四[52]，祖母刘今年九十有六，是臣尽节于陛下之日长，报刘之日短也。乌鸟私情[53]，愿乞终养[54]。臣之辛苦，非独蜀之人士及二州牧伯所见明知[55]，皇天后土，实所共鉴[56]，愿陛下矜悯愚诚[57]，听臣微志[58]，庶刘侥幸，保卒余年[59]。臣生当陨首[60]，死当结草[61]。臣不胜犬马怖惧之情[62]，谨拜表以闻[63]。

注释

[1]晋武帝司马炎以权势胁迫魏帝退位，废魏，建立了西晋王朝之后，为了笼络人心，消除敌对势力，对蜀汉旧臣采取怀柔政策，或是任命他们留在中原的子孙为官，或是征召他们到京城任职，李密就是其中的一个。但是李密不愿出任为官，故利用统治者"以孝治天下"的幌子，上此表章，以祖母病老，无人奉养为由，辞不赴命。文章感情诚挚，入情入理，武帝即未再勉强。[2]以：因。险衅：命运坎坷。[3]夙：很早。闵凶：忧患凶丧之事。[4]见：介词，此表自己承受变故。背：背离，此指死去。[5]夺母志：逼母改嫁。[6]躬亲：亲自。[7]成立：成人。[8]终：也。鲜（xiǎn）：少，此指没有。[9]门：门庭。祚（zuò）：福分。[10]儿息：儿子。[11]期（jī）功：服丧一年曰"期"，服丧九个月曰"大功"，五个月曰"小功"，均指近亲关系。强（qiǎng）近：较近。[12]应门：照看门户。[13]茕（qióng）茕孑（jié）立：孤孤单单。[14]形影相吊：自己与影子相伴安慰。[15]婴：即"撄"，缠绕，牵绊。[16]逮：及至。圣朝：敬辞，指晋朝。[17]清化：清明的教化。[18]前：起先。太守臣逵：此人姓不详。[19]孝廉：善事父母，品行端正。汉武帝时曾下诏令各郡每年举孝、廉各一名，或是委以官职，或是给予奖励，授予一定荣誉。魏晋时仍然沿袭这一制度。[20]后：后来。刺史臣荣：此人姓不详。[21]无主：无人主持。[22]赴命：应征，受命。[23]拜：任命。郎中：官名，在宫廷服役，晋朝尚书所属各曹司的长官。[24]寻：不久。[25]除：授职。洗马：太子的侍从官，含有太子的老师之职。[26]猥（wěi）：鄙，谦词。以：连词，而。《中华活页文选》作语助词，则"以"当为介词，凭。[27]当：充当。东宫：太

子住的地方,借指太子。[28]陨首:掉脑袋。[29]闻:此指上呈,报告上级。[30]切峻:急切严厉,严峻。[31]逋(bū)慢:回避怠慢。逋,逃避。[32]于:表比较,介绍出比较对象。[33]奔驰:效劳。[34]日:作状语,一天天地。笃:沉重。[35]告诉:请求。不许:即不被准许。[36]进退:意即前进或后退,此指做官或不做官。[37]狼狈:指进退两难。[38]伏惟:我恭恭敬敬地想。[39]故老:故臣遗老。矜育:怜悯抚养。[40]少:年轻时。仕:供职。伪朝:指已灭亡的蜀国。[41]历:担任过。[42]宦达:做官显达。[43]矜:注重。[44]至:极为。[45]拔擢(zhuó):提拔。[46]宠命:恩命,指皇帝对自己的授官。优渥(wò):优厚。[47]盘桓:犹豫不决。[48]以:因。薄:迫近。[49]以:介词,表前提。[50]更:交替。意即早年李密依靠祖母才长大,往后祖母依靠李密而度日。[51]区区:指诚挚之情。废远:弃之远离。[52]有:即"又"。[53]乌鸟私情:鸟雏长大,反哺其母,比喻子女奉养长辈之孝心。[54]愿:想要。乞:请求。[55]二州:梁州、益州。牧伯:地方官。古称一州之长为牧,或为方伯。[56]皇天:天。后土:地。鉴:察。[57]愚诚:愚拙的诚心。[58]听:任从。[59]庶:或许,表可能。保:安。卒:完毕,过完。[60]陨首:牺牲生命。[61]结草:据《左传·宣公十五年》载,晋大夫魏武子临死的时候嘱咐儿子魏颗将自己的爱妾殉葬,魏颗没有照办而把她嫁了。一次魏颗与秦将杜回作战,见一老结草把杜回绊倒,杜回因此被擒。夜里,魏颗梦见老人,老人自称乃魏武子爱妾的父亲,特来报恩。后以"结草"表示死后报恩。[62]不胜:不尽。犬马:以犬马自比,表谦卑。[63]拜表:呈上表章。以:连词。

译文

臣李密禀告:臣因为命运坎坷,早年就遭遇忧患、凶丧之事。母亲生下我才6个月,慈父就离开了我(死去);过了4年,舅舅逼母亲改嫁。祖母刘氏怜悯我孤苦柔弱,亲自抚养。臣小时候多病,9岁还不会走路,孤苦伶仃,直到长大。我既无叔伯,也无兄弟,门庭衰落福分少,很迟才有儿子。我外面没有较亲近的亲戚,家里没有管门户的童儿。孤独无依,只有身形和影子互相安慰,而祖母刘氏疾病缠身,常年卧床不起,臣服侍汤药,未曾中断。

到了侍奉圣朝之时,臣沐浴清明的教化,前任太守逵,考察推举臣做孝廉;后来刺史荣,推举臣为秀才。臣因供养祖母之事无人主持,推辞不敢前往受命。诏书又特地下达,授臣为郎中官。不久又受国恩,免去臣的旧职升任洗马官。臣鄙而微贱,却当了侍奉太子的官,这不是我陨首献身所能报答得了的。对此臣将以上苦衷都用了奏章上报,辞不任职。现在诏书急切严厉,责备臣逃避怠慢;郡县逼迫,催臣启程;州官临门敦促,急如星火。臣想要奉命奔驰,但是祖母的病一天天沉重,想要姑且顺从私情,但是申请得不到许可,臣实在是进退两难。

臣低头细想,圣朝以孝道治理天下,凡属故臣遗老,都还蒙怜悯养育,何况臣孤苦,特别不同一般。并且臣过去曾供职于伪朝,任职郎署。本来就是希望做官显达的,并不注重名誉、节操。现在臣亡国被俘,极为低贱,过分地蒙受皇上提拔,恩命优厚,岂敢迟疑不进,希求名节? 可是祖母如日薄西山,气息奄奄,活不长久,朝不保夕。臣无祖母,不能活到今天,祖母无臣,无法安度她的余年,祖孙二人,相依为命,所以这拳拳之情,(使我)不能弃之不顾而远离。

臣李密今年44岁,祖母刘氏今年96岁,这样臣向皇上尽忠的日子还长,而报答祖母的日子就短了。如乌鸦雏鸟有哺母之情,我想请求准许我给祖母养老送终。臣的辛苦,不单是蜀地人士、两州刺史所见所知道的,实在是天地共同鉴察的,望皇上怜惜臣愚拙的诚心,成全臣的小小意愿,或许祖母侥幸,能平安地度完她的余年。臣活着当不惜牺牲来报答皇上,死后也当结草报恩。臣以不胜惶恐之情,谨呈此奏章来向皇上报告。

品析

李密(224—287年),名虔,字令伯,武阳人(今四川省彭山县东)。李密身处三国(魏、蜀、吴)争战的大动乱年代,于仕途之中能够洁身自好,为人处世刚正,颇有文名和雄辩之才。他在蜀国担任郎官,并屡次出使东吴。蜀汉灭亡之后,其祖母病死,李密尽孝道服丧居家三载,期满之后出任晋朝的太子洗马,做过尚书郎、河内温县县令,官至益州大中正。由于他比较廉洁,不合权贵之意,降为汉中太守，最后又被免官，老死家中。

　　以司马炎为首的西晋王朝灭亡蜀汉，继而吞并了东吴，建立了晋朝，但是，由于他是以战争屠杀和政治手段篡夺政权的，致使统治者内部矛盾错综复杂。为了巩固刚刚夺取的政权，西晋王朝也就不得不采取一些宽容的政策，其中之一就是容纳拉拢过去敌对集团的人士，委以各种官职。为此，李密就被晋武帝征召委任以官职。然而，在当时中原大族轻视南方士人，李密又是一个亡国遗臣，加之李密早年丧父，其母又因舅父所逼改嫁，年幼多病，全赖祖母刘氏抚养成人，李密要尽孝侍奉祖母，这就使李密采取观望的态度，不肯应召为官。于是，李密就呈送《陈情表》，通过此表章向晋武帝陈述不能奉诏的原因，表达自己的曲折心迹与想法。

　　《陈情表》开门见山地介绍了李密的家庭情况，意在说明无人照顾奉养年迈得病的祖母，借以引起皇帝（司马炎）的同情；接着文章叙述朝廷接二连三的征召，催逼甚紧，而李密也接二连三陈情均不见许的经过，表达了他处于奉诏任官和侍奉祖母这样进退两难的境地，而不得已再具表陈情之意；然后，述说自己的想法，其意在说明不愿为官的原因，并非不愿意效忠新朝廷，有意矜尚名节，留恋旧朝，实为祖孙俩相依为命，不忍弃离远行，希望得到朝廷的谅解；最后，诚挚地表述自己的心迹，即在侍奉祖母终老之后，必当效忠朝廷，报答皇恩。这样的陈情上表，诚挚感人，入情入理，故被晋武帝所理解，而不再勉强，同意了他的请求。

　　在中国延绵几千年的历史文化中，孝治文化是一项极为重要的内容，以孝治天下，是古代国家管理中统治者所倡导的一个重要管理思想。文章从一个侧面反映了这样的思想，并紧紧地抓住这样一个重要思想作为陈情的理论根据。几千年来，在漫长的封建社会中，无论朝代如何更替，历朝统治者及其思想家与文人，总是以孝治来维护政权和治理国家，而在一个家庭中，也是提倡以孝道为上，此即是以孝来治家治国的孝治思想。这种孝治思想，客观上是符合人类社会共同的道德规范的，并与当时的经济状况相吻合。家庭是社会的细胞,维系家庭的安宁稳定,也就在客观上维系了社会的安宁稳定。同时,孝道思想又与封建社会忠君思想相联系,并紧紧结合在一起,因此,从根本上说,孝治天下仍是为维护统治阶级政权服务的重要管理思想。这就是文章所表述的孝道思想的两重性。当然,文章也从其他侧面反映了封建官场仕途中的艰险。

综上所述,这篇表文,思想内容虽然不太突出,即主要是反映了李密的孝道思想,但是它毕竟非常真挚地表达了李密孝敬祖母,祖孙二人"更相为命"的思想感情,它符合人之常理,也符合封建孝道。因而,李密的陈情表,不仅没有触怒晋武帝,而且得到他的谅解,并给以很高的嘉奖,赏赐奴婢两人,并令所属郡县予以资给。因而,它的主要艺术特色是情真,让人读之欲涕,为之动情怜惜。文章在诉说难过之时,表达意思多用短句,似如口述的断断续续,使人读来能体会这种感情。穿插一些对偶形式的句子,却上下意思相似,增强了语气感情。同时,全文铺叙委婉曲折动人,特别是作为呈送给皇帝的表文,作者既不愿奉诏为官,但是又不能直表其意,以免触怒皇上,只好以侍奉祖母,尽孝道为由给予推辞,这样就使意思婉转曲折。另外,这篇表文的艺术成就,除了层次分明、文笔精练流畅之外,语言生动形象,又是它的另一大特色。例如以"茕茕孑立,形影相吊"来形容孤苦伶仃,以"星火"形容情势急迫,以"狼狈"形容进退两难,以"日薄西山,气息奄奄,人命危浅,朝不虑夕"来形容垂死状态,等等,这些形象生动的辞藻,有力地增强了情感的表达。这就使得这种富有生命力的语言,直到后来还常常为人们所引用。由此看来,在表章文书撰制时,选用恰到好处的语言,注意辞藻的修饰,讲究语言美和形式美,对于表达作品的思想感情是十分有帮助的。李密的这篇《陈情表》,提供了有益的借鉴,于今天撰写呈送公文,向上反映情况,表露思想,都是具有重要的学习参考价值的。

刘 颂（三国·西晋）

上晋惠帝书

自近世以来，法渐多门[1]，令甚不一，臣今备掌刑断，职思其忧[2]，谨具启闻。

臣窃伏惟陛下为政，每尽善，故事求曲当，则例不得直[3]；尽善，故法不得全。何则？夫法者，固以尽理为法[4]，而上求尽善，则诸下牵文就意，以赴主之所许[5]，是以法不得全。刑书征文[6]，征文必有乖于情听之断而上安于曲当，故执平者，因文可引，则生二端[7]。是法多门，令不一，则吏不知所守，下不知所避。奸伪者因法之多门，以售其情，所欲浅深[8]，苟断不一，则居上者难以检下。于是事同议异，狱犴不平[9]，有伤于法。

古文有言："人主详[10]，其政荒；人主期，其事理[11]。"详匪他[12]，尽善则法伤，故其政荒也。期者，轻重之当，虽不厌情[13]，苟入于文，则循而行之，故其事理也。夫善用法者，忍违情，不厌听之断[14]。轻重虽不允人心，经于凡览[15]，若不可行，法乃得直[16]。又君臣之分，各有所司。法欲必奉，故令主者守文[17]；理有穷塞，故使大臣释滞[18]；事有时宜，故人主权断[19]。主者守文，若释之执犯跸之平也[20]；大臣释滞，若公孙弘断郭解之狱也[21]；人主权断，若汉祖戮丁公之为也[22]。天下万事，自非斯格重为[23]，故不近似此类，不得出以意妄议，其余皆以律令从事。然后法信于下，人听不惑，吏不容奸，可以言政。人主轨斯格以责群下[24]，大臣小吏各守其局，则法一矣。

古人有言："善为政者，看人设教。"[25]看人设教，制法之谓也。又曰："随时之宜"[26]，当务之谓也。然则看人随时，在大量也，而制其法，法轨既定则行之。行之信如四时，执之坚如金石。群吏岂得在成制之内[27]，复称随时之宜，傍引看人设教，以乱政典哉！何则？始制之初，固已看人而随时矣，今若设法未尽当，则宜改之。若谓已善，不得尽以为制，而使奉用之司，公得出入以差轻重也[28]。夫人君所与天下共者，法也。已令四海[29]，不可以不信以为教，方求天下之不慢，不可绳以不信之法[30]。且先识有言[31]：人至愚不可欺也。不谓平时背法意断，不胜百姓愿也[32]？

上古议事以制，不为刑辟[33]。夏、殷及周，书法象魏[34]。三代之君齐圣，然咸弃曲当之妙鉴[35]，而任征文之直准[36]，非圣有殊，所遇异也。今论时敦朴不及中古[37]，而执平者欲适情之所安，自托于议事以制[38]。臣窃以为听言则美，论理则违。然夫下至大，事务众杂，时有不得悉循文如令[39]。故臣谓宜立格为限，使主者守文，死生以之[40]，不敢错思于成制之外[41]，以差轻重，则法恒全。事无正据，名例不及[42]，大臣论当，以释不滞，则事无阂[43]。至如非常之断，出法赏罚[44]，若汉祖戮楚臣之私已[45]，封赵氏之无功，惟人主专之，非奉职之臣所得拟议，然后情求傍请之迹绝，似是而非之奏塞，此盖齐法之大准也。主者小吏，处事无常。何则？无情则法徒克[46]，有情则挠法[47]。积克似无私[48]，然乃所以得其私，又恒所岨以卫其身。断当恒克[49]，世谓尽公，时一曲法[50]，迺所不疑[51]。故人君不善倚深似公之断，而责守文如令之奏，然后得为有检[52]。此又平法之一端也[53]。

夫出法权制，指施一事[54]，厌情合听，可适耳目[55]。诚有临时当意之快，胜于征文不允人心也[56]。然起为经制[57]，终年施用，恒得一而失十。故小有所得者，必大有所失；近有所漏者，必远有所芑[58]。故谙事识体者[59]，善权轻重，不以小害大，不以近妨远。忍曲当之近适，以全简直之大准[60]。不牵于凡听之所安，必守征文以正例[61]。每临其事，恒御此心以快断，此又法之大概也[62]。又律法断罪[63]，皆当以法律令正文，若无正文，依附名例断之[64]。其正文名例所不及，皆勿论。法吏以上，所执不同，得为异议。如律之文，守法之官，唯当奉用律令。至于法令之内，所见不同，乃得为异议也。今限法曹、郎、令史[65]，意有不同为驳，唯得论释法律，以正所断，不得援求诸外[66]，论随时之宜，以明法官守局之分。

注释

[1]门：门类。[2]职：主要。[3]故：因此。例：律例，即法律条文和案例。[4]以：因。[5]就、赴：符合，投合的意思。[6]征文：引证成文。[7]二端：两种不同的结果。[8]所欲：所需要的。[9]狱犴(àn)：监狱，指对案件的审理。[10]人主：国君。详：要求面面俱到。[11]期：必，办事坚决。理：做好。[12]匪：非。[13]厌情：满足人情。[14]忍：忍心。听：任凭，任意。[15]凡览：一般人的看法。[16]乃：于是，这才。直：与"曲"相对，此指得到执行。[17]主者：掌管法律的人。[18]穷塞：不通。[19]时宜：时势需要。[20]释之执犯跸：汉文帝一次出巡，有一人违反帝王出巡禁止一般人通行的禁令（称"犯跸"），被交给廷尉张释之审理。释之按法律规定判处罚金，文帝怒，要求判死刑，释之说服文帝，仍按

法律从事。[21]公孙弘断郭解之狱：两汉大侠郭解，少时常隐藏罪犯，随意杀人，后来改变志向，以德报怨，追随者很多。有人诋毁郭解，这些追随者即暗中或公开杀死他们，郭解并不知情。官府捕到郭解，办案人认为郭不知情，无罪，丞相公孙弘却认为郭虽无直接杀人，但比杀人罪过还大，固判之"族刑"。[22]汉祖戮丁公：项羽部将丁公，围刘邦于彭城西。刘邦危急，对丁公说："刘项二人怎能互相迫害？"丁公遂退兵。及刘邦为帝，丁公往见，刘邦则以"使项羽失去天下的就是丁公"为由杀了丁公，欲使后代臣子不要效法丁公。[23]斯格：这类。[24]轨：遵从。格：此指法律条文。[25]设教：采取措施。[26]宜：合宜的做法。[27]成制：已定的法律条文。[28]奉用之司：执法的官署和官员。得：能够。出入：时出时入。差轻重：或轻或重，二者均指不遵守法律，偏离法规。[29]令：制定法令。[30]方：正。不慢：不轻忽（法律）。绳：约束。[31]先识：有先知远见者。[32]不胜：不堪，意即不能满足。[33]上古：指尧舜之前的时代。制：此指首领的裁决。刑辟：刑法。[34]象魏：宫门外悬挂法令的地方，亦称"魏阙"。[35]曲当：周到、得当。[36]任：采用。征文：引申法律条文。直准：公正、准确。[37]敦朴：诚恳、朴实。中古：指夏商周三代。[38]情之所安：感情上的需要。托：找借口。[39]如：按照。[40]以：凭，按照。[41]错思：此指考虑、处理问题。错，通"措"，置。[42]正据：正式条文为根据。名例：刑名，法例。及：涉及。[43]论当：确定，裁决。阂：阻碍。[44]出法：超出法律规定。[45]汉祖戮楚臣：见注[22]。[46]克：通"刻"，严办。[47]挠法：枉法。[48]积克：过分严苛。[49]断当：判案。[50]曲法：枉法。[51]迺：同"乃"。[52]善：赞许。倚深：偏于严苛。责：要求。检：考核。[53]平：公正。[54]出法权制：脱离法律，暂时变更法令。指施：处理。[55]适耳目：使顺耳顺眼。[56]不允：不顺。[57]经制：固定不变的法令条文。[58]苞：补救。[59]谙（ān）：明白。[60]忍：舍弃。曲当：委曲周全。近适：适于目前的做法。简直：简明、公正。[61]凡听：一般人的视听。正例：矫正成例。[62]概：准则。[63]律：依。[64]依附：参照。[65]法曹、郎、令史：泛指法律部门各级官吏。[66]诸：之于。

译文

近代以来，法律门类渐渐增多，条文很不一致，臣现在掌管刑律，想到这里的弊病，谨把意见全部向陛下陈述。

臣私下恭恭敬敬地想，陛下治理国家，常要求尽善尽美，因此做事求完全恰当，那么律例法令就不能完全了。为什么呢？法规，本来就因为完全合理而成为法，可陛下要求尽善尽美，那部下们就牵强附会地解释，来符合它的意思，来投合陛下的许可，或与陛下意见相吻合，因此法律就不能完全。刑法引证成文，这引证定有违背情理来处理断案的，陛下又要求尽善尽美，所以执法者因条文有引申的余地，就产生了两种不同的做法。因此，法律多门类，那么条文就不一致，那么官吏百姓就不知该遵守哪条，不知该避免什么。奸伪的小人由于法律多门类而照顾到自己的私情，满足自己的愿望。他们的要求高低不同，如果断案所据不一，那么上级是难以考察的。于是就会出现事情相同而意见不一，审理不公平，这是有伤法规的。

古人有句话说："国君要求面面俱到，他的政事就要荒废；国君办事坚决，他的政事就能办得好。"这"详"不是别的（就是尽善），尽善则伤法律，所以他的政事就荒废了。期，指轻重恰当，虽然可能不符合人之常理，但一旦成文，就遵照它，实行它，因此他的政事就能办好。善用法的人，能忍心违背一般的人情，不满足于任意断案，断得轻或重，虽不合一些人心理，在一般人看来，像是行不通的（但却应这样做），那么法律就得以执行。又君臣各有他们的职分。法律一定要得到坚决的执行，那么就要使执法者遵守法律；道理有解释不通的，就请大臣们解释疏通；事情应根据时势需要而断的，就请君主决断。执法者遵守法律就像张释之审理犯跸一案那样公平；大臣们解释疏通，就像公孙弘断郭解一案那样的态度；君主决断，就像汉高祖诛杀丁公那样去做。天下万事，当然不会以这样的类型重现，所以不是类似这样的事，不能凭自己的意愿乱断，其他的都要以法律条文行事。这样下去法才能取信于天下，人们遵守法律，不致惑乱不解。官吏不养奸邪，可以议论政事，君主自己遵守法律条文，以此来要求臣子，大臣小吏各守其职，那么法律条文就能一致了。

古人有句话说："善于管理国家的人，是根据人的不同情况而采取相应的措施。"这说的就是制定法律。又说："（应有）顺应时势的合适做法"，指的是当前应完成的事情。只是，这些做法都在于掌握大量的实际情况。而制定法律,就是法规既经定下来就要实行,而实行它们就如同四季按时到来那样准确,就如金石那样坚定不变。官吏们哪能在法律条文之内,再假称什么顺应时势的合适做法,再旁引什么根据实际情况的相应措施来扰乱法典呢?为什么要这样做呢?刚开始制定法律的时候,本已顺应实际情况了,现在看如果制定的不是全部很恰当,就应该改正。如果只是自己认为对的,不能拿来作为条文,而使执法者得以公然时出时入,或轻或重,偏离法律条文的规定。法律是君主与天下人共同遵守的,已在四海之内制定法令,就不能不把它作为准则,要让天下人不轻忽法律,就不能用没有信用的法律来约束人们。况且,有先知远见的人说过:最笨的人也是不可欺的。不是说,如果平时违法乱断,就不能满足百姓的愿望吗?

上古时议事根据首领的裁决,不制定法律,夏、商、周时则在魏阙写上法令。三代的君王与圣人齐列,然而他们没有照搬前人的做法,而采取准确地引证法律条文的做法。不是圣人有特殊的本领,而是所处的时代环境不同了。现在论时势比不上中古时期的情况,可是执法者却想要满足感情上的需要,自找借口说是根据个人的意见议事。臣私下认为这样听起来不错,按道理来说却是说不通的。但是天下这样大,事务众多,繁杂,常有不能全部遵照法律条文、依照法令的。因此臣认为应确立法律条文作为标准,使办事的人遵守法律,凭它断生死,而不敢在法律条文的范围外考虑处理问题,以致处理得或轻或重,那么法律就能永远保全。遇上没有正式条文为依据的事,法令没有涉及它,就让大臣们讨论裁决,来消除滞塞,那么事情的处理就不会有阻碍了。至于那不一般的决断,超出法律规定的赏罚,诛杀丁公,封赏赵氏无功之臣,这是君主独自决定的,不是执法臣子所能够拟议的。做到这样以后,靠人情而不按法律办事的做法,似是而非的奏请就不会出现,这些是使法律划一的基本准则。主办的小吏处事反复无常,为什么会这样呢?执法无情,则过于严苛,难以执行,照顾人情却又枉法。(执法)过分严苛,看似无私,可却因此而得到好处,常可在遇到险阻时用来保护自己。判案常常严苛,世人就认为他是做到公正的,偶尔枉法,人们也就不会怀疑。因此君主不应赞成偏于严苛、貌似公正的断案,而应要求遵守法律条文,然后能够以此来考核执法者。这是使法律公正的又一做法。

脱离法律,暂时变更法令处理一件事,满足一些人的要求,投合一些人的意见,能够顺眼顺耳,确有一时称心如意的快感,胜过引用条文不顺心的做法。然而把这样的做法(暂时变更法令来处理一件事)起用为固定的制度,终年施行,常常会得到一种好处而失去十种好处。那么小有所得的一定会大有所失;而近有所失的,一定远有所补。因此,明识事体的人,善于权衡轻重,不以小害大,不因近妨远。应舍弃那种委屈周全而适于目前的做法,来保全简明公正的根本法则,不要被一般人所安于的看法与视听所牵制,一定要遵守引证法令条文来矫正成例。每遇这些事,要常奉此心来决断,这是执法的最高准则。依法断罪,都要以法律条文正文为根据,如果没有法律条文,就参照刑名、法例来断处,这些都没有规定的,就不判罪。执法官吏以上的,所持看法不同,可以作为不同意见而保留。按照法律条文,执法官则应奉守法律。至于法令之内的,所见不同,就作为异议。现在,应限定各级执法官,若有不同意见要辩驳时,只能解释、阐述法律条文,使得所断的案子能正确,不能在法律条文以外来援引求证,讲求因时制宜,以此来表明法官遵守职分。

品析

刘颂(? —约 301 年),出生年不详,字子雅,为西晋时司法官。三国西晋广陵(当时郡治在今江苏淮阴)人。少时能辨物理,察孝廉,举秀才,皆不就。司马昭辟为相府橼,后为晋惠帝年间的三公尚书。历任尚书三公郎、议郎守廷尉、三公尚书等司法官,在位期间,秉公执法,时人把他比作西汉张释之。其时,晋朝社会较为混乱,朝廷多难,天灾人祸持续不断,百姓流离失所。然而,在这样的情况下,刘颂深察社会之弊,仍然勤于政务,对朝廷和社会尽心竭力,不停地思考世事时务,欲求国家的治安,常上书言政事求革弊,撰写呈送了许多奏疏,忠诚地规劝朝廷改进国家的管理,注重民生,爱护百姓,给人民以休养生息。还在晋武帝时,刘颂就曾上书言封国之制及六州将士之役等国家管理的大问题,洋洋数千言(见《晋书·刘颂传》)。对此,刘勰在《文心雕龙·奏启》中给予充分的肯定,说:"晋氏多难,灾屯流移。刘颂殷勤于时务……并体国之忠规矣。"刘颂约卒于晋惠帝永宁元年(301 年),谥曰贞,著有文集三卷传于世。

《上晋惠帝书》,选自《晋书·刑法志》。这是刘颂在西晋惠帝年间担任三公尚书时呈送晋惠帝的奏章。汉时刑法律令极为繁杂,虽然魏时已作过很多改革,但还不够简括。至西晋代魏之时,晋武帝曾诏集羊祜、杜预等名儒重臣 14 人,删改魏刑律,"去其苛秽,存其清约,订定新律二十篇,六百二十条,二万七千六百余字。律与令合二千九百二十六条,十二万六千三百字。又从令中划分出条例章程,称为故事,各为本官府执掌"(范文澜《中国通史》第二册)。然而,刑律几经删改,门类却又多起来,而且前后不一致,没有连续性,带来许多弊端,这样对治理国家十分不利。为此,刘颂作为执掌刑法的长官,身负其责,大胆地向晋惠帝陈述己见,写下了本篇奏疏。

本篇文章,是就治理国家之中如何正确执行法律而提出的专门奏疏。文章首先指出"法渐多门,令甚不一"的现象,并分析产生这种现象的原因与危害,即条文不一,使断案所据不一,那么,审理就不公平,就要伤害法规。然后,文章论述国家的治理必须坚决按照法律办事,包括君主在内上下都要遵循法律条文,各守其职,这样,方能使"法"取信于天下。接着,文章阐述了"善为政者,看人设教"的思想,认为法律是在掌握大量的实际情况下制定出来的,因此,"行之信如四时,执之坚如金石";同时,文章也承认天下之大,事务繁杂,不可能所有事情都被法律条文所包含,那么,就应当以案例来决断审理。最后,文章论述了审理案件,执行法律,应当公正严明,不能以自己的私心来执法或释法,以避免小人污吏以私心去枉法,这样才能做到"政平事顺"。否则徇情背法,事求曲当,必然导致奸伪售情,狱犴不平,以致典废政乱。文章还强调指出,"律法断罪,皆当以法律令正文",

使断案正确。

至此，我们应当看到，文章提出在制定法律时应当讲求其一致性，避免律出多门，使执法产生混乱，提出执法要公正严明，要切实按照法律条文办事，特别是文章提到君主应当率先遵守法律，以此来要求臣民，以确保法律能够取信于天下等等，这些思想观点，是我国古代法制管理思想的重要组成部分，对于今天治国安邦也是有积极的借鉴意义的。特别是国家管理如何做到司法公正，以及如何结合"案例"断案，这些也是今天发达国家所推行的治国经验，因而文章在现时也是很有参考价值的。因此，本篇文章是研究古代国家治理，特别是法治管理的重要史料。但是，文章虽然提出"人君所与天下共者，法也"这一进步的思想观点，而在具体论述时，却承认人主可以离开法律进行赏罚，给予最高统治者居于法律之上的特权，也就是维护封建社会帝王的皇权，使它成为超越任何法律的至高无上的一种权力，这就反映了文章所述"人人遵法"的不彻底性，这是它的明显的局限性。

文章在写作上也有其鲜明特色。首先，文章的思想性强，所述义理深刻，包含了丰富的法治管理思想；其次，文章逻辑性强，善于推理，层次分明而又结构严谨，例如先指出"法渐多门，令甚不一"之现象，然后从制法与执法的方面说明国家管理要依据法律条文办事，并从公正严明的角度展开论证，层层剖析，步步深入，论证力量强。同时，文章善于援引古人先圣之史实，无疑增强了论证力量。

陶渊明（东晋）

五柳先生传

　　先生不知何许人也[1]，亦不详其姓字，宅边有五柳树[2]，因以为号焉。闲静少言，不慕荣利。好读书，不求甚解[3]；每有会意，便欣然忘食。性嗜酒，家贫不能常得。亲旧知其如此，或置酒而招之。造饮辄尽[4]，期在必醉；既醉而退，曾不吝情去留[5]。环堵萧然[6]，不蔽风日，短褐穿结[7]，箪瓢屡空[8]，晏如也[9]。常著文章自娱，颇示己志。忘怀得失[10]，以此自终。

　　赞曰：黔娄之妻有言："不戚戚于贫贱，不汲汲于富贵[11]。"其言，兹若人之俦乎[12]？衔觞赋诗[13]，以乐其志。无怀氏之民欤？葛天氏之民欤[14]？

注释

　　[1]何许：何处，什么地方。[2]五柳树：即五颗柳树。[3]不求甚解：不过分追求穿凿字句。[4]造：到，去，前往。辄（zhé）：就，总是。尽：完，此指喝完。[5]曾不：此指一点也不。曾，曾经。吝情：过分留恋，挂心在意。[6]环堵：四周墙壁，此指破旧房屋。萧然：贫寂的样子，冷落、空洞之状。[7]短褐：毛布衣，古时穷人穿的粗毛短衣。穿结：指衣服破旧穿洞缝补。结，连缀、缝补。[8]箪瓢屡空：经常缺少吃喝。箪（dān）：圆的竹篮。瓢：饮食用具。[9]晏如：安乐自在。[10]忘怀：忘记，不放在心里，不在意。[11]"黔娄"句：黔娄，复姓。春秋时有齐人黔娄先生，隐居于家乡，虽清贫而自守，不愿出仕为官，死后衾（qīn）不蔽体，

后以隐士(贫士)闻名。不戚戚于贫贱,不汲汲于富贵:语自刘向《列女传》:"彼先生者,甘天下之淡味,安天下之卑位,不戚戚于贫贱,不汲汲于富贵。"戚戚:担忧,忧愁。汲汲:焦急求取。[12]若人:此人,这样的人,此指五柳先生(陶渊明本人)。俦:同类。[13]酬觞:指饮酒。觞(shāng),酒杯。[14]"无怀氏"二句:无怀氏与葛天氏,二者均为上古时期之帝王,在那个时候社会风俗纯朴,无为而治。此为陶渊明将自己比为那个时代的人。据《路史·禅通记》记载:无怀氏的人民,"甘其食,乐其俗,安其居而重其生意,形有动作,心无好恶,老死不相往来"。葛天氏的治理是:"不言而自信,不化而自行。"

译文

这位先生不知道是什么地方人,也不详晓他的姓名。他的住宅旁边有五棵柳树,因此就用"五柳"作为他的别号了。五柳先生安闲沉静,不好言谈,也不羡慕荣华利禄。喜欢读书,但不执着于对一字一句的琐细解释;每当读书有所领悟的时候,就会高兴得忘了吃饭。他生性嗜好喝酒,但因为家贫就不能经常得到。亲朋好友知道他这种境况,有时备酒招待他。他前去饮酒时总是开怀畅饮,直到大醉方休;醉后就向主人告辞,从不顾惜留恋。他的住室四壁空空荡荡,破旧得连风和太阳都无法遮挡,穿的粗布短衣打满了补丁,饮食简陋而且经常短缺,而他却能安然自得。常常以写诗作文当娱乐,抒发自己的志趣。他能够忘掉世俗的得失,只愿这样度过自己的一生。

赞语说:黔娄有句话:"不因为处境贫困而终日忧心忡忡,不为了追求富贵而到处奔走钻营。"这两句话说的就是先生这一类人吗?饮酒作诗,来抒发满足自己的志趣,这是生活在无怀氏时代的人呢,还是生活在葛天氏时代的人呢?

品析

陶渊明(365—427年),又名潜,字元亮,浔阳柴桑(今江西九江西南)人。东晋时期著名诗人。虽然陶渊明的祖父与父亲曾做过太守之类的官,但后来家境日趋没落,以致他少时就过着贫困的生活。他青年时就胸怀高尚志向,且博学多才,一心想要建功立业,成就一番事业,却常常怀才不遇,在仕途中曾先后短期担任过江州祭酒、建威参军、彭泽令等小官。由于他耳闻目睹统治集团内部钩心斗角、相互欺诈,厌恶官场腐败,不愿与世沉浮,更不愿与之同流合污,因而在他41岁时辞官归隐田园,回到乡下。此后,他就一直过着"躬耕自资"的隐居生活,日子十分贫困,但却始终不再出仕为官。他的诗文,能够体察社会现实,体现农村生活,特别是能够比较客观地反映农村的生活与情趣,描写了优美的、令人神往的自然风光景色,抒发了他那种憎恶社会丑陋、黑暗现象,以及出污泥而不染、洁身自好的高尚情操。同时,他的诗文,风格清新,朴实自然,内容真实,情感纯厚,形象鲜明。其作品如《桃花源记》等,对后世影响久远。死后友人谥其"靖节"。有《陶渊明集》。

《五柳先生传》,选自《陶渊明集》卷六。这是陶渊明假借"五柳先生"之名而作的自传体文章。传体文章,不仅自古就有之,而且就是应用体文书作品。刘勰在《文心雕龙·史传》中说:"史者,使也。执笔左右,使之记也。古者,左史记事者,右史记言者。言经则《尚书》,事经则《春秋》。"由此可以看出,古时的记传者,是朝廷中的官员,记传工作是执行朝廷的公务活动,是朝廷政务中的一项内容。《尚书》、《春秋》可以说是经书、传书,是一种具有公务性质活动的结果;而后来司马迁是朝廷的文书秘书和档案工作者,也是朝廷史传的官员,为此,他的《史记》,就是司马迁作为汉朝朝廷史官工作的结晶,是流传千古的传记著作。随着时代和文体的发展演变,传记著作、文章分为传体和自传体,也逐渐分化成为公务性和私务性的传记作品,或成为一种实录文章。萧统作《陶渊明传》时,将此传载入,称此传为陶渊明的实录,书中说:"渊明少有高趣……尝著《五柳先生传》以自况……时人谓之实录。"据此,可以说,《五柳先生传》是陶渊明的一种自我状况的实录,也是一种自我记叙的传略,记叙了他生活中的某些事情及其有关情况,因而它更是一篇自传体文章。

本篇传文,以简洁、精练而又朴实的语言,真实地记叙了五柳先生——陶渊明辞官归隐乡村的生活情景,他的性格、爱好以及他的品格情操和志向。文章首先假托五柳先生之名，为陶渊明自己立传，刻画了这样一个人物形象：喜静不多言语，不爱荣华富贵，不与社会丑陋习俗同流合污；他虽然穷苦，缺衣少食，但是不想去乞求达官贵人，不愿向权贵低头；他在乡村自耕自乐，饮酒作诗，著文取乐，抒发自己的情感志向；他向往上古时期社会风俗纯朴、无为而治的无怀氏、葛天氏时代，希望能够做那个时代的臣民。文章以传记写真的手法和实录的形式，真实地反映了这个时期陶渊明的生活情况、生活态度、人生追求、思想情操，因而文章人物形象鲜明、活灵活现，跳跃于纸上，读了令人感慨不已。文章所描述的人与社会、人与乡村以及人与人之间的各种关系，是那个时代的真实写照，它所表现的思想内容和中心主题情感，与作者的《桃花源记》等诗文，有着内在的联系。所有这些文章的思想内容和艺术表现手法，对于后世的影响是很大的，常常为许多后人所效法和推崇。

孔稚珪（南朝宋·齐）

北山移文

钟山之英,草堂之灵[1]。驰烟驿路,勒移山庭[2]。

夫以耿介拔俗之标[3],潇洒出尘之想,度白雪以方洁[4],干青云而直上[5],吾方知之矣。若其亭亭物表[6],皎皎霞外,芥千金而不眄[7],屣万乘其如脱[8],闻凤吹于洛浦[9],值薪歌于延濑[10],固亦有焉。岂期终始参差[11],苍黄翻覆[12],泪翟子之悲,恸朱公之哭[13]。乍回迹以心染[14],或先贞而后黩[15],何其谬哉! 呜呼! 尚生不存,仲氏既往[16],山阿寂寥,千载谁赏?

世有周子,隽俗之士[17];既文既博,亦玄亦史。然而学遁东鲁,习隐南郭[18];偶吹草堂,滥巾北岳[19]。诱我松桂,欺我云壑。虽假容于江皋,乃缨情于好爵[20]。其始至也[21],将欲排巢父,拉许由,傲百氏[22],蔑王侯,风情张日,霜气横秋。或叹幽人长往[23],或怨王孙不游。谈空空于释部,覈玄玄于道流[24]。务光何足比,涓子不能俦[25]。

及其鸣驺入谷[26],鹤书赴陇[27];形驰魄散,志变神动。尔乃眉轩席次,袂耸筵上[28],焚芰制而裂荷衣[29],抗尘容而走俗状[30]。风云悽其带愤,石泉咽而下怆,望林峦而有失,顾草木而如丧。至其组金章,绾墨绶[31],跨属城之雄,冠百里之首[32]，张英风于海甸，驰妙誉于浙右[33]。道帙长殡，法筵久埋[34]。敲扑喧嚣犯其虑，牒诉倥偬装其怀[35]。琴歌既断，酒赋无续。常绸缪于结课，每纷纶于折狱[36]。笼张、赵于往图，架卓、鲁于前箓[37]。希踪三辅豪[38]，驰声九州牧。

使我高霞孤映，明月独举，青松落阴[39]，白云谁侣[40]？涧石摧绝无与归，石径荒凉徒延伫[41]。至于还飙入幕，写雾出楹，蕙帐空兮夜鹄怨[42]，山人去兮晓猿惊。昔闻投簪逸海岸，今见解兰缚尘缨[43]。于是南岳献嘲，北陇腾笑，列壑争讥，攒峰竦诮[44]。慨游子之我欺，悲无人以赴吊[45]。故其林惭无尽，涧愧不歇，秋桂遗风，春萝罢月[46]，骋西山之逸议，驰东皋之素谒[47]。

今又促装下邑，浪拽上京[48]。虽情投于魏阙，或假步于山扃[49]。岂可使芳杜厚颜，薜荔无耻，碧岭再辱，丹崖重滓[50]，尘游躅于蕙路，污渌池以洗耳[51]。宜扃岫幌[52]，掩云关，敛轻雾，藏鸣湍，截来辕于谷口，杜妄辔于郊端[53]。于是丛条嗔胆，叠颖怒魄[54]，或飞柯以折轮，乍低枝而扫迹[55]。请回俗士驾，为君谢逋客[56]。

注释

[1]钟山：即北山，其南有草堂寺。周颙曾隐居钟山，住此。[2]驰烟：腾烟驾雾。勒：刻。[3]耿介：正直有气节。拔：超出。[4]度(duó)：作助词，以……为度(标准)。方：比。[5]干：触。[6]亭亭：高耸的样子。[7]芥：意动用法，"以……为草芥"。眄：一作"眄"(miǎn)，看。[8]屣(xǐ)：鞋。此为意动用法。[9]"闻凤吹"句：《列仙传》说，周宣王太子晋，吹笙作凤鸣，游于伊洛之间，后成仙而去。[10]"值薪歌"句：苏门先生游于延濑，见一人采薪，问之曰："子以终此乎？"采薪人答曰："吾闻圣人无怀，以道德为心，何怪乎而为哀也。"遂以歌二章而去。此二句说隐士常遇见神仙。[11]岂期：哪里想到。[12]苍黄翻覆：喻变化不定。[13]"泪翟(dí)子"二句：《淮南子·说林训》："杨子见歧路而哭之，为其可以南，

可以北；墨子见练丝而泣之，为其可以黄，可以黑。"意即"终始参差，苍黄翻覆"，这种变化不定的人使墨翟悲泣，杨朱恸哭。[14]乍：或。回迹：避居。以：而。心染：心不清静，染于世俗。[15]贞：高洁。黩：污垢。[16]尚生：尚子平，据《后汉书》记载，尚子平隐居不仕。仲氏：仲长统，《后汉书》记载：每当州郡命召仲长统，统辄称病不就。[17]周子：周颙（yù）。儁：同"俊"。[18]学遁东鲁，习隐南郭：即"学东鲁遁，习南郭隐"。东鲁，指颜阖（hé）。南郭，指南郭子綦。二人皆为隐士。详见《庄子·让王》、《庄子·齐物论》。[19]偶吹：滥竽充数之意。滥巾：戴着隐士的头巾滥充隐士。[20]假容：装扮成隐士的样子。江皋：江边，此指草净。缨：系，牵。[21]其：代周颙。[22]巢父、许由：相传为唐尧时人，尧曾想把天下让给他们，而隐居不受。百氏：诸子百家。[23]叹：赞。幽人：隐者。[24]空空：以空明空。释部：佛经。覈（hé）：即"核"，考核。玄玄：道家语，玄之又玄。道流：老子道家。[25]务光、涓子：相传为古代隐士。汤得天下，欲让务光，务光不受而逃。涓子隐于岩山。俦：匹敌。[26]鸣驺（zōu）：载诏书的车马。驺，古代给贵族掌管马车的人，也作姓。[27]鹤书：诏书。古代写诏书常用鹤头字体。[28]尔乃：于是。轩：高扬。袂（mèi）：衣袖。[29]芰（jì）制、荷衣：隐者之服。[30]抗：举，现出。走：骋，现出。[31]怆（chuàng）：悲伤。纽、绾（wǎn）：系。金章、墨绶（suí）：县令之章饰。[32]跨：超越。[33]张、驰：远扬。英风、妙誉：赞美之声。[34]帙（zhì）：包书的套子。道、法：道教、佛教。殡、埋：弃之不顾。[35]倥偬（kǒng zǒng）：繁忙。[36]绸缪（móu）：纠缠。纷纶：忙碌。[37]笼：笼盖。架：同"驾"，超越。张、赵：指西汉名臣张敞、赵广汉，都曾任京兆尹。卓、鲁：指东汉卓茂、鲁恭，都曾任县令。篆：簿册，此指政绩。[38]踪：作动词，追踪。三辅：汉时指京兆尹、左冯翊、右扶风为三辅，共治长安城中。[39]落：余下。[40]谁侣：即"侣谁"，以谁为侣。[41]摧绝：破坏。延伫：远望。[42]还飙：旋风。写：吐。楹：堂前柱。鹄（gǔ）：箭靶子。[43]蕙（huì）：一种草本植物。投簪：投冠，喻弃官。簪，官吏所用的冠簪。解兰：解下隐者的兰佩。缚：系。尘缨：世事。[44]攒峰：众多的山峰。竦（sǒng）：耸动。诮：讥。[45]我欺：欺我。[46]遗、罢：此都指因愧而拒绝接受。[47]骋、驰：此指传播，宣传。西山、东皋：泛指隐士隐居的地方。逸议、素谒（yè）：泛指隐者的议论。[48]促装：急忙整装。下邑：此指下山。邑，城市，县城。浪：作动词，鼓、摇。拽（yì）：同"枻"，楫、桨。京：指京城建业。[49]魏阙：朝廷。或：又。假步：假道。扃（jiōng）：门。[50]滓：作动词，受污。[51]尘、污：动词，污染。躅：踪迹，足迹。渌池：清水池。[52]扃：作动词，闭。岫（xiù）幌：山窗。[53]湍（tuān）：急流的水，湍急。来辕、妄辔(pèi)：指周颙的车乘。谷口、郊端：指山外。[54]瞋胆、怒魄：指发怒。瞋(chēn)，同"嗔"。颖：草穗。[55]折轮：击折车轮。乍：或。迹：此指周颙车乘留下之迹。[56]俗士、逋客：指周颙。逋(bū)，逃。驾：车驾。谢：绝。

译文

　　钟山的英魂、草堂的神灵，如烟云似地奔驰于驿路上，把这篇移文镌刻在山崖上。

　　以光明磊落、超凡拔俗的品格，潇洒淡逸、不染尘污的志向，与白雪比纯洁，凌青云而直上的人，我现在才了解他了。至于亭亭玉立、超然物外，洁身自好、志趣高洁，视千金富贵如芥草而不屑一顾，看帝王之尊似草鞋而随意抛弃，在洛水之滨倾听仙人吹笙作凤鸣，在延濑遇到高人隐士采薪行歌，这种人固然也是有的。谁知他们前后不一，反复多变，使人们像墨翟见素丝那样为之悲愤，如杨朱临歧路似的失声痛哭。这种人或者暂避山林而心恋利禄，或者开始贞洁而后来污浊，多么荒谬啊！唉！尚子平已不在人世，仲长统业已离开人间，山坳里空虚冷落，还有谁来欣赏呢？

　　现今世上有一位姓周的先生，流俗中算得上俊杰之士，他既能为文，学问也渊博，既通老庄之学，也通历史。然而却学东鲁颜阖逃遁征召，仿效南郭子綦隐居避世，混在草堂里滥竽充数，住在北山中冒充隐士。引诱我的苍松和丹桂，欺骗我的白云和深谷。他虽然在江边假装隐居，心里却牵挂着高官厚禄。当他初来的时候，似乎把巢父、许由都不放在眼里，百家的学说、王侯的尊荣，他都瞧不起。风度之高胜于太阳，志气之凛盛如秋霜。有时慨叹幽雅的高士一去不返，有时抱怨隐逸的王孙不来交游。高谈阔论佛教色空的哲理，精推细研道家玄妙的范畴。自以为上古的务光、涓子这样的隐士，都不如他。

　　等到钦差使者的车马进入山中，鹤体的诏书传到峰陇，他就手忙脚乱，神志分散，意志变更，心情激动。在筵席之上就扬眉举袖，得意洋洋，撕破烧毁了隐居时所穿的衣服，显出鄙陋的容颜，露出粗俗的情状。为此，山中的风云悲凄含愤，岩石和泉水幽咽而怨怒。眺望那森林峰峦，它们都怅然若失，回顾这花草树木，它们都黯然神伤。他带上金黄的大印，系上墨黑的绶带，成了一郡之中各县令中的雄长，声势之大冠于各县令之首，在海滨显示了优异的风范，于浙东播开美好的声望。道家的书籍长期抛弃了，讲佛法的坐席也长久搁置了。鞭打罪犯的喧嚣之声干扰了他的思虑，文书诉讼之类急迫的公务装满了胸怀。弹琴唱歌已经断绝，饮酒赋诗也无法继续，经常纠缠于赋税的催纳，时时忙碌着案件的审理。一心想使官声政绩笼盖史书记载中的张敞和赵广汉，凌驾于卓茂和鲁恭之上，希求仿效三辅中的杰出人物，在全国官吏中传播名声。

他使我们山中的云霞孤独地映照着天空，明月孤单地升起在山巅，青松徒然地落下绿荫，白云有谁和它做伴？涧旁的草庐破敝无人来往，青石路径荒凉空待步履。旋风吹入帷幕，云雾从屋柱之间泻出，蕙帐空虚，夜里白鹤哀怨，隐居的山人离去了，清晨的山猿感到吃惊。昔日曾听说有人抛弃官职，逃到海滨隐居，今天却见到有人解下隐士的兰佩，系上世俗的冠缨。于是南边的山岳给以嘲讽，北边的山岭发出耻笑，所有的山谷涧壑争相讥讽，群峰连声讥笑，慨叹周先生欺骗了我们，伤心没有人前来慰问。所以，山林感到非常羞耻，山涧感到非常惭愧，秋桂不飘香风，春萝也不笼月色。西山传出隐逸者的清议，东皋传出有德者的议论。

现在，那人又在县城急促地整理行装，准备乘船前赴京城就任高官，虽然他心中想的是朝廷的恩禄，但或许会顺路到山中盘桓。如果是这样，岂可再让杜若含羞，薜荔遭受羞耻，使碧绿的峰岭再遭侮辱，赭红的山崖重新蒙污浊，游荡的足迹踏脏了芳径，清水池又要因为去洗耳而被污染。应当锁上北山的窗户，掩上云门，收敛起轻雾，藏匿好泉流。到谷口去拦截他的车，在郊外堵住乱闯的坐骑。于是繁茂的树木气愤填膺，<u>丛生的花草恼怒满胸</u>。有的猛伸出枝柯击毁车轮，有的低垂下枝叶扫除车迹。请这个俗客的车驾转回去，我们为山神谢绝你这位逃客的再次到来。

品析

　　孔稚珪（447—501 年），字德璋，南齐会稽山阴（今浙江绍兴）人。少年时聪明好学，后被太守王僧虔引为主薄。齐时官至尚书、太子詹事，加散骑常侍，后转为御史中丞，还曾任冠军将军、平西长史、南郡太守，永元三年（501 年）病故，时年 55 岁，赠金紫光禄大夫。孔稚珪博学善文，喜欢山水，爱好吟咏，不乐世务，但是，从他所撰写的奏议章表文书作品看，尚不忘怀国事。所作文书体作品《北山移文》，为历代传颂之佳作。后人辑有《孔詹事集》。

　　《北山移文》选自《文选》卷四十三，亦载《古文观止》卷七。北山，即钟山，今名紫金山，因在建康城（南朝京都）北，故名北山。移文，是古代官府文书的一种，属下行文或平行文，与檄文相近，在古代属于谴责、声讨、抗议类文体的一种。但是，檄文和移文还是有区别的，"檄"，是对"逆党"所用，而"移"，则是移风易俗，是对"顺命"者所用的，用来洗濯民心，宣谕告示，即述自身旨意，晓谕对方。对此，刘勰在《文心雕龙·檄移》中指出："移者，易也，移风易俗，令往而民随者也。"《汉书·律历志》说："寿王又移帝王录"，王先谦注："凡官曹平等不相临敬，则为移书。"而后世的移文，也称公移，即如明朝徐师曾《文体明辨序说》所说："诸司相移之词也。"这含有文书传递运转的意思。

　　而"北山移文"，据五臣注《文选》吕向云："钟山在都北。其先，周彦伦（周颙字）隐于此山，后应诏出为海盐县令，欲却过此山。孔稚珪乃假山灵之意移之，使不得许得至。故云《北山移文》。"然而，据《南齐书·周颙传》所载，周颙曾先后担任过厉锋将军，带肥乡、成都二县令，长沙王参军，后军参军、山阴令，未曾任过海盐县令，亦无先隐后做官之事，故后人推论此移文所说与史实不符。不过，作为一种移文，作者却尖锐地讽刺了封建社会中所谓隐士贪图功名利禄的虚伪面目，有力地揭露了官场中的种种丑恶形态和心态，反映了一定的社会现实。文章中，作者的用意是为了移风易俗，达到洗濯民心的目的。

本篇移文，主要是讽刺、鞭笞假隐士的虚伪情态。首先，文章借山灵，叙说神灵已腾起云雾驰骋于驿路之上，前往刻写移文于山崖的上面。紧接着，文章泛论各种不同的隐士，其行径也有所不同：有的品格清高，有的视功名利禄如粪土草芥，有的却反复无常，不能洁身自持，留恋功名。继而，文章叙述周颙隐居于钟山实非本意，开始之时立志甚高，似欲凌驾巢父、许由等人之上，他的谈吐行为，古代的隐者都不能与之相比。接着，文章描写他受到皇帝的征召，立刻改变志向，着重刻画他那种得意忘形之情态，以及他奉令走马上任之后，忙于处理纷繁的文书和政务、追逐功名的情形，使之原形毕露。最后，描写由于周颙的出仕，使此山深受羞辱，并写山灵拒绝他重来，以免此山再次受辱。这样，文章就对周颙的"解兰缚尘缨"的行为，进行了尖锐的讽刺和揭露。

本篇移文，尽管不是直接服务于某种政务，也没有遵从某种王命，并非出于官府的需要而制作的，但是，文章通过描写周颙之类的假隐士们的丑恶行径，从而在客观上反映了当时的一些社会现象，具有一定的社会意义，也表明了作者的志向情趣。实际上，文章还运用移文的形式来劝谕一种社会风尚，以洗濯民心，类似今天的思想品德教育，从这个意义上说，也是一种政务管理的需要。

《北山移文》是一篇非常出色的古代移文。首先，文章立意新鲜，表现技巧新颖，能借山灵之口吻，用拟人的手法，对北山草木进行细致入微的性格刻画，从而对假隐士的丑恶行为进行尖锐的揭露和无情的嘲讽。这就开拓了公文撰写中的拟人手段，使公文与文学艺术体裁做到很好的结合，显然，这在檄移文书中是少见的。由于拟人手法的运用，文章显得生动活泼，趣味横生，讽刺深刻，笔锋犀利。如文章的末尾部分，"宜扃岫幌，掩云关，敛轻雾，藏鸣湍，截来辕于谷口，杜妄辔于郊端。于是丛条嗔胆，叠颖怒魄，或飞柯以折轮，乍低枝而扫迹。请回俗士驾，为君谢逋客"。这种景物拟人化的描写是那么生动形象，因而有力地斥责了周颙的虚假的思想行为。又如，文章写到诏书刚到时周颙即原形毕露的情态，"及其鸣驺入谷，鹤书赴陇；形驰魄散，志变神动”，把那种得意忘形、踌躇满志、热衷仕途的神态刻画得入木三分。这样，文章淋漓尽致地刻画出假隐士的丑态。

其次，文章词采华美，语言精练，多用短句，抒情笔调浓厚，虽然是用骈体文写就，但是读来却并不觉得故意卖弄辞藻，而是通过恰到好处的华美词组来表达作者的思想和充分体现文章的内容，能够做到思想内容与文体形式的完美结合。

任昉（南朝宋·齐·梁）

奏弹曹景宗

御史中丞臣任昉稽首[1]：臣闻将军死绥，恧步无却[3]。顾望避敌，逗桡有刑[4]。至乃赵母深识，乞不为坐[5]；魏主著令[6]，抵罪已轻。是知败军之将，身死家戮。爰自古昔，明罚斯在[7]。

臣昉顿首顿首，死罪死罪。窃寻獯猃侵轶[8]，暂扰疆陲，王师薄伐[9]，所向风靡。是以淮徐献捷，河兖凯归[10]。东关无一战之劳，涂中罕千金之费[11]。而司部悬隔[12]，斜临寇镜。故使狡虏凭陵，淹移岁月[13]。故司州刺史蔡道恭，率厉义勇[14]，奋不顾命，全城守死，自冬徂秋[15]。犹其转战无穷，亟摧丑虏[16]。方之居延，则陵降而恭守[17]；比之疏勒[18]，则耿存而蔡亡。若使郢部救兵，微接声援[19]，则单于之首，久悬北阙[20]，岂直受降可筑，陟安启土而已哉[21]！实由郢州刺史臣景宗，受命致讨，不时言迈[22]，故使蜎结蚁聚，水草有依。方复按甲盘桓[23]，缓救资敌。遂令孤城穷守，力屈凶威[24]。虽然，犹应固守三关，更谋进取[25]，而退师延颈，自贻亏衄[26]。疆场侵骇，职是之由[27]。不有严刑，诛赏安寘[28]？景宗即主[29]。

臣谨案使持节都督郢司二州诸军事左将军郢州刺史湘

西县开国侯臣景宗，擢自行间，遘兹多幸[30]，指踪非拟，获兽何勤[31]！赏茂通侯，荣高列将[32]。负担裁弛，钟鼎遽列[33]；和戎莫效，二八已陈[34]。自顶至踵，功归造化[35]。润草涂原[36]，岂获自已！且道恭云逝，城守累旬[37]；景宗之存，一朝弃甲。生曹死蔡，优劣若是！惟次人斯，有靦面目[38]。昔汉光命将，坐知千里[39]；魏武置法，案以从事[40]。故能出必以律，锱铢无爽[41]。伏惟圣武英挺，略不世出。料敌制变，万里无差。奉而行之，实弘庙算[42]，惟此庸固，理绝言提[43]。自逆胡纵逸，久患诸夏[44]；圣朝乃顾，将一车书[45]。悯彼司氓，致辱非所[46]。早朝永叹，载怀矜恻[47]。致兹亏丧[48]，何所逃罪？宜正刑书[49]，肃明典宪。

臣谨以劾，请以见事免景宗所居官[50]，下太常削爵士[51]，收付廷尉法狱治罪。其军佐职僚、偏裨将帅，絓诸应及咎者[52]，别摄治书侍御史随违续奏[53]。臣谨奉白简以闻云云[54]。

注释

[1]御史中丞：主管御史台的长官。御史台在明清时称都察院。[2]死绥：死于退却，即退却应该被处死。绥，退却。[3]咫步无却：即"无却咫步"。八寸曰咫，意即退却一步也不应该。[4]顾望：瞻前顾后，不敢向前。逗桡(ráo)：避敌曲折行进。桡，划船的桨，此意为曲折。[5]"赵母"二句：意即赵括之母，是由于深有见识，事先求而不受株连的。[6]魏主著令：《三国志》记曹操建安八年令，中有"自命将征行，但赏功而不罚罪，非国典也。其令诸将出征，败军者抵罪，失利者免官爵"。[7]爰：句首语气词。斯：句中语气词。[8]寻：寻思、推寻。獯(xūn)狁(xiǎn)：即獯鬻(yù)、猃狁(yǔn)，北方少数民族，此指北魏，含有轻侮之意。[9]薄伐：《诗经·小雅·六月》有"薄伐猃狁，至于大原"。薄，动词词头。[10]河兖：山东一带。[11]东关：安徽历阳县西南，乃边界要隘。涂中：安徽滁州。罕：少。千金之费：起兵所需费用。[12]司部：司州，今河南信阳一带。悬

隔：远隔京师。[13]淹：滞留。[14]率厉：统率激励。[15]全：保全。徂(cú)：往。[16]转战无穷：随机应战，变化无穷。亟(qì)：屡次。[17]方：相比。居延：天汉二年(公元前99年)，汉武帝派骠骑都尉李陵带兵出塞，于居延(今甘肃酒泉一带)北与匈奴大军相遇，由于力量悬殊，李陵战败被俘投降。[18]疏勒：东汉永平十八年(75年)三月，驻守西域的戊己校尉耿恭，面对两万匈奴兵的进攻，坚守疏勒数月，至次年正月汉朝发兵来救，迎归时仅存13人。[19]郢(yǐng)部救兵：指郢州刺史曹景宗所率救兵。郢，楚国都城，今湖北江陵。[20]单于：借指北魏宣武帝元恪。北阙：指梁朝朝廷。[21]岂直：岂止。受降可筑：太初元年(公元前104年)汉武帝派因杆将军公孙敖筑受降城。陟安启土即启土陟安，《汉书·匈奴传》载：汉武帝元朔三年(公元前126年)，匈奴军臣单于死，其弟自立为单于，攻败军臣单于太子，太子降汉，汉封其为陟安侯。启土，即封侯。[22]言：动词词头。[23]方：副词，表时间。盘桓：不进。[24]屈(jué)：尽。[25]三关：戍名。更：另外。[26]贻(yí)：取。衄(nù)：挫折，战败。[27]疆场(yì)：边界。侵骇：被侵犯发生骚乱。职：主要。[28]安寘(zhì)：置于何地。寘，即"置"。[29]主：主犯。[30]擢(zhuó)：提拔。行间：行阵。邂：遭逢。[31]指踪、获兽：《史记·萧相国世家》载，汉高祖刘邦评定萧何等人的功劳时，以打猎为喻，认为萧何就如打猎时"发踪指示"的人，功劳最大，而诸将则是"徒能走得兽"的有功之"狗"。勤：努力。[32]茂：重。在"茂"、"高"后省略"于"。荣誉：荣誉。[33]裁：同"才"。弛：解除。钟鼎：古代贵族吃饭时鸣钟奏乐，列鼎设食。遽：一下子。指景宗突然显贵。[34]"和戎(róng)"二句：春秋时，晋悼公因大夫魏绛(jiàng)和戎有功，以郑国所送女乐二八(16人)和乐器一半赏赐。此指景宗无功受赏。[35]造化：天，指梁武帝。[36]润草涂原：司马相如《喻巴蜀檄》有"肝脑涂中原，膏液润野草而不辞"。[37]累旬：数十日。[38]有觍(miǎn)面目：意即不知羞耻。有，形容词词头。[39]坐知千里：汉光武帝时，代郡太守刘兴报告说将率兵进攻贾览，光武帝料其必败，回示说，若进攻，恐连脑袋也难保。果然，回示送到时，刘兴已败，为贾所杀。刘兴的长史因之认为光武帝"坐知千里"，很是英明。[40]案：遵照。以：连词。[41]出：出兵。锱铢(zī zhū)：意即分量极小，指很少的钱或很小的事。锱，古代重量单位，一两的四分之一。爽：差。[42]弘：发扬。庙算：庙堂(朝廷)上对作战的谋划。[43]言提：《诗经·大雅·抑》："匪面命之，言提其耳。"意即受教。言，乃。[44]诸夏：中原。[45]车书：《史记·秦始皇本纪》："车同轨，书同文。"意为车乘的轨辙相同，书牍的文字相同，表示文物制度划一，天下一统。[46]司氓(máng)：司州百姓。非所：指不属梁而被北魏所占。[47]载：动词词头。矜(jīn)恻：同情、悲伤。矜，也读(guān)，同"鳏"。[48]兹：这样。[49]正刑书：即"正之以刑书"。[50]见事：现在的事实。[51]太常：掌管祭祀礼乐和封爵的官。[52]军佐职僚、偏裨将帅：此为文官和武官。偏裨，即偏将和裨将，古时将佐的通称。絓(guā)：绊住，此指牵连。诸：各。应及咎：应追究罪责。及，涉及。[53]别：另外。摄：追，责成。随：按理。[54]白简：弹劾用的白纸。

译文

御史中丞臣任昉稽首：臣听说将军死于退却，战斗中不能退却半步。瞻前顾后、避敌行进，要处以刑罚。至于赵括之母，是由于深有见识，事先请求而不受株连的；而曹操颁布法令，也比古代军法为轻。由此可知败军的大将，自己要被处死，家眷要受株连。自古以来，制定得很明白的军法俱在。

臣任昉顿首顿首，臣有死罪、死罪。臣私下寻思，北魏突袭边境，王师北伐，所向无敌。因此淮、徐之战告捷，河兖之战凯旋。东关一仗都不用打，滁州不费千金之财。而司州则远隔京师，斜临寇境，致使敌寇凭借地形有利，拖延许多时日。因此司州刺史蔡道恭，统率激励将士，奋不顾身，为保全义阳城而至死坚守。他们还随机迎战，变化无穷，屡次战败敌人。比起居延之战，则是李陵投降而蔡道恭坚守；比起疏勒之战，则是耿恭尚存而蔡道恭已亡。若让郢州的救兵，稍作支援，那么单于之首，早悬于朝廷，岂止当年汉武帝时筑城受降和单于降汉受封啊！完全是因为郢州刺史曹景宗，受命征讨，不及时行进，因此使敌人如猬毛、蝼蚁般集聚围攻义阳。正当这时他按兵不进，如此缓救我军，等于资助敌人，致使孤城无法坚守，在敌人强大攻势下守军力尽而城陷。虽然事情这样了，曹景宗仍应固守三关，另谋进攻的办法才是，可他却退兵等待，自取失败。边界遭此侵扰骚乱，主要是由于这个原因。若不用严刑，赏罚将被置于何地？

臣谨案：使持节都督郢司二州诸军事、左将军、郢州刺史、湘西县开国侯臣曹景宗，从行阵中提拔，遭逢多是侥幸，那种如萧何似的指示行踪的人,景宗不能相比,而在"能走得兽"方面也不尽力。可是他得到的奖赏、荣誉高于列侯列将。才解除杂役的负担,就突然身列贵族;没有建立像魏绛和戎那样的功勋,但特殊的恩遇已经得到。他从头到足,都是靠陛下的恩赐。曹景宗正应肝脑涂原、膏液润草报答皇恩才是,岂能得了好处就从此作罢。再说蔡道恭已死,义阳还坚守数旬,而曹景宗尚存,却一下就弃甲不战。使曹景宗活着而使蔡道恭死去,命运的好坏、事情的优劣竟是这样!这个人真是不知羞耻。从前汉光武帝派遣将士,有坐而知千里的英明;魏武帝制定法令,依法从事,所以能遵照律令出兵,丝毫不差。臣恭恭敬敬地想,圣上英明杰出,谋略盖世无双,料敌应变万里无差。执行圣上的命令,准能取得辉煌战果,只是这庸陋的曹景宗,做事太缺教命。自从逆贼北魏愿望得逞,中原就一直让人侵扰。圣朝北望中原,想要统一中国,可怜司州百姓,受辱而被北魏所据。圣上早朝时长叹,还怀着同情哀伤的心情。曹景宗导致这样的亏败损失,是无法逃避罪责的。应根据刑法来判处,整肃法纪。

臣谨以此弹劾曹景宗,请求圣上以现在这些事实免去曹景宗所居官职,让太常寺(按规定)削去他的封爵,收交廷尉治罪。曹景宗的文官、武官,受牵连的各位应追究罪责的人,另外责成治书侍御史根据这些人的违法情况继续上奏。臣谨奉此奏,向圣上报告。

品析

任昉(460—508年),字彦升,乐安博昌(今山东淄博市)人。任昉擅长散文,在南齐时,即以文学见长而被王俭所推重,辟为丹阳主簿。齐末时,官至司徒右长史。及至萧衍掌权时,任昉为其所重,升为骠骑记室参军,曾协助萧衍建立了梁朝,被任命为御史中丞、秘书监,并校定秘书阁所藏四部书籍。任昉为人耿直,喜交际文人,鼓励帮助后进,为当时年轻文人所敬重。《梁书》《南史》有传。

任昉在梁武帝手下负责监察工作,并从事秘书监职事,对于文书撰写甚为讲究,他所作文书奏章语言精巧,音节调适,结构精密,气势非凡,是齐梁时代有名的文书作品撰制者和散文作家,对后代骈文很有影响。钟嵘在《诗品》中说:"任昉博物,动辄用事,是以诗不得奇。"任昉的文章今存有 60 余篇,被严可均编辑的《全梁文》所收录。

《奏弹曹景宗》,选自《文选》卷四十,这是任昉在担任御史中丞时进呈梁武帝的奏疏,属上行公文。奏弹,即奏疏中的一种弹劾文书,或称弹事,其作用,有如刘勰在《文心雕龙·奏启》中所说:"若乃按劾之奏,所以明宪清国。"吴纳《文章辨体序说》称:"群臣上奏,若罪法按劾,公府送御史台。"可见,这种按劾弹文,主要是御史监察大臣的上疏公文,刘勰在《文心雕龙·奏启》中指出:它始于"昔周之太仆,绳愆纠谬;秦之御史,职主文法;汉置中丞,总司按劾。"此后,这种奏疏为历代相沿之,使弹劾文成为古代的一种重要的文书体,同时也成为古代文体之一。

本篇弹劾文章作于梁武帝天监三年(504 年)。其时,北魏兵围义阳,司州刺史蔡道恭在兵不满 5000 人,粮仅够半年的困难情况下,率军民奋力抵抗,使魏军攻城百日均未获胜。梁武帝派郢州刺史曹景宗率步兵、骑兵 30000 前往救援,然而他却按兵三关,致使义阳孤城无援,终于次年(天监三年)八月陷落。景宗畏敌,退出三关,在魏军的进击下,三关各卫所尽皆失守。为此,作为御史中丞的任昉出于义愤,即向梁武帝呈送此奏章,弹劾曹景宗之畏敌失职,给梁朝造成了严重的损失。

此篇弹劾文首先引用了从前的军法作为弹劾曹景宗的理论根据,指出古代之军法,对畏敌退却者是要处以极刑的。然后笔锋一转,叙述梁朝军队所向披靡,而司州近临北魏,魏军入侵,兵围司州,守将蔡道恭竭力死守城池,但是曹景宗奉命驰救司州,却按兵不动,不仅坐视司州失守,还临阵退却,使三关尽皆失陷于魏军,为此,景宗的行为应予纠弹,要按军法处治。接着,文章指责曹景宗乃无能庸才,却受到朝廷的特殊恩遇,"赏茂通侯,荣高列将",这都是"功归造化",按理应当舍身报国,但是他却不是这样,辜负了皇恩,违背了朝廷命令,坐视不救司州,造成将亡地失,是没有什么面目可见人的了。

同时叙说梁武帝和汉武帝一样,圣武英挺,料敌制变,而司州、三关之失,完全是曹景宗之过。由此,文章在一褒一贬之下,指出应对曹景宗按法治罪,以明典宪。最后,文章提出对曹景宗的处理意见,应免其官,削其爵位,交由廷尉治罪,其余有关人员也应依有关部门所奏弹来治他们的罪。

文章虽然是就曹景宗的失职提出弹劾,但它却提出了在治国治军方面,必须赏罚分明,严肃军纪国法的思想,同时也涉及在使用人才方面,应当论才授职、论功行赏等国家管理的重大问题。作者能够忠于御史监察官的职守,不因为梁武帝宠爱曹景宗而畏惧,相反的,对曹景宗的恶劣行为进行纠弹。文章中这些意见,对于维护梁朝的统治,伸张法治,揭露丑恶,无疑是有积极意义的。据史书记载,虽然梁武帝念曹景宗有功于梁朝,宠爱他而未加追究处理,但是曹景宗却因此弹劾而震惊,从中受到教育,以致在后来的邵阳州(今安徽凤阳县)战役中,能够努力克敌制胜,以补前过。

《奏弹曹景宗》在写作上是有特色的。

一是文章理正辞严,气势雄伟。文章开篇即引述圣贤之治军治国的法度作为弹劾之理,依此指出曹景宗畏敌退却是应该伏法治罪的,所论有理,所述有实,就显示出理正辞严。例如,"方复按甲盘桓,缓救资敌","疆埸侵骇,职是之由。不有严刑,诛赏安寘","惟次人斯,有觍面目","致兹亏丧,何所逃罪? 宜正刑书,肃明典宪",都显得凌厉逼人,气势雄伟,刚劲曲折。后人评说此文是"笔挟风雷"(谭献评《骈体文钞》),这些都显示了作者不畏权势,不为梁武帝宠信曹景宗所吓倒的气势,表现了作者忠于职守、维护法纪、伸张正义的无所畏惧的精神,这犹如刘勰在《文心雕龙·奏启》中指出的"故位在鸷击,砥砺其气,必使笔端振风,简上凝霜者也"。

二是文章能够多以事实使人相信,以理为重,使人心服。作为弹奏文书,本文虽说是"术在纠恶,势必深峭",然而它却没有使人觉得"复似善骂,多失折衷","躁言丑句,诟病为切"。例如,叙述曹景宗退却,此乃事实;而提出以法治其罪,此乃在理;揭其无大功而受特殊皇恩，理应报国，亦为情理之中。文章通过这些情理对照，就使人觉得曹景宗畏敌退却更为不应该，更应治其罪，这也说明作者纠弹是有理的，是一种正义的行为。至于作者叙述梁武帝的"圣武英挺，略不世出"等，不单纯是吹捧梁武帝，而更重要的是分清司州和三关失守的责任，即责任在于曹景宗，而不在于梁武帝指挥派遣不当。所以这是服从于纠弹曹景宗的中心内容的。

　　三是文章多用排比句式，既加强语气，又显得整齐美观，辞藻华丽。虽然说，本篇弹劾文章是用四六骈体文写就的，但是不觉得有繁缛绮靡的痕迹，反而显得文章精练，辞藻的运用都能服从于中心思想的表达。同时，文章多用历史事实，如"魏主著令"、"汉光命将"等，都比较有说服力，而且显得论证和论据充分。就如吴纳《文章辨体序说》所指出："若弹文，则必理有典宪，辞有风轨，使气流其中，声动简外，斯称绝席之雄也。"可以说，此篇弹劾文是做到了这点的。因此，所有这些有益的经验，对于今天撰写揭发检举罪恶和纠正错误行为的公务文书，都是可以借鉴的。

丘迟（南朝宋·齐·梁）

与陈伯之书

　　迟顿首陈将军足下[1]：无恙，幸甚，幸甚！将军勇冠三军，才为世出[2]，弃燕雀之小志，慕鸿鹄以高翔[3]。昔因机变化，遭遇明主[4]，立功立事，开国称孤[5]，朱轮华毂，拥旄万里，何其壮也[6]！如何一旦为奔亡之虏，闻鸣镝而股战，对穹庐以屈膝[7]，又何劣邪！寻君去就之际，非有他故，直以不能内审诸己，外受流言，沉迷猖獗，一至于此[8]。

　　圣朝赦罪责功，弃瑕录用[9]，推赤心于天下，安反侧于万物，将军之所知，不假仆一二谈也[10]。朱鲔涉血于友于，张绣剚刃于爱子，汉主不以为疑，魏君待之若旧[11]。况将军无昔人之罪，而勋重于当世！夫迷途知返，往哲是与；不远而复，先典攸高[12]。主上屈法申恩，吞舟是漏[13]；将军松柏不剪，亲戚安居，高台未倾，爱妾尚在[14]。悠悠尔心[15]，亦何可言！今功臣名将，雁行有序[16]，佩紫怀黄，赞帷幄之谋[17]，乘轺建节，奉疆场之任，并刑马作誓，传之子孙[18]。将军独靦颜借命，驱驰毡裘之长[19]，宁不哀哉！

　　夫以慕容超之强，身送东市；姚泓之盛，面缚西都[20]。故知霜露所均，不育异类；姬汉旧邦，无取杂种[21]。北虏僭盗中原[22]，多历年所[23]，恶积祸盈，理至燋烂[24]。况伪孽昏狡，自相夷戮，部落携离，酋豪猜贰[25]。方当系颈蛮邸，悬首藁街[26]，而将军鱼游于沸鼎之中，燕巢于飞幕之上，不亦惑乎[27]！

暮春三月，江南草长[28]，杂花生树，群莺乱飞。见故国之旗鼓，感平生于畴日，抚弦登陴，岂不怆恨[29]！所以廉公之思赵将，吴子之泣西河[30]，人之情也，将军独无情哉！想早励良规，自求多福[31]。

当今皇帝盛明，天下安乐。白环西献，楛矢东来[32]；夜郎滇池，解辫请职；朝鲜昌海，蹶角受化[33]。唯北狄野心，掘强沙塞之间，欲延岁月之命耳[34]。中军临川殿下，明德茂亲，揔兹戎重，吊民洛汭，伐罪秦中[35]。若遂不改，方思仆言[36]。聊布往怀，君其详之[37]。丘迟顿首。

注释

[1]顿首：叩头，古代撰写书信时的客套话。陈将军：指陈伯之，睢陵（今江苏睢宁）人。齐末与投梁时均为江州刺史，降梁后被封为丰城县公，此后又降魏，被封为平南将军。临川王萧宏北伐时，丘迟写此信招降了陈伯之。[2]"将军"二句：意即陈伯之英勇无比，为三军之首，是当代杰出的人才。[3]"弃燕雀"二句：意指平庸之辈如燕雀小鸟那般志气短小，杰出人物如鸿鹄天鹅一样胸怀大志。"燕雀"、"鸿鹄"：语自《史记·陈涉世家》记载。其云："陈涉太息曰：'嗟乎！燕雀安知鸿鹄之志哉！"燕雀，小鸟。鸿鹄，天鹅。[4]"昔因机"二句：指陈伯之能够顺应时势的变化，抓住机会，弃齐归梁，遇上了英明的君主（梁武帝萧衍）。[5]"立功"二句：意指陈伯之曾为梁朝的建立立下很大的功勋，从而得以封爵称侯（称孤）。[6]"朱轮"三句：意即陈伯之归梁后乃任江州刺史，为统制号令一方之长官，出入乘坐华丽的车子，受到梁朝的优厚待遇，其气势是何等的壮观。毂（gǔ）：车轮中心的圆木。拥旄（máo）：用牦牛尾装饰的旗子，旄节。古代武官持节管制一方，称之"拥旄"。[7]"如何"三句：描述陈伯之投降北魏以后，如惊弓之鸟那样恐惧和卑劣的处境。奔亡之虏：逃亡投敌变节的人。鸣镝（dí）：响箭，箭头。股战：腿发颤、发抖。穹庐：毡帐，牧民的帐篷，此指北魏政

权。[8]"寻君"六句：探求你背离梁朝投靠北魏的情景，并无别的什么原因，只不过是因为自己内不能明察自己，缺少思虑，而在外面又听信流言，一时糊涂而迷惑狂妄所致。直：不过。审：审视详察。沉迷：昏沉迷乱。[9]"圣朝"二句：梁朝会赦免人的罪过而要求他们能够建功立业，也会不计较其过失而录用他们。圣朝：指梁朝。责：求。瑕：玉的斑痕，此指过失、缺点。[10]"推赤心"四句：梁主推以赤诚之心待人，能够使天下动摇不安定的人都安定下来，这是将军所知道的，不用我一一细谈了。赤心：真心，真诚的心。反侧：动摇不定，心怀疑惧。万物：万众。[11]朱鲔：王莽末年绿林军将领，参与杀害汉光武刘秀之兄刘伯升，后为刘秀所招降。友于：兄弟。张绣：东汉末年一个将领，曾杀害曹操的爱子（长子昂、弟子安民），后又为曹操所招降，封为列侯。刿(zì)：刺杀，用刀插入。汉主：汉光武帝刘秀。魏君：指曹操，被封为魏公。[12]"夫迷途"四句：此意是，迷途不是很远却知道回返，这是古代圣贤所认同许可的，也是为古代经典所称赞的。往哲：以前（古代）的圣贤、哲人。《离骚》："回朕车以复路兮，及行迷之未远。"先典：古代的典籍，指《易经·复卦》："不远复，无祗悔，元吉。"攸：所。[13]"主上"二句：意即君主实行的是轻法重恩，吞舟的大鱼也可漏掉，法网是很宽疏的。屈：曲，松缓。申恩：申明、重视恩惠。吞舟：指大鱼。《史记·酷吏列传序》曰："网漏于吞舟之鱼。"[14]"将军"四句：此意是，你祖宗的坟墓和住宅楼台没有受到损害，亲戚与妻儿也都安然无恙。松柏：此指坟墓，古时坟墓上种有松柏。高台：指楼房住宅。[15]悠悠：反复思考、深思之状。[16]"今功臣"二句：今天朝廷中的功臣和名将，就如大雁飞行时排列有序。[17]"佩紫"二句：意即文臣腰结紫带，怀中装着黄金大印，参与策划军国大事。紫：紫绶。黄：黄色金印。语载《史记·蔡泽传》："怀黄金之印，结紫绶于腰。"帷幄：古时军队帐篷。语载《史记·留侯世家》："高帝曰：'运筹策帷帐中，决胜千里外，子房功也。'"[18]"乘轺(yáo)"四句：武将乘车持节，受命担负重任戍守边疆，而且梁朝（梁武帝与功臣名将）有誓约规定，其爵位可以传给子孙后代。轺：轻车，两匹马拉的车。节：符节，古时使者所持以作凭证的物件。[19]"将军"二句：意思指将军独自厚着颜面苟且偷生于北魏朝廷（君主）。觍(tiǎn)颜：害羞，不自然，面带愧色，形容惭愧。借命：偷生怕死。驱驰：奔走，效力。毡裘之长：北方外族之酋长，指北魏皇帝。毡裘：胡人用兽皮做的衣服。[20]"夫以"四句：慕容超，南燕君主，曾于409年出兵掳掠淮北。刘裕率部北伐，灭了南燕，捕获慕容超，将之斩于建康（今为南京）。东市：泛指刑场，原为汉朝时在长安处决犯人的场所。姚泓：后秦君主，后秦为羌族政权，建都长安。417年刘裕率军攻克长安，后秦君主姚泓出降。面缚：把手捆绑在背后，而面部朝前。西都：即长安。[21]霜露所均：意指天上降落的雨露分布均匀。均，分布（平均）。异类：杂种，古时对少数民族的蔑称。姬：周天子的姓。旧邦：北方中原地区原为周汉建立的故国。杂种：与"异类"同是对少数民族的蔑称。[22]北虏：古时对少数民族的蔑称，指北魏王朝。僭（jiàn）盗：盗用，此指超越本分（使用）帝王称号。[23]多历：经历许多年。是指386年拓拔珪建立北魏王朝至505年北魏宣武帝（丘迟写此信时），已有100余年。年所：年数。[24]"恶积"二句：意即罪恶祸害极大，已是恶贯满盈，到了应该灭亡的时候了。燋烂："燋"，同"焦"。比喻崩溃灭亡（程度）。[25]"况伪孽"四句：北魏宣武帝昏聩狡诈，朝廷内部和宗室各部相互猜疑、诛杀，四分五裂。伪孽（niè）：指北魏宣武帝。昏狡：昏聩狡诈。自相夷戮：相互诛杀。携离：不团结，离析，比喻四分五裂。指北魏宣武帝的叔父咸阳王元禧阴谋作乱，未遂被赐死。酋豪：酋长。猜贰：猜疑不同心（有二心）。[26]"方当"二句：意即正值北魏统治者即将被俘解往京师斩首示众的时候。系颈：用绳子系在颈上，请罪投降。蛮邸：外族人设于京都的馆舍。藁街：汉朝长安街名。大多蛮邸设于此街。[27]"而将军"三句：述说陈伯之处境险恶，犹如鱼儿在沸水鼎中游，像燕子在飘摇不定的帐幕之上筑巢，然而执迷不悟。沸鼎：装满滚烫的水的鼎锅。飞幕：飘摇的帐幕。惑：糊涂，迷惑。[28]暮春：晚春。草长：杂草繁盛生长。[29]"见故国"四句：意思是说，你（陈伯之）与梁朝的军队相对抗，持着弓箭登上城墙，看见故国军队的旗鼓，想象昔日（在故国）生活的情景，（难道）岂不会悲伤！畴日：即昔日。弦：弓弦。陴（pí）：城上女墙。怆恨：悲伤，悲恨。[30]"所以"二句：意指廉颇和吴起对故国满怀深情。廉公：即廉颇，始为赵国大将，因赵王以乐乘代之，怒而投魏国，但魏王不能信用他。思赵将：是时，赵国数度为秦国所困，赵王即思复用廉颇，而廉颇亦思为赵复用。吴子：吴起，战国初为魏将，守西河（陕西黄河西岸韩城县一带），因魏武帝听信谗言，被召回。吴起深知自此西河将为秦国所侵占，故临行时望西河而哭泣。[31]"想早励"二句：希望他早日作出归顺梁朝的好打算，以便求取自己的幸福。良规：好的打算，此指归宿。[32]白环：白玉制成的环。语自李善注引《世本》："舜时，西王母献白玉环及佩。"楛（hù）矢：楛木树做的箭。语自李善注引《孔子家语》："孔子曰：昔武王克商，于是肃慎氏贡楛矢石砮。"[33]"夜郎"四句：意即梁朝强盛，皇帝圣明，东、南、西三方的民族都来归顺梁朝。夜郎：今贵州桐梓县一带。滇池：今云南昆明市旁。这两处古均为西南少数民族所建之国。解辫请职：解下发辫，归顺汉朝，以求得到官职。昌海：西域地名，今新疆罗布泊。蹶角：即指额角叩地，以表示归顺。蹶,即磕头,叩头;角,额角。受化:接受梁朝的教化。[34]"唯北狄"三句:现在只有北魏还不屈服,负隅顽抗于沙漠边塞之间,试图苟且拖延岁月。北狄:指北魏,古时对北方少数民族的称呼。掘强:同"倔强",不屈服。沙塞:指沙漠边塞。[35]"中军"五句:意指中军将军、临川王萧宏殿下,有好的德行,又是皇帝的至亲,统领此次北伐,能够慰问中原的百姓,讨伐有罪的人(北魏王朝)。中军:即萧宏,为临川郡王,号中军将军。茂亲:至亲,指萧宏为梁武帝的弟弟。摠:同"总",主持,统领,统一掌管。戎重:军事重任(重担)。吊民:慰问百姓。洛汭(ruì):今为河南洛阳、巩县一带中原地区。秦中:今陕西中部地区。[36]"若遂"二句:意指如果你执迷不悟,到时候方才思考我的这些话,就已经来不及了。遂:仍旧,因循照旧。[37]"聊布"二句:姑且陈述表达往日的情意,希望你能够详察。布:陈述。

译文

丘迟叩拜陈将军:近来你身体很好吧,真是十分幸运。将军你是英勇无比的三军之首,也是当代杰出的人才。你当年志气远大,能够离开齐国,就如抛弃燕雀小鸟那样的短小志气,像杰出人物那样胸怀鸿鹄(天鹅)大志而归顺梁朝。这是你能够顺应时势的变化,抓住机会,采取了果断的行动而弃齐归梁,遇上了英明的君主(梁武帝萧衍)。你曾为梁朝的建立立下很大的功勋,从而得以封爵称侯(称孤)。你归梁后任江州刺史,为统制号令一方之长官,深受梁朝武帝的恩宠和朝廷的优厚待遇,出入乘坐华丽的车子,气势是何等的壮观。为何一旦你逃亡投降北魏以后,就如惊弓之鸟那样恐惧,听到响箭声音就两腿发抖,看到毡蓬中的北魏君主就吓得双膝不能直立,这是何等的狼狈啊!探求你背离梁朝投靠北魏之时的情景,并无别的什么原因,只不过是因为自己内不能明察自己,缺少思虑,而在外面又听信流言,一时糊涂而迷惑狂妄,才到了如此之地步。

梁朝会赦免人的罪过而要求他们能够建功立业,用人的时候不会因其过失而不录用他们。梁朝君主以赤诚之心待人,能够使天下那些心怀疑惧、动摇不定的人都安定下来,这是将军所知道的,不用我一一细谈了。以前的朱鲔参与杀害汉光武帝刘秀之兄(刘伯升),

后来不仅不为刘秀所疑，刘秀反而真诚地招降他。张绣曾杀害曹操的爱子（长子昂、弟子安民），后又为曹操所招降，封为列侯，待他如旧。况且将军你并无以前的人（朱鲔、张绣）那样的罪过，反而是当今功高业重者。迷途不是很远却知道回返，这是古代圣贤所认同许可的，也是为古代经典所称赞的。梁朝君主实行的是轻法重恩，法网就像吞舟的大鱼也可漏掉的那样，是很宽疏的，能够宽恕有罪过的人。将军你祖宗的坟墓和住宅楼台没有受到损害，亲戚与妻儿也都安然无恙。你好好地反复思考一下，这还有什么可说的呢？今天我们朝廷中的功臣和名将，就如大雁飞行时一样，尊卑排列有方，上下有序。现在的文臣（文官）腰结紫带，怀中装着黄金大印，参与策划军国大事；而武将（将军）乘车持节，受命担负重任戍守边疆，而且梁朝有誓约规定，爵位可以传给子孙后代。而将军你却独自厚着颜面苟且偷生于北魏朝廷，为他们奔走效劳卖命，这岂不是很可悲的吗！

就以慕容超来说，他是南燕君主，力量强大，却被刘裕率部北伐捕获，将之斩于建康；姚泓是后秦君主，也很强盛，但也被刘裕攻克后捆绑在西都（长安）示众。因此要知道，天上降落的雨露分布均匀的地方（天地之间）是不能养育异族的，周、汉建立的故国（北方中原地区）也不能为异族所统治。北魏王朝占据中原，超越本分盗用帝王称号，已经历许多年了。它罪行积恶甚多，祸害极大，已是恶贯满盈，到了应该灭亡的时候了。况且北魏宣武帝昏聩狡诈，朝廷内部和宗室各部、酋长之间相互猜疑，相互诛杀，分崩离析。正当北魏统治者很快将会被俘，用绳子系在颈上请罪投降，解往京师斩首示众的时候，而将军你的处境险恶，犹如鱼儿在沸水鼎中游，像燕子在飘摇不定的帐幕之上筑巢，然而还执迷不悟。这岂不是很糊涂的事呀！

晚春的三月，江南杂草树木繁盛生长，繁花挂满枝头，群莺飞翔无定。当你（陈伯之）与梁朝的军队相对抗，持着弓箭登上城墙，看见故国军队的旗鼓，想象昔日（在故国）生活的情景，难道不会感到悲伤哀痛！所以，廉颇虽然身在异国，却思念着复为赵国大将；吴起镇守西河，深知他离去后西河将为秦国所侵占，故临行时望着西河而伤心哭泣。这是人之常情呀！将军你就唯独没有这样的（对故乡故国）感情吗？我希望你早日作出归顺梁朝的好打算，以便求取自己的幸福。

今日梁朝强盛，皇帝圣明，天下太平，社会祥和，百姓安乐，东、南、西三方的民族都来归顺梁朝。白玉制成的玉环来自西方的进献，楛木树做的箭出自东方的朝贡。夜郎和滇池两国解下发辫，归顺梁朝，以求得以受封官职。朝鲜和昌海（西域一带）二邦也是额角叩地，以表示归顺接受梁朝的教化。现在只有北魏还不屈服，藏有野心，负隅顽抗于沙漠边塞之间，试图苟且拖延岁月。中军将军临川王萧宏殿下，有美好的德行，又是皇帝的至亲（弟弟），统领此次北伐，能够慰问遭受迫害的中原百姓，讨伐有罪的人。你如果还执迷不悟，到那时候（失败之时）方才思考我的这些话，那就已经来不及了。我姑且陈述往日的情意，希望你能够详察。丘迟叩拜。

品析

丘迟（464—508年，即宋孝武帝大明八年至梁武帝天监七年），字希范，吴兴乌程（今为浙江省吴兴县）人。迟少时即聪明过人，8岁时便能写文章，是南朝齐、梁间的著名文人，擅长写骈体文，亦精于山水诗，"辞采丽逸"，"点缀映媚，似落华依草"，可称为其特色。迟初仕齐，官至殿中郎；后仕梁，劝陈伯之归降有功，官拜中书侍郎，任过永嘉太守（今浙江温州），后升迁为司空从事中郎。著有《丘中郎集》，或称《丘司空集》。

《与陈伯之书》选自梁朝昭明太子萧统编辑的《文选》，《梁书》、《南史》中的《陈伯之传》也录载此篇。这是一篇例行公事，奉命而作，以私人的名义写就的劝降书，属于书记体公务文书。在中国历史上，这种劝降书比比皆是，类似今人的敦促某某投降书，特别是在近代战争与现代战争中，这样的劝降书更是不少，故从本质上说，它们都是一种公务文书作品。陈伯之在齐末镇守江州（今江西九江市），梁武帝萧衍起兵争夺政权时，招降了他，仍然命其做江州刺史、镇南将军。天监元年（502年），陈伯之受其部属邓缮、戴永忠等人的唆使起兵反梁，败降北魏，北魏任他为使持节、散骑常侍、平南将军、都督淮南诸军事。天监四年（505年），梁武帝命其弟临川王萧宏统帅大军北伐，陈伯之领兵相抗于寿阳梁城（今安徽寿县附近）。而此时，丘迟担任萧宏的记室（相当于今天的文书、秘书人员），萧宏即命其作书劝降陈伯之。于是，丘迟即遵命以私人的名义写了此劝降书给陈伯之，陈伯之得书后便率军归降梁朝。

丘迟在这篇劝降书中，首先指出了陈伯之的才能举世无双，当年顺应时局变化，遭遇明主，为梁朝建立功勋，同时指责他投奔北魏的叛国行为，并说明这是他受人挑拨唆使的结果，使对方知错认错。接着，文章运用史实反复申明梁朝对敌方人员实行既往不咎、宽大为怀的政策，以解除其归降之虑。然后文章分析敌我形势，指出只有反魏归梁，才是他唯一出路，才能拥有光明的前途。在此基础上，作者描绘了家乡春日的优美风光，以便激发对方对家乡和国家的思念之情；叙述北魏占据中原的情景，使其树立民族的自尊心，认识屈膝于异族统治者将有的可悲可叹的下场。之后，文章再次描述梁朝的强盛、政治的清明，北魏的腐败，希望对方迅速弃恶从善，投奔光明。不过，丘迟在书中反映的民族偏见和狭隘的民族观念是不足取的。

《与陈伯之书》，是以军事与政治斗争为内容的劝降书，在写作上是具有鲜明特色的。首先，文章能够晓之以理，动之以情，情理结合。作者在书中善于晓以民族大义，责其叛敌之误，明其错误之因，陈其利弊，析敌我之势，动家、国之情，指其出路，以此巧妙地感化说服陈伯之弃暗投明，回归祖国。其次，文章在表达上，能够运用对比的手法，产生强烈的说服感染力。如叙述敌我双方时的先是后非、敌弱我强、魏暗梁明，以及战场旗鼓与江南美景等等，相互比较，加强了说理效果。再次，文章的语言表现技巧在这种遵命公文中也显得别具一格。本篇劝降书是使用骈体文写成的，这和魏晋南北朝骈体文盛行有一定关系，但是文章做到语言辞藻华丽和体现思想内容的完美结合，无造作之感，如描绘叙述江南春色，"暮春三月，江南草长，杂花生树，群莺乱飞"等语句，更是千古传颂之名句，而文章在这里能够恰到好处地做到情景交融、以景托情，读之令人情移，令人心动。书中注意修辞表达，使修饰辞藻服从表现劝降陈伯之的中心内容，如此就显示出不是故意堆砌华丽的辞藻，确实是增强了文章的思想性。而陈伯之得书之后很快就率军投梁，这就是文章良好艺术效果的明证。历来不少人把此书作为出色的书信诵读，这大概是从书札角度去理解看待它。实际上，这是一篇奉命而作的公文，是一篇杰出的劝降书公文。

李 谔（隋）

上隋高祖革文华书[1]

臣闻古先哲王之化民也[2]，必变其视听，防其嗜欲，塞其邪放之心，示以淳和之路[3]。五教六行[4]，为训民之本；《诗》、《书》、《礼》、《易》，为道义之门[5]。故能家复孝慈，人知礼让。正俗调风，莫大于此。其有上书献赋，制诔镌铭[6]，皆以褒德序贤，明勋证理。苟非惩劝，义不徒然。

降及后代，风教渐落。魏之三祖[7]，更尚文词，忽君人之大道，好雕虫之小艺[8]。下之从上，有同影响[9]，竞骋文华，遂成风俗。江左齐、梁[10]，其弊弥甚，贵贱贤愚，唯务吟咏。遂复遗理存异，寻虚逐微，竞一韵之奇，争一字之巧。连篇累牍，不出月露之形；积案盈箱，唯是风云之状。世俗以此相高，朝廷据兹擢士[11]。禄利之路既开，爱尚之情愈笃。于是闾里童昏，贵游总丱[12]，未窥六甲，先制五言[13]。至如羲皇、舜、禹之典，伊、傅、周、孔之说[14]，不复关心，何尝入耳。以傲诞为清虚，以缘情为勋绩[15]，指儒素为古拙，用词赋为君子。故文笔日繁，其政日乱。良由弃大圣之轨模[16]，构无用以为用也。损本逐末，流遍华壤，递相师祖，久而愈扇[17]。

及大隋受命，圣道聿兴[18]，屏黜轻浮，遏止华伪。自非怀经抱质,志道依仁[19],不得引预搢绅,参厕缨冕[20]。开皇四年,普诏天下,公私文翰,并宜实录[21]。其年九月,泗州刺史司马幼之文表华艳,付所司治罪。自是公卿大臣咸知正路,莫不钻仰《坟》《索》[22],弃绝华绮,择先王之令典,行大道于兹世。如闻外州远县,仍踵敝风[23],选吏举人,未遵典则;至有宗党称孝,乡曲归仁[24],学必典谟[25],交不苟合,则摈落私门,不加收齿[26];其学不稽古,逐俗随时,作轻薄之篇章,结朋党而求誉,则选充吏职,举送天朝。盖由县令、刺史未行风教,犹挟私情,不存公道。臣既忝宪司[27],职当纠察。若闻风即劾,恐挂网者多[28],请勒诸司[29],普加搜访,有如此者,具状送台[30]。

注释

　　[1]文华:文风的浮华。[2]化:教化。[3]淳和:质朴敦厚。[4]五教六行:"五教"即父义、母慈、兄友、弟恭、子孝,"六行"即孝、友、睦、姻、任、恤。[5]门:关键。[6]诔(lěi):哀祭文体。镌(juān):刻。[7]魏之三祖:魏太祖武帝曹操、魏高祖文帝曹丕、魏烈祖明帝曹叡,皆有文才,世称魏三祖。[8]忽:不重视。雕虫:比喻小技、小道,多指辞章之学。[9]影响:影随身,响应声。[10]江左:江东。东晋,南朝的宋、齐、梁,建都南京。[11]相:审察。擢(zhuó):选拔。[12]闾里:意指平民。童昏:儿童。贵游:贵族。总丱(guàn):总角,古时形容儿童束发成两角的样子。[13]窥:此指接触、学习。六甲:古时用十天干、十二地支相配计算时日,其中有"六甲",即甲子、甲戌、甲申、甲午、甲辰、甲寅。据载,古时儿童入学先学六甲。五言:五言诗。自汉至隋,五言诗、书记之事盛行,儿童尚未学六甲、书记,就学五言。[14]羲皇:伏羲氏,古皇名。伊、傅、周、孔:伊尹,商汤臣,佐汤伐夏桀,被尊为阿衡(宰相);傅说,殷相,相传武丁访得于傅严,举以为相,使殷中兴;周,即周公姬旦,周文王子,周武王弟,辅武王灭纣,建周王朝,武王死,成王年幼,周公摄政,辅成王治理天下;孔,即孔子。[15]缘情:抒情。[16]良:确。轨模:准则,样板。[17]师祖:效法。扇:同"煽",引申为流行。[18]聿(yù):句中语气助词。[19]怀经抱质:意即有学问,满腹经纶。志:有志

于。[20]引预、参厕：参与，参加。搢（jìn）绅、缨冕：官员的服饰，此代官员。搢绅，古代用于称有官职的或做过官的人，又写作"缙绅"。[21]文翰：文书，即今日之文件，也可泛指当时的文章。实录：文笔朴实地记载，真实地记录。古时各朝代大都编撰有实录，如清实录、明实录。[22]《坟》、《索》：指《三坟》、《五典》、《八索》、《九丘》，皆古书名。[23]踵：继承。[24]乡曲：乡里。[25]典谟：《尚书》的《尧典》、《大禹谟》诸篇，代指古之经典。[26]收齿：录取。[27]忝（tiǎn）：谦词，有愧于。[28]挂网：犯法被捕。[29]勒：勒令。[30]台：御史台。

译文

臣听说古时的圣哲君王教化百姓，必定要改变百姓的视听，防止他们的嗜好，杜塞他们的邪念，指给他们敦厚淳朴的做法。五教六行，是训化百姓的根本；《诗》、《书》、《礼》、《易》，是实行道义的关键。因此才能家里总有孝慈，人人都知礼让。要调整风俗，再没有大于这的。如有上书献赋、制诔刻文的，都用来褒扬德贤，表功证理。如果不是为了惩罚或奖励，这样做的意义就不存在了。

到了后代，教化之风渐衰。魏三祖更是讲究文辞，忽视教育人的根本，喜欢辞章的技巧。下跟随上，如同影随身，响应声一样，大家争相讲究文词华丽，于是成为风气。江东齐、梁之地，这种弊病尤其严重。贵、贱、愚、贤，都在吟咏。于是又出现了丢弃根本的大道理，只求留存奇异，追寻虚微，争得一韵之奇，一字之巧的情况。连篇累牍，叠案满箱，却不外是月露风云的形状。世俗以此审察高低，朝廷按此选拔人才。利禄之路已开，崇爱之情愈深。从此平民、贵族、童稚，未学六甲，先学五言。至于那些伏羲、虞舜、夏禹经典，伊尹、傅说、周公、孔子学说，不再关心，何曾入耳。把荒唐多言看作清丽、虚怀，把撰文抒情看作功劳政绩，雅素就是古拙，作辞赋方为君子，因此文笔一天天烦琐，法政一天天紊乱，真是丢掉了最根本的准则，把无用视为有用，舍本逐末，遍及全国，像这样互相效法，久了将愈加流行。

到了隋朝接受天命，圣道才兴，摒弃轻浮，制止华而不实。本不是满腹经纶，志在道、仁的，就不得让他们进入官吏行列。开皇四年，诏告天下，不论公私文书，都应文笔朴实。这年九月，泗州刺史司马幼之的文表华艳，后交所司治罪。从此公卿大臣都知正道，无不钻研《三坟》、《五典》、《八索》、《九丘》等经典，弃绝华艳，挑选先王的令典，实行正道于今世。现在却听说外州远县，还在沿袭陋习，选拔官吏，不遵典则。致使那些被社会公认为孝道仁德之人，他们学习必经典，相交不苟合，却被摈弃，不加录用。而那些学习不依照古典准则，追随时俗，作轻浮文章，结朋党来求誉的，反倒被提拔充任官吏，选送朝廷。这都因县令、刺史未行教化，又带私情，不存公道。臣职任纠察，有愧于宪司，若一听到风声就进行弹劾，恐怕被捕的就多了。请勒令各司，普遍搜访，有像这种情况的，都要具状送御台审理。

品析

　　李谔（生卒年不详），字士恢，赵郡（郡治今河北高邑县西南）人。李谔自小好学能文，为官历经齐、北周、隋朝三代，先后担任侍郎、治书侍御史之职，晚年为通州刺史，颇有政绩，老死任上，赐爵南和伯。他为人正直，明达政务，敢于上言皇帝，布陈政事，多被隋文帝杨坚采纳。《隋书》载有《李谔传》。

　　《上隋高祖革文华书》，选自《隋书》卷六十六。这是李谔在担任治书侍御史时上奏隋文帝杨坚的奏疏文书，属上行文，作于开皇四年（584 年）。

　　北魏末年，讲究声律和文采的南朝文学开始在北方盛行，特别是历经齐、周到隋，大批南朝文人迁居北方，使讲究质朴实用的北朝文学逐渐为"四六骈文"所代替，由此，也对公文的写作产生深刻影响。其时，几乎所有应用文字，上自诏书文谕敕章文书，下至判辞书牍等，差不多都用"四六骈文"写成。这种"四六骈文"愈演愈烈，已日趋走向形式主义，片面追求形式的华美，缺乏实际内容，对于整个封建政务是没有什么益处的。早在公元 6 世纪中期，西魏、北周的宇文泰、苏绰就提出仿效古文，反对浮艳的骈俪文风，同时朝廷又规定举凡文告、奏章一律要模仿《尚书》来写作。及至隋初，皇帝杨坚既看到陈后主因为政治腐败断送了王朝的统治，同时也看到了骈俪形式的流弊，看到"四六骈文"对政务管理的害处，于是就希望运用政治力量与行政手段来改变当时的文风。为此，隋文帝在开皇四年（584年）颁发诏书："普诏天下，公私文翰，并宜实录。"其年九月，泗州刺史司马幼之曾因为文表华艳，被隋文帝革职治罪。隋朝统治者在当时能从制度上来防止浮文的产生，这在历朝中是不多见，也是难能可贵的。此时，李谔适应隋文帝杨坚的政治需要，以及朝廷的政务管理需要，即上此书请求拨正文体，并痛斥南朝文风的弊病。李谔虽然上书反对柔靡浮艳之文风，但是，他的奏疏本身也未能摆脱骈体文的影响，足见骈体文在当时的影响之大，流弊之深，这也是我们应当看到的本文的局限性和时代性。

本篇奏疏，主要是李谔陈请隋文帝以正文体，反对浮华文风，以求文为政用。首先，作者提出古代圣贤教化百姓是依靠《诗》、《书》、《礼》、《易》，以"为道义之门"，而奏疏章表、诔、铭等文章也"皆以褒德序贤，明勋证理"为主张。接着，文章叙述自魏晋以后，崇尚文辞，"忽君人之大道，好雕虫之小艺"，"竞骋文华，遂成风俗"，为此作者痛斥这种浮靡文风的弊病是"竞一韵之奇，争一字之巧。连篇累牍，不出月露之形；积案盈箱，唯是风云之状"。作者指出，这是一种"损本逐末"的做法，其后果是"文笔日繁，其政日乱"，对于国家政道与管理是十分不利的。然后，作者描述了自隋文帝颁布诏令，要求"公私文翰"应该文笔朴素，不虚美，不隐恶后公卿大臣"咸知正路"，"始弃华绮"，行文能够按先王经典去做，文风已有好转。这些实际上是为隋文帝歌功颂德的，同时证明自己反对浮华文风也是对的，是适时的。最后，作者指出，州县选取官吏、保举人才，未遵典则，只凭所作诗文是否华丽，不管道德和儒学如何，这些都应该严令禁止，希望隋文帝能够勒令诸司，制止浮靡之风。

《上隋高祖革文华书》，在文书撰写方面也是相当成功的。

首先，文章思想观点鲜明，态度明朗，措词不含糊。例如，文章提出无论什么文章，包括《诗》、《书》、《礼》、《易》，或是文书奏章等都是为了教化百姓，为了封建治道，为了通达政务，而一味争奇夺艳，不仅败坏文风，而且会乱其政治。如果仅以文章的华丽，会说漂亮话作为选拔官吏的标准，还容易造成朋党营私。这样就把文风问题和政务、治国和道德等重大问题联系起来，与官吏选拔挂起钩来，使文章中心内容突出，思想性强，显示了作者的思想深度。文章还认为纠正文风应措施有力且到位，明确提出对浮靡不正文风，要严厉制止，对写作者不仅不能选拔录用，而且还要治罪。虽然措施严厉，但是对于纠正这种盛行的文风还是有益的。

其次，文章论述清楚，层次分明，说理深刻。文章对于所反对的文风有分析有批判，既分析其产生之根源，又批判了它对于国家政治和政务管理的危害，并提出制止它的意见。虽然说文章还未能出脱"四六骈文"，但是李谔能以身作则，力求使文章显得通俗易懂，也力求做到全文明白通晓，文笔朴素，给好文风开了个头。

再次，作者顺应时势与政治和政务管理需要，注重文书作品的功用，影响深远。作为文书奏章，作者能够抓住隋文帝的心理，迎合隋文帝杨坚的政治需求，也能顺应那个时代发展的需要，提出纠正错误腐败的文风，以便使公文，包括其他文体的文章，能够"文为政用"，能够为管理国家服务。为此，文章从理论上阐述证明隋文帝关于制止华文的诏书是正确的，并与实践结合论证隋文帝的决策的可行性与必要性。例如，对"开皇四年，普诏天下，公私文翰，并宜实录"一事的描述，说明作者上疏是能够从统治者的政治需要和国家管理，及隋王朝的利益需要出发的，所以李谔纠正文风的意见和主张，很快就为隋文帝所采纳。据史书记载：隋文帝当时阅罢奏章，即把这份奏疏颁布于天下，诏令天下都要遵行，足见文章的感染力和说服力是很强的，也足见"文为政用"的这一文书理论思想是正确的。应当指出，古代的许多杰出政治家和文论家都把文章看成是政事之先务，认为文章要与政务相联系，即文章要能够为通达政务服务。李谔也就是这样做的，而且更为明确地指出，不论一切"公私文翰"都应当这样做。历来人们多把这篇文章所反映的问题，看成是纯粹的文风问题，或是单指文章之事。实际上,作者是将文书撰写问题提高到管理国家的水平之上来认识的,值得人们深思。

　　文章批评了齐、梁时代竞奇夺巧、脱离实际、内容空泛的文风,反映了隋初统治者及有识文人和这种文风作斗争的情况及其所采取的种种措施,因而它是一篇重要的古代文书论著,也是文学批评史上一份重要的文书参考资料。尽管隋朝统治者和李谔等人纠正文风的成效不大,但是他们这种要求和精神是应该肯定的,它对后世的影响也是深远的。此后,隋末王通比较明确地提出重道轻艺、重行轻文的文论主张,为中唐古文家"文以贯道"思想开了先声,这和李谔也是有极大关系的。

李世民（唐）

为官择人

朕闻为官择人者治[1]，为人择官者乱[2]。窦诞比来精神衰耗[3]，殊异常时[4]。知不肖而任之[5]，睹尸禄而不退[6]，非唯伤风乱政，亦恐为君不明[7]。考绩黜陟[8]，古今常典[9]，诞可光禄大夫还第[10]。

注释

[1]为官择人者治：为职务的需要选择人才，国家就能管理好。[2]为人择官：为了某个人的私利而选择好的职位。[3]窦诞：唐高祖女婿，历任刑部尚书等职。比来：近来。[4]殊异常时：和平时特别不同。[5]不肖：不贤，没有能力工作。[6]尸禄：（窦诞）占据职位领取俸禄却不能工作。此句意为看着窦诞已不能工作却不叫他退休。[7]非唯……亦……：相当于"不仅……也……"。[8]考绩黜陟（chù zhì）：考核工作成绩，据此决定罢免或提升。陟，升、登。[9]典：法规。[10]光禄大夫还（huán）第：以光禄大夫的职位退休。第，府第。

译文

我听说，为职务（工作岗位）的需要选择人才，国家就能治理好，而为了某个人的私利而选择好的职位，国家就会管理混乱。窦诞近来精神衰退，体力消耗不支，和平时特别不同。如果国君知道他没有能力工作而还在任用他，看着窦诞占据职位领取俸禄，已不能工作却不叫他退休，不仅会伤害社会风气，败坏国家纲纪，扰乱政务管理，也恐怕会使国君不能明察，不能正确任用官员。（任用官员）要考核其工作成绩，据此决定罢免或提升，这是古代和今天的正常法规。窦诞可以在光禄大夫的职位上退休回家（府第）。

品析

李世民（599—649 年），即唐太宗，唐朝开国第二任皇帝。在中国封建社会发展史上，他是较有作为的皇帝之一，也是我国历史上一位杰出的军事家和政治家。在执政期间，李世民实行了"均田制"、"租庸调"、"府兵制"等比较让利于民，适应社会进步的政策，很快促进了社会生产和经济的发展。他调整、改革了中央官僚机构，加强了中央集权，确立了科举制度，用以选拔任用朝廷和各级地方官员，并提倡以真才实学为选拔人才的标准。特别是他常以"亡隋为戒"，较能任贤纳谏，政治较为开明，在位二十几年间社会经济和文化有了很大发展，在中国封建社会上出现了空前繁荣的景象，史称"贞观之治"。

《为官择人》，这是李世民下达命令要求窦诞退休的诏令文书。其时，作为唐高祖女婿的窦诞，已历任刑部尚书等职，是唐朝的皇亲国戚和朝廷重臣，他虽年老多病，精神不足，体力不支，不能胜任工作，却还是占据着重要的职位不退，影响了朝政的推行和朝廷事务的管理。为此，李世民颁发了诏书，要求窦诞以光禄大夫的身份退休。文章认为，治理国家应该根据设置的官位职务选择合适的人才，根据政绩提升或罢免官员，反对为私人选择他们自己满意的职位。四句话四个层次，治国理念、事项、看法，最后为处理意见。

综上所述，可以看出，本篇诏令具有明显的写作艺术特色。

首先，文章简洁有力，有理有据，法理和情理相互交织、相互映照，威慑力和感染力极其强烈。文章作为皇帝的诏令，是朝廷颁发的法规法令，是必须要执行的，这就使文章具有强制力和威慑力；而文章中所涉及的人——窦诞是皇亲国戚、高祖的女婿、朝廷重臣，虽年高体弱，精神不佳，需要他退出所占据的重要岗位，然于情理有所不忍，但是，对于已经不能工作、丧失管理能力的人，还要继续任用他，这就影响了工作，会坏了朝廷纲纪法规，对朝政治理不利，甚至成为亡国亡朝之政，这就于法理所不容。文章以明法理为主，突出了"因岗择人"的人才管理思想和官员任用办法，同时又能兼顾情理，让"诞可光禄大夫还第"，体面地退休养老，可谓是还有人情味的。这样，能够使文章所阐明的思想内容融汇于法理与情理之中，产生强烈的感染力和说服力。

其次，文章思想内容突出，政治意义深刻，影响深远。本篇诏令颁发于1000多年前，唐太宗李世民当时就能够在文章中提出"为官择人者治，为人择官者乱"这种治理国家、治理朝政的先进管理思想，不仅鲜明地要求按照所设置的岗位选拔、任用合适的人才，并根据其政绩的好坏来决定其提升或是罢免，而且说明了是否这样做，关系到朝政管理的好坏，关系到国家的存亡。这种思想在当时的历史条件和时代环境下，确实是难能可贵的，充分体现了唐太宗作为政治家的远见卓识和杰出的管理思想。这种"因岗择人"、"以才用人"的管理思想的提出，以及能够不避亲疏地选用真才实学之人才的措施和办法的实施推行，对于唐朝的兴盛和繁荣，无疑是具有重要作用和现实意义的。同时，文章的重要性还在于它的深远的历史意义，特别是对于今天国家的管理，人才选拔、官员任用、国家各级官位和各种岗位的设置，以及如何为这些岗位官位选用合适人才与官员，都具有积极的借鉴作用。如能扎扎实实地学习传承古人，包括有作为的帝王的先进管理思想，这样国家也必定会同样兴盛和繁荣起来。

魏 徵（唐）

十渐不克终疏[1]

臣观自古帝王受图定鼎[2]，皆欲传之万代，贻厥孙谋[3]。故其垂拱岩廊，布政天下。其语道也，必先淳朴而抑浮华[5]；其论人也，必贵忠良而鄙邪佞[6]。言制度也，则绝奢靡而崇俭约[7]；谈物产也，则重谷帛而贱珍奇。然受命之初，皆遵之以成治；稍安之后，多反之而败俗。其故何哉？岂不以居万乘之尊[8]，有四海之富，出言而莫己逆[9]，所为而人必从，公道溺于私情，礼节亏于嗜欲故也[10]！语曰："非知之难[11]，行之惟难；非行之难，终之斯难。"所言信矣[12]。

伏惟陛下年甫弱冠[13]，大拯横流，削平区宇[14]，肇开帝业[15]。贞观之初，时方克壮[16]，抑损嗜欲，躬行节俭[17]，内外康宁，遂臻至治[18]。论功则汤、武不足方[19]，语德则尧、舜未为远。臣自擢居左右[20]，十有余年，每侍帷幄[21]，屡奉明旨，常许仁义之道[22]，守之而不失，俭约之志，终始而不渝。"一言兴邦"，斯之谓也[23]。德音在耳，敢忘之乎？而顷年已来[24]，稍乖曩志[25]。敦朴之理，渐不克终。谨以所闻列之如左：

陛下贞观之初，无为无欲[26]。清静之化，远被遐荒[27]。

考之于今，其风渐坠[28]。听言则远超于上圣，论事则未逾于中主[29]。何以言之？汉文、晋武俱非上哲[30]，汉文辞千里之马，晋武焚雉头之裘[31]。今则求骏马于万里，市珍奇于域外[32]，取怪于道路，见轻于戎、狄[33]。此其渐不克终一也。

　　昔子贡问理人于孔子[34]，孔子曰："懔乎若朽索之驭六马[35]。"子贡曰："何其畏哉[36]？"子曰："不以道遵之[37]，则吾仇也。若何其无畏？"故《书》[38]曰："民惟邦本，本固邦宁。为人上者，奈何不敬[39]？"陛下贞观之始，视人如伤[40]，恤其勤劳[41]，爱民犹子。每存简约，无所营为[42]。顷年已来，意在奢纵，忽忘卑俭[43]，轻用人力。乃云百姓无事则骄逸[44]，劳役则易使。自古已来，未有百姓逸乐而致倾败者也。何有逆畏其骄逸[45]，而故欲劳役者哉？恐非兴邦之至言，岂安人之长算[46]？此其渐不克终二也。

　　陛下贞观之初，损己以利物[47]。至于今日，纵欲以劳人[48]。卑俭之迹岁改，骄侈之情日异。虽忧人之言不绝于口，而乐身之事实切于心[49]。或时欲有所营[50]，虑人致谏[51]，乃云若不为此不便我身。人臣之情，何可复争[52]？此直意在杜谏者之口[53]，岂曰择善而行者乎？此其渐不克终三也。

　　立身成败，在于所染[54]。兰芷鲍鱼，与之俱化[55]。慎乎所习[56]，不可不思。陛下贞观之初，砥砺名节[57]，不私于物，唯善是与[58]。亲爱君子，疏斥小人。今则不然，轻亵小人[59]，礼重君子。重君子也，敬而远之；轻小人也，狎而近之[60]。近之则不见其非，远之则莫知其是。莫知其是，则不间而自疏[61]；不见其非，则有时而自昵[62]。昵近小人，非致理之道[63]；疏远君子,岂兴邦之义[64]? 此其渐不克终四也。

《书》曰:"不作无益害有益,功乃成;不贵异物贱用物[65],人乃足。犬马非其土性不畜[66],珍禽奇兽弗育于国。"陛下贞观之初,动遵尧、舜,损金抵璧[67],反朴还淳[68]。顷年已来,好尚奇异,难得之货无远不臻[69],珍玩之作无时能止。上好奢靡而望下敦朴,未之有也[70]。末作滋兴而求丰实[71],其不可得亦已明矣。此其渐不克终五也。

贞观之初,求贤若渴,善人所举,信而任之。取其所长,恒恐不及[72]。近岁已来,由心好恶[73],或众善举而用之,或一人毁而弃之[74];或积年任而用之,或一朝疑而远之。夫行有素履,事有成迹[75]。所毁之人,未必可信于所举;积年之行,不应顿失于一朝。君子之怀,蹈仁义而弘大德[76];小人之性,好谗佞以为身谋[77]。陛下不审察其根源,而轻为之臧否[78],是使守道者日疏,干求者日进[79]。所以人思苟免[80],莫能尽力。此其渐不克终六也。

陛下初登大位,高居深视。事惟清静,心无嗜欲。内除毕弋之物[81],外绝畋猎之源[82]。数载之后,不能固志。虽无十旬之逸[83],或过三驱之礼[84]。遂使盘游之娱,见讥于百姓[85];鹰犬之贡,远及于四夷[86]。或时教习之处[87],道路遥远,侵晨而出[88],入夜方还。以驰骋为欢,莫虑不虞之变[89]。事之不测,其可救乎[90]? 此其渐不克终七也。

孔子曰:"君使臣以礼,臣事君以忠。"然则君之待臣[91],义不可薄。陛下初践大位,敬以接下[92]。君恩下流,臣情上达,咸思竭力[93],心无所隐。顷年已来,多所忽略。或外官充使[94],奏事入朝,思睹阙庭,将陈所见[95]。欲言则颜色不接[96]，欲请又恩礼不加[97]。间因所短[98]，诘其细过[99]虽有聪辩之略，莫能申其忠款[100]。而望上下同心，君臣交泰[101]，不亦难乎？此其渐不克终八也。

傲不可长，欲不可纵，乐不可极，志不可满。四者前王之所致福[102]，通贤以为深诫。陛下贞观之初，孜孜不怠。屈己从人，恒若不足。顷年已来，微有矜放[103]。恃功业之大[104]，意蔑前王；负圣智之明[105]，心轻当代，此傲之长也。欲有所为，皆取遂意[106]；纵或抑情从谏[107]，终是不能忘怀，此欲之纵也。志在嬉游，情无厌倦；虽未全妨政事，不复专心治道，此乐将极也。率土乂安[108]，四夷款服[109]；仍远劳士马，问罪遐裔[110]，此志将满也。亲狎者阿旨而不肯言[111]，疏远者畏威而莫敢谏，积而不已，将亏圣德[112]。此其渐不克终九也。

昔陶唐、成汤之时[113]，非无灾患，而称其圣德者，以其有始有终，无为无欲，遇灾则极其忧勤，时安则不骄不逸故也。贞观之初，频年霜旱[114]。畿内户口，并就关外[115]。携负老幼，来往数千，曾无一户逃亡[116]，一人怨苦。此诚由识陛下矜育之怀[117]，所以至死无携贰[118]。顷年已来，疲于徭役。关中之人，劳弊尤甚。杂匠之徒，下日悉留和雇[119]。正兵之辈，上番多别驱使[120]。和市之物，不绝于乡闾[121]，递送之夫[122]，相继于道路。既有所弊，易为惊扰[123]。脱因水旱[124]，谷麦不收，恐百姓之心，不能如前日之宁帖[125]。此其渐不克终十也。

臣闻祸福无门，唯人所召[126]。人无衅焉，妖不妄作[127]。伏惟陛下统天御宇[128]，十有三年[129]。道洽寰中[130]，威加海外。年谷丰稔，礼教聿兴[131]。比屋逾于可封[132]，菽粟同于水火[133]。暨乎今岁[134]，天灾流行，炎气致旱，乃远被于郡国[135]；凶丑作孽，忽近起于毂下[136]。夫天何言哉？垂象示诫[137]。斯诚陛下惊惧之辰[138]，忧勤之日也。若见诫而惧，择善而从，同周文之小心，追殷汤之罪己[139]，前王所以致理者勤而行之，今日所以败德者思而改之，与物更新[140]，易人视听，则宝祚无疆[141]，普天幸甚。何祸败之有乎？然则社稷安危[142]，国家理乱，在于一人而已。当今太平之基，既崇极天之峻[143]，九仞之积，犹亏一篑之功[144]。千载休期[145]，时难再得。明主可为而不为，微臣所以郁结而长叹者也[146]。臣诚愚鄙，不达事机，略举所见十条，辄以上闻圣听[147]。伏愿陛下采臣狂瞽之言[148]，参与刍荛之议[149]，冀千虑一得，衮职有补[150]，则死日生年[151]，甘从斧钺[152]。

注释

[1]渐不克终：逐步发展，不能够善始善终。[2]受图定鼎：接受天命，建国定都。鼎，相传为夏禹所铸，共九个，为夏商周三代传国之宝，得天下者才能据有。后以定鼎指建国定都。[3]贻：留传。厥：他们的。[4]垂拱岩廊：安静地坐在朝廷上。垂拱，垂衣拱手，表不烦扰百姓。岩廊：高峻的廊庙，指朝廷。[5]先：推崇。抑：反对。[6]贵：以……为贵，意即重视。佞：(nìng)指能说会道。[7]绝：此指断绝。[8]万乘(shèng)之尊：指天子。万乘，拥有万乘兵车的国家。[9]莫己逆：即"莫逆己"。[10]溺：淹没，抹杀。亏：损害。嗜(shì)欲：嗜好私欲。[11]之：指代事情。以下几句的"之"同此。[12]信：实在。[13]伏惟：我恭恭敬敬地想。甫：才。弱冠：古代男子20岁成年时行冠礼，故以弱冠指20岁左右的年龄。[14]横流：洪水，比喻祸害。区宇：区域，指薛仁杲(gǎo)等敌对集团所占据的区域。[15]肇开：开创。[16]克壮：壮年。[17]抑损：节制。躬行：亲自实行。[18]臻：达到。[19]方：相比。[20]擢(zhuó)：选拔。[21]帷幄：军帐，用以泛指商议军国大计的地方。[22]许：实行。[23]一言兴邦：语出《论语·子路》："一言而可以兴邦，有诸?"意即靠一句话就可以使国家兴盛。[24]顷年：延年。

已:同"以"。[25]稍:逐渐。乖:违背,违反情理。曩(nǎng):以往,过去。[26]无为:指不做损害百姓的事。[27]之:教化。被:施及。遐荒:边远荒僻地区。[28]坠:失去。[29]逾(yú):同"逾",越过,超过。中主:品德中等的君主。[30]上哲:第一流的贤君。[31]辞千里之马:汉文帝没有接受献给他的千里马,下令各地以后不必有所进献。辞:不接受。焚雉头之裘:晋武帝拒绝太医司马程据献给他的雉头裘,在殿前烧毁,命令臣下今后不得这样做。[32]市:买。[33]怪:责怪。轻:轻视。于:介词,引出施动者。见:被。[34]子贡:孔子的学生,姓端木,名赐,字子贡。理人:治理百姓。[35]懍(lǐn):见危险而害怕。[36]何其:为什么。[37]遵:使之遵循,意即引导。[38]《书》:《尚书》。[39]奈何:怎么。敬:谨慎。[40]视人如伤:意即看待百姓就如看待病人一样,不去惊扰他们。[41]恤:怜惜。[42]每:总是。存:想到。简:简易。约:节俭。营为:兴土木,建宫室楼台。[43]忽:轻易。[44]乃:竟。骄逸:放纵。[45]逆:预先。[46]至言:最正确的话。长算:好主意。[47]利物:利于别人。[48]以:连词,表结果。[49]实:确实。[50]或时:有时。[51]虑:担心。致:表达。[52]情:情况。复争:再劝谏。[53]直:只是。杜:堵塞。[54]立身:建立功业。此可理解为当国家的君主。染:环境的影响。[55]兰芷:香草。鲍鱼:腐臭的鱼。之:指兰草、鲍鱼。化:改变。[56]习:近习,帝王的亲信。[57]砥砺:磨刀石。此可解作锻炼。[58]私:偏私。于:引出动作的接受者。唯善是与:好的就赞成。与:赞成。唯……是……,表宾语提前。[59]轻亵(xiè):轻慢,此指随便接近,态度不严肃。[60]狎:亲。[61]间:离间。[62]昵:亲近。[63]致理:用来治理国家。道:办法。[64]义:合宜的行为。[65]贵、贱:以……为贵,以……为贱。异物:珍奇之物。用物:日用之物。[66]土性:本地生长的。[67]动:一举一动。损:抛弃。抵:拒绝。[68]反、还:返回,此可理解为恢复。[69]尚:崇尚追求。无远不臻:不论再远也要弄到。[70]未之有:即"未有之"。[71]末作:古代以农业为本业,以工商为末作。此可理解为追求珍品异物这类非国家根本的事。[72]恒:经常。[73]好恶:喜欢厌恶。[74]或:前一"或"为代词,指"有的人",后一"或"为连词,表示如果。下句同。[75]素:平时,一贯。[76]蹈:实行。弘:发扬光大。[77]谗佞:搬弄是非,能说会道。以:连词,表目的。[78]为之:对这些。臧(zāng)否(pǐ):赞扬、批评。[79]干求者:求取利禄的人。干,求取。[80]苟免:苟求无过。[81]毕弋(yì):打猎用的网、系弓的生丝缕。[82]畋(tián):打猎。源:此指为打猎所提供的条件。[83]十旬之逸:超过十旬(一旬为十天)的围猎游戏,此指游乐无节制。夏代国君太康无道,"畋于有洛之表,十旬弗反"(《尚书

·王子之歌》)。[84]或:大概。三驱之礼:《易经·礼》:"王用三驱,失前禽。"三驱的说法不一,此指一定的限度。[85]遂:于是。见:被。[86]四夷:东夷、西戎、南蛮、北狄旧称四夷,是古代统治者对华夏族以外各族的蔑称。[87]或时:有的时候。[88]侵晨:一大早。[89]不虞:意料不到。虞,预料。[90]其:副词,难道。[91]然则:那么。[92]践:登。以:连词,表前后为偏正关系。[93]咸:全部。[94]外官充使:地方官有使命来京城。[95]陈:陈述,报告。[96]颜色不接:见不到皇帝颜面。[97]恩礼不加:得不到恩准。[98]间:有时。[99]诘:责备。细过:小毛病。[100]略:才能。款:诚恳。[101]交泰:协调。[102]所致福:致福的原因。[103]孜(zī):勤勉,努力不懈的样子。矜放:骄矜放纵。[104]恃:依仗。[105]负:依仗。[106]遂意:满足心志。[107]纵:即使。[108]率土:全国。乂(yì)安:太平。[109]款服:归顺。[110]问罪遐裔:征讨外族。遐裔,远方外族。[111]阿(ē)旨:奉承皇帝旨意。[112]已:止。亏:损害。[113]陶唐:即帝尧。尧初居于陶,后封于唐,为唐侯,故称陶唐。《史记·五帝纪》:"帝尧为陶唐,帝舜为有虞。"成汤:即商汤。[114]频年:连年。[115]畿(jī)内:京城所管辖的地区。关外:函谷关(河南灵宝县南)以外的地方。[116]曾:连……都……。加强语气。无一户逃亡:据载,外出逃荒的百姓于丰年又全部回来,无一户逃散。[117]诚:确实。矜育:怜悯安抚。[118]携贰:离心。[119]杂匠:各类工匠。下日:以后的日子,即服满徭役后的日子。和雇:官府出钱雇用劳力。和,交易。[120]正兵:正式服役的士兵。上番:轮流值勤。别驱使:派作另外的用场。[121]和市:官府向百姓议价购买货物。乡闾:乡里。[122]夫:役夫。[123]弊:害处。为:被。[124]脱:如果。[125]宁帖:稳定。[126]祸福无门,唯人所召:语出《左传·襄公二十三年》。[127]人无衅焉,妖不妄作:语出《左传·庄公十四年》,自己不留下空子,妖孽也无法作乱,即祸事不会发生。[128]统天御宇:上下四方,所有的空间。也作天下,意即统治天下。[129]有:又。[130]洽:普遍。寰中:全国。[131]丰稔(rěn):丰收。聿(yù):笔,此为句中语气词。[132]比屋逾于可封:语出《汉书·王莽传》:"明圣之时,国多贤人,故唐、虞之时,可比屋而封。"此指胜过"比屋而封"(每家都可封官)的情形(贤人多)。[133]菽粟同于水火:语出《孟子·尽心上》:"圣人之治天下,使有菽粟如水火。"意即使家有菽粟,就如有水火一样(粮食多)。[134]暨乎:到了。[135]被:遍及。郡国:各道、州府。[136]"凶丑"句:指贞观十三年突厥贵族结社率兵作乱之事,后被捕获斩首。毂(gǔ)下:京城。毂,车轮中心的圆木。[137]垂象示诫:显现凶象以示儆戒。[138]斯:这。[139]周文小心:语出《诗·文王》:"唯此文王,小心翼翼。"追:跟随学习。殷汤之罪己:语出《左传·庄公十一年》:"臧文仲曰:'禹、汤罪己,其兴也勃焉。'"意即禹、汤责罚自己,他们就勃然兴起。罪,责罚。[140]与物更新:与大家一起再创立新局面。[141]宝祚(zuò):国家。[142]社稷(jì):古代国君祭祀的土地神和谷神,用作国家的代称。[143]崇:堆高。[144]犹亏一篑(kuì):还差一竹筐土的工作(功效)。语出《尚书·旅獒》:"为山九仞,功亏一篑。"(堆积九仞高的山,它的成功就差一竹筐土。)[145]休期:好机会。[146]……者:……的原因。[147]辄:就。[148]狂瞽之言:狂言瞎语。[149]刍荛(chú ráo)之议:浅薄之见。刍荛,砍柴人,此指见识短的人,乃自谦。[150]冀:希望,但愿。衮职:天子的职守。衮,帝王或三公(最高的官)穿的朝服。"衮职"句前省略介词"于"。[151]死日生年:意即死日犹如生年,就是死了也如活着一样。[152]从斧钺(yuè):受死刑。钺,大斧,古代一种像斧子的兵器。

译文

臣看自古以来的帝王接受天命建国定邦,都是想把它留传万代,为传给子孙而作打算的。所以他们安坐朝廷,治理天下。他们谈话,推崇淳朴而反对浮华;他们论人,重视忠良君子而鄙视奸佞小人;谈论制度,则杜绝奢侈浪费而推崇节约;谈物产,则以粮食衣物为贵而以珍奇之物为贱。可是,都只是在刚接受天命统治天下的时候,遵守这些原则来达到天下太平,稍稍安定之后,大多数是违背这些原则和毁坏这些习惯的。这是什么原因呢?难道不是因为以天子自居,拥有四海的富足,于是说话就不许别人违背自己,做事就要求别人顺从自己,公理被私情抹杀,礼节被嗜好损害的缘故吗?古话说:"知道事情并不难,实行起来就难了;实行并不难,而要能善始善终这才难啊!"这话说得对呀!

我恭恭敬敬地想,陛下当年才刚20岁,就从祸乱中拯救天下,削平各区域敌对集团,开创帝业。贞观初年,陛下那时正是壮年,节制自己的嗜好、欲望,亲自实行节约,内外安乐平静,于是达到天下大治。论功绩则商汤、武王不能与陛下相比,论德行则陛下与尧舜相仿。臣自从被选拔到陛下左右,已10多年了,每于帷幄伺侯,多次得到陛下的英明指示，常实行仁义之道，遵照这一准则而不丧失节俭的思想，始终不渝。"一句话就可以使国家兴盛"，说的就是这个道理。陛下的话还在我耳边回响，岂敢忘记呢？可是近年来，陛下已逐渐违背过去的精神。敦朴的精神，已渐不能善始善终。谨把所知道的列举如下：

陛下在贞观初年，不做损害百姓的事，没有过分的私欲。清明的教化，施及边远地区。在今天来考察，这样的风气已渐失去。听陛下的言语，则远远超过圣君，说起陛下的行为则未胜过品德中等的君主。根据什么这样说呢？汉文帝刘恒、晋武帝司马炎都不是第一流的君王，可是汉文帝不接受进献的千里马，晋武帝当众焚毁雉头裘。现在陛下到万里之外寻求千里马，到国外购买珍奇之物，为民所责怪，被外族所轻视。这是陛下不能善始善终的第一点。

从前子贡向孔子请教治理百姓的方法。孔子说："要像拿着腐朽的缰绳驾驭六匹马那样小心啊！"子贡说："为什么这样害怕呢？"孔子说："要是不用仁义之道引导他们，那么我就会成为他们的仇人，像这样怎么会不害怕呢？"所以《尚书》说："只有百姓才是国家的根基，根基牢固国家就安宁。当君王的，怎么就不谨慎呢？"陛下在贞观初年，看待百姓就像看待害了病的人一样（不去惊扰），怜惜百姓辛勤劳苦，爱民如子。陛下总是想着简易、节俭，因而不兴建宫室楼台。近年以来，陛下之意在奢侈纵欲，轻易地忘记了谦卑节俭，随便征用人力，（像这样）竟说是百姓无事就要放纵，要服些劳役才容易驱使。自古以来，没有因为百姓安逸而导致国家衰亡的。哪有事先怕他们会放纵而借故要劳役他们的道理呢？这恐怕不是振兴国家的最正确的话，难道会是安抚百姓的好主意？这是陛下不能善始善终的第二点。

陛下在贞观初年，克制自己以利于百姓，到了今天，却尽情满足自己而劳累百姓，谦卑节俭的做法一年年改变，骄纵奢侈的欲念一天天递增。虽然忧国忧民的话从不离口，可是自身享乐的事却念念不忘。有时陛下想要做什么事，担心大臣会表示劝阻，就说是如果不这样做于我不利。一个是君主，一个是大臣，这样的情况，叫人怎么能够再劝谏呢？这只是意在堵塞劝谏者的口，难道能说是择善而行吗？这是陛下不能善始善终的第三点。

建立功业的成败，在于环境的影响。香草臭鱼，和它们接近就要受不同的影响，谨慎地对待亲信，这问题不可不考虑。陛下在贞观初年，锻炼自己的意志与节操，对事情不偏私，好的就赞成，亲近、爱护君子，疏远、斥责小人。现在却不这样，轻慢小人，敬重君子。敬重君子，是敬而远之；轻慢小人，是亲而近之。近之则因此不见他的错误，远之则因此不知他的长处。不知君子的长处，那么即使没有人离间也自然疏远；不见小人的错误，那么就有机会自然亲近。亲近小人，不是用来治理国家的办法；疏远君子，难道是振兴国家的行为？这是陛下不能善始善终的第四点。

《尚书》说："不做无益的事情和妨害有益的事情，功业才能成就；不要以珍奇之物为贵，以日用之物为贱，百姓才能富足。犬马不是一国本地生长的就不畜养，珍禽奇兽不要畜养。"陛下在贞观初年，一举一动遵照尧、舜的做法，抛弃金银宝玉，恢复尧、舜的淳朴。近年以来，陛下喜欢、追求珍奇，难得的东西再远也要弄到，奇异的玩物一时也不能没有。皇上喜欢奢侈而希望下级淳朴，是不可能做到的事。不是根本的事情却做得这样兴旺，要想求得国家丰实，就完全不可能，这也已经是很清楚的了。这是陛下不能善始善终的第五点。

贞观初年，陛下求贤如渴，正派人所举荐的，即相信、任用他们，取他们的长处，还常常怕做得不够。近年以来，却随自己的好恶，有的因众人称善而被举用的人，如果一人说坏话就废弃不用；有的长期相信任用的人，如果一旦怀疑就被疏远了。人走路有其一贯的走法，做事有其一贯的做法。被毁谤的人，未必可以相信对他的举荐，然而长期被任用的，却不应立刻就被弃于一旦。君子的思想和胸怀，是要实行仁义发扬大德；而小人的秉性，确实是喜欢进谗言来为自己打算。陛下不审查这里的根源，却轻易地对这些表示赞成或批评，这就使力行仁义之道的人一天天疏远，求取利禄者一天天亲近。因而大家只想着苟求无过，不能为国家尽力。这是陛下不能善始善终的第六点。

陛下初登帝位时，站得高看得远，只图清静，不存嗜好。内除打猎的用具，外绝打猎的条件。几年之后，就不能坚持自己的做法了，即使游乐没有达到极度的地步，大概也超过了起码的限度了。于是致使打猎游乐被百姓讥讽；鹰犬这类的贡品，远到来自四夷。有的时候教习场道路遥远，一早出发，夜晚才回。把骑马驰骋作为娱乐，全不考虑不测之变，事情早没有预料，难道还能挽救吗？这是陛下不能善始善终的第七点。

孔子说："君王以礼使用臣子，臣子以忠服侍君王。"那么，君王待臣，义不可少。陛下初登帝位，以敬重的态度来对待臣下。君恩下施至臣，臣情上达至君，臣下全都想着尽力，心里无所隐瞒。近年以来，陛下大多有所忽略。有时地方官有使命来京城，入朝上书，想见君王，陈述他的所见。想陈述却见不到君王，想请求什么又得不到恩准。有时因为臣下有错处，陛下就对他们的小毛病严加指责，即使他们有聪辩之才，也无法申述他们的忠正、诚恳。像这样要指望上下同心，君臣协调，不也是很难的么？这是陛下不能善始善终的第八点。

傲气不可滋长，嗜欲不可放纵，娱乐不可极度，需求不可极限，这四者是过去的帝王致福的原因，通达事理的贤君都以此为诫。陛下在贞观初年，勤勉不懈。委屈自己听从别人意见，总好像自己做得很不够。近年以来，已稍有骄矜放纵。依仗功业的伟大，蔑视过去的帝王；依仗超人的明智，轻视今天的臣民，这是傲气的滋长。想要做什么，都要做到称自己的心意；即使有时克制自己听从劝谏，也总是不能忘怀，这是嗜欲的放纵。志在嬉游，这种喜好并无厌倦之时，虽然并不妨碍政事，但也已不再专心治国，这是娱乐几乎达到极度了。全国太平，外族归顺，但还是向远方用兵，征讨外族，这是需求几乎达到顶点了。亲近的人要奉承陛下旨意而不肯直言，疏远的人畏惧陛下的权威而不敢劝谏。恶习长久积累不止，就将要损害陛下圣德。这是陛下不能善始善终的第九点。

从前帝尧、商汤的时候，不是没有灾祸，可是也称其圣德，这是因为他们有始有终，无为无欲，遇灾时他们极其担忧勤勉，太平时他们不骄不逸的缘故。贞观初年，连年霜旱，京城百姓，逃荒到关外。他们扶老携幼，来往数千里，可是后来全部回来了，无一户逃散，无一人怨苦。这确实是因为百姓知道陛下的怜悯安抚之心，所以至死都不离心。近年以来，百姓被徭役所累，关中百姓尤其劳累。各类工匠，服满徭役又全部留下为官府雇用，正式服役的士兵们，轮番被派作另外的用场。官府所要购买的货物不断地要从乡里送去，传送的役夫，不停地在路上奔走。既有害处，百姓就易被惊扰。如果因水旱，谷麦不收，恐怕百姓之心，就不能像过去那样稳定了。这是陛下不能善始善终的第十点。

臣听说祸福并无一定，由人自己所招致。人不留下空子，祸事也不会发生。臣恭恭敬敬地想，陛下统一天下 13 年了，影响普及全国，威望施及海外。年岁丰稔，礼教兴起，贤人多于唐虞户户可封官之时，粮食多如家家有水火一样。到了现在，天灾流行，遇到旱灾，遍及各郡；坏人作乱，忽在京城发生。天能说什么呢？就显示凶象以示儆戒。这真是叫陛下受惊忧虑的日子！如果陛下能见此而惧，择善而从，如文王的小心翼翼，学禹、汤的责罚自己，前王用来治理国家的经验就努力实行，那败坏德政的做法就总结改正，与大家再创新局面，改变留给人们的印象，那么，国家就长久，人民也幸运。这样怎么会有祸乱呢？可见国家的安危、治乱，就在于一个人罢了。现在太平的基石，已奠立到天顶这样高，九仞的高山，就还差一筐土的功效了。千年好机会，时机难再得，贤君可做到的却不做，这就是臣下所以郁结长叹的原因。臣确实愚鄙，不通事情的关键，略举所见的十条，陈述给陛下看。我恭敬地希望陛下能采纳臣的狂言瞎语、浅薄之见，但愿我愚者千虑能有一得，对天子职守有所补益，这样我虽死犹生，被处死刑也甘心了。

品析

魏徵（580—643 年），字玄成，唐初重要的政治家。曾任谏议大夫、检校侍中等职，在历史上以能犯颜直谏而著称，其言论散见于唐代吴兢所撰《贞观政要》中。有《隋书》的序论，《梁书》、《齐书》、《陈书》的总论，主编《群书纪要》。

《十渐不克终疏》，选自《旧唐书·魏徵传》，作于贞观十三年（639年），时魏徵任门下侍中，是魏徵劝谏唐太宗李世民的奏章。《贞观政要》卷十四记载："魏徵恐太宗不能克终俭约，近岁颇好奢纵，上疏谏。"说的就是这篇奏疏。李渊于武德元年（618年）建立了唐王朝，之后，鉴于隋朝灭亡的教训，实行对农民的让步政策，一方面推行均田制，以满足农民的土地要求，一方面减轻赋役，使人民暂得休养生息。唐太宗即位后，进一步贯彻这一政策，很快推动了社会生产的发展，到了贞观中期，即成为封建社会的所谓太平盛世。然而，唐太宗在成绩面前骄傲自满了，生活也逐渐奢侈起来，广搜奇珍异宝，修筑宫殿，连年对外用兵。对此，魏徵保持清醒的头脑，没有忘记隋朝灭亡的历史教训，勇敢地向唐太宗进呈了《十渐不克终疏》。

由于魏徵提出的意见符合唐朝统治阶级的根本利益，因而能为唐太宗所接受。据《贞观政要》卷十记载：是时，太宗对魏徵说："朕今闻过能改，庶几克终善事。若违此言，更何颜与公相见，复欲何云以理天下？自得公疏，反复研寻，深觉词强理直，遂列为屏障，朝夕瞻仰，又录付史司，冀千载之下，识君臣之义。"此后，又赠赐魏徵黄金十斤，厩马二匹。然而，待到魏徵死后，唐太宗发现他把所上奏疏抄示史官褚遂良，极为恼火，即废其女嫁魏徵长子的婚约，还推倒为魏徵所树墓碑。历史事实表明，封建臣子的进谏上疏，必须符合整个封建王朝的利益，同时又要符合皇帝的利益，否则，也是难有什么好结果的。

本篇奏疏，畅论时政的得失，指正唐太宗在十个方面不能善始善终，希望他能警觉改过，保持贞观初年那种节俭、敦朴、谨慎的作风。文章首先叙述帝王与国家兴亡之道是要慎终如始，保持一贯的创业精神的，并由此引出文章论述之主题和议论的中心内容，指出唐太宗从开创帝业之始，到贞观初年的这段时间，都能够实行清明政治与仁义之道,能够"躬行节俭",勤于政务管理,谋求国家的长治久安,但是后来逐渐违背了过去的敦朴精神,不能善始善终。接着,作者就其所知道的事理指出唐太宗在管理朝政的十个方面所表现出来的渐不克终:一是四处寻求千里马和珍奇异宝,清静寡欲之心渐不克终;二是轻举劳役,滥用民力,节俭爱民之心渐不克终;三是贪图享受追求奢侈,拒绝贤良堵塞劝谏,损己利物之心渐不克终;四是远君子近小人,分不清是非,慎习与善之心渐不克终;五是好尚奇异奢靡,敦朴贱末之心渐不克终;六是喜听恭维之言,随自己的爱好对待臣下,求贤爱士之心渐不克终;七是驰骋田猎,喜欢游玩,勤政务警戒盘游之心渐不克终;八是君臣上下隔阂,协调一致、同心协力、敬重接下之心渐不克终;九是骄傲自大,放任纵欲,乐极志满,谦恭谨慎之心渐不克终;十是劳民伤财,偶有水旱灾害,百姓即受惊扰,而遇灾忧勤、见怜百姓之心渐不克终。在文章最后,魏徵恳切希望唐太宗能听取别人意见,纳取忠言,学习前王圣君治理国家的经验,并努力实行,特别是对于那些败坏德政的做法应该改正。同时,文章的最后部分还一针见血地指出国家的安危治乱在于一人,关系重大,作为君王者就更要谨慎,始终如一,贯彻到底。所有这些肺腑之言、深刻的义理,使唐太宗不得不为之惊醒,反复研磨,纳其所言。

　　这篇文章,作为呈送皇帝的奏折,能够紧紧地围绕治国安邦这一主题进行阐述论证,文章所提出的问题,涉及整个封建社会国家管理的各方面。它包含了最高统治者如何正确使用人才,如何爱护百姓,如何惜贤纳言,听取别人意见,如何正确分清是非,辨别君子与小人,如何团结臣民百姓,上下一心,以及如何做好统治者自身的管理和修养等一系列重大问题。当然,魏徵的这些意见,都是为唐王朝服务的,即都是从唐太宗的帝业能够传接万代出发,为封建统治者如何实现长治久安而进谏谋划的。不过,作为下臣的魏徵能够胸怀坦荡,毫无顾忌,正直敢言的精神是十分可贵的;而作为最高统治者的唐太宗,则能虚怀若谷,不为情面所失,虽然有时也会因臣下犯颜直谏,难免怒不可遏,但还能倾听下言,勇于纳言,善于改过,也是难得之开明帝王。没有唐太宗,也不可能有魏徵。这里,如果抛开其阶级观点、性质不论,他们两人的品行和精神,都是可以为今人所借鉴的。

作为上行公文的奏疏,《十渐不克终疏》在写作上是很成功的。文章思想鲜明,主题突出,说理透彻。刘勰在《文心雕龙·奏启》中说:"体国之忠规……固以明允笃诚为本,辨析疏通为首。"通观全篇奏疏,确实体现了这一文书理论思想。作者对治国安民的一番忠诚规劝,使其思想表露十分鲜明,因而,文章显得语旨恳切,笔意纵横,气势雄峻,词强理直,而又说理深刻,精辟有力,前人比之贾谊的《治安策》。例如,"懔乎若朽索之驭六马"这种精辟形象的说理,用来开导告诫唐太宗治理国家要谨慎小心,切勿放纵私欲,这就具有极强的说服力。又如批评唐太宗"轻亵小人,礼重君子。重君子也,敬而远之;轻小人也,狎而近之。近之则不见其非,远之则莫知其是"等言,十分精辟,其中包含深刻的生活哲理和治国安民之道,至今仍然不失其积极的现实意义。

文章的论述能通古博今,反复比照,而又条理分明,大受韩非文风的影响。例如,在指出十渐不克终时,能引征古代圣人经典来论述,并列举当时的事实,互相比较对照,一正一反,一褒一贬。作者能够熟知唐太宗的行为,掌握其心理,摸透其思想,有针对性地提出问题,辨析其中道理,陈其弊病,又诉其利害,从而使之有理有据,具有很强的信服力和感染力,充分显示魏徵作为政治家和历史学家在撰写文书奏章上的特点和风格。

文章不仅思想性强,而且文词通畅、明快,辞采华美,却又不浮靡。文中语言生动简洁,能够选用最贴切地表达中心思想的词句,巧妙地运用比喻和大量排比对偶句的修辞手法,气势凌人,又生动形象。通观全文,虽有骈语,却全无典故堆砌之病,完全不同于汉魏六朝骈文的矫揉造作,片面追求词句的华丽,做到辞藻的美、形式的美与思想内容的美相结合。这些对后世的影响是很大的,为欧阳修、苏轼等文学家所推崇和效法。

骆宾王(唐)

为徐敬业讨武曌檄

伪临朝武氏者,性非和顺,地实寒微[1]。昔充太宗下陈[2],曾以更衣入侍。洎乎晚节[3],秽乱春宫[4]。潜隐先帝之私,阴图后房之嬖[5]。入门见嫉,蛾眉不肯让人;掩袖工谗[6],狐媚偏能惑主。践元后于翚、翟[7],陷吾君于聚麀[8]。加以虺蜴为心[9],豺狼成性。近狎邪僻,残害忠良,杀姐屠兄,弑君鸩母[10]。人神之所同嫉,天地之所不容。犹复包藏祸心[11],窥窃神器[12]。君之爱子[13],幽之于别宫;贼之宗盟[14],委之以重任。呜呼。霍子孟之不作[15],朱虚侯之已亡[16]。燕啄皇孙,知汉祚之将尽[17];龙漦帝后,识夏庭之遽衰[18]。

敬业,皇唐旧臣,公侯冢子[19],奉先君之成业,荷本朝之厚恩。宋微子之兴悲[20],良有以也[21];袁君山之流涕[22],岂徒然哉。是用气愤风云,志安社稷。因天下之失望[23],顺宇内之推心,爰举义旗,以清妖孽。南连百越,北尽山河[24]。铁骑成群,玉轴相连。海陵红粟[25],仓储之积靡穷[26];江浦黄旗[27],匡复之功何远[28]。班声动而北风起[29],剑气冲而南斗平。喑呜[30],则山岳崩颓;叱咤,则风云变色。以此制敌,何敌不摧;以此攻城,何城不克!

公等或居汉地[31]，或叶周亲[32]；或膺重寄于话言[33]，或受顾命于宣室[34]。言犹在耳，忠岂忘心。一抔之土未干，六尺之孤何托[35]。倘能转祸为福，送往事居[36]。共立勤王之勋[37]，无废大君之命。凡诸爵赏，同指山河[38]。若其眷恋穷城，徘徊歧路，坐昧先几之兆[39]，必贻后至之诛[40]。请看今日之域中，竟是谁家之天下！

注释

[1]地：此指出身。[2]下陈：后列，站在后列的人，指皇帝的侍妾。[3]洎(jì)：及，到。[4]春宫：同东宫，此句指武则天为太宗才人时为东宫太子李治所悦。[5]"潜隐"二句：遮掩曾侍奉过先帝之事，暗中想谋取皇后之位。璧，宠幸。[6]工谗：巧于用谗言。[7]翚(huī)、翟(dí)：羽毛五彩的野鸡，此指用翚、翟之形的皇后的车服，即指皇后之位。[8]聚麀(yōu)：禽兽不知父子夫妇之伦，指武则天侍奉唐太宗、唐高宗，使高宗陷于聚麀不义之地。[9]虺(huī)：毒蛇。[10]鸩(zhèn)：毒鸟，此作动词，毒死。[11]犹：还。[12]神器：帝位，指唐朝政权。[13]君之爱子：指中宗李显。[14]宗盟：谓武则天亲信武三思辈。[15]霍子孟：汉代的霍光，辅助幼主。[16]朱虚侯：汉代刘章，诛诸吕而安刘。此二句暗讥朝臣不当霍光、刘章这样的忠臣。[17]燕啄皇孙：汉成帝后赵飞燕，于后宫有子者皆杀之，故有燕啄皇孙之谣。祚(zuò)：通"阼"(zuò)，指帝位，也作"福"。[18]"龙漦帝后"二句：从武后所为可知唐室将亡。漦(lí)，顺流，传说龙所吐涎(xián)沫(同"昧"mèi)。据说，夏后氏之衰，有神龙止于庭，夏后取其漦藏于庭，传及殷周，莫之敢发。周厉王之末，发而观之，见漦流于庭，入于王府，王府童女遭之，生怪女，弃之于市，即褒姒。周幽王伐褒，褒人献褒姒，为幽王宠幸，遂至亡国。[19]"敬业"三句：徐敬业乃徐世勣之孙（徐归唐赐姓李名勣）。冢(zhǒng)子：长子。[20]宋微子：微子，殷纣庶兄。周王灭殷后，封微子于宋。微子过殷故墟，悲之，作《麦秀之歌》一章。[21]良：的确。以：原因。[22]袁君山：汉代袁安，因汉主年少，外戚专权，每谈及国事则伤心流涕。[23]因：趁。[24]爰：于是。山河：应作"三河"，指汉代设有河东、河南、河内三郡。[25]海陵：县名，即今江苏泰县。[26]靡：无。[27]江浦：即今江苏江浦县。[28]匡复：指复兴唐室。[29]班声动：班马之声动。[30]暗(yīn)鸣：呼声。[31]或居汉地：有的

为异姓之臣。[32]或叶周亲:有的为同姓之臣。[33]膺:受。重寄:重要政事的委托。[34]顾命:受君王之托。宣室:宫殿。[35]六尺之孤:指中宗李显。[36]往:指高宗李治。事:侍奉。居:指中宗李显。[37]勤王:勤力于王室,为王室效力。[38]同指山河:封赏有功之人,共指泰山、黄河为信。[39]坐昧:坐失。先几之兆:指成功的良机。[40]贻:留,遭受。后至之诛:禹招群臣于会稽,防风氏后至,禹戮之。

译文

那个擅称伪号把持朝政的武氏,本性并非温和驯顺,而且出身卑下。当初是太宗皇帝的姬妾,曾因更衣的机会而得以侍奉左右。到后来,不顾伦常与太子发生淫乱的行为。隐瞒先帝曾对她的宠幸,谋求取得在宫中专宠的地位。选入宫里的妃嫔美女都遭到她的嫉妒,一个都不放过;善于掩袖作态,说人坏话,玩弄手段,妖冶狐媚偏偏能迷惑住君主。终于穿上皇后的礼服,登上皇后的宝座,把我们皇上推到乱伦的丑恶境地。加上一幅毒蛇般的心肠,凶残成性。亲近奸佞,残害忠良,杀戮兄姊,谋杀君王,毒死母亲。这种人为天神凡人所痛恨,为天地所不容。她还包藏祸心,图谋夺取帝位。皇上的爱子,被幽禁在冷宫里;而她的亲属党羽,却委派以重要的职位。唉!霍光这样忠贞的重臣,再也不见出现,刘章那样强悍的宗室也已消亡了。"燕啄皇孙"歌谣的出现,人们知道汉朝的皇统将要穷尽;孽龙的口水流淌在帝王的宫廷里,标志着夏朝快要衰亡。

　　敬业是大唐的老臣下,是王公贵族的长子,奉承先祖先父已成的事业,承受着本朝的优厚恩典。宋微子为故国的覆灭而悲哀,确实是有他的原因的;桓谭为失去爵禄而流泪,难道是毫无道理的吗!因此我愤然而起来干一番事业,目的是为了安定大唐的江山。依随着天下对武氏的失望情绪,顺应着举国推仰的心愿,于是高举正义之旗,发誓要消除害人的妖物。南至偏远的百越,北到中原的三河。铁骑成群,战车相连。海陵的粟米多得发酵变红,仓库里的储存真是无穷无尽;大江之滨旌旗飘扬,光复大唐的伟大功业还会是遥远的吗!战马在北风中嘶鸣,宝剑之气直冲向天上的星斗。战士的怒吼使得山岳崩塌,云天变色。拿这来对付敌人,有什么敌人不能打垮;拿这来攻打城池,有什么城池不能被攻克!

诸位或者是世代蒙受国家的封爵,或者是皇室的姻亲,或者是负有重任的将军,或者是接受先帝遗命的大臣。先帝的话音好像还在耳边,你们的忠诚怎能忘却?先帝的坟土尚未干透,年幼的继君又可托付给谁?如果能转变当前的祸难成为福祉,好好地送走死去的旧主和服侍当今的皇上,共同建立匡救王室的功勋,不至于废弃先皇的遗命,那么功成之后,必定会得到各种封爵赏赐,这一点我们可以对山河发誓!如果留恋目前的既得利益,困守孤城,在关键时刻犹疑不决,看不清形势发展的事先征兆而失去良机,就一定会招致严厉的惩罚。请看明白今天的世界,到底是谁家的天下!

品析

骆宾王(约 640—684 年),唐朝婺州义乌(今浙江省义乌市)人。曾于道王李元庆府供职,先后任武功、长安两县主簿,后入朝迁为侍御史。他为人正直,敢于上书诤谏。武则天即帝位后,不同意武则天所推行的一套礼法,常诤谏于廷上,或是上书谏责。据胡应麟《补唐书骆侍御传》记载:骆宾王"屡上书言天下计,后(武)曌(zhào)怒,诬以法,逮系狱中"。此事如属实,应是徐敬业兵败之后的事。但是,骆宾王于武则天执政期间,因政见不合,触怒武则天,这是事实,为此,后被贬为临海县丞,郁郁不得志。武后光宅元年(684 年),即睿宗文明元年,徐敬业于广陵(今江苏扬州)起兵反对武则天,骆宾王参与其事,为幕府。后徐敬业兵败,骆宾王被俘,武则天念其才,不治罪,但要其"出家为僧"。对此,史书也有不同说法。亦说他被俘"伏诛",或称其"不知所终"。骆宾王少负才名,传说 7 岁能作诗,擅长七言歌行,《帝京篇》是他的代表作,和王勃、杨炯、卢照邻并称"初唐四杰"。今传有《骆临海集》十卷。

本文选自清陈熙晋注《骆临海集》卷十,文题有的选本为《为李敬业讨武曌檄》，是后人所加，武则天自名"曌"，这是后来的事。而本文是骆宾王代徐敬业撰写声讨武则天的檄文，属于檄移体军用文书。刘勰在《文心雕龙·檄移》中说："既乎战国，始称为檄。檄者，皎也。宣露于外，皎然明白也。"这是檄移的名称，它始于周朝，而到了战国时，才有这样明确的名称。它多用于军事作战或对敌斗争，其作用是"振此威风，暴彼昏乱"。但是，在封建社会中，君王与臣下诸侯使用这种军用文书则有所不同，"天亲戎，则称恭行天罚；诸侯御师，则云肃将王诛"（刘勰《文心雕龙·檄移》）。这篇《为徐敬业讨武曌檄》就是徐敬业为匡复李唐王朝讨伐武则天的文告，作于光宅元年（684年）九月。当时，为了能够顺利地推行新政，武则天亲临朝政，废中宗为庐陵王，立相王（李旦）为帝，这样就挫败了保守势力的进攻，进而执掌了全部朝政大权。于是，统治集团内部新旧势力的矛盾和斗争，就显得非常尖锐激烈。徐敬业是唐朝开国功臣英国公徐世勣之孙，少有勇猛之名，屡从勘征讨，曾任太仆少卿、眉州刺史，后贬柳州司马。这年七月，他以扬州为根据地，纠合反武力量，起兵反对武则天篡位夺权，并自称为匡复府上将，领扬州大都督，同时，以骆宾王为艺文令（类似今天的高级文书、秘书官员）。此文即是骆宾王奉令为徐敬业而写的檄移文书。

在这篇檄文中，作者以封建君臣之义作为起兵讨伐武则天之根据，以匡复李唐王朝，反对武后篡位废唐为名义，以明出师之顺、问罪之正。首先，文章叙述武则天的出身、历史、为人品性，列数她的罪状，揭露她企图篡位的阴谋，并通过历史事例来比喻，指出唐王朝将要衰弱，以此引起唐朝朝臣与天下人的关注。接着，文章叙述徐敬业兴师问罪乃是匡扶李唐王室的壮举，说明徐敬业是旨在安定社稷，顺应天下百姓之心，清除妖孽的。文章即给徐敬业兴义师之正名顺理，号召天下人共同行动，起来讨伐武则天，同时，文章描绘义师之强大，说明他们定能克敌制胜，消灭武则天，匡扶李唐王朝。最后，文章希望唐朝臣子百姓，应该忠于唐王朝，群起讨伐武后，变武后的祸害为唐朝的幸福，并指天地山河为誓，要求天下人与徐敬业等义师一道，共立勤王之功勋,否则,追随武后,是要受到诛戮的!

　　就历史事实而言,武则天出身贫寒,也是"爱民如子"的,在辅助高宗期间,实行了清明政治,大胆革新朝政,损害了权贵的利益,遭到他们的强烈反抗。武则天所奉行的朝政方针政策,基本上是按照唐太宗的那一套进行的。然而,由于她出身贫贱,特别是作为"女子"参政、执政,这就被封建社会里的"三纲五常"视为大逆不道,受到封建保守人士和权贵的激烈反对和攻击。其中徐敬业纠集"反武"力量,就是突出代表之一。因而本篇檄文也就不可避免地会不顾客观历史事实对武则天加以攻击。这里所谓出师之顺、问罪之正,都是以维护李氏唐朝为准则的。实际上,武则天的参与朝政和独自执掌管理朝政,号令天下,是顺应时代需求和历史发展的。它对于唐王朝的巩固和社会的发展,对于当时农业、商业、科学文化等的发展,对于人民群众生活水平的提高,都在客观上起到了推动的作用。因此,对于檄文中所反映的思想和表露的观念,都应当尊重历史,客观地加以分析与评价。

　　《为徐敬业讨武曌檄》,作为声讨武则天的檄移文书作品,为当时和历代人们所传颂,足见其写作艺术技巧是很出色的。

　　首先,本篇檄文具有语言刚健有力,气势雄壮,措词果断的特点。对于写作檄移文书,刘勰在《文心雕龙·檄移》中说:"故其植义扬辞,务在刚健。插羽以示迅,不可使辞缓;露板以宣众,不可使义隐,必事昭而理辨,气盛而辞断。此其要也。"文章正有这种风格和语言特点。如文章的开头,就开门见山地历数武则天的所谓罪状,其气势犹如狂风急雨冲刷对方的污秽,暴露对方的所谓丑行罪状是恶贯满盈的,以此激起人们对武后的憎恶怒气,使对方为之胆战发抖;文章在叙述己方的威壮时,则气势冲天,使人增强必胜的信心,犹有"百尺之冲,摧折于咫书;万雉之城,颠坠于一檄者"之气势。据《新唐书》本传记载,武则天初读此文,"但嘻笑"。"至'一抔之土未干,六尺之孤安在',矍然曰:'谁为之?'或以宾王对。后曰:'宰相安得失此人!'"可见,作者的文才及该篇檄文的气势,使对方为之震动。同时,文章措辞明快果断,尖酸辛辣,而且旗帜鲜明,毫无隐晦之词,如描写叙述武则天之身世、为人品性,可谓是刻薄之至,犹有入木三分之笔力。当然,有一些措辞不尽符合历史真相,但毕竟有力地揭露了武则天的"篡位阴谋"活动和"罪行"。

其次,文章简短扼要,多用典故,含义丰富,且多用四六短语,使句式工整,辞藻华美,这是与骆宾王擅长四六骈文分不开的。尽管隋文帝杨坚于开皇四年(584 年)曾颁发诏令规定:"普诏天下,公私文翰,并宜实录",并在"其年九月","泗州刺史司马幼之文表华艳,付所司治罪"(《隋书·李谔传》),这是统治者用制度条文来惩戒"文表华艳",但是,许多封建文人还是喜欢承袭骈文,致使魏晋南北朝追求骈体文的风气一直影响到隋唐。许多应用性文章,包括各种文书奏章,上起诏敕文书,下至判辞书牍大都使用四六骈文,这是本篇的不足之处。然而,它仍不失为杰出的古代军用文书和优秀的散文佳作,为当时和后人所传颂推崇。

李白(唐)

与韩荆州书

白闻天下谈士相聚而言曰[1]:"生不用封万户侯[2],但愿一识韩荆州。"何令人之景慕,一至于此耶[3]!岂不以有周公之风,躬吐握之事[4],使海内豪俊,奔走而归之。一登龙门[5],则声誉十倍。所以龙盘凤逸之士[6],皆欲收名定价于君侯[7]。君侯不以富贵而骄之,寒贱而忽之。则三千之中有毛遂,使白得颖脱而出[8],即其人焉。

白,陇西布衣[9],流落楚汉[10]。十五好剑术,徧干诸侯[11];三十成文章,历抵卿相[12]。虽长不满七尺,而心雄万夫。皆王公大人,许与气义。此畴曩心迹,安敢不尽于君侯哉?

君侯制作侔神明[13],德行动天地,笔参造化[14],学究天人。幸愿开张心颜,不以长揖见拒[15]。必若接之以高宴,纵之以清谈,请日试万言,倚马可待[16]。今天下以君侯为文章之司命[17],人物之权衡,一经品题[18],便作佳士。而今君侯何惜阶前盈尺之地[19],不使白扬眉吐气,激昂青云耶?

昔王子师为豫州[20],未下车[21]即辟荀慈明[22],既下车又辟孔文举[23]。山涛作冀州[24],甄拔三十余人,或为侍中、尚书,先代所美。而君侯亦荐一严协律[25],入为秘书郎,中间崔宗之[26]、房习祖、黎昕、许莹之徒，或以才名见知，或以清白见赏。白每观其衔恩抚躬[27]，忠义奋发，以此感激，知君侯推赤心于诸贤腹中，所以不归他人，而愿委身国士[28]。倘急难有用，敢效微躯。

且人非尧、舜，谁能尽善[29]。白谟猷筹画，安能自矜。至于制作，积成卷轴[30]，则欲尘秽视听[31]，恐雕虫小技[32]，不合大人。若赐观刍荛[33]，请给纸墨，兼之书人，然后退扫闲轩，缮写呈上，庶青萍、结绿[34]，长价于薛、卞之门[35]，幸推下流[36]，大开奖饰，惟君侯图之。

注释

[1]谈士：即游说之士，善于谈论时政的人。[2]万户侯：即采地万户的侯。汉制规定，封给列侯征收租税供生活享用的采地（食邑），大者万户，小的五六百户。万户侯，此泛指高官显爵。[3]一至于此：竟然到了这个程度。[4]躬：亲自。吐握：吐哺握发。《史记·鲁周公世家》记载，周公告诫伯禽（周公的儿子）说："我于天下亦不贱矣，然我一沐（洗头）三握发，一饭三吐哺，起以待士，犹恐失天下之贤人。"后来就以此来形容为招揽人才操心忙碌。[5]登龙门：登上龙门。东汉李膺，名声很高，士人受到他的接待，称之为"登龙门"。这里比喻士人受到德高望重而有地位的人的引荐。[6]龙盘凤逸：像龙在盘踞，像凤那样飘逸。古时常以"龙"和"凤"来比喻才能优异的人。这里比喻有才能的人不为当世所知，隐居时像龙那样盘踞，像凤那样飘逸。[7]收名定价：获得美名，肯定声望。[8]颖脱而出：即毛遂所用的比喻："使遂蚤得处囊中，乃颖脱而出。"意即锥子放在口袋中，总会露出它的尖端来的。这里比喻有才能的人，一有机会就能表现自己。[9]布衣：平民，没有官职的人。[10]楚汉：楚即是古代的楚国地区，汉为汉水流域，时李白家在湖北安陆，故曰流落楚汉。[11]干：干求，此为谒（yè）见之意。诸侯：原为被分封列国国君的通称，此借指地区行政长官。[12]卿相：泛指有权势的高官。[13]制作：指所创作撰写的文章。侔：相齐，相等。[14]笔参造化：文笔精妙，说理明透，其功可参赞天地。[15]长揖：古时宾主以平等身份相见时所行之礼（拱手高举自上而下）。[16]倚马可待：据《世说新语·文学》载，东晋桓温北征，有一次因打仗需要一篇露布（军用文书），命袁宏

倚在马前起草，袁宏就不停地挥写，一下子写了七张纸，写得又快又好。后来以此来比喻文思敏捷。[17]司命：文昌星，古人认为是主持文运的星宿。文章之司命，指决定文章好坏的评论者。[18]品题：评论人物，定其高下。[19]何惜阶前盈尺之地：何必舍不得台阶前面一尺地方，意即为什么不在你堂前接见我呢？[20]王子师：王允，字子师，东汉人，曾任豫州刺史（汉灵帝时）。[21]下车：古时称官吏到任为"下车"。[22]荀慈明：荀爽，字慈明，王允召他为从事官，后官至司空。[23]孔文举：孔融。[24]山涛：字巨源，西晋名士，"竹林七贤"之一。曾任冀州刺史。[25]严协律：指严武，字季鹰，陕西华阴人。但《新唐书·严武传》未提及其做过协律郎。[26]崔宗之：崔日用之子，曾任侍御史。其他三人均不详。[27]抚躬：手按自己的身躯，形容激励奋发的样子。[28]委身国士：把自己托付给国内杰出的人士（指韩朝宗）。[29]尽善：完美无缺的程度。[30]卷轴：指书籍成册。古时文章书画，都裱成长卷，可以舒卷在木轴上，故称"卷轴"。[31]尘秽：沾污之意，系自谦之词。[32]雕虫小技：微不足道的技能，多用来自谦自己的文章和诗作。[33]刍荛（chú ráo）：割草打柴的人，自谦之词。此犹言浅薄的诗文。[34]青萍：古代宝剑名。结绿：古代美玉名。为李白自喻。[35]薛、卞：薛烛、卞和。薛烛系春秋时越国人，善于识剑。卞和，楚国人，善于鉴别宝玉。此比喻韩朝宗。[36]幸推下流：希望推惠于地位低下的人。

译文

　　李白我听说天下喜欢评论人物的读书人聚在一起时就会讲："人生不需要封什么万户侯，只希望认识一下韩荆州。"为什么使人们对您的钦佩仰慕竟会达到这样的程度呢？难道不是因为您有周公的作风、实行周公吐哺握发接待贤人的故事，使海内的才能出众的人都争先恐后地投奔您，一经您的接引，就像鲤鱼跳过了龙门似的身价提高十倍吗？所以，那些怀才隐居、待时而动的贤人，都想在您那里得到名誉和评价。如果您不因为自己富贵就怠慢他们，也不因为他们贫贱就看不起他们，那么从前平原君的三千门客中就有毛遂那样的人物。假使我能够得到机会表现自己的才能，就同锥子放在袋里一般，它的尖端会立刻露出来，我就是那样的人啊。

　　我是陇西的平民，流落在楚、汉一带地方。15 岁爱好剑术，到处求见地方上的长官；30 岁学成一手好文章，屡次去拜谒在朝的大官。我虽然身高不满七尺，但是雄心壮志胜过万人。王公大人们都赞许我有大的志气和精神。这些都是我埋藏在心中的心愿，怎么敢不向您全部吐露呢！

您撰写的文章堪与神明相等，德行能感动天地，文章深刻地阐明了自然规律，学问透彻地研究了天道和人事的联系。希望您能够推心置腹、和颜悦色地接待我，不要因为我只肯拱手相见就加以拒绝。假如能用盛大的宴会来接待我，拿清雅的谈论来让我尽情发挥，那么即使要我一日之内写出万言文章，也能一挥而就。如今，天下人都认为您是评定文章的权威、衡量人物的标准，一旦经过您的品评衡量，就可以成为优秀的读书人。您为什么一定要爱惜阶前用于接见的最多一尺的地方，不让我扬眉吐气，激励奋发于青云之上呢？

从前，王允出任豫州刺史的时候，还没有到任就征聘了荀慈明，到任后又征聘了孔文举。山涛担任冀州刺史的时候，考察选拔了 30 多个人，其中有的担任侍中，有的担任尚书，这是前代人所称赞的好事。而您也曾经举荐过严协律，进入朝堂担任了秘书郎。中间还有崔宗之、房习祖、黎昕、许莹等人，有的由于才能和名望被您知遇，有的因为品行清白被您赏识，我每当看到他们对您感恩戴德、躬身尽力，忠义之心激扬奋发的时候，心里也很感动，了解您对许多贤人都是推心置腹、赤诚相见的，这就是我不愿意投靠别人，而愿意把自己托付给您的原因。倘使您在急迫困难中有用得着我的地方，我愿意献出生命。

况且，人不是尧、舜，谁能够什么都好呢？我的计谋策略，怎么敢自我夸口？至于文章诗歌的创作，已经积累成书，想要沾污您的耳目（视听），又恐怕这些雕虫小技，不适合您的观赏，假使您愿意看看我写的东西，那就请您赐给我纸墨，并且派几个缮写人员，果真这样，我就回去打扫干净一间安静的小屋，督促抄写的人迅速抄好献上。这些诗文或许会像青萍宝剑、结绿美玉那样，在薛烛、卞和手中提高价值。希望您推惠于地位低下的人，大开奖励称誉之风，请考虑我的请求吧。

品析

　　李白（701—762 年）字太白，号青莲居士，祖籍陇西成纪（今甘肃省天水附近，又称泰安县），出生在中亚碎叶城（唐前期属安西都护府，今为俄罗斯境内的中亚细亚巴尔喀什湖之南）。先代曾因罪充军到西域，5 岁时随父亲迁居较为繁荣的蜀地绵州昌隆县青莲乡（今四川将彰县），其父李客虽未出仕，但家境很富裕。李白少时聪慧过人，读书甚广，学习儒学，5 岁"即诵六甲"，10 岁"观百家"，15 岁"好剑术"，写文章，求神仙，20 至 25 岁开始漫游四川各地。开元十四年李白"仗剑去国，辞亲远游"，以此来扩大影响，希望得到举荐，走上仕途，然而仅一年就散金 30 万，周济"落魄公子"。开元二十年，与高宗时宰相许圉（yǔ）师孙女结婚。天宝元年，年已 42 岁的李白被召入京，供奉翰林，后因其正直而蔑视权贵，即遭权贵谗言而去职。"安史之乱"后，他怀抱效忠朝廷的满腔热忱参加了镇守南方的永王李璘的幕府，后来李璘与其兄肃宗李享争夺帝位，兵败身亡。李白则以"附逆"的罪名被捕入浔阳狱中，继而流放夜郎（今贵州桐梓县），后于白帝城遇赦而还。李白的一生始终是"思欲解世纷"，一心想要报效国家，建立一番功业。时至 61 岁仍老当益壮，意欲参加征讨叛军的行动，只是因病未能如愿，宝应元年，病死于他的族叔李阳冰家中，时年 62。

　　李白是我国历史上伟大的诗人，他流传下来的诗歌有 900 多首。他的诗歌豪迈奔放，雄伟瑰丽，想象丰富奇特，为历代人民所喜爱。而他的散文，包括文书作品也写得很有见地，大都与其不朽诗篇一样，写得雄浑豪壮，气魄有力，具有明显的风格特征。著有《李太白集》，有元人萧士斌、清人王琦等注释本。

　　《与韩荆州书》，选自《李太白集》卷二十六。这是李白写给当时的荆州长史韩朝宗的求荐书，类似今天的求职书、自荐书，大约作于唐玄宗开元二十一年（733 年）左右。时韩朝宗任荆州大都督府长史，兼襄州刺史、山南东道采访处置使等，既是地方高级行政长官，又在朝廷中兼有监察州县官吏、举善纠恶之职权，也曾以善于识拔后进，招贤举士而在士流中享有盛名。所以，李白此篇求荐书，当属上行文书信札。对此，刘勰在《文心雕龙·书记》中说：“夫书记广大，衣被事体，笔札杂名，古今多品……并述理于心，著言于翰；虽艺文之末品，而政事之先务也。”李白平生有远大的政治理想与抱负，对自己的才能极其自负，极希望自己能够伸展“管晏之说，谋帝王之术”，能够“奋其智能，愿为辅弼，使寰区大定，海县清一。”（《代寿山答孟少府移文书》）。然而，在以科举制度为主要选拔官吏体制的唐朝社会，李白却不屑于科举，而是希望通过公卿高官的举荐，得到皇帝的知遇、选拔与重用，以便施展自己的才能，实现其政治抱负，为国家的管理做出一番伟大的功业来。因此，李白向当时负有盛名的韩朝宗写此求荐书，就是自然的事情了。然而，李白才高志大，而又为人清高，往往为别人所排斥和不容忍，或者不为他人所知遇，这也被他后来从朝廷中出走所证明。

在这书札中，李白先借“天下谈士”的话排宕而出，充分肯定韩朝宗识贤才、引后进和对他的敬仰崇拜，又用毛遂自比，说明自己是佼佼者。接着文章叙述自己的学识、志趣、经历和才能与众不同，并极力赞颂韩朝宗的学识和品德声望，反复请试，表示愿意认识韩朝宗，希望得到识拔荐举，使之能够“扬眉吐气，激昂青云”，说明准备呈献诗文，等待韩朝宗的品题。然后，他两次引证古人，比喻今人，并历举韩朝宗提携后进的事例，暗示如若韩朝宗能像王子师、山巨源那样荐贤，他“愿委身国士。倘急难有用，敢效微躯”。最后，文章作者以自我谦虚的口气强调写作此书的目的，并随时准备呈献平生之著作，以供韩朝宗审阅，等待他的品评，希望韩朝宗能够考虑他的请求，以尝其平生之愿。

《与韩荆州书》的写作，在文书信札体式中具有突出的特点。

首先，文章就如同李白的不朽诗篇一样，写得清越雄伟、豪气奔放、气势逼人，有如“入门下马气如虹”之气概。作者把他那不同凡响的气势风度渗透到文章之中,贯穿于全书的始末,成为文章气势旺盛之基础。文章虽然是向别人求请推荐,也难免要吹捧对方,说些恭维的词句,这样就夹杂着揄扬权势的部分庸俗之词,但却无乞怜哀求之状,与一般的寒酸儒气的书牍有所不同。这是和李白的思想感情、性格特征、生活道路、生活环境、为人气度以及艺术修养分不开的。李白一生始终胸怀大志,却又玩世不恭,他襟怀磊落、风神潇洒。曹丕在《典论·论文》中强调:"文以气为主。"李白的《与韩荆州书》正体现了这样的文论思想。宋代的苏轼说这篇文章是"气盖天下",这确实道出了此文的特点,并非过誉之词。

其次,文章通篇顿拙跌宕、起伏照应,运用比喻和引述历史人物恰到好处,巧妙地运用别人之口,把不便说的话说出来,就不至于显得有乞求哀怜之状,使他的请求通过豪迈的语气表达出来,语言铿锵有力,而又富于音节感,读来朗朗上口,成为历代传颂之优秀的书信散文和杰出的书札体文书作品。

陆贽（唐）

奉天请罢琼林大盈二库状

　　右[1]，"臣闻作法于凉，其弊犹贪；作法于贪，弊将安救[2]?"示人以义，其患犹私；示人以私，患必难弭[3]。故圣人之立教也，贱货而尊让[4]，远利而尚廉。天子不问有无，诸侯不言多少[5]。百乘之室，不畜聚敛之臣[6]。夫岂皆能忘其欲赂之心哉[7]?诚惧赂之生人心而开祸端[8]，伤风教而乱邦家耳。是以务鸠敛而厚其帑椟之积者，匹夫之富也[9]。务散发而收其兆庶之心者[10]，天子之富也。天子所作，与天同方[11]，生之长之，而不恃其为[12]；成之收之，而不私其有；付物以道，混然忘情[13]，取之不为贪，散之不为费。以言乎体则博大[14]，以言乎术则精微。亦何必挠废公方[15]，崇聚私货，降至尊而代有司之守[16]，辱万乘以效匹夫之藏[17]?亏法失人，诱奸聚怨，以斯制事，岂不过哉[18]!

　　今之琼林、大盈，自古悉无其制[19]。传诸耆旧之说[20]，皆云创自开元。贵臣贪权，饰巧求媚，乃言郡邑贡赋所用，盍各区分[21]，税赋当委之有司，以给经用[22]；贡献宜归乎天子，以奉私求。玄宗悦之，新是二库[23]。荡心侈欲，萌柢于兹[24]；迨乎失邦，终以饵寇[25]。《记》："货悖而入，必悖而出。"岂非其明效欤[26]?

陛下嗣位之初，务遵理道，敦行约俭，斥远贪饕[27]。虽内库旧藏，未归太府[28]。而诸方曲献，不入禁闱[29]，清风肃然，海内丕变[30]。议者咸谓汉文却马，晋武焚裘之事[31]，复见于当今。近以寇逆乱常，銮舆外幸[32]，既属忧危之运，宜增儆励之诚[33]。

臣昨奉使军营，出由行殿[34]，忽睹右廊之下，榜列二库之名[35]，慄然若惊，不识所以[36]。何则？天衢尚梗[37]师旅方殷，创痛呻吟之声，噢咻未息，忠勤战守之效，赏赉未行[38]，而诸道贡珍，遽私别库。万目所视，孰能忍怀？窃揣军情，或生觖望[39]。试询候馆之吏，兼采道路之言，果如所虞[40]，积憾已甚。或忿形谤讟，或丑肆讴谣[41]，颇念思乱之情，亦有悔忠之意。

是知甿俗昏鄙，识昧高卑[42]，不可以尊极临[43]，而可以诚义感。顷者六师初降[44]，百物无储，外捍凶徒，内防危堞[45]，昼夜不息，迨将五旬，冻馁交侵[46]，死伤相枕，毕命同力，竟夷大艰[47]。良以陛下不厚其身，不私其欲[48]，绝甘以同卒伍，辍食以啗功劳[49]。无猛制而人不携，怀所感也[50]；无厚赏而人不怨，悉所无也[51]。

今者攻围已解，衣食已丰。而谣讟方兴，军情稍阻。岂不以勇夫恒性[52]，嗜货矜功，其患难既与之同忧[53]，而好乐不与之同利，苟异恬默，能无怨咨[54]？此理之常，固不足怪[55]。《记》："财散则民聚，财聚则民散。"岂非其殷鉴欤[56]？众怒难任[57]，蓄怨终泄。其患岂徒人散而已[58]？亦将虑有构奸鼓乱，干纪而强取者焉[59]。

夫国家作事，以公共为心者，人必乐而从之；以私奉为心者，人必咈而叛之[60]。故燕昭筑金台[61]，天下称其贤；殷纣作玉杯，百代传其恶。盖为人与为己殊也[62]。周文之囿百里，时患其尚小；齐宣之囿四十里，时病其太大。盖同利与专利异也。为人上者，当辨察兹理，洗濯其心[63]，奉三无私，以壹有众[64]人或不率[65]，于是用刑。然则宣其利而禁其私，天子所恃以理天下之具也[66]。舍此不务，而壅利行私[67]，欲人无贪，不可得已。

今兹二库[68]，珍币所归，不领度支[69]，是行私也；不给经费，非宣利也；物情离怨，不亦宜乎！智者因危而建安，明者矫失而成德。以陛下天姿英圣，倘加之见善必迁[70]，是将化蓄怨为衔恩，反过差为至当，促珍遗孽[71]，永垂鸿名，易如转规，指顾可致[72]。然事有未可知者，但在陛下行与否耳。能则安，否则危；能则成德，否则失道。此乃必定之理也。愿陛下慎之惜之！

陛下诚能近想重围之殷忧[73]，追戒平居之专欲，器用取给，不在过丰，衣食所安，必以分下。凡在二库货贿，尽令出赐有功，坦然布怀，与众同欲；是后纳贡，必归有司，每获珍华，先给军赏，瑰异纤丽，一无上供[74]。推赤心于其腹中，降殊恩于其望外[75]，将卒慕陛下必信之赏，人思建功；兆庶悦陛下改过之诚[76]，孰不归德？如此，则乱必靖[77]，贼必平，徐驾六龙，旋复都邑[78]，兴行坠典，整辑棼纲[79]。乘舆有旧仪，郡国有恒赋[80]，天子之贵，岂当忧贫。是乃散其小储，而成其大储也；损其小宝，而固其大宝也[81]。举一事而众美具[82]，行之又何疑焉！吝少失多，廉贾不处[83]；溺近迷远，中人所非[84]。况乎大圣应机[85]，固当不俟终日[86]。不胜管窥愿效之至[87]！谨陈冒以闻。谨奏。

注释

[1]右：唐时公文格式，先把论述的人或事写在最前，然后，在"右"字以下发表意见。"右"指前列的提要，古时直行书写右行即为前行，相当于现在说"对于以上事件"。[2]"臣闻作法于凉"四句：《左传·鲁昭公四年》载，郑子产作（制定）丘赋（让本来隶属采邑主而不服兵役的"野人"所居之"丘"也出军赋，服兵役），浑罕反对说："君子作法于凉，其弊犹贪，作法于贪，弊将若之何？"凉：薄，指最低的要求。安：怎么。救：止。[3]示：告，显。弭（mǐ）：止。[4]贱：……以……为贱，即不看重。[5]有无、多少：均指财物的有无多少。[6]百乘：指大夫。畜：养。聚敛：搜刮。[7]贿：财。[8]贿：此指希求财物的贪念。生：滋长。[9]务：从事。鸠敛：聚敛。帑（tǎng）椟：藏钱财、珍宝的库房、柜子。匹夫：普通财主。[10]兆庶：众百姓。[11]方：道。[12]之：代财货。不恃其为：不依仗他的所有。为，有。[13]付物：对待事物。混然忘情：顺其自然，不掺杂自己感情。[14]乎：于。[15]挠（náo）废：扰乱、废弃。[16]代有司之守：代替有司的职责，此谓皇帝直接管理国库，等于代替有司的工作。[17]万乘：指天子。效：效法。[18]亏法：损法纪。斯：这。过：错误。[19]悉：都。[20]诸：之于。耆（qí）：指60岁以上的老人。[21]贡赋：赋税和贡献。盍：何不。[22]经用：正常的开支。[23]新：新星。[24]萌柢：萌发、生根。于：从。兹：这。[25]迨：及。失邦：指安史之乱玄宗外逃。以：用。饵：用如动词，指引。[26]悖：背，不正当。其：此话。效：效验。[27]贪饕（tāo）：贪官污吏。[28]内库：二库。太府：唐太府寺，掌管财货廪（lǐn）藏。未归太府：即未全部归入国库。[29]曲献：非正当贡献。禁闱：宫门。[30]丕：大。[31]汉文却马：此指汉文帝没有接受献给他的千里马，并且下令各地以后不必有所进献。晋武焚裘：指晋武帝拒绝太医司马程据献给他的雉头裘，并在殿前烧毁，命令臣下今后不得这样做。[32]寇逆乱常，銮舆外幸：德宗建中三年（公元782年），淮西李希烈叛唐，自称天下都元帅。次年，李率军围攻河南襄城，朝廷调泾原（甘肃泾原县）兵进讨，经长安时，朝廷以粗粝饷军，激起泾原兵哗变。拥前卢龙节度使朱泚为帝，攻入长安，德宗逃至武汉。常，朝纲。[33]儆：戒，小心。[34]由：路过。行殿：天子外出居住的宫殿。[35]牓：榜，木牌。[36]懼：同"惧"、"惧"，害怕，恐惧。所以：这样做的原因。[37]天衢尚梗：皇都被叛军占领。天衢（qú），大路，四通八达的街道叫衢，天衢犹言皇都。梗，阻塞。[38]噢（ō）：同"喔"，叹词，表示了解。咻（xiū）：吵，乱说话，喧扰。效：功劳。赉（lài）：赐。[39]窃：偷偷地，谦指自己的意见。觖（jué）望：怨望。

[40]虞:预料。[41]形:表现。谤讟(dú):毁谤,怨言。丑肆:丑诋,抨击。讴谣:歌谣。[42]甿(máng)俗:百姓。昧:糊涂。[43]尊极:至高无上的地位。临:此指压制。[44]顷者:前不久。六师:六军。[45]危堞:高城。[46]迨(dài):及。馁(něi):饥饿,失掉勇气。[47]竟:终于。夷:平。[48]良:确。以:因。厚:多,使动用法。私:私下满足。[49]绝甘:弃美味。以:连词,表目的。啗(dàn):即"啖",给人吃。[50]携:离心。[51]悉:知道。[52]岂:大概。恒性:常性。[53]其:大概。[54]苟:假若。异:不是。怨咨:怨恨、嗟(jiē)叹。[55]固:本。[56]殷鉴:《诗·大雅·荡》"殷鉴不远,在夏后之世",意为殷朝的借鉴并不远,就在夏朝。此即指前人的教训。[57]任:担当。[58]患:祸患。岂:难道。徒:仅。[59]构奸:纠合奸谋。干纪:违反法纪。[60]咈(fú):违拗。[61]燕昭筑金台:据《战国策·燕策》载,燕昭王为报齐破国之仇,从郭隗之主张,以郭隗为师,筑金台,卑身厚币招延天下贤士,最后杀了齐泯王,报仇雪耻。[62]殊:不同。[63]洗濯(qú):洗涤。[64]壹:统一。有:语助词。[65]率:遵循。[66]宣:遍,公开。恃:依仗。[67]雍利:指垄断财货。[68]兹:这。[69]领:动词用法,即为掌管。[70]以:凭。迁:就。[71]促殄(tiǎn):速灭。[72]转规:转动圆物。指顾:手一指,眼一顾的时间,言时间很短。[73]殷:深。[74]一:一律。[75]其:指百姓、将士。殊:非同一般。望外:意料之外。[76]兆庶:众百姓。[77]靖:平定。[78]六龙:指天子乘舆。旋复:圆转。[79]坠典:因兵变逃难而无法进行的典礼仪式。棼(fén)纲:紊乱的纲纪。[80]乘舆:此指皇帝的衣食住行。恒赋:定额的租赋。[81]损:失去。固:巩固。[82]举:办。具:具备。[83]廉贾:取薄利的商人。处:做。[84]迷:看不清,不顾。中人:中等才能的人,一般人。[85]应机:见机。[86]俟(sì):等到。[87]管窥:浅见。

译文

臣听说,以最低要求来制定法规,还可能产生贪的流弊;要是以贪利为出发点制定法规,那所产生的流弊该怎么禁止?用礼义来告示人们,向人们作示范,还可能有自私的祸患;如用自私行为来告示人们,祸患必是难以止息。因此圣人教育人,不重财货而崇尚礼让,远避私利而推重清廉。天子、诸侯都不问财利的有无、多少,大夫之家不养搜刮钱财的家臣。难道他们都不知道希求财货吗?实是害怕这种欲望在人的心里滋长而由此肇生祸端,伤风教乱国家罢了。因此，专门聚敛钱财来使其家私富厚的积蓄方法，是一般财主的致富方法。专门散发钱财来收取百姓之心的办法，是天子致富的办法。天子所作所为，与天道一致，生长收成，不依仗他的所有，不私用财富，不私占为己有。对待事物，依据大道，顺其自然，不掺杂自己的感情，需要时索取不是贪心，发放也不是浪费。要说它的实质是博大，说它的方法则是精微。这又何必要扰乱、废弃国家法纪，堆积私货，降低陛下至高无上的地位而去代替有司的职守，辱没陛下天子的身份去效法普通人的收藏方式呢？有损法纪失去人心，诱生奸邪招来怨恨，如此办事，难道不是错误吗？

现在设置琼林、大盈二库，自古以来都无此做法。老年人的言谈中流传一种说法，都说是创自开元年间。权贵大臣贪求权势，巧言献媚，于是说郡邑缴纳的贡、赋的使用，何不分开，税赋就交给有司，来供国家的开支，而贡献就最好归于天子，以供天子的私用。玄宗对此很满意，就新置二库。那种放纵奢侈的欲念，就由此而萌芽生根；等到安史之乱失去家邦，玄宗外逃，二库最终只是用来招引寇贼。《礼记》说："钱财不正当地得到，必定不正当地流出（使用）。"难道这事不是此话的明显效验？

陛下继位初年，必遵治国之正道，笃行俭约排斥贪官污吏。虽是大盈内库的旧藏，未归入国库，然而四方的非正当的贡献却不入宫门，清风肃然，国家因而大变。人们所说的汉文帝拒收千里马、晋武帝殿前焚裘之事，又在今天见到了。现在寇逆扰乱国法，天子行幸于外，既值非常危险时期，就该更加小心谨慎，勉力诚心才是。

臣昨日奉命去军营，经过行殿，忽见右廊下的木牌上写着二库之名，很是害怕吃惊，不知这样做是何道理。为什么这样说呢？现在皇都尚被叛军占据，战争还正激烈，疮痛呻吟之声未曾止息，将士忠勤战守的功劳，尚未奖赏，可是皇上却把各方的贡品，急忙私藏入库。众目所望，谁能容忍。臣私下揣度军心，可能产生怨望。臣试问驿馆官吏，兼收路人议论，果然如臣所预料的那样，这说明天下积怨已大。他们有的把愤恨用毁谤与怨言表达出来，有的以歌谣肆意丑诋，很有些作乱的想法,也有一些悔不该尽忠的意思。

由此可知百姓糊涂,不知尊卑高下,天子不能以至高无上的地位压制他们,而只能以诚心去感化他们。不久前六军初来,各种东西俱无储备,外要抵挡凶徒,内要防守高城,昼夜不休息,将近50天,饿寒交加,死伤相枕,大家拼命同力,终于打退叛军的进攻。这确实是因陛下不使自己多得,不求私欲,不私下满足自己的欲望,弃美味而同于兵士,节衣缩食来慰问功臣。当时并无强硬的手段,可是人们不离心,是心怀有他们所感动之事;无厚赏可是人们不抱怨,是知道陛下无财帛来赏赐。

现在围攻已解,衣食已丰,可是毁谤怨言却正兴起,军心渐有隔阂。或许不是由于武夫的常性,好财贪功,而可能是因为患难时就与他们同忧,享受时却不与他们同利。如果不是性格恬静沉默的人,能够不怨恨、嗟叹吗?这是常理,本来不足为怪。《礼记》说:"钱财散则民心聚,钱财聚则民心散。"难道这不是前人的教训吗?众怒难以担当,蓄怨终要爆发。它的祸患难道仅仅是人心离散么?还要考虑到可能有纠合奸谋鼓动叛乱,违犯法纪而强行夺取的事件发生。

国家做事,以公共利益为念的,人们一定高兴而顺从;以私家利益为念的,人们必定违拗而背叛。因此燕昭王为郭隗筑金台,天下称他贤明;殷纣王为自己作玉环,百世流传他的恶行。这都是因为为人和为己是不同的。周文王之圃有百里(与百姓共之),百姓担心还太小;齐宣王之圃四十里(与百姓无关),百姓批评它太大。这是因为同利和专利是不同的。为君主的,应辨察其中的道理,洗涤私心,奉行天地、日、月那样的无私,来统一众心。有人如果不遵守法纪,就对他使用刑罚。而公开自己的财富来抑制自己的私欲,这才是天子所依仗来治理天下的工具(武器)。舍弃这样不做,却求利行私,要想别人不贪,是不可能的。

现在这琼林、大盈二库,是珍宝、货币储积的地方,不为有司掌管,这是行私;不供给国家经费,这是不公开财富。这样,人心背离、怨恨不也是恰当的么?明智的人因危难而创平安,因矫正错误而成就功德。凭着陛下的天资英明圣洁，如果再加上见善必为，这就能化蓄怨为怀恩，把错误变为正确，速灭残余敌寇，永留英名。这如转动圆物那样容易，短期就可以达到目的。虽是事情有未可知的，却只在陛下实行与否。实行则平安，不实行则危险；实行则成就功德，不实行就失去正道。这是必然的规律，希望陛下慎重、珍惜，不要随便对待它。

陛下要真能近想被朱泚重围时的深忧，就该补救平素的个人贪欲，器用的取给，不再过多，衣食所需，不敢专有，必用来分给下人。凡是在二库内的财货，全部下令赏给功臣，公开宣布自己的想法，与众同欲。以后的纳贡，必归有司掌管，每当获得珍宝，先给军队奖赏。珍贵奇异的东西，陛下一概不用，推心置腹，降大恩于他们意料之外。那么将士慕于陛下有信义的奖赏，人人都想建立功勋，百姓喜欢陛下改过的诚意，谁会不归向有德的王朝？这样叛乱必能平定，贼寇必能铲除，就可徐驾天子乘舆，回转皇都，重行典礼仪式，整顿紊乱的纲纪。皇上衣食住行有老的标准，国家有定额租赋，天子这样尊贵，难道还要担忧贫穷？这就是散发这小小的二库积储，换来多多的国库公共积蓄，失去了自己的小宝财物，却巩固了自己的大宝帝位。办此一件事（撤去二库）就得到众多的好处，尽管实行，何必有疑虑呢？舍不得少的而失去了多的，连只取薄利的商人都不会这样做；沉溺眼前利益而不顾长远利益，即使一般的人也不会这样做，何况陛下能见到事物的征兆，当然就不会等到最后的时刻（才后悔）。不尽浅见，很愿意把它贡献出来。谨列举情况冒昧报告，谨奏。

品析

陆贽（754—805年），字敬舆，唐苏州嘉兴（今浙江省嘉兴县）人。唐代宗大历八年（773年），年仅18岁的陆贽就考中进士，以博学宏词登科，授郑县尉，又以书判拔萃科，调渭南县主簿，迁监察御史。德宗时为翰林学士，参与机要。朱泚之乱，随皇帝奔奉天，还京后为中书舍人，又权至兵部侍郎，复为学士。贞元八年（792年）任中书侍郎、门下同平章事。期间，他所进奏议多被唐德宗所采纳，但至后来天下已安，德宗皇帝就渐渐听不进陆贽的意见，疏远了他。贞元十一年（794年），因受裴延龄诬言进谗，被贬为太子宾客、忠州（今四川省忠县）别驾，历时十余年，至唐顺宗即位，受王叔文举荐，召其进京，可惜诏书未到，陆贽已死，谥"宣"，后世称其为陆宣公。

陆贽为人刚直正派，敢于向皇帝诤谏，所作诏书奏章文书，能够指陈朝政，切中时弊。权德兴称其撰写的诏书"无不曲尽事情，中于机会"，被誉为唐朝的贾谊，是关心国事、体察下情的良臣贤士。他在从政生涯中，多参与机要文书的拟定，从事奏章诏策等的撰写与管理工作，特别是德宗时的公文，多半出自陆贽手中。仅在朱泚叛乱，他随德宗皇帝于奉天（今陕西乾县）避难时，朝廷军务和政务非常繁忙，每天诏书奏疏达几百件，几乎有一半以上是由陆贽撰写或批阅的。他所起草的诏书奏章和论谏文章，今存有《陆宣公翰苑集》二十二卷，另有宋郎晔注《陆宣公奏议》十六卷，则是专取《翰苑集》中"奏议"编成的。后人对其评价极高，称："司马光作《资治通鉴》尤重贽议论，采奏疏三十九篇，……盖其文虽多出一时匡救规劝之语，而于古今来政治得失之故，无不深切著明，有足为万世龟鉴者，故历代宝重焉。"（清《四库书目》卷一百五十）可见，陆贽的文书作品确实是为历代封建统治者和文人所推崇的。

《奉天请罢琼林大盈二库状》，选自《陆宣公集》卷十四。状，这是古代文书奏章的一种文体，凡是向皇帝或上一级政府机构陈述事实的文字都可以称为状，目的是列其事状，陈其利弊，析其义理，供皇帝或上级参考，属上行公文。

建中四年（公元783年），长安发生了泾原军军兵变，朱泚乘此机会背叛唐王朝，唐德宗仓皇出逃，陆贽亦随之逃往奉天，奉天即成为唐王朝的临时行宫，并于第二年改元为兴元元年。唐德宗在奉天刚刚立定脚跟，便做起安逸享受的美梦，欲重建琼林、大盈二库，以便供其挥霍。琼林、大盈二库是原先专供皇帝贵戚们享用的皇家私库，而过去唐德宗不思图治，只求享受逸乐，挥霍百姓的血汗，引起了百姓的不满，以致造成泾原军兵变，拥立朱泚叛乱。鉴于这种深刻的教训，陆贽即向德宗皇帝进呈《奉天请罢琼林大盈二库状》。对此，《资治通鉴》卷二百二十九记载："上行宫庑下贮诸道贡献之物，榜曰：'琼林、大盈'库。陆贽以为战守之功，赏赉未行，而遽私别库，则士卒怨望，无复斗志，乃上此奏，帝悟，即命去其榜。"

　　本篇状文，主要论述了唐王朝如何处置大储和小储的关系，说明统治者要想达到长治久安，就不能只顾眼前利益。首先，文章从封建"大道"等方面，指出皇帝作为天之子不应积蓄私财，而应当广散财货于百姓，用仁义去教化百姓，否则就容易肇生祸端，伤风教乱国家，招致百姓的怨恨，政权就自然不能巩固。继而辨明了国家积蓄财货，是根据国家的法令、原则和方法来进行的，是为了国家富强，因此就算不得是贪得，同样用钱也是为了国家，不算是一种浪费。由此就划清了天子积蓄财货与国家积蓄财货的不同界限，指出天子治理国家何必去扰乱国家的正式法令，去效法平民百姓积蓄家财呢？明确指出天子设置二库的做法是错误的。接着，文章叙述琼林、大盈二库的来由，指出这完全是当时的奸佞之臣为了讨好唐玄宗和迎合其贪欲而请求皇帝设置的，由此导致了统治者放纵奢侈的欲念不断滋长，招致了寇贼的抢劫，这是很明显的例子，应从中吸取教训。然后，文章叙述德宗皇帝初即位之时，能够勤于政务，克俭自己，不私自积蓄财货，能够遵循治理国家之大道，做到"清风肃然，海内丕变"。但是，如今天下大乱未平，却又重新搞起琼林、大盈二库，垄断财物，势必会使军队离心，群情愤怒，危及唐王朝。同时，文章叙述前一阶段能克服危难，是由于唐德宗等人能够关心百姓，节省自己吃用来慰劳功臣。从而阐明"财散则民聚，财聚则民散"的道理，并且针对封建国家整体和皇家私家的矛盾，论述统治者"奉三无私，以壹有众"，就能使国家长治久安，否则，执意设置二库就必然引起人心离散，群情怨恨，而众怒是难以承受的，积怨也终归要爆发的。最后，文章恳切希望皇帝应当明察治国之道理，洗濯私心，特别是国家做事，应当以公共利益为念，这才是天子治理天下的道理。因此，文章再三建议唐德宗罢舍琼林、大盈二库,散发财物以奖励有功之将士,克制自己追求物质享受的欲望,坚决放弃某些经济利益,"坦然布怀,与众同欲",即以整个国家为重,以换取人心,争取早日平定叛乱,早日还都,稳定唐王朝政权,巩固其统治。这是根本的大利,是去小储而成大储,去小宝而固其大宝,去小利而得大利。

陆贽的这些思想和主张,都是从封建统治政权巩固的大处着眼而为德宗呈献的政见,所以很快就使德宗猛醒,乐于接受,罢舍了琼林、大盈二库,这对于当时政权的稳定是具有现实意义的。文章提出了治理国家,应当正确处理小储和大储的关系,处理小利与大利的关系,也就是说,国家做事,应当以公共利益为念,而作为皇帝和朝臣,应当为国家洗涤私心,去除私利,克制奢侈、挥霍百姓钱财的欲念;文章指出:统治者应与民同甘苦,与士兵同患难,这是治理国家,战胜任何危难险关,克服任何困难和使国家致富的武器,也是治国的基本经验;文章并且提出:皇帝作为天之子,是国家的最高统治者,应当遵循治国之大道,按照国家的法令去办事,切不可以自己的权力去干扰职责部门办事,乱其职权,应当赏罚分明,要注意吸引人心,要英明圣洁,见善必为,知错必改。这些思想和主张,包含了陆贽对朝廷的忠心,也反映了陆贽丰富的治国思想和行政管理的理论,在当时具有重要现实意义而对当今则有深远历史意义。也就是说,我们应当充分肯定陆贽在本篇奏章所表述的治国思想和政治主张,以及行政管理之理论,这些不仅对当时的唐王朝有现实作用,而且对今天的国家管理和建设,特别是对于执政者如何以法治国、克除不正之风、反腐倡廉、以民为本、以公共利益为上等等,都是具有积极的借鉴作用。因此,它对于今天的每一个国家公务人员,尤其是国家高级领导干部来说,都是值得一读的好文章。

本篇状文不仅具有很强的思想性,也有较高的艺术水平。其特点是:

首先,思想观点明确,说理透彻。如文章开篇就提出皇帝治理国家不应积蓄私财,然后从国家安危的大处和大利方面进行反复辨析,论证罢舍琼林、大盈二库的道理，而这个理即是从维护唐朝统治、巩固国家的长治久安出发的，让皇帝认识到，若不罢二库就将危及其统治地位。这样文章中心论点的提出，就与整个国家管理、与治国安邦联系起来，使说理充分，令人信服，体现了"疏奏宜理"的创作原则，也就容易为皇帝所接受和采纳。

其次，文章在论述中铺陈事实，广征博引地指陈朝政，并巧妙地结合历史上和当时国家管理中的一些事实进行论证，就使论述深刻，说理充分，增强其说服力。例如结合唐玄宗设琼林、大盈二库与安史之乱的史实，结合朱泚之乱的史实，结合圣人经典之说，反复比较和验证，做到"酌古御今"，这就使文章具有雄辩的说服力量。

再次，语言明快流畅，声调铿锵有力，气势不凡，字里行间充分体现了作者维护唐王朝统治的根本利益，维护封建国家长治久安的一片效忠之心。文章的这种风格，与陆贽的正直刚强，敢于向皇帝净谏的性格是十分吻合的，有文如其人之感。刘勰在《文心雕龙·奏启》中说："体国之忠规，……夫奏之为笔，固以明笃诚为本，辨析疏通为首。强志足以成务，博见足以穷理，酌古御今治繁总要。"本篇状文，可谓是刘勰所倡导的这种文书理论的很好实践。这是由于陆贽长期参与朝政和执掌朝廷诏令奏疏等文书工作，就自然以撰写文书作品而见长。

总之，陆贽不仅是杰出的政治思想家和行政管理者，具有丰富的管理思想，同时，也以文书工作和撰写文书奏章等作品见长而著称于世，受到后世的赞扬并给后人以深刻影响。宋代苏轼在给皇帝的报告中，称陆贽的奏议文章，是"聚古今之精英，实治乱之龟鉴"（《乞校正陆贽奏议上进札子》），这并非过誉之词。他的奏议文章，文笔流畅、表达精练、论述透彻、立论鲜明，写作上能"运单成复"（王闿运《王志》），能把散文和骈体文的写作方法结合起来运用，既保存了骈体文排比铺张的特点，又不见斧凿之痕，显出明白流畅的新气象，具有强烈的说服力和感染力。无论就其文书作品的思想内容来说，还是从其艺术特色来讲，大都是成功之作，其中包含了丰富的治国管理思想和理念,成为研究中国行政管理思想学说及研究中唐文书发展历史的重要史料,也为文书撰写提供了可贵的借鉴经验,以至对后代的文书作品的发展产生深远的影响。

柳宗元（唐）

驳复仇议

臣伏见天后时[1]，有同州下邽人徐元庆者[2]，父爽为县尉赵师韫所杀，卒能手刃父仇，束身归罪[3]。当时谏臣陈子昂建议，诛之而旌其闾[4]，且请"编之于令，永为国典"。臣窃独过之[5]。

臣闻礼之大本[6]，以防乱也，若曰无为贼虐，凡为子者杀无赦。刑之大本，亦以防乱也，若曰无为贼虐，凡为治者杀无赦。其本则合，其用则异[7]，旌与诛莫得而并焉。诛其可旌兹谓滥，黩刑甚矣[8]；旌其可诛兹谓僭，坏礼甚矣[9]。果以是示于天下，传于后代，趋义者不知所向，违害者不知所立，以是为典，可乎？

盖圣人之制，穷理以定赏罚，本情以正褒贬[10]，统于一而已矣。向使刺谳其诚伪，考正其曲直，原始而求其端[11]，则刑礼之用，判然离矣。何者？若元庆之父，不陷于公罪，师韫之诛，独以其私怨，奋其吏气[12]，虐于非辜[13]，州牧不知罪，刑官不知问，上下蒙冒[14]，吁号不闻，而元庆能以戴天为大耻，枕戈为得礼[15]，处心积虑，以冲仇人之胸，介然自克[16]，即死无憾，是守礼而行义也。执事者宜有惭色，将谢之不暇[17]，而又何诛焉？

其或元庆之父，不免于罪，师韫之诛，不愆于法[18]。是非死于吏也，是死于法也，法其可仇乎？仇天子之法，而戕奉法之吏[19]，是悖骜而凌上也[20]。执而诛之，所以正邦典[21]，而又何旌焉？且其议曰："人必有子，子必有亲，亲亲相仇[22]，其乱谁救？"是惑于礼也甚矣。礼之所谓仇者，盖其冤抑沉痛，而号无告也，非谓抵罪触法，陷于大戮，而曰彼杀之，我乃杀之。不议曲直，暴寡胁弱而已[23]。其非经背圣，不亦甚哉！

《周礼》[24]："调人[25]，掌司万人之仇。凡杀人而义者，令勿仇，仇之则死。有反杀者，邦国交仇之[26]。"又安得亲亲相仇也？《春秋·公羊传》曰："父不受诛[27]，子复仇可也。父受诛，子复仇，此推刃之道[28]，复仇不除害。"今若取此以断两下相杀，则合于礼矣。且夫不忘仇，孝也；不爱死[29]，义也。元庆能不越于礼，服孝死义[30]，是必达理而闻道者也。夫达理闻道之人，岂其以王法为敌仇者哉？议者反以为戮，黩刑坏礼，其不可以为典，明矣。

请下臣议附于令[31]。有断斯狱者，不宜以前议从事。谨议。

注释

[1]天后:指武则天。唐高宗李治永徽六年(公元655年)被立为皇后，参与国政，后废去睿宗李旦，自称"神圣皇帝"，改国号为周，在位16年。[2]同州下邽(guī):今陕西渭水以北，洛水以东，黄梁河以南地区是唐代同州，下邽为渭南县东北。[3]手刃父仇:赵师韫(yùn)后来当御史，徐元庆为报父仇，隐名埋姓受驿家雇佣，当赵师韫在此住宿时，徐元庆杀了他，报了父仇。[4]旌其间:于里门立牌坊，表彰徐元庆。旌(jīng)，用立牌坊、赐匾额等方法表彰。间，里巷之门。[5]过之:以之为过，以为这样是错误的。[6]大本:根本。[7]其用则异:它们在使用时场合与对象等则不一样。[8]其:那些。可旌:应该表彰的人。兹:这。

黩(dú)刑:轻慢刑法。[9]僭(jiàn):越出本分。坏:败坏。[10]穷理:讲求事理。穷,寻究。本情:推求事情本源。[11]刺谳(yàn):探询,查审。原:探究。端:端倪,头绪。[12]奋:振作,此可理解为使用。吏气:官势。[13]于:引出动作接受者。非辜:无辜,没罪的人。[14]蒙冒:掩盖。[15]枕戈:枕着武器睡觉,指时时想着报仇。[16]介然自克:自制。[17]不暇:来不及。[18]愆(qiān):过错。[19]戕(qiāng):杀害。[20]骜(ào):通"傲",傲慢。[21]邦典:国法。[22]亲亲相仇:亲爱自己的亲属,互相报仇。[23]暴:欺凌。[24]《周礼》:记载周朝奴隶制的各种典章制度和风俗习惯。[25]调人:官名,主管司法。[26]交:一起。仇之:以之为仇,把他看作仇敌。[27]不受诛:罪不应诛。[28]推刃之道:两下相杀的做法。[29]爱:吝惜。[30]死义:为义而死。[31]下:发下颁布。

译文

臣私下听说在武后时,有一个同州下邽人叫徐元庆的,父亲徐爽被县吏赵师韫所杀,最后徐元庆亲手杀死杀父仇人赵师韫,把自己捆绑起来去自首投案。当时谏臣陈子昂建议,杀了徐元庆,而同时要表彰他的孝道,并请求:"把这事编入法令,永为国家的典章。"臣私下独认为这样做是错误的。

臣听说礼的根本,是用来防止祸乱的,如果说不要干杀人的事,那么当儿子的杀人报仇就不能被赦免。刑法的根本,也就是用来防止祸乱的,如果说不要干杀人的事,那么治理百姓的官吏滥杀无辜就不能被赦免。它们的根本是相同的,但适用的场合、对象却不一样,表彰与诛杀是不能够同时使用的。诛杀那些应该表彰的人,这就叫滥用,是十分轻慢刑法的表现;表彰那些应该诛杀的人,这就叫越出本分,是严重败坏礼制的做法。果真以此晓谕天下,流传后代,那么追求礼义的人就不知该怎么努力,避开祸害的人也就不知该怎么立身处世,以此为国家的典章,是不是恰当呢?

本来,圣人的法度,是讲求事理来定赏罚,根据情况来作出褒贬,把它们统一在一起罢了。假使当初先查审弄清他的诚伪,考察其中的曲直,探究它的起因而弄清头绪,那么用刑还是用礼,就可以很清楚了。为什么呢? 如果徐元庆的父亲没有犯法,赵师韫诛杀他,仅仅是因为他的私怨,凭借官势来虐杀无辜,而州牧不知对他判罪,刑官不知过问,上下帮助掩盖,喊冤告状都不听,那么徐元庆能把与仇人共戴天看作耻辱,把复仇看作是符合礼义的行为,处心积虑地来刺杀仇人,而又居然能自制,虽死无憾,这是守礼而行义。主事的人应该感到惭愧,感谢徐元庆都来不及,又为何要诛杀他呢?

　　如果徐元庆的父亲,不能逃脱罪责(有罪),赵师韫诛杀他,在执行上没有过错,这不是死于官吏之手,而是死于刑法,法律难道能够仇视吗?仇视天子的法律,而杀害执行法律的官吏,这是背理傲慢犯上作乱。捉拿并处死,是要用来正国法的,却又怎么能表彰他呢?而且他们的意思:"人必定有孩子,孩子必有亲人,亲爱自己的亲人而互相报仇,这样的混乱情势谁能制止呢?"这就是对于礼义的极糊涂的认识。礼义所说的仇,是他们冤屈沉痛而无处呼告申冤,不是说触犯刑法遭诛杀,却反说他杀我亲人,我才杀他,不论曲直,这是欺寡逼弱罢了。他们违背常规道德,不也是太过分了吗?

　　《周礼》上说:"调人官,掌管万人的冤仇。凡杀人而符合礼义的教人不要向他报仇,报仇的人就处死。如有报仇杀人的,全国一起把他看作仇敌。"这样又怎么会亲爱自己的亲属而互相报仇呢?《春秋公羊传》说:"父亲不应被诛杀的(却被杀了),儿子报仇是可以的。父亲应该被诛杀的,儿子也去报仇,这是互相仇杀的做法,复仇不能除去祸害。"现在如果按这看法来审断徐元庆、赵师韫的案件,则徐元庆是合于礼义的。再说不忘仇人,是孝;不吝惜生命,是义。徐元庆能不越过礼义,尽孝为义而死,这定是通达事理知晓礼义的人。达理闻道的人,难道他会把王法看作仇敌吗?陈子昂建议把徐元庆杀了,这是轻慢刑法毁坏礼义,它不能作为国家典章,是很清楚的了。

　　请求公布臣的这个驳议,附在有关法令之后。有审断这类案件的,不应再按以前那种意见来办。谨此议论。

品析

　　柳宗元(773—819 年),字子厚,唐朝河东(今山西平陆)人。德宗贞元十二年（796 年），由于柳宗元聪明好学，以进士应博学宏词科及第，时年 21 岁。贞元十四年（798 年）授集贤殿正字，调蓝田尉，贞元十九年（803 年）拜为监察御史，顺宗即位后，永贞元年（805 年）为尚书礼部员外郎，曾参加王叔文为首的政治改革活动，推行了一系列政治改革措施，但是不久因遭到宦官和贵族大官僚的攻击而失败了，柳宗元即被贬为永州（治在今湖南零陵）司马。宪宗元和十年（815 年），改任柳州刺史，治理地方，卓有成就。元和十四年（819 年）十一月八日死于柳州，时年 47 岁。

柳宗元是唐代进步思想家和著名的文学家，他和韩愈同时是古文运动的主要领袖人物，为人清廉刚正，凡事敢作敢为，而又博学好论，与韩愈齐名，号称韩柳。柳宗元在政治上主张改革创新，思想上具有朴素的唯物主义观点，反对天命论。他在散文创作上要求内容充实，反对形式主义，反对萎靡文风，这是由于他在政治上长期被贬，有机会接触下层百姓生活，体会当时封建社会的生活底色。为此，他的诗文作品，包括公务文书作品的写作，不仅能够认识现实生活，而且能够真实地反映社会生活，反映人民群众的疾苦，在一定程度上暴露了封建社会的黑暗面，具有较强的现实主义精神。他的散文，包括文书体文章，大都是直接学习继承先秦、两汉优秀散文的创作方法传统的。他不仅寓言山水游记作品写得好，更长于政论文章，其中章表奏议等文书作品写得甚为出色，批判时政，笔锋锐利，立意清新，章法严谨，语言精练，具有独特风格，为后人所称颂。韩愈评其文说："雄深雅健，似司马子长"，这是比较恰切的。后人将柳宗元列为唐宋八大家之一。著有《柳河东集》四十五卷、《外集》二卷。

《驳复仇议》，选自《柳河东集》（中华书局翻印影印宋刻世绿堂本），《古文观止》卷九有选载。本篇文章，属驳议体上行文书，也是古代政论散文体之一种。刘勰在《文心雕龙·议对》中指出："迄至有汉，始立驳议。"这就是说，"驳议"文章作为一种文体，主要是一种古代文书体，至汉朝才有了正式的名称。刘勰又说："驳者，杂也，杂议不纯，故曰驳也。"（《文心雕龙·议对》）这是因为杂议不纯，即不能统一,所以就有驳,批驳的意思。"自两汉文明,楷式昭备,蔼蔼多士,发言盈庭。"(《文心雕龙·议对》)历史的事实正是这样,到了汉朝,作为文书体式的驳议文章,其形式已显得完整,而写作这方面文章者,也是人才济济。在朝堂之上,充满着官员们的发言,大臣们往往围绕着某个政治或政务问题,在朝廷上当着皇帝的面,批驳对方。这也可见封建朝政的某种民主性质。而驳议文书,就是产生于这种具有封建民主性的活动中的一种文体。柳宗元的这篇驳议文是针对武后时,谏臣陈子昂关于徐元庆为报杀父之仇而杀死御史赵师韫一事的建议而进行批驳,并在朝廷之上呈交皇帝的奏章。

本篇文章,首先引出所议之事、所驳之论:谏臣陈子昂认为徐元庆为报杀父之仇而杀死赵师韫,应该"诛之而旌其闾",而柳宗元则认为这个主意是错的。接着,文章提出自己的观点,认为"礼"与"刑",其作用根本上是一致的,只是用法不同而已,所以"旌"与"诛"不可并用,更不能把这样的做法写入典章,以贻后代。然后,文章引用圣人之制和经典之作,说明徐元庆为报杀父之仇而杀死赵师韫是对的,乃是因为官吏含私怨残害无辜百姓,百姓呼告无门,起而杀死官吏,报仇雪耻,这是"守礼而行义",故不应该诛戮徐元庆,而应该感谢他。文章指出,徐元庆的行为是"合于礼"的,也是"义",不会超越礼法的范围,那么,如果按照陈子昂的建议去做,就是破坏了礼法,这样用刑是太过分了。文章末尾,他恭恭敬敬地请求皇帝把他的这个奏章议论,附在法令上面,以供后人断狱讼时参考,而不应该按照前例去办理。

柳宗元的这些议论和刑法管理的主张,从根本上是为维护封建统治以及国家治安管理的需要服务的,然而,他在客观上反映了黎民百姓的疾苦和要求,即对于那些残害百姓的官吏应当进行惩治,这是符合人民群众的利益的,同时也反映了他憎恶贪官酷吏,与残害百姓的邪恶势力作斗争的精神。文章提出在国家管理中如何实行法治管理的问题,即如何在刑法面前人人平等,特别是对于执掌刑法的官吏,如何公正不抱私怨,官吏之中不能官官相护,上下帮忙,使百姓有冤无处申。同时也揭露了封建社会贪官污吏残害百姓的真实情况，指出，在国家管理中不应当保护残害百姓的官吏。所有这些思想，都是有一定进步意义的，也是十分可取的。不过，对于杀害无辜百姓的官吏，由个人去报仇惩治他，这倒是在刑法和国家管理中不应当提倡的，而应当由国家有关部门将其绳之以法。

柳宗元的散文承袭先秦、两汉优秀散文的传统，同样他的许多文书奏章，也是从两汉优秀文书作品的脉络延续下来的。因而，文章在写作上具有鲜明的特色。

首先，文章雄辩有力，善于运用逻辑推理去批驳对方，指出陈子昂的谏议是首鼠两端之说，是互相矛盾的处理意见，使对方"诛之而旌其闾"不能自圆其说，不攻自破，从而显示文章逻辑性强，具有很强的雄辩能力。

其次，文章开门见山地提出驳议对象，引出所驳之论、所议之事，用这样的方式来论述问题，使论点明确，旗帜鲜明。例如，认为陈子昂所议是错的，提出赏、罚、褒、贬必须穷理本情，"刺谳其诚伪，考正其曲直"，然后才能决断，并在此之上逐一论述、证明其观点。这样，就使论证清晰明了，论理叙事明白简要，朴素诚实，丝毫无晦涩之感。刘勰在《文心雕龙·议对》中说："文以辨洁为能，不以繁缛为巧；事以明核为美，不以深隐为奇。此纲领之大要也。"显然，柳宗元在这篇驳议文章里，做到了这一点，学习继承了汉代写作驳议文章的传统方法与要领。

此外，文章能够恰如其分地引用圣人之制、经典之礼法，以此来推所述之理，使论述有理有据，论证严密，无懈可击，显示出文章的气势雄伟、笔锋锐利，富有战斗性。而且文章勇于切中时政之弊，批判鞭挞苛政、酷吏，反映百姓的要求。文章展述之时多用短句，显得简洁扼要。就如韩愈在《柳子厚墓志铭》中所说："议论证据古今，出入经史百子，踔厉风发。"这可以说是比较准确地概括了柳宗元的驳议文书作品的风格特征。

必须指出，上述文章的特色，是和柳宗元的为人品性以及他在政治上、生活上所处地位与环境分不开的。他身为御史，负有纠察百官之责，对朝政管理、对刑法是熟知的；又由于他政治上受贬，因此，客观上能接近百姓，体察社会生活。总之从这篇驳议文章可以看出，如果不懂得政治，不熟悉自己所反映的政务，即所从事的工作，而故意舞文弄墨，穿凿附会地组织文章，那么即使所说的道理是对的，也会为不必要的浮词所掩盖，使人不明白你所议何事，所驳何论。因此，文书的撰写，并不仅仅是方法的问题，而且还应当努力熟悉政务、熟悉所从事的工作、熟悉社会生活，方能写出好的文书作品。

刘禹锡(唐)

陌室铭

　　山不在高,有仙则名;水不在深,有龙则灵。斯是陋室[1],唯吾德馨[2]。苔痕上阶绿[3],草色入帘青。谈笑有鸿儒[4],往来无白丁[5],可以调素琴,阅金经[6]。无丝竹之乱耳[7],无案牍之劳形[8]。南阳诸葛庐[9],西蜀子云亭[10]。孔子云:"何陋之有[11]?"

注释

　　[1]斯是:这是。陋室:狭小简陋的房屋。[2]唯:只是。馨(xīn):散布很远的香气,此指好的名声。[3]苔痕:青苔连成一片(痕迹)。上阶:蔓延到台阶上面。[4]鸿儒:大儒,指学识渊博的学者。[5]白丁:穿素衣的人,平民,指没有文化知识与功名的人。[6]金经:用泥金书写的佛经。[7]丝竹:乐器,此指管弦乐器。乱耳:扰乱听觉(耳朵)。[8]案牍:官府的公文。劳形:劳神伤身,使身体劳累。[9]南阳诸葛:汉朝三国时诸葛亮隐居于南阳隆中(今湖北襄阳)。庐:茅草屋。[10]西蜀子云亭:汉朝辞赋家、学者扬雄,字子云,四川成都人,在其简陋的房屋中写出《太玄经》,后人称此屋为"草玄亭"。[11]何陋之有:语出《论语·子罕》。"君子居之,何陋之有?"意即有什么简陋的呢?

译文

　　山并不在于它的高,只要有神仙(仙人)在里面居住,它便会出名了(名声远传);水也并不在于它的深,只要有龙在里面,它就有了灵气。这是一间狭小简陋的房屋,只是由于我高尚的品德而使它犹如散布很远的香气,有了好的名声。青苔生长连成一片(痕迹),蔓延到台阶上面,显得碧绿苍翠,芳草的绿色映得帘子也像青绿色的了。这里(简陋房子里)说说笑笑的尽是那些学识渊博的学者,而来来往往(进进出出)的,没有一个是没有文化知识与功名的人。我住在这里可以弹奏素雅的古琴,阅读用泥金书写的佛经。在这里,既没有嘈杂的音乐扰乱我的耳朵,也没有官府的公文使我劳神伤身,身体疲累。这间简陋的居室,就如那南阳诸葛亮的茅草屋、西蜀扬雄(子云)的草玄亭小屋。孔子曾经说:"(这样的房屋)有什么简陋的呢?"

品析

　　刘禹锡(772—842年),字梦得,唐朝洛阳(今河南洛阳市)人,唐代文学家、哲学家。唐德宗贞元年间进士,曾任监察御史,因参加王叔文的永贞改革,并成为其政治改革集团的重要人物,反对宦官和藩镇割据势力,被贬朗州(今湖南桃源县以东,为当时边远荒凉的地方)司马。后因宰相裴度力荐,被召回京师长安任太子宾客,最后为礼部尚书。晚年在洛阳,与白居易结为诗友,很受白居易推重,并称"刘白"。刘禹锡的诗文,多能反映社会现实,论述精辟,且又风格清新自然。有《刘梦得文集》传世。

　　铭文,是古代应用文体之一。它是镂刻、记载在金属器物或石碑之上的文字,主要用于记载颂扬功德、昭示训誓鉴戒,直至后来逐渐成为一种脱离器物(石碑)载体而存在的专门应用文体。刘勰在《文心雕龙·铭箴》中说:"昔帝轩刻车几以弼违,大禹勒笋簴而招谏。……周公慎言于金人,仲尼革容于欹器。……秦昭刻博于华山。"由此可见,早在黄帝之时,就把铭文刻于车子和几上,用以警戒自己,矫正过失,有如今天的座右铭。后来的西周、春秋战国、秦朝时期,也将歌功颂德的文章刻在青铜器或石碑上面。随着时代的发展,铭文逐渐成熟为独立的应用文体,其体式是短小精练、简洁扼要、温顺柔和,就如刘勰所说:"铭兼褒赞,故体贵弘润。其取事也必核以辨,其樆文

也必简而深,此其大要也。"(《文心雕龙·铭箴》)有些铭文多为四言
韵体,读来朗朗上口。

　　《陋室铭》的思想和艺术特色是十分明显的。它作为铭文,以陋
室作铭,感慨生情地表现积极的鲜明的思想情感和高尚品德,因而它
不同于一般的铭文,既不是歌功颂德,也不是说教和警戒,而是借用
铭文的体式,运用简洁明了而又优美的语言,描述作者生活在狭小简
陋的房屋之中的快乐时光与精神境界。文章开篇以"山"与"仙"、
"水"与"龙"的对应起兴表述论证,说明事物的高与低、好与坏、丑陋
与华贵等等,不在于其表面,而在于其内涵实质。接着,文章描写了
所居住的陋室情景,虽然简陋,却是环境优雅,充满自然的青翠景色,
而居住和往来于此的也是品德高尚、知识渊博的志士仁人。最后,文
章以孔子的话——"何陋之有"作结,这样用"圣人圣语"自勉自励于
自己,感慨生情,抒发和表达了作者那种虽置身在世俗污浊的社会生
活环境中,隐居于陋室,却能够始终满怀坦然乐观、积极向上的高尚
情趣,并以此显示自己的"清高"。这对于今天的世人,如何坚持自己
应有的人格,完善自身的情操和思想修养,远离那些社会的丑陋习
俗,或是出于污泥浊水之中而不染,提升自我的高尚品德和思想情
操,也是很有现实教育意义的。同时,文章层次分明,语言优美、简练
明白,而又具有诗情画意,抒情笔调浓烈,表述主题思想鲜明,揭示的
生活哲理深刻。这些都构成本文重要的思想和写作特色。因此,本
篇文章能够成为千百年来世人传诵的铭文佳作,特别是其中的"山不
在高,有仙则名;水不在深,有龙则灵"等美妙词句,更成为千古不衰
之名句。

范仲淹（宋）

岳阳楼记

庆历四年[1]春，滕子京谪守巴陵郡[2]。越明年，政通人和，百废具兴[3]，乃重修岳阳楼。增其旧制[4]，刻唐贤、今人诗赋于其上，属[5]予作文以记之。

予观巴陵胜状[6]，在洞庭一湖：衔远山，吞长江，浩浩荡荡，横无际涯[7]；朝晖夕阴[8]，气象万千。此则岳阳楼之大观也，前人之述备矣[9]。然则北通巫峡，南极潇湘[10]，迁客骚人，多会于此，览物之情，得无异乎[11]？

若夫霪雨霏霏[12]，连月不开，阴风怒号，浊浪排空，日星隐耀，山岳潜形[13]，商旅不行，樯倾楫摧[14]，薄暮冥冥[15]，虎啸猿啼。登斯楼也，则有去国怀乡，忧谗畏讥，满目萧然，感极而悲者矣[16]！

至若春和景明，波澜不惊[17]，上下天光，一碧万顷[18]，沙鸥翔集，锦鳞游泳，岸芷汀兰[19]，郁郁青青；而或长烟一空[20]，皓月千里，浮光跃金，静影沉璧[21]，渔歌互答，此乐何极！登斯楼也，则有心旷神怡、宠辱皆忘，把酒临风，其喜洋洋者矣[22]！

嗟夫！予尝求古仁人之心，或异二者之为[23]，何哉？不以物喜，不以己悲[24]；居庙堂之高，则忧其民[25]；处江湖之远,则忧其君[26]。是进亦忧,退亦忧[27]。然则何时而乐耶?其必曰"先天下之忧而忧,后天下之乐而乐"欤[28]?噫!微斯人,吾谁与归[29]?

时六年九月十五日。

注释

[1]庆历四年:1044 年,庆历为宋仁宗年号。[2]"滕子京"句:滕子京被降级调守巴陵郡(岳阳县)。滕子京为范仲淹的朋友,同年中进士,原任环庆路都部署兼知庆州,因被诬告贬至岳州。谪(zhé):因罪降职。[3]越明年:过了第二年。百废具兴:一切已荒废的事情都已兴办起来。具,同"俱"。[4]旧制:指原有的规模。岳阳楼始建于唐朝初年。[5]属(zhǔ):同"嘱"。[6]胜状:美景。[7]衔远山、吞长江:洞庭湖中有君山,故用"衔"(口含);洞庭湖北会长江,江水蓄入湖内,故用"吞"。横无际涯:广阔无边。[8]朝晖夕阴:意即早晨阳光(万道),傍晚暮色(苍茫)。[9]大观:雄伟壮丽的景色。述:指对岳阳楼景观的描写。备:详尽。[10]南极:向南一直通到。潇湘:潇水和湘水。[11]览物之情:观景所产生、引发的感情。得无异乎:难道会没什么不同吗? 得无,能不。[12]若夫:用于引起下文,相当于"若是"。霪(yín)雨霏霏:连绵细雨纷纷飘落。[13]日星隐耀:太阳和星星都失去光辉。山岳潜形:高山隐没(在一片迷蒙中)。[14]樯(qiáng)倾楫摧:航行的船只桅倾桨断。[15]薄暮冥冥:已近傍晚,天色昏暗。薄,迫近。[16]"登斯楼"句:(在这种时候)登上这座楼,就有一种离开国都,怀念家乡,担心害怕别人的诽谤和嘲讽,满目凄凉、感慨万千、悲从中来的情怀。[17]至若:至于。波澜不惊:风平浪静。[18]一碧万顷:一片碧绿,连成万顷。[19]锦鳞:喻水中美丽的鱼。岸芷汀兰:岸上的香草,小洲的兰花。[20]而或:或者。长烟一空:长空中烟雾一下全消散了。[21]浮光跃金:月光洒落水面,微波荡漾,金光闪烁。静影沉璧:静静的月影如同一块沉在水中的璧玉。[22]"登斯楼"句:(在这种时候)登上这座楼,就有一种胸怀开阔、精神舒畅、宠辱都忘、临风饮酒、喜气洋洋的情怀。[23]求:探求。仁人:道德修养最高的人。或异二者之为:或许和这两种情形不同。[24]不以物喜,不以己悲:不因为环境的好坏,个人的得失而或喜或悲。此句用了互文的修辞手法。[25]"居庙堂"句:在朝廷做官,身居高位,就为百姓操劳。庙堂,指朝廷。[26]"处江湖"句:寄身江湖(不当官),居僻远乡村,则为君为国担心。[27]进:指做官,有地位。退:

不做官,没地位。[28]"先天下"句:忧在天下人之先,乐在天下人之后。[29]
"微斯人"句:除了这样的人,我向谁看齐(以谁为榜样)呢? 微:非,不是。

译文

庆历四年(1044年)的春季,滕子京被降级调守巴陵郡任太守。
但是过了第二年,滕子京在岳州治理有方,做出了显著政绩,已是政
事很通达,人们的生活很和乐,一切被荒废的事情也都兴办了起来。
为此重新修建了岳阳楼,在原有的基础上扩大了规模,并在上面刻写
了唐代圣贤名士和当代名人的诗赋。他嘱咐我作一篇文章把它(修
建岳阳楼的事情)记录下来。

我观看巴陵美丽的景色,都在洞庭湖上。看那洞庭湖远含着君
山的山峦,吞吐着长江,浩浩荡荡,无边无际;早晨阳光万道,傍晚暮
色苍茫,变化无穷。这就是岳阳楼上所见的雄伟壮丽的景色,以前的
人对它的记述是很详尽的。然而,它(洞庭湖)北边通到巫峡,而向南
一直通到潇水和湘水。那些遭受贬谪的过往官员和满怀激愤之情的
诗人墨客,往往聚集于此地,他们观景览物所产生、引发的感情,难道
会没什么不同吗?

若是那连绵细雨纷纷飘落,连着数月没有晴天,阴冷的寒风呼号
怒叫,浑浊的大浪冲向天空,那就使太阳和星星都失去光辉,而高山
也会隐没在一片迷蒙之中,商旅客人也都不再行走了,航行的船只桅
倾桨断,此时已近傍晚,天色昏暗,老虎咆哮吼叫,猿猴哀鸣啼哭。此
时此刻登上这座楼,就有一种离开国都,怀念家乡,担心害怕别人的
诽谤和嘲讽,满目凄凉、感慨万千、悲从中来的情怀了。

至于春和日丽、景物明媚之时,湖面上无波无浪、风平浪静,天空
湖面光彩交相辉映,一片碧绿,连成万顷,沙鸥在水面时而飞翔时而
降落,水中那美丽的鱼儿自由自在地游泳,岸上的香草、小洲的兰花,
青葱翠绿,散发着香味;而有的时候长空中的烟云雾气或者会一下全
都飘散了,而明洁的皓月照耀千里,月光洒落水面,微波荡漾,金光闪
烁,静静的月影如同一块沉在水中的璧玉,渔夫的歌声彼此唱和,这

种快乐何以穷尽！在这种时候登上这座楼，就会胸怀开阔、精神舒畅、荣宠耻辱全都忘却，对着清风端起酒杯，高兴到极点而得意扬扬了。

啊！我曾尝试探求过古代那些道德修养高的人的心情，或许和这两种情形不同。为什么呢？他们不因为环境的好坏、个人的得失而或喜或悲。他们在朝廷做官，身居高位时，就为百姓的生活操劳，为民众的疾苦担忧；他们寄身（身处）江湖不当官，居于僻远的乡村时，则为国君为朝廷担心，忧虑着国家的安危。他们在朝廷做官操持政务和有地位的时候要忧虑，不做官了，没地位（退出官场政务）的时候也要忧虑。然而，他们什么时候才能够有欢乐呢？他们必然说："忧在天下人之先，乐在天下人之后。"啊！除了这样的人，我向谁看齐（以谁为榜样）呢？

（文章记写）时是宋仁宗庆历六年九月十五日。

品析

范仲淹（989—1052年），字希文，北宋苏州吴县（今江苏吴县）人，是北宋著名的政治家和文学家。范仲淹自小家境贫困，但是他并未被贫穷压倒，而是能够发奋刻苦学习，最终于宋真宗大中祥符八年（1015年）考中进士。曾任参知政事、枢密副使、陕西经略副使、陕西四路宣抚使等职。他在为官从政期间，满怀改革时弊的政治热情，不畏权势，不计个人安危，曾数次上疏议论国事，改革弊政，因上《百官图》刺伤权相吕夷简，后遭其打击而被贬谪为地方官。在任陕西地方官时（1040年，即宋仁宗赵祯康定元年），他提出并实行了屯田守边的方略，使西夏和羌人未能侵犯边疆，对当时抵御外族入侵、巩固边防、安定民生起了积极作用。1043年（庆历三年），由于欧阳修等朝臣的推荐，范仲淹出任参知政事（副宰相），即提出了改革时政弊端的十点意见，如建立严格的任用官员制度、注重农事农桑、整治军队武备、推行国家法制管理、减轻百姓徭役负担等。但是这一革新推行不久，即因遭到守旧腐败势力的反对而失败。总之，范仲淹的一生为官清廉,生活简朴,品德高尚,关心百姓疾苦,关心国家政治,是北宋前期政治改良运动的领袖。《宋史》本传称:"其后虽贵,非宾客不重肉,妻子衣食仅能自充。"因而当时百姓甚敬仰之。死后赠兵部尚书,赐谥文正。善诗文,有《范文正公集》。

岳阳楼位于湖南省岳阳县城西,面临洞庭湖,本为名胜古迹,也因《岳阳楼记》之故而愈加闻名。《岳阳楼记》作于宋仁宗庆历六年(1046年)九月十五日,是作者范仲淹应其好友滕子京之请,为重新修建岳阳楼而作的一种"记文",也就自然成为一种"奉命"撰写的具有公务性质的记录文字(文章)了。而记录之文章或记录之文字,早在西周和春秋时代就已形成了,它往往被作为记录、叙述描写某些人物或事件的文字记载形式。《左传·僖公七年》称"记录"是一种"夫诸侯之会,其德刑礼义,无国不记"的文件。汉朝的班固在《汉书·艺文志》中也称"记录"为"左史记言,右史记事"。之后,人们将此保留下来。因此,本篇可以看成是一种广义的文书作品,类似今天关于某一事件、人物、物体(如建筑物)的记叙文章或记录文件材料。只是在历代"记文"中,由于文学语言艺术的运用,致使许多"记文"成为优秀的历史散文名篇。

《岳阳楼记》是一篇对重修岳阳楼的记述文字,同时也是对当时范仲淹和其好友滕子京所抒发的思想、心情的文字记载。其时的范仲淹因为"庆历新政"的改革失败,被罢去参知政事,出任陕西四路宣抚使,而滕子京与范仲淹为同年进士,在任庆州知州时被御史弹劾而贬任岳州。滕子京在治理岳州两年期间,做出了显著政绩,出现政通人和、百废俱兴的局面,于是重修岳阳楼,并请范仲淹为之纪念,作者即"遵命"为之作记文。这样,本文就成为"同是天涯沦落人"——同是被贬官员者的一种心境表露。特别是文章之中所记述的,如"不以物喜,不以己悲","先天下之忧而忧,后天下之乐而乐"的人生态度和人生观、世界观,不仅成为千古绝唱,而且成为世人,尤其是进步的文人志士所推崇和追求的人生价值观。这种思想情感的抒发,充分表白了自我——范仲淹,同时也是对其好友滕子京的一种很好的激励。

这种崇高的积极向上的思想情感和心灵境界，至今仍然是值得国人好好学习和仿效的。不论古人还是今人，特别是现今的各级各类官员，如能时刻为国为民之忧而忧，为国为民之乐而乐，这是何等令人崇敬的思想境界和积极健康的内心情感。显然，那些"居庙堂之高"——做大官，却只会肥己损民、中饱私囊，只会整日庸庸碌碌，既不为国而忧也不为民而忧的人，岂不是应当好好学习学习呢？

本文作为著名的散文，同时也是优秀的文书佳作，其思想内容和写作方法与技巧是相当出色的。

首先，文章记事简洁，写景生动，情怀感人，详略得当，修辞多样。文章的开篇先交代了写作背景，第二段以简练生动的笔调，概括岳阳楼重修经过及其大观。如"衔远山，吞长江，浩浩荡荡，横无际涯；朝晖夕阴，气象万千"。这样简洁生动的语言运用，描写出洞庭湖那种波澜壮阔、雄浑广大的气势和美丽万千的景色。而第三、四段写览物之情各不相同，景致不一而心情各异。即：一种是在风雨交加的日子里，那些"迁客骚人"会"感极而悲"；另一种是在阳光明媚的春景之中，那些人也会因之而"心旷神怡、宠辱皆忘，把酒临风，其喜洋洋者矣"。这种对个别具体事物的精确描述和具有鲜明特色的语言运用，使文章的"情"与"景"做到有机的巧妙结合。最后一段推进一层，写出仁人之心不同于一般迁客骚人，他们的忧乐并不取决于环境的好坏及个人的得失，而是"先天下之忧而忧，后天下之乐而乐"。这样，文章既抒发了作者此时的特殊感受，即他虽然被贬谪不受重用，然而仍然忧国忧民，始终为朝廷的安危与封建统治阶级政权的巩固而忧虑，为百姓的疾苦而担心；同时，文章也很自然地鲜明地表现了他那宽广、博大的胸怀和高尚的情操，以及远大的政治抱负。

其次，文章能够做到优美的艺术形式与健康而又积极向上的进步的思想情感的完美结合。文章能够恰当地使用铺叙、议论、描述相结合的写作手法，如其中有扼要的记事，有生动的写景，又有简洁的议论，虽夹叙夹议，却能够使文章条理清楚、层次分明、剪裁得当、独到好处。同时，全文以四言为主，使用较为整齐的排偶句式，讲究辞藻的优美，词句运用的简洁，语言的精练。文章能够使"古文"和"时文"的表现手法做到有机结合，既不蹈常规戒法，不拘一格，又能充分表达文章的思想内容与作者的心境情感，使艺术形式的美和思想内容的美达到巧妙融合。

欧阳修（宋）

朋党论

臣闻朋党之说[1]，自古有之，惟幸人君辨其君子小人而已[2]。大凡君子与君子，以同道为朋；小人与小人，以同利为朋。此自然之理也。

然臣谓小人无朋，惟君子则有之。其故何哉？小人所好者禄利也，所贪者财货也，当其同利之时，暂相党引以为朋者[3]，伪也；及其见利而争先，或利尽而交疏，则反相贼害，虽其兄弟亲戚，不能相保。故臣谓小人无朋，其暂为朋者，伪也。君子则不然，所守者道义，所行者忠信，所惜者名节，以之修身，则同道而相益[4]；以之事国[5]，则同心而共济。始终如一，此君子之朋也。

故为人君者，但当退小人之伪朋[6]，用君子之真朋，则天下治矣。

尧之时，小人共工、驩兜等四人为一朋[7]，君子八元、八恺十六人为一朋[8]。舜佐尧，退四凶小人之朋，而进元、恺君子之朋，尧之天下大治。及舜自为天子，而皋、夔、稷、契等二十二人并列于朝[9]，更相称美[10]，更相推让，凡二十二人为一朋，而舜皆用之，天下亦大治。

《书》曰："纣有臣亿万[11]，惟亿万心；周有臣三千，惟一心。"纣之时，亿万人各异心，可谓不为朋矣，然纣以亡国[12]。周武王之臣三千为一大朋，而周用以兴。

后汉献帝时，尽取天下名臣囚禁之[13]，目为党人。及黄巾贼起，汉室大乱，后方悔悟，尽解党人而释之，然而已无救矣。

唐之晚年，渐起朋党之论。及昭宗时，尽杀朝之名士，咸投之黄河[14]，曰："此辈清流，可投浊流。"而唐遂亡矣。

夫前世之主，能使人人异心不为朋，莫如纣；能禁绝善人为朋，莫如汉献帝；能诛戮清流之朋，莫如唐昭宗之世。然皆乱亡其国。更相称美推让而不相自疑，莫如舜之二十二臣，舜亦不疑而皆用之，然而后世不诮舜为二十二朋党所欺[15]，而称舜为聪明之圣者，以能辨君子与小人也。周武之世，举其国之臣三千人共为一朋[16]，自古为朋之多且大，莫如周，然周用此以兴者，善人虽多而不厌也。

夫兴亡治乱之迹[17]，为人君者，可以鉴矣！

注释

[1]朋党：集团。[2]幸：希望。[3]党引：勾结，互相援引。[4]相益：互相得益。[5]事国：办理国事。[6]但：只。当：掌管，此指采取。[7]共工、驩（huān）兜等四人：相传共工、驩兜、鲧（gǔn）、三苗，是尧时 4 个坏人，称作四凶。[8]八元、八恺：上古高辛氏的 8 个儿子和高阳氏的 8 个儿子。元，即善。恺，和。[9]皋（gāo）、夔（kuí）、稷（jì）、契（xiè）：相传为舜时的贤臣。[10]更相称美：互相鼓励。[11]亿万：极多，非实数。[12]以：因。介词宾语省略。[13]尽取：此指大量逮捕。汉灵帝刘宏在宦官挟持下，杀害了李膺等比较正直的官僚 100 多人，流放、囚禁六七百人。184 年，爆发了黄巾起义，汉灵帝下令赦天下党人。汉献帝刘协于 189 年始即位，这些事不是发生在汉献帝时。[14]投之黄河：唐哀帝李柷（chù）天祐二年（905 年）权臣朱温于白马驿杀害裴枢等 30 多人，谋士李振对朱温说："此辈常自谓清流，宜投之黄河，使为浊流。"朱温接受了他的建议。

唐昭宗李烨于 889 年至 904 年在位，文中误记。[15]诮（qiào）：讥笑。[16]举：集中。[17]迹：此即经验的意思。

译文

臣听说朋党的说法，自古已有，只希望君王能识别其中的君子和小人而已。大凡君子和君子，以思想相同结为朋党；小人和小人，以利益相同结为朋党。这是自然的道理。

可是臣认为小人无朋党，只是君子才有。这里的缘故是什么呢？小人所喜欢的是利禄，所贪求的是财物，当他们利益相同时，暂时互相勾结、援引，结为朋党，这不是真的；待到他们看见有利时就各顾各抢在前面，或利尽而交往疏远，甚至互相残害，即使是他们的兄弟亲戚，也不能互相保护。因此臣认为小人无朋党，他们暂时结为朋党也是虚假的。君子却不是这样，他们遵守的是道义，实行的是忠信，珍惜的是名节，以此提高自己的修养，这样就思想相同而互相得益。以此来办理国事，就能同心一致办好事情。始终如一，这是君子的朋党。

因此，君王只要采取斥退小人的虚假朋党，任用君子的真正朋党的做法，天下就太平了。

唐尧的时候，小人共工、驩兜等 4 人结为一党，君子八元八恺结为一党。舜辅佐尧，斥逐了四凶小人的朋党，而任用了元、恺君子的朋党，尧的天下就太平了。到舜自己当君王时，皋、夔、稷、契等 22 人并列朝廷，互相鼓励，互相推让，共 22 人结为一党，舜全部任用，天下也太平。

《尚书》说："纣王有众多臣子，也就有众多条心；周王有许多臣子，只有一条心。"纣王的时候，亿万人各有不同的心，可以说是没有朋党了，可纣王就是因此而亡国。周武王的臣子数千人为一个朋党，而周王因任用他们而兴盛。

后汉灵帝（据史实予以修正）时，大批逮捕天下名臣，把他们囚禁起来，视为朋党。到了黄巾起义，汉室大乱之时，这才后悔醒悟，下令释放天下党人，可是已经无救了。

唐朝末年，渐有朋党之争，到了唐哀帝时，尽杀朝中名士，有些人被抛尸黄河，说："这些人自以为是清流，可投之浊流。"唐朝也就因此而亡。

前世的君主，能使人不同心不结为朋党的，没有谁能如商纣王；能禁绝好人结为朋党的，没有谁能如汉灵帝；能诛杀清白的朋党的，没有谁能如唐哀帝。可他们都因小人之乱而亡国。互相鼓励推让而不互相怀疑，再没有像舜的 22 个臣子的，舜也不怀疑而全部任用他们，可是后世也不讥笑舜是被 22 人的朋党所蒙蔽，而称舜是聪明的圣君，因他能辨别君子和小人。周武王时，集中国家臣子数千人共为一党，自古以来结党人数之多，规模之大的，再没有像周朝时，而周任用这些人使国家兴盛的做法，（说明）好人即使多，也不要满足。

兴亡乱治的经验，当君王的，可用作借鉴啊！

品析

欧阳修（1007—1072 年），字永叔，号醉翁，晚年又号六一居士，宋朝庐陵（今江西省吉安县）人，又说吉州永丰（江西永丰县）。欧阳修出身寒微，幼年丧父，家境贫困。他因为人诚实，敢于直言，对下宽简温和而著称于世，且以培养发现人才，奖励后进而受人尊敬。宋仁宗天圣八年（1030 年）考中进士，曾任监管和主考官、按察使、西京留守推官、馆阁校勘、太守、知州等官。欧阳修早年积极要求改革政治，在当时革新派范仲淹和保守派吕夷简的斗争中，支持并站在范仲淹一边，因而，受到政敌的打击，屡被罢职贬官。及至后来，欧阳修又升官，任翰林学士、枢密副使、参知政事，但是，由于他的地位变化了，晚年逐渐趋于保守，反对王安石的新法运动。卒时谥文忠。

欧阳修在学术上和文学上的成就是多方面的，是有名的历史学家、金石学家和文学家，是北宋文学革新的领导人物。北宋前期的文坛承五代以来的文风，文章片面地追求辞藻华丽，内容空洞无物，对此，欧阳修极力反对，而大力倡导以道为主的有内容的古文，强调文学,包括公文体文书作品要为封建政治服务。在他的影响下,王安石、曾巩、三苏父子(苏洵、苏轼、苏辙)等一批优秀作家纷纷崛起,重振了唐代韩愈、柳宗元倡导的古文运动,使北宋一代文风为之改观。他为文多议论时政,切中时弊,以文章负一代盛名,苏轼称他:"论大道似韩愈,论事似陆贽,记事似司马迁。"他的散文,包括奏章议对等文书作品都写得平易流畅,文从字顺,条理通达,自然优美,纡徐委曲而说理透辟,直接配合了当时的政治斗争,代表了宋代文风的一个重要特点。欧阳修为"唐宋八大家"之一。著有《欧阳文忠集》、《六一词》、《集古录》,还曾和宋祁合修《新唐书》,撰写《新五代史》等著。

《朋党论》,选自《欧阳文忠公文集》卷十七。本文作于宋仁宗庆历三年(1043 年),当时欧阳修为谏院的谏官,这是他进呈仁宗皇帝的奏章,属驳议体文书。宋仁宗景祐三年(1036 年),范仲淹由于要求革新政治得罪了权相吕夷简,被降职,欧阳修与余靖、尹洙等人,站在革新派的立场上为范仲淹鸣不平,并写了著名的《与高司谏书》,为之申辩。庆历三年(1043 年),由于欧阳修、蔡襄等人的弹劾斗争,夏竦、吕夷简等保守派代表人物先后被罢免。韩琦、范仲淹、富弼等革新派上台执政,欧阳修与余靖、蔡襄等同时出任谏官,他们先后向皇帝提出了许多改革朝政的建议,此称为"庆历新政"。但是,保守派在朝中仍然拥有很大势力,制造舆论,攻击范仲淹等引用朋党,为此,欧阳修便作《朋党论》,呈送宋仁宗。

在这篇奏议文章里,欧阳修尖锐有力地驳斥了保守派的所谓"朋党"的诬蔑。文章的开头,作者欲擒故纵,并不回避政敌的攻击诬蔑,而是开门见山地提出"朋党之说,自古有之",然后笔锋一转,指出君子是"以同道为朋",而小人是"以同利为朋",直接指出朋党有邪与正之分,有泾渭分明的界线。接着,文章进一步剖析了"小人无朋"和"君子有朋"的道理,认为:小人是以禄利权势为目标,有利之时暂为朋,无利之时则"反相贼害",即使是亲人兄弟也是如此,不能幸免,所以"小人无朋";而君子是以扶国济民为目标,以志同道合为朋党,能够在国家事业上同心共济,所以"君子有朋"。这样,文章就从国家利益与个人利益的根本问题上,打破了"君子不党"的旧观念,否定了凡是朋党都是小人,都是为了谋取私利而互相勾结的说法,从而给"朋党"作了具体分析,以正其名。然后,文章引证了历史上尧、舜、周、汉、唐等各个朝代的君王对待"君子之朋"与"小人之朋"的不同态度致使国家兴衰的大量历史事实,说明国家的兴衰治乱和朋党的真实关系,即皇帝使用朝臣,如果是用君子之朋,则天下大治,国家兴盛起来;如果是用小人之朋,则天下动乱,国家必将衰亡下去。因此,治理国家必须"退小人之伪朋",而大胆地"用君子之真朋",这是治国安邦的最根本经验。最后,文章希望皇帝能够明察秋毫,从中吸取历史上的经验教训。

必须指出,封建社会里的所谓朋党之争,实际上是封建地主阶级统治集团内部派别之间矛盾的具体反映,都是为维护统治阶级的利益而产生的矛盾,即新旧政治斗争的结果。但是,也应该肯定,尽管欧阳修的朋党论,是直接为封建统治阶级的政治斗争服务的,然而,他提出为人君者,管理国家应当"退小人之伪朋,用君子之真朋"的思想,也就是说,在管理国家之中,最高统治者如何正确认识和对待君子与小人,如何对待不同的朋党,正确地使用朝臣,直接关系到国家兴衰治乱的问题。这种思想观点,不仅对于古代的国家政治和管理具有进步作用,而且对于今天的国家管理也仍然是有积极意义的。如今的"朋党",作为国家的政治组织,特别是作为国家的执政党,更是关系重大。如何拥有和建设一个好的政党,直接关系到国家的兴盛还是衰退,关系到社会是否能够进步和文明能否昌盛,这一点,应该引起国人的认真思考。

《朋党论》,不仅是一篇散文名作,而且是一篇出色的文书佳作。通观全文,观点明确,思想性强,能开门见山地提出自己的观点,抓住"朋党"之说的实质,广征博引,从古到今,列举各个朝代兴亡的史例,有力地论证了治理国家必须"退小人之伪朋,用君子之真朋",才能达到天下大治的思想。事实证明,任何朝代在治理国家之时,如果任用好人(君子),国家就兴盛;如果任用坏人(小人),国家就衰亡。这是符合人类社会历史变迁的基本规律的。文章围绕中心层层深入地展开论点，使说理透彻，令人信服。同时，文中连用排比，增加了说理的气势，能够运用正反比较，互相印证，以反来衬正，使事理显得更加充分、明白清楚。

在展开论述时，文章将驳与议、破与立巧妙结合，显示驳议奏章文书的应有特色。它驳斥保守派的诬蔑，议"君子之朋"与"小人之朋"之区别，立为人君者要退小人伪朋，用君子之真朋，则天下大治的思想观点。作者抓住朋党之说的核心和实质，层层深入，视理而破，破中有立，从而给予政敌以致命的打击，有力地配合了当时的政治斗争。因为欧阳修把奏议文章作为其政治斗争的工具，熟知其封建政务，故能使文章做到有如刘勰在《文心雕龙·议对》中所说："文以辩洁为能，不以繁缛为巧，事以明核为美，不以深隐为奇。"此外，从公务文书角度看这篇奏论，它真实地记录了北宋仁宗年间新旧政治势力之间斗争的历史情况，反映了当时的进步力量革新朝政的要求和主张。

欧阳修的奏议文书作品，除了《朋党论》之外，还有《原弊》、《与高司谏书》等篇，都是非常出色的文书作品。它们或是指出造成国弱民穷的重大弊政，或是反击保守派对革新派的诬蔑，要不就是揭露旧官僚的卑鄙无耻，反映人民群众的疾苦。所有这些，无一不是灌注了他关心国事、忧国忧民的高尚精神和刚直敢言的性格，他并以自身的实践，充分证明文书作品是政治斗争和治理国家的工具。

包拯（宋）

乞不用赃吏

　　臣闻廉者，民之表也[1]；贪者，民之贼也[2]。今天下郡县至广，官吏至众，而赃污擿发[3]，无日无之。洎具案来上[4]，或横贷以全其生[5]，或推恩以除其衅[6]。虽有重律[7]，仅同空文，贪猥之徒，殊无畏惮[8]。昔两汉以赃私致罪者[9]，皆禁锢子孙[10]，矧自犯之乎[11]！太宗朝尝有臣僚数人犯罪[12]，并配少府监隶役[13]，及该赦宥[14]，谓近臣曰："此辈既犯赃滥[15]，只可放令逐便[16]，不可复以官爵[17]。"其责贪残，慎名器如此[18]。皆先朝令典，固可遵行[19]。欲乞今后应臣僚犯赃抵罪[20]，不从轻贷，并依条施行，纵遇大赦，更不录用[21]，或所犯若轻者，只得授副使上佐[22]。如此，则廉吏知所劝[23]，贪夫知所惧矣。

注释

　　[1]表：表率，榜样。[2]贼：祸害。[3]擿（tì）发：揭露。[4]洎（jì）：等到。上：呈上。[5]横贷：没有理由的宽赦。贷，赦免。全：保全。以：连词，表目的。[6]推恩：施恩。衅：罪过。[7]重律：严明的法律。[8]殊：很，根本。[9]以：因。[10]禁锢：禁止或限制做官。[11]矧（shěn）：况。[12]太宗朝：宋太宗在位时。[13]并：一起。少府监：主管宫中服御诸物的官。隶役：隶属服役。[14]赦宥（yòu）：赦免释放。[15]赃滥：贪污无度。[16]放令逐便：释放了听其自便。

[17]以：引出动作接受者。[18]责：责罚。名器：代表统治者等级地位的爵位、车服仪制,此象征封建尊严的体制、秩序。[19]先朝：过去的朝代。令典：正确的法令制度。固：本来。[20]乞：请求。[21]纵：即使。更：再。[22]佐：辅佐官。[23]劝：勉励。

译文

臣听说清廉的人,是百姓的榜样;心贪的人,是百姓的祸害。现在天下郡县很不少,官吏也极多,那些贪赃被揭发出来的,天天都有。等到备案呈上时,有的用毫无理由的宽赦来保全他们的生命,有的施以恩惠除去他们的罪名。虽然有严明的法律,也只不过是一纸空文,贪污卑鄙的那种人,根本就不害怕。从前两汉时,因贪赃行私而犯罪的,子孙做官都要被禁止或受限制,何况是自己犯法的。太宗在位时曾有几个大臣犯罪,被一起发配至少府监服役,到了该赦免释放他们的时候,太宗对身边的侍臣说："这些人贪污无度犯法,只能放了他们听其自便,不能再恢复他们的官爵。"太宗就是这样责罚贪污残暴的人,严肃对待国家体制的。所有过去朝代的正确的法令制度本来都可以遵守,臣想请求今后臣僚犯法抵罪,不能从轻宽赦,一律依照法律施行,即使遇上大赦也再不录用。有的犯罪如果轻微,只能让他们当副使、辅佐官。这样,清廉的官吏就受鼓励,贪赃的官吏就会害怕了。

品析

包拯(999—1062 年),字希仁,宋朝庐州合肥(今安徽合肥市)人,自幼聪明,刻苦好学,于宋仁宗天圣五年(1027 年)考中进士,始授官大理评事,尔后出任建昌知县(今江西永修县),因父母皆老,后辞官回家奉养父母。几年后,父母相继去世,包拯守孝三年期满,经父老乡人劝告,再度入仕做官,曾先后任天长县(安徽省)、端州(广东高要县)等县地方官,因治理地方卓有政绩,升任殿中丞授监察御史里行,后改升监察御史、知谏院、天章阁待制。皇祐四年(1052 年)三月,包拯又被任命为龙图阁直学士,世人称为"包龙图"、"包待制"。

晚年迁礼部侍郎，辞而不受。去世后朝廷追赠礼部尚书，谥孝肃。包拯在入仕从政的生涯中，所任官职繁多，几经浮沉，但他大部分时间担任朝廷或地方的监察、刑法等职，所著奏议文书有十五卷，传有《包孝肃奏议》。

包拯是我国历史上有名的清官，虽然在北宋朝廷中地位不是特别高，然而他为人刚毅正直，执法公平，不徇私情，善于调查研究，关心百姓的疾苦，秉公办事，为官清廉，为世人所敬佩；他生性峭直，能够疾恶如仇，对坏人不迁就，敢于斗争，敢于直谏皇上；他品格清高，"务敦厚"，推忠恕以待人，不虚伪，不奉迎上司，为官端正，生活严肃简朴，"虽贵，衣服器用、饮食如布衣时"，其事迹流传民间，被后人视为清官的典型，世代称颂。诚然，文学作品中的包公形象，虽经文人的美化修饰与夸张，加以典型化，与历史上的包拯相比，有一定的距离，但是却具有历史上包拯作为清官的基本条件，是有一定的真实依据的。当然，包拯的思想与行为，其基本点是维护封建统治阶级的利益，但包拯的思想和行为、品格，包含着人类共同的思想精华，体现了中国优秀文化传统，对于后人有一定的教育作用。

《乞不用赃吏》，是包拯进呈宋仁宗的奏疏，属上行文书，作于庆历五年（1045 年）三月。其时，北宋仁宗时代，表面上似乎政治清明，实际上政权腐败，官僚机构庞大臃肿，软弱无力，而统治者穷奢极欲，纸醉金迷，贪官污吏乘机横行，鱼肉百姓，豪门贵族明目张胆地招权纳贿，"衙门八字开，无钱莫进来"，因而，统治者与百姓的矛盾以及民族矛盾日趋尖锐激烈。另外，统治阶级内部矛盾斗争也十分复杂。宋仁宗时代的范仲淹等人主持了庆历新政，试图改革废除旧政的弊端，振兴和巩固宋王朝的政权。包拯就是在这种情况下上书本奏章，主要是提出和论述了严明法纪，禁止使用或重用贪官污吏，以及任用官员要赏罚分明的问题，要求宋仁宗对今后一切臣僚犯法贪污都要严加治罪，以后再不能任用，以此制止贪污现象的发生。这无疑是革除朝政弊病的一种有力措施。

首先，包拯认为清廉是百姓可以效法和学习的，而贪污则是对百姓的祸害，同时分析了贪污行为日渐猖獗，而没有严明的法律去制裁官吏中的贪污行为，则使法律成为一纸空文的情况。接着，文章以两汉时期及宋太宗对待贪污官吏的严明法律为例，说明应该严肃法纪，这为先代正确法令所证明是正确的。最后，文章提出对待贪污犯法，都要从严治罪，不得宽宥，即使遇到大赦也不得再录用或重用。这样赏罚分明，就能鼓励清廉，制裁贪污。

历代的史实表明，制止赃官的贪污行为，没有严明的法律和铁的手腕，是根本办不到的，就容易使各种措施、规定成为一纸空文，成为一种摆设，也致使那些贪污腐败分子认为犯罪成本太低，因而导致贪污腐败行为和现象屡禁不止，这在现代国家管理中也是同样的。在现时社会中，对于那些今天贪污，明天检讨，后天调换领导岗位的贪官污吏，或者是在腐败中提拔，在提拔中腐败的人，没有严明的法律法规去制裁惩罚他们，则无法制止他们的贪污犯罪行为。如果不彻底根除这些贪污腐败行为，则可能使党和国家失去民心，而最终会为民众所抛弃，显然这就关系到党和国家的生死存亡，不可等闲视之。包拯在文章中提出和阐述的录用官吏的政策和以刑法来制止贪污的措施，以及在朝政（国家管理）中倡导清廉、反对贪污的思想主张，不仅对于当时克服贪污腐败现象有积极的作用，而且对于今天的反对贪污腐败，清廉为政为民，严明法纪，也都具有不可否认的现实意义。此乃治国安邦之思想精华，可为世人所借鉴。

本篇奏章在写作上是极其成功的。首先，文章思想鲜明，立意深远，即使在今天仍不失其借鉴作用。其次，文章善于运用史实来论证说明自己的观点主张，说服力强，层次分明，语言流畅。再次，文章的风格显著，短小精悍，气魄雄伟，正气逼人，犹如匕首，直刺赃官心脏。它揭露赃官毫不留情，刚正不阿，态度鲜明，使赃官心惊胆寒。正如刘勰在《文心雕龙·奏启》中所说："故位在鸷击，砥砺其气，必使笔端振风，简上凝霜。"可见，文章鲜明的风格特征和作者的性格特征已完全融合在一起，充分体现了作者疾恶如仇、爱憎分明的思想和性格，确有文如其人之感。

包拯（宋）

弹劾张尧佐

知谏院[1]包拯、陈旭、吴奎等札子奏[2]：臣等伏见张尧佐除授宣徽南院使[3]，制命始下[4]，物议腾沸[5]。况臣等以言为职，岂敢私自顾虑，各为身谋哉！直以诞告再行[6]，若固守前议，复乞追夺[7]，于朝廷亦似未安，所以进退惶惑，不即论列[8]。虽然，事体有必须裁制者[9]，不可不深察，臣等不得不极陈也[10]。张尧佐怙恩宠之厚，侥求觊望[12]，不知纪极[13]。始欲得宣徽使，今讫行前命[14]，付与之矣。虽出领近镇[15]，将来必求入觐[16]，即图本院供职[17]。以至使相重任[18]，名器之大者，尽可阶缘恩私[19]，无求而不获，必快己欲，以薰灼天下[20]，此不可不深察也。伏望思已前之失，为杜渐之制，特降诏制，申敕中书门下，谕以尧佐比缘恩泽，不次超擢[21]，享此名位，已为过越，将来更不令处使相之任，及不许本院供职，仍趣赴河阳任所[22]。庶几厌塞人情[23]，防杜间隙。臣等不胜为国纳忠激切之至！

注释

[1]知谏院：官名，即谏官。[2]札子：小木片，用于向皇帝或长官进言议事。[3]除：授官。[4]制命：帝王的命令。[5]物议：众人的评论。腾沸：议论纷纷的样子。[6]直：但是。诞告：大诰，宋以后限皇帝任命高级官吏或封爵时用。再

行：再次发令施行，指前所任命。[7]复乞追夺：又再请求追回任命。[8]不即论列：不就这事评判是非。[9]裁制：判断处理规定。[10]极陈：尽力陈述。[11]怙（hù）：依仗。[12]觊（jì）望：非分的希冀谋求。[13]纪极：止境。[14]讫（qì）：完毕。[15]近镇：与京师邻近的方镇河阳。[16]入觐（jìn）：入朝进见皇帝。[17]图：图谋。本院：宣徽院。[18]使相：位兼将相。宋朝亲王、枢密使、节度使等兼中书令或侍中同平章事，称"使相"。[19]阶：凭借。缘：攀附。[20]快己欲：使自己的欲望得以全部满足。薰灼：比喻气焰逼人，指权倾天下。[21]比缘：依靠，凭借。不次：不按等级次第。[22]趣（cù）：催促。[23]厌塞：满足。

译文

　　谏官包拯、陈旭、吴奎等上奏：臣等见张尧佐授官宣徽南院使，命令才下达，众人议论纷纷。何况臣等以谏言为职，岂敢顾虑自己，为自己做打算呢？当然就应该进谏。可如果陛下只管把命令再次下达，坚持原议，臣等也再次请求追回任命，（如此反复）对朝廷也似乎不利，所以进退惶恐、疑惑，不想就这事评论是非。虽然是这样，可事情毕竟还有必须判断清楚的，不可不深入考察，臣等不得不尽力陈述。张尧佐依仗陛下对他的非常恩宠，又想实现非分的愿望，不知休止，开始想得到宣徽使的官职，现在已完成了以前的命令，把官职授给他了。他现在虽是出领方镇在外，可将来他必定要入朝求见，图谋宣徽院职位。以至于使相的重要任职，很高的爵位，都可以凭借、攀附陛下的恩宠，都不会是求而无获的，他必要满足已欲，权倾天下，这是不能不深入考虑明察的。臣恭敬地希望陛下能想想从前的错误，制定制度在坏事处于萌芽阶段就予以制止，降诏给中书门下，告知张尧佐依靠皇上的恩惠，越级提拔，享受现在的名位，已经是过分的，将来更不能让他担任使相的职务和宣徽院职位，仍旧派他去河阳上任。这样也许能够满足众人的要求，防止、杜绝君臣有隙。为国进忠言，臣等有说不出的激动和恳切。

品析

　　《弹张尧佐》是包拯与同僚陈旭、吴奎联名进呈宋仁宗的弹劾文书,属于奏疏体上行文,也是古代文体的一种。刘勰在《文心雕龙·奏启》中说:"陈政事,献典仪,上急变,劾愆谬,总谓之奏","若乃按劾之奏,所以明宪清国"。可见,古时的弹劾文章是奏启体文书中的一种,其作用就是用来揭发检举罪过,严明法纪,廓清朝政。

这篇弹文写于皇祐二年(1050年)。其时,张尧佐的侄女张修媛被宋仁宗宠爱,后立为贵妃。由于这种裙带关系,张尧佐屡次升官,始由职方员外郎擢升为提点开封府诸县镇公事,不久又升为三司使,此后,竟一天之内骤升四使,即宣徽南院使、淮康军节度使、景灵宫使、加同群牧制置使。为此,包拯除了联名上书弹劾之外,又与右司谏张择行、唐介共论张尧佐升任节度、宣徽等使之不当,并于朝廷殿上据理力争,使得宋仁宗迫于众议而只好罢免张尧佐这些职位,使出知河阳。包拯也因此名闻天下,为世人所敬仰。

《弹张尧佐》主要是弹劾张尧佐依仗私恩接二连三地升官,致使张氏家族权倾朝野,表现了包拯向旧势力作斗争的精神。首先,文章叙述了朝臣对任命张尧佐一事不满,已是"物议腾沸",说明上疏弹劾是为群臣代言,陈述、反映大家的意见。接着,文章揭发张尧佐依仗恩宠,预谋要夺取朝政大权,实现其非分的野心,指出他虽然出知河阳,但仍会凭借攀附裙带关系而再受恩宠重用,使自己权倾天下。最后,文章希望皇上深察群言,听取众朝臣意见,纠正以前之过失,颁发诏书,不许张尧佐逾越常规,不得无功受禄、无才授职,以杜绝其钻营之路。

上述文章的这些意见,是对封建裙带之风气的一个大胆否定,不仅对宋仁宗的错误任用提出批评,而且也对张尧佐进行了无情的鞭笞,揭露了封建社会使用人才的弊病,同时,也反映了北宋王朝的腐败现象。几千年以来,依靠和根据裙带关系来任用官吏,始终未能根除杜绝,因此,包拯提出废除裙带关系,实行有功受禄和有才授职的思想,具有深远的历史意义,这是几千年来治国安邦中带有根本性的问题。即使到了今天,在国家管理中,这种裙带之风仍为关系网中重要的一环,它不仅严重挫伤了优秀人才、贤能志士的爱国报国报民之心，而且对于国家的振兴、社会的和谐与发展进步，也是一大祸害，必须根除。因此，包拯这种敢于直言、无私无畏的精神与廉洁清正的思想品格情操，无疑是具有现实意义的。同时，我们也应当看到，宋朝的谏官机构的设置，也多少反映了其中的民主性，当然这种民主性不是今天建立在广泛人民基础上的、本质意义上的民主。不过，如果谏官选拔任用得当，是可以在一定程度上消除或避免执政者所带来的过失的。

本篇弹文，显示出了弹劾文章的风格和特色。

首先，文中言辞激烈而又恳切，反映了作者疾恶如仇，勇于和不正之风作斗争的大无畏精神，大有文如其人，文出其职之感。这是因为身为执法严厉的监察官，就应当磨炼其气势，以求把弹劾奏疏写得能够笔端振起寒风，奏简札上凝结严霜，令人为之胆战心惊。文章是极其成功地做到这一点的。例如，文章毫不隐瞒地说："制命始下，物议腾沸"，"臣等以言为职，岂敢私自顾虑，各为身谋哉"！表明了包拯如实反映朝情、忠于职守、不畏权威的决心，这样，字里行间充满着正义之气息，读之令人振奋。其次，文章论述充分，无可辩驳，以退为进，有理有据。作为弹奏文书，是为了纠正罪恶，扫除不正之风的，也就必须写得深刻严峻而又说理充分，这也是本篇弹劾文的又一个重要特色。例如："以至使相重任，名器之大者，尽可阶缘恩私，无求而不获，必快己欲，以薰灼天下，此不可不深察也。"这些都写得措辞严厉，能够一针见血地指出张尧佐欲谋取朝政大权的野心，使之暴露无遗，虽措辞严峻有力，却不是吹毛求疵，竞相辱骂，而是能够以事理服人。总之，这篇弹奏文是能够做到如刘勰在《文心雕龙·奏启》中指出的那样："理有典刑，辞有风轨，总法家之式，秉儒家之文，不畏强御，气流墨中，无纵诡随，声动简外，乃称绝席之雄，直方之举。"可以说，这篇文章，是充分体现了弹奏文的应有风格特征的。

王安石（宋）

本朝百年无事札子[1]

　　臣前蒙陛下问及本朝所以享国百年，天下无事之故，臣以浅陋，误承圣问，迫于日晷[2]，不敢久留，语不及悉，遂辞而退。窃惟念圣问及此，天下之福，而臣遂无一言之献[3]，非近臣所以事君之义[4]，故敢昧冒而粗有所陈。

　　伏惟太祖躬上智独见之明[5]，而周知人物之情伪[6]。指挥付托，必尽其材；变置施设，必当其务[7]。故能驾驭将帅，训齐士卒[8]；外以扞夷狄，内以平中国[9]。于是除苛赋[10]，止虐刑，废强横之藩镇[11]，诛贪残之官吏，躬以简俭为天下先[12]。其于出政发令之间，一以安利元元为事[13]。太宗承之以聪武，真宗守之以谦仁，以至仁宗、英宗，无有逸德[14]。此所以享国百年而天下无事也。

　　仁宗在位，历年最久。臣于时实备从官[15]，施为本末[16]，臣所亲见，尝试为陛下陈其一二，而陛下详择其可[17]，亦足以申鉴于方今。伏惟仁宗之为君也，仰畏天，俯畏人，宽仁恭俭，出于自然。而忠恕诚悫[18]，终始如一，未尝妄兴一役，未尝妄杀一人。断狱务在生之，而特恶吏之残扰[19]；宁屈己弃财于夷狄，而终不忍加兵。刑平而公，赏重而信，纳用谏官御史，公听并观，而不蔽于偏至之谗[20]；因任众人耳目，拔举疏远，而随之以相坐之法[21]。盖监司之吏[22]，以至州县，无敢暴虐残酷，擅有调发以伤百姓[23]。自夏人顺服，蛮夷遂无大变，边人父子夫妇得免于兵死，而中国之人安逸蕃息[24]，以至今日者[25]，未尝妄兴一役，未尝妄杀一人，断狱务在生之，而特恶吏之残扰，宁屈己弃财于夷狄，而不忍加兵之效也[26]。大臣贵戚，左右近习，莫敢强横犯法，其自重慎，或甚于闾巷之人[27]，此刑平而公之效也。募天下骁雄横猾以为兵，几至百万，非有良将以御之[28]，而谋变者辄败；聚天下财物，虽有文籍，委之府史[29]，非有能吏以钩考，而欺盗者辄发；凶年饥岁，流者填道，死者相枕，而寇攘者辄得[30]。此赏重而信之效也。大臣贵戚，左右近习，莫能大擅威福，广私货赂，一有奸慝[31]，随辄上闻，贪邪横猾虽间或见用[32]，未尝得久，此纳用谏官御史，公听并观，而不蔽于偏至之谗之效也。自县令京官，以至监司台阁[33]，升擢之任，虽不皆得人[34]，然一时之所谓才士，亦罕蔽塞而不见收举者，此因任众人之耳目[35]，拔举疏远，而随之相坐之法之效也。升遐之日，天下号恸，如丧考妣[36]，此宽仁恭俭，出于自然，忠恕诚悫，终始如一之效也。

然本朝累世因循末俗之弊[37]，而无亲友群臣之议；人君朝夕与处，不过宦官女子；出而视事，又不过有司之细故；未尝如古大有为之君，与学士大夫讨论先王之法，以措之天下也[38]。一切因任自然之理势，而精神之运有所不加[39]，名实之间有所不察。君子非不见贵[40]，然小人亦得厕其间；正论非不见容[41]，然邪说亦有时而用。以诗赋记诵求天下之士，而无学校养成之法[42]；以科名资历叙朝廷之位[43]，而无官司课试之方。监司无检察之人，守将非选择之吏。转徙之亟[44]，既难于考绩，而游谈之众，因得以乱真。交私养望者，多得显官，独立营职者，或见排沮[45]。故上下偷惰，取容而已；虽有能者在职，亦无以异于庸人。农民坏于繇役[46]，而未尝特见救恤[47]；又不为之设官，以修其水土之利。兵士杂于疲老，而未尝申勒训练[48]；又不为之择将，而久其疆埸之权[49]。宿卫则聚卒伍无赖之人[50]，而未有以变五代姑息羁縻之俗[51]；宗室则无教训选举之实，而未有以合先王亲疏隆杀之宜[52]。其于理财，大抵无法，故虽俭约而民不富，虽尤勤而国不强。赖非夷狄昌炽之时，又无尧汤水旱之变[53]，故天下无事，过于百年。虽曰人事，亦天助也。盖累圣相继，仰畏天，俯畏人，宽仁恭俭，忠恕诚悫，此其所以获天助也。

伏惟陛下躬上圣之质，承无穷之绪[54]，知天助之不可常恃[55]，知人事之不可怠终，则大有为之时，正在今日。臣不敢辄废将明之义[56]，而苟逃讳忌之诛[57]。伏惟陛下幸赦而留神，则天下之福也。取进止[58]。

注释

[1]札子：古时向皇帝或长官进言议事的一种公文，称之为"奏札"，也为宋时中央机构发布指令的一种文书。[2]以：因。晷（guǐ）：日影，指时间。[3]遂：竟。[4]近臣：侍从之臣。时王安石任翰林学士，为侍从官。[5]躬：本身，即本身具有的。[6]周：遍。[7]讬（tuō）：同"托"。当：适应。[8]训齐：通过训练使之一致。[9]扞（hàn）：即"捍"，抵御。中国：指中原。[10]于是：在这时。[11]藩镇：唐代设节度使镇守各地，谓之藩镇。玄宗后，藩镇强大，经常发生叛乱，以至唐末。宋太祖废除藩镇实际兵权，节度使成为虚职。[12]躬：亲自。先：走在前面，指作表率。[13]一：一概。安利元元：使百姓得到平安、好处。元元，指百姓。[14]逸德：失德。[15]"仁宗在位，历年最久"句：仁宗，即赵祯，真宗子（1010—1063年）北宋第四代皇帝，在位40余年（1022—1063年），统治期间对

西夏战争屡败,被迫以"岁赐"银、绢、茶妥协,对辽也以增纳岁币求和。[16]施为:措施。[17]详:审慎。[18]诚悫(què):诚恳,谨慎。悫,同"愨"。[19]生之:使之生。恶(wù):厌恨。[20]偏至之谗:片面的谗言。[21]相坐之法:连坐的办法。举荐不实,被举荐者后来失职,则举荐者也连带受罚。[22]监司:宋朝时各路设安抚使、转运使、提点刑狱、提举常平四司,兼有监察的职责,统称监司。[23]调发:征发。以:连词,表结果。[24]蕃息:繁衍生息。[25]者:……的事实。这个词组从"盖监司之吏"到"者"为止。[26]效:效果。[27]或:也许。闾巷之人:百姓。[28]御:统率、管理。[29]文籍:登记财物的簿册。府史:书吏、办事员。[30]寇攘者:强盗。[31]奸慝(tè):奸邪行为。慝,通"匿",隐藏。[32]见:被。[33]台阁:尚书台,此谓执政大臣。[34]升擢(zhuó):提升。得人:用对了人。[35]蔽塞:被掩盖。任:听从。[36]升遐:对皇帝死亡的讳称。考妣(bǐ):称已死的父母。[37]累世:世世代代。因循:沿袭。末俗:旧习俗。[38]措:实施。[39]精神之运:指主观努力。[40]见贵:被重视。[41]厕:置身于。容:纳。[42]养:教育。[43]叙:依次排列。[44]转徙:调动官职。亟:频繁。[45]交私养望:交结私党,猎取声望。独立营职:依靠自己力量完成职守进行工作。或:有的。排沮:排挤。[46]坏:衰败。繇:即"徭"。[47]见:被。[48]杂:混合,此指表现出。申勑(chì):告诫、约束。勑,同"敕"。[49]久:使……长久,即长期授以。疆埸(yì):边境。[50]宿卫:禁卫军。聚:聚集。卒伍:五人为伍,百人为卒,为古代军队编制,此可理解为指军队中。[51]五代:指梁、唐、晋、汉、周五个朝代(907—960年)。姑息羁縻:纵容笼络,胡乱收编。[52]隆:恩宠。宜:合适的做法。[53]昌炽:繁荣、强盛。尧汤水旱之变:尧时九年水害,汤时五年旱灾。[54]上圣之质:圣明的资质。绪:传统,指帝业。[55]恃:依靠。[56]辄:擅自。将明之义:奉行职守,说明事理的责任。[57]讳忌之诛:触犯皇帝的忌讳而受到的惩罚。[58]取进止:写给皇帝奏章的套语,可译为"听候裁决"。

译文

臣前蒙陛下问到本朝所以能够享国百年、天下太平的缘故,臣因浅陋,错蒙陛下的询问,而时间所迫,臣不敢久留,说得还不够详尽,就辞别退下。臣私下想,陛下问到此事,是天下之福,可是臣竟然无一句献言,这不是侍从之臣用来侍奉君王应有的行为,所以大胆冒昧地粗略陈述一下我的看法。

臣恭敬地想,太祖具有极高的智慧、独到的见解,因而遍知人的真情与假意。指挥付托,一定尽他们的才能;设置变革制度措施,一定适应事情的需要。因而他能统率将帅,把士兵训练一致,对外抵御夷狄,对内平定中原。那时废除苛刻的赋税,禁止残暴的刑法,废去强横的藩镇,诛杀残暴的官吏,亲自实行简朴作为天下的表率。他所发布的政令,都是为了使百姓得到平安、好处。太宗以聪明勇猛承继帝业,真宗以谦虚仁爱守持功业,到了仁宗、英宗,都没有失德。这就是享有其国上百年而天下太平的缘故。

仁宗在位的时间最长。臣在那时任侍从官,一切措施自始至终的情形,为臣亲自所见,试为陛下陈述一二,而陛下审慎地选择其中可行的办法,足够今天引申来作为借鉴。臣恭敬地想,仁宗当君主,上对天戒惧,下对人谨慎,仁恕恭俭,出于自然,忠恕诚恳,始终如一,没有随便派下一个工役,没有乱杀一个人。断案致力于使犯罪者不死,而特别讨厌官吏的残暴。宁可委屈自己送财物给夷狄,而始终不忍兴兵作战。用刑公平,赏赐重而讲信用,任用谏官御史,多听多看,而不被片面谗言蒙蔽。听从众人的意见,选拔疏远的人,而同时用连坐的办法来配合,监司官吏,一直到各地方官员,没有人敢暴虐残酷,擅自征发赋役而伤害百姓。自从西夏顺服后,蛮夷就没有大变乱,边塞人民能够免死于战争,中原人民能够安逸生息,一直到今天的所有这些事实,就是仁宗没有乱派一役,没有乱杀一人,断案致力于使罪犯不死,特别讨厌官吏的残暴,宁可屈己送财物给夷狄而不忍兴兵征战的效果。大臣贵戚、左右近臣,不敢强横犯法,他们行事谨慎,也许还甚于普通百姓,这是刑法公正的效果。天下勇猛而奸诈的人应募为兵,几乎多达百万,没有良将来统率他们,可是谋反的人总是失败;征收天下财物,虽有登记财物的簿册,交给府史,并没有胜任的官吏来查核它们,可欺骗偷盗的人总是会被告发;凶灾年岁,逃荒者挤满道路,死难者尸首相枕,可强盗总被擒获。这是赏赐重而守信用的结果。大臣贵戚、左右近臣,不能大享威福,私得贿赂,一有奸邪行为,很快就被圣上知道,贪心奸邪强横狡猾的人,虽然有时也被任用,但未曾能够长久，这是任用谏官御史，兼听多见而不被片面谗言所蒙蔽的结果。从县令京官，到监司、台阁官员，提升任用，虽不能够都用对人，但当时人所说的有才之士，也很少被掩盖不受任用的，这是听从众人意见，提拔举用疏远的人，而同时采用连坐的办法的结果。仁宗去世之日，天下恸哭，如同失去自己的爹娘，这是他仁恕恭俭、出于自然、忠恕诚恳、始终如一的结果。

　　然而，本朝几代一直沿袭过去的坏习俗，却没有皇亲国戚和群臣来批评议论它。皇上朝夕相处的，不过是宦官宫女；出来处理政事，又只是过问各部门的琐事；没有像古代大有作为的君主那样，和学士、大夫们讨论先王治理国家的方法，把它实施到天下。一切听任自然形势的发展，而主观努力却有所不够，名义和实际效果之间的关系，没有加以考察。君子并不是不被容纳，但奸邪小人也能置身其中；正确的论断并不是不被采纳，然而不正确的怪论也有时候被采用。凭着写诗作赋博闻强记选拔天下的士人，而没有设立学校培养造就人才的方法；凭科第名位贵贱资历深浅排列在朝中的官位，而没有考核官吏实绩的制度。监司部门没有设置检查的人，守将不是选拔上来的贤臣，频繁地调动迁官，既难以考核实绩，而夸夸其谈的人，又因而能够蒙混过关。结党营私、猎取名望的人，大多数得到了显要的职务，靠自己才能奉公守职的人，则很可能遭到排斥压制。因此，上上下下都苟且怠惰，只为奉承讨好；即使有有才能的人在职，和庸常之人也没有区别。农民受到了徭役的牵累，没有看到特别的救济抚恤；又不为他们设置官员，来兴修农田水利。士兵中混杂着老弱病员，没有加以告诫整顿；又不给军队选拔将领，授予他们长期戍守边疆的权力。宫廷侍卫中聚集了许多兵痞无赖，没有改变五代以来的纵容、笼络的坏习惯；皇室宗亲没有实质性的教育训练、选拔推荐之实，因而不能符合先王亲近疏远、升官、降职的原则。至于管理财政，基本上没有法度，所以虽然皇上俭朴节约而人民却不富足，虽然操心勤勉而国家却不强大。幸亏仰赖不是夷狄昌盛的时候，又没有尧、汤时代水涝旱灾的特殊情况，所以天下能够太平无事，超过百年。虽说是人努力的结果,也靠了上天的帮助。原因是几代圣君相传,对上敬畏天命,对下敬畏人民,宽厚仁爱谦恭俭朴,忠恕诚恳,这是他们之所以获得上天帮助的缘故。

　　臣恭恭敬敬地想,陛下身具最为圣明的资质,继承无穷无尽的帝业,知道不能长久地依靠上天的帮助,知道人事不能始终懈怠下去,那么大有作为的时候,正在今天!我不敢随便放弃臣子应尽的职责,而只顾躲避触犯忌讳所遭到的惩罚。如蒙陛下赦免臣,并用心考虑臣下所说的话,那么就是天下人的福气了。可行与否,恭候陛下裁决。

品析

　　王安石(1021—1086 年),字介甫,晚年号半山,宋朝抚州临川(今江西抚州市)人。王安石自幼就聪明好学,20 岁之前曾随其父在南北各地游历,广泛地接触和了解当时的社会实际,看到政治腐败,农民遭受压迫和剥削,以致造成国弱民贫、不能抵御外族入侵的国情,因而立志革新政治,决心以天下为己任。宋仁宗(赵祯)时,王安石考中进士,初在鄞县(今浙江宁波市)任职,后任签书淮南判官厅公事等地方官,为政期间,政绩卓著。宋神宗即位,召为翰林学士兼侍讲、任参知政事(副宰相),领制置三司条例司,议行新法。宋熙宁三年(1070 年),任同中书门下平章事(宰相),熙宁七年(1074 年)被罢相,八年复相,九年(1076 年)又被罢相,回到江宁,过了十余年闲居生活。元丰元年(1078 年)被封为舒国公,后改封荆国公。1085 年宋神宗死后,宋哲宗赵煦即位,旧党执政,新法全部被废,王安石忧愤成疾而病死家中。

　　王安石是我国宋朝杰出的政治家、散文家和诗人。他在为政期间,立志改革时弊,提出并积极推行了农田水利、青苗、募役、方田、均输、保甲、保马等一系列新法,从"理财"和"整军"两方面大刀阔斧地展开了变法活动,缓和了当时的阶级矛盾,较快地发展了生产,国家也随之日臻富强。王安石的变法,其目的是为了增强赵宋王朝的国力，巩固其封建统治，但是他却因抑制和削弱了大地主、大豪商的特权和利益，而遭到以司马光为代表的保守派的反对，虽然成效不大，然而，这在当时具有不可否认的进步意义。王安石在文学上也卓有成就，为唐宋八大家之一，其诗文包括文书作品，大多精于修饰，长于说理，风格刚劲有力，恰如其人。著有《王荆公诗文集》，也称《临川先生文集》。

《本朝百年无事札子》，选自《临川先生文集》。札子，是古代臣子进呈皇帝的奏章，属于上行公文中的一种。潘嘉主编的《文书学纲要》说："宋代枢密院系统的下行公文与一般行政系统的不同，其代替皇帝宣布的称为'宣'，其本身使用的称为'劄'，都是比较机密的文书。"此文写于宋熙宁元年（1068 年），是王安石呈交宋神宗的一份比较机密的公文。据《续资治通鉴》卷六十六载：皇帝召见翰林学士王安石，问他"为治所先"，王安石回答说"择术为先"，皇帝又问王安石："祖宗守天下，能百年无大变，粗致太平，以何道也？"由于时间紧，王安石在当时未及详答，退朝后即撰写了此奏章，呈交宋神宗。这也无异是一种次年的变法运动的先兆。

本文主要是论述了宋仁宗在位 41 年间（1023—1063 年）政治法度、措施、政策的得失，并指陈时弊，求取变法革新。文章首先叙述进呈本奏章的原因，进而解释宋初百年间太平无事之由，是因为皇帝能够"躬以简俭为天下先"，能够任用贤能志士，实行清明政治。接着，文章指出：宋仁宗在位期间，能够敬畏上天、人臣，有圣人之明、宽容恭俭，各种法度严明，大臣贵戚莫敢犯法作威作福，而百姓能够安居乐业，社会安定。然后，笔锋一转，文章尖锐地揭示了当时危机四伏的社会情况，详细地分析了臃肿的官僚机构存在严重问题：官员营私舞弊，拉帮结派，忠良诚实之辈与能人志士反而不被重用；农民贫困痛苦，于灾害劳役中挣扎；而军队则软弱无力，缺少训练，兵骄将惰；国家财政空虚困难，管理财政无法，致使民不富而国不强。这些都是社会危机和潜在的不安因素，说明国家已从百年太平无事走到多事之秋。文章所述种种，其目的都在于向宋神宗说明国家与社会百年太平无事的根由是朝廷能"仰畏天,俯畏人,宽仁恭俭",因而获得天助,同时,也说明国家实行变法改革的必要性和迫切性,希望宋神宗应该知道天助不可长久依靠,人事上不可流于懈怠,应勇敢地改革时病政弊,这样才能继承先皇之业,大有作为,以保天下太平无事。所有这些,都表现了王安石对现实政治和社会的敏锐的观察力与政治家的清醒认识,表明他的变法主张都是为了维护宋王朝封建统治阶级的利益,以确保宋朝国家能够长治久安。

应当肯定,文章作为应皇帝所策之对,集中地反映了王安石关于国家管理的思想和主张,也表现了王安石作为封建政治家的远见卓识。文章所述,触及了封建国家能否长治久安的根本因素,以及如何根治国家管理中的弊病,如何消除社会不安,确保天下太平的根本性问题。这些思想,是王安石变革朝政的政治基础。如果这种思想和政治主张,能够为统治者所接受推行,无疑将推进社会的进步。尽管王安石是为了维护宋王朝的长治久安,确保天下太平,但是他所提出和陈布的国家管理思想、主张与措施,对于今天我们的国家管理仍然是有借鉴作用的。

《本朝百年无事札子》,在写作上具有明显的特色。

首先,文章能够应题作答,针对性和实用性强。本篇札文属于"议对"体性质的奏章,是其时王安石奉诏令到朝廷以策对宋神宗皇帝关于百年无事问题而作的,就如刘勰在《文心雕龙·议对》中说:"对策者,应诏而陈政也。"本篇文章不是为写文章而写文章,而是从治国出发,针对问题来说话,即针对宋神宗提出百年无事的问题来正面回答作对的,因而就使文章能够围绕着如何治国的问题来展开论述,文章也就自然地具有重要的实用价值。而在应用文字表达思想时,文章就显示出纲举目张、中心突出而朴实无华的特点。也就是说,文章的布局结构、遣词造句、语言修饰等等,能够以经典为枢纽,以治国安邦为中心。就如刘勰在《文心雕龙·议对》中所说:"采故实于前代,观通变于当今;理不谬摇其枝,字不妄舒其藻。"总之,文章的针对性和实用性是十分明显的。

其次,文章的结构布局与组织严密,逻辑性强。如先叙述宋朝先帝们的一些正确做法,回答百年无事的原因,后叙述当时朝政和社会中的问题,直陈其弊端,指出百年无事乃是天助,而天助不可常恃。另外,运用对比的手法来表现中心思想是文章的又一个突出特点,即把百年来成功的经验和失败的教训加以对比,在分析弊病的时候也采用对比手法,一正一反,相反衬托,充分说明当时的变革朝政、实施新法是势在必行的,表明只有如此,才能治国安邦,达到宋王朝的长治久安。可见,文章这样的写法,充分体现了王安石作为政治家撰写文书时其作品内容充实的特色。

应该说,王安石在其仕途中是深切体察到文书作品的重要性的,因而,他十分重视文书作品的社会作用,主张文应"有补于世",认为"巧且华不必适用","适用亦不必巧且华"(王安石《上人书》)。他的散文,包括许多奏章议对文书作品,都具有倔强峭折的风格,有着逻辑谨严、辩理深透、语言简练、笔力雄健、内容充实等特点,如除了《本朝百年无事札子》外,还有《上仁宗皇帝言事书》、《上时政疏》、《答司马谏议书》等许多奏章文书,直接反映推行变法、改革朝政的要求、理想、主张、措施和办法,以及预言时局的发展,批评统治者苟安腐败无能,剖析用人、理财、教育、科举、治军等时政弊病,都能做到入木三分,切中要害,其见解的深刻是时人所不及的,从中也体现了文书作品是封建政务的工具,是为统治者治国安邦服务的这一性质。这也正是与王安石所主张的文书理论思想相符合的。

苏轼（宋）

教战守策

夫当今生民之患，果安在哉^[1]？在于知安而不知危，能逸而不能劳。此其患不见于今，而将见于他日。今不为之计^[2]，其后将有所不可救者。

昔者先王知兵之不可去也^[3]，是故天下虽平，不敢忘战。秋冬之隙^[4]，致民田猎以讲武^[5]。教之以进退坐作之方^[6]，使其耳目习于钟鼓、旌旗之间而不乱，使其心志安于斩刈、杀伐之际而不慑。是以虽有盗贼之变，而民不至于惊溃。及至后世，用迂儒之议，以去兵为王者之盛节^[7]；天下既定，则卷甲而藏之。数十年之后，甲兵顿弊^[8]，而人民日以安于佚乐^[9]，卒有盗贼之警，则相与恐惧讹言，不战而走^[10]。开元、天宝之际，天下岂不大治^[11]？惟其民安于太平之乐，豢于游戏、酒食之间^[12]，其刚心勇气，消耗钝眊^[13]，痿蹷而不复振^[14]。是以区区之禄山一出而乘之^[15]，四方之民，兽奔鸟窜，乞为囚虏之不暇^[16]，天下分裂，而唐室固以微矣^[17]。

盖尝试论之^[18]：天下之势，譬如一身。王公贵人，所以养其身者，岂不至哉^[19]？而其平居常苦于多疾^[20]。至于农夫小民，终岁勤苦，而未尝告病。此其故何也？夫风雨霜露寒暑之变，此疾之所由生也。农夫小民，盛夏力作，而穷冬暴露，其筋骸之所冲犯，肌肤之所浸渍，轻霜露而狎风雨[21]，是故寒暑不能为之毒。今王公贵人，处于重屋之下[22]，出则乘舆，风则袭裘[23]，雨则御盖[24]。凡所以虑患之具[25]，莫不备至。畏之太甚而养之太过，小不如意，则寒暑入之矣。是故善养身者，使之能逸而能劳，步趋动作，使其四体狃于寒暑之变[26]；然后可以刚健强力，涉险而不伤。夫民亦然。今者治平之日久，天下之人，骄惰脆弱，如妇人孺子，不出于闺门。论战斗之事，则缩颈而股栗；闻盗贼之名，则掩耳而不愿听。而士大夫亦未尝言兵，以为生事扰民，渐不可长[27]。此不亦畏之太甚而养之过欤！

且夫天下固有意外之患也。愚者见四方之无事，则以为变故无自而有[28]，此亦不然矣。今国家所以奉西北之虏者，岁以百万计[29]。奉之者有限，而求之者无厌，此其势必至于战。战者，必然之势也。不先于我，则先于彼；不出于西，则出于北。所以不可知者，有迟速远近，而要以不能免也[30]。天下苟不免于用兵，而用之不以渐[31]，使民于安乐无事之中，一旦出身而蹈死地，则其为患必有不测。故曰：天下之民，知安而不知危，能逸而不能劳，此臣所谓大患也。

臣欲使士大夫尊尚武勇，讲习兵法；庶人之在官者[32]，教以行阵之节[33]；役民之司盗者[34]，授以击刺之术。每岁终则聚于郡府，如古都试之法[35]，有胜负有赏罚。而行之既久，则又以军法从事[36]。然议者必以为无故而动民，又挠以军法[37]，则民将不安。而臣以为此所以安民也。天下果未能去兵，则其一旦将以不教之民而驱之战[38]。夫无故而动民，虽有小恐，然孰与夫一旦之危哉[39]？

今天下屯聚之兵，骄豪而多怨，陵压百姓而邀其上者[40]，何故？此其心以为天下之知战者，惟我而已。如使平民皆习于兵，彼知有所敌，则固已破其奸谋而折其骄气。利害之际，岂不亦甚明欤！

注释

[1]患：祸患。果：究竟。[2]为之计：为这情形设谋划策。之，指代上文"知安不知危，能逸而不能劳"。[3]先王：此指夏、商、周三代的帝王。兵：军备。去：废弃，解除。[4]隙：空闲。[5]致：召集。田：同"畋"(tián)，打猎。以：连词，表目的。[6]坐作：跪，起。方：此指规则，古代军队起跪进退都由旗鼓指挥。[7]刈(yì)：割。盛节：德政，好措施。[8]顿弊：损坏，破败。顿，同"钝"。[9]以：连词，表动作的偏正关系。佚：同"逸"。[10]卒：同"猝"，突然。讹言：谣传，指人心浮动，乱传谣言。[11]开元、天宝：唐玄宗李隆基年号(713—756年)。岂：难道。治：太平。[12]养：养，生活。[13]钝眊(mào)：迟钝、衰竭。眊，通"耄"，衰老。[14]痿蹶(jué)：萎缩、僵废。[15]禄山：唐时平卢、范阳、河东三镇节度使安禄山，胡人，天宝十四年，率兵15万以奉密旨入朝讨伐杨国忠为名，与史思明等发动叛乱，攻陷洛阳、长安，自称大燕皇帝。至德二年(757年)为其子安庆绪所杀。史称"安史之乱"。[16]不暇：不及。[17]固：一作"因"，表原因。[18]盖：表委婉判断。[19]所以……者：所用来……的办法、措施。至：极，此指完备、周到。[20]而：表转折。平居：平时。[21]轻、狎：轻视。[22]重(chóng)屋：重檐之屋，指高大深邃的房屋。[23]袭：穿。[24]御盖：即"御之以盖"。[25]凡：所有，一切。以：用来。[26]狃：习惯。[27]慄(lì)：通"栗"，害怕得发抖。渐不可长：刚露苗头就应制止，不可任其滋长，这句是士大夫的观点。渐，事情的开端。[28]无自而有：无从发生。[29]所以……者：用来……的东西(银两)。西：西夏。北：契丹。虏：古代汉族对敌国、敌人的蔑称。岁：每年。史载，宋真宗(赵恒)景德元年(1004年)，宋与契丹曾有澶(chán)渊之盟，规定每年给契丹银10万两，绢20万匹。宋仁宗(赵祯)庆历四年(1044年)，宋又与西夏定约，每年给西夏银约7万两，绢约15万匹，茶约3万斤。[30]要：概括。[31]渐：逐步发展。此句意即战争没有逐步发展的过程来让人们慢慢适应。[32]庶人之在官：百姓在官府服役的人，此指乡兵。[33]行阵之节：行列阵式的规则。[34]役民之司盗者：服役百姓中负有防盗、捕盗职责的人。[35]都试：集军士于都城

考试武艺。[36]以军法从事：按军法部署管理，即走上正规化。[37]挠（náo）：扰乱，威吓。[38]其：揣测之词，这里意思却是肯定的。[39]孰与：哪比得上。[40]邀其上：要挟上司。

译文

当今人民的祸患，究竟在哪里呢？就在于只知安乐而不知危险，能享受安逸却不能劳累吃苦。这祸患不在今天出现，而将在以后出现。现在不为这情形设谋划策，那以后就将出现不可挽救的局面。

从前，先王知道军备不可解除，因此天下虽平定，不敢忘记战争。秋冬农闲之时，召集百姓打猎，借此习武。这时，教他们进退起跑的规则，使他们做到（依靠人的耳目）在钟、鼓、旌旗当中操练而阵势不乱，（使他们）心志放在斩杀征战之时而不畏惧。因此即使有盗贼的变乱，可是百姓不至于惊慌溃乱。到了后世，听从了迂腐儒生的建议，把废弃军备看作是帝王的德政，天下一平定，就卷甲藏起。几十年后，武器损坏，而人民却一天天地安于逸乐，如果突然有盗贼之乱，就只能彼此恐惧，传播谣言，不战而逃。唐开元、天宝年间，天下难道不是很太平的吗？只因为那时百姓安于太平之乐，生活于游戏、酒食之间，他们的心志勇气，逐渐减弱以至迟钝衰竭，萎缩僵废而无法重振。因此小小一个安禄山才刚出来钻空子，四方百姓就如兽奔跑、如鸟飞蹿，乞求当俘虏都来不及（哪谈得上御敌），天下因此分裂，而唐朝也就一蹶不振了。

看来，可以对此试作这样的评论：天下形势，就像一个人，王公贵族们用来保养身体的做法，难道还不够完善吗？可是平时他们常常苦于多病。至于农夫百姓，终年劳苦，却没听说生病。这里的原因是什么呢？原来风雨、霜露、寒暑的变化，疾病就由此而生。农夫百姓，盛夏还努力耕作，寒冬还露天操劳，他们筋骨受的冲犯，皮肉受的浸渍，对霜露风雨已经习以为常，因此严寒酷暑，百姓都不被其伤害。现在王公贵人，住在高大的屋子里，出门就乘车，刮风就穿皮衣，下雨就张伞。所有用来考虑应付疾患的东西，莫不准备齐全，畏惧太过，保养太好，稍不如意，那么寒暑就侵入肌肤了。因此善于保养身子的人，是使身体能逸又能劳，活动身子，使四体能适应寒暑之变，然后就能刚健强壮，历险而不伤身体。百姓也是这样。现在太平之日久了，天下人民骄、惰、脆弱，像妇人小孩，不出闺门。谈起战争的事情，就缩起脖子两腿打战；听说盗贼的名字，就掩耳不愿听。而士大夫也没有谈起战争，认为这是生事扰民，说是要制止这苗头，不能任其滋长。这不也就是怕得太过而养得太好么？

况且（再说）天下本有意外的祸患。没见识的人（愚者）见四方无事，就以为变故无从发生，这也不对。现在国家用来献给西夏、契丹敌国的银两，每年以百万计算。给的有限，而要的无厌，这样的形势必定导致战争。战争，是必然的趋势。不是先由我们而起，就是先由他人而起；不在西边发生，就在北边发生。所以不可知的，只是迟早远近而已，概括起来就是不可避免。天下如果免不了战争，而战争（用兵）又不是可以逐步发展的，那么平时让百姓处在无事安乐之中，一旦投身踏上决死之地，这时必将出现不测的恶果。所以说，天下百姓，知安而不知危，能逸而不能劳，这就是臣所认为的祸患。

臣想使士大夫崇尚武勇，讲习兵法；平民在官府服役的人，教给他们军队行列、阵势的严整规则，防盗捕盗的服役百姓，就教给他们击刺的本领。每当年终就召集官兵到郡府所在地，如古代的都试的办法，有胜负，有赏罚。待推行久了，就再走上正规化。可是反对派一定又以为这是无故调动百姓，以军法威吓他们，百姓就将不安。而臣却以为这是用来安定百姓的办法。天下如果真的不能避免战争，那么有一天就将把没有经过训练的百姓驱使去作战。没有战争时调动百姓，虽然有些小小的惊恐，但哪能比得上那一旦发生的危险呢？

现在国家那些屯聚在地方上的军队，骄横有势力，怨言又多，欺压百姓，要挟上司，这是为什么呢？是因为他们心里认为天下能够驾驭战争的，只有他们。如果使百姓都练兵，他们知道有对手能够与他们对抗，那么当然就破了他们的奸谋，折了他们的锐气。利害的界限，难道不是很清楚的吗！

品析

　　苏轼(1037—1101 年)，字子瞻，号东坡居士，宋朝眉州眉山(今四川省眉山县)人，父亲苏洵与弟苏辙都是我国宋朝著名的散文家，世称"三苏"。宋仁宗嘉祐二年(1057 年)苏轼与其弟苏辙同时考中进士，开始了他的政治生涯，始为欧阳修赏识，曾任河南府福昌县主簿、凤翔府签判，后入朝任监官兼判尚书祠部员外郎、中书舍人、翰林院学士，官至礼部尚书。在那个多事的年代，苏轼的仕途并不顺利，特别是当时宋朝廷中的政治斗争不断，致使苏轼在官场中几经沉浮，不甚得志。宋神宗赵顼时，王安石变法，苏轼追随旧党，与王安石的新党持不同政见。在熙宁四年(1071 年)，苏轼呈进《上神宗皇帝万言书》、《再论时政书》等奏章，反对新法，并因此离朝，任杭州通判、徐州、湖州等地方官。元丰二年(1079 年)，御史李定等人弹劾苏轼作诗谤朝廷骂皇帝，因而被捕入狱，后又释放贬黄州团练副使。元祐初(1086 年)，被召回任中书舍人、翰林学士。此时，朝中旧党司马光等人上台执政，苏轼却不同意尽废新法，因而又得罪了旧党，而后出任杭州、颍州等地方官。由于苏轼对朝廷中新旧两党都不趋附迎合，又夹在其斗争之间，得不到任何一方的重用，所以在绍圣元年(1094 年)新党再度上台时，他又被贬谪惠州，之后再谪琼州(今海南岛)。及至宋徽宗即位，方遇赦北返，第二年七月病死在常州，时年 64 岁。

　　虽然说苏轼一生仕途坎坷，屡遭贬谪、放逐，但是，他为人正直，在为地方官任上能体察下情，关心百姓疾苦，为百姓做了不少好事。如在徐州时抢堵黄河决口，救治黄河水灾，较好地保住百姓的生命财产；在杭州为官时，浚西湖，修水利，筑苏堤，为民众所称颂。为官期间，苏轼主张改革弊政，兴利除弊，做了一些有益的事情。苏轼又是一位多才能的文人，其诗、词、散文都独具特色，造诣深，所作之文视野广阔，风格豪迈，个性鲜明，意趣横生，特别是他的文书体散文，明快锋利，气势逼人，论说富于条理性，说服力强。著有《苏东坡全集》、《东坡乐府》、《东坡志林》等作。

《教战守策》，选自《经进东坡文集事略》卷十七。原文为《教战守》，无"策"字，后人从总目中增一"策"字，以区别其文体。策，乃朝廷设题考试，应举士子（读书人）答问时所书，称为对策和策问，后来成为古代臣子向皇帝陈述政见、进献谋略的一种文体，属于议对体文书。就如刘勰在《文心雕龙·议对》中所说："对策者，应诏而陈政也。射策者，探事而献说也。言中理准，譬射侯中的，二名虽殊，即议之别体也。"而本篇策文，是苏轼在宋仁宗嘉祐元年至六年（1056—1061年）应考时所进时务策的一部分。此进策有 25 篇：属于总论的称为《策略》，有 5 篇；属于专题的称为《策别》，有 17 篇；属于结论的称为《策断》，有 3 篇。在《策别》中，谈了 4 个题目，即"课百官"、"安万民"、"厚货财"、"训兵旅"。在安万民项下，又分 6 个子目，"教战守"是其中第 5 个子目。当时，辽和西夏随时可能入侵宋朝，作者即从边防安全着眼，针对北宋苟安之习，在策对中提出教人们战守的策论。

本篇策文，主要论述了不能苟安不知危，而应教民习武，以备战、防敌人入侵的思想。首先文章提出国家管理中不能"知安而不知危，能逸而不能劳"的思想。接着，文章叙述先王知军备的重要与好处，但是后来的帝王听从迂腐儒生的建议，废除军备，人们安于逸乐，出现了潜在的危险，说明废除军备的危害性，曾导致唐朝的安史之乱。然后以百姓和王公贵人为例，对比论述应当居安思危，能逸也能劳，要教民习武，有备无患，批驳了反对军备的谬论。最后，文章叙述敌国的强大，宋朝有被侵犯的可能性和危险性，指出战争是不可避免的，为此，国家要崇尚武勇，讲习兵法，教百姓学习军事，操练武艺，以应付可能发生的战争威胁，同时要打击骄兵悍将，挫败他们的奸谋，使社会得到安定，政权得到巩固。苏轼的这些思想观点，当然是为着宋王朝的统治着想的，但是对于防御外来侵略者，保卫边疆，安定百姓都是有积极的意义的。

《教战守策》是一篇比较出色的策对文书作品，其特点明显。首先，通篇策对文章思想观点明确，中心突出，始终围绕着"安"与"危"、"逸"与"劳"来展开论述，并提出教民守战习武的主张。例如文章的开头就开门见山地提出中心论点，然后层层深入地加以论述、说明剖析，并能恰到好处地征引史实阐述，使论证充分；又如举唐朝安史之乱来阐述，这就具有代表性，而举百姓和王公贵人为例，设喻就浅近易懂，说理透彻。其次，文章分析形势，陈其利弊，中肯有力，具有远见卓识，而不是迂阔的高谈，刻薄的谬论，实为治国安邦抚民御敌之大策。正如刘勰在《文心雕龙·议对》中所说："对策揄扬，大明治道。使事深于政术，理密于时务；酌三五以熔世，而非迂缓之高谈；驭权变以拯俗，而非刻薄之伪论；风恢恢而能远，流洋洋而不溢：王庭之美对也。"可见，苏轼的《教战守策》，符合古代文论家关于策对文章写作之大体，不愧为宋朝之美对策文。

岳飞（宋）

南京上高宗书略[1]

陛下已登大宝，黎元有归[2]，社稷有主，已足以伐虏人之谋[3]。而勤王御营之师日集，兵势渐盛。彼方谓我素弱，未必能敌[4]，正宜乘其怠而击之。

而黄潜善、汪伯彦辈不能承陛下之意[5]，恢复故疆，迎还二圣[6]，奉车驾日益南，又令临安、维扬、襄阳准备巡幸，有苟安之渐[7]，无远大之略，恐不足以系中原之望。虽使将帅之臣戮力于外，终无成功。

为今之计，莫若请车驾还京[8]，罢三州巡幸之诏[9]，乘二圣蒙尘未久、虏穴未固之际，亲帅六军，迤逦北渡[10]。则天威所临，将帅一心。士卒作气，中原之地，指期可复。

注释

[1]南京：今河南商丘。[2]黎元：百姓。[3]伐：挫败。[4]素：向来。敌：抵抗。[5]黄潜善、汪伯彦：均为高宗宠臣，畏敌如虎，劝高宗迁都南方。[6]二圣：即宋徽宗、宋钦宗。[7]渐：征兆。[8]京：东京汴梁。[9]三州：即上文的临安、维扬、襄阳。[10]北渡：北渡黄河。

译文

陛下已登帝位，从此百姓就有了依靠，国家又有了君主，这样就足以挫败敌人的阴谋。现在勤王之师一天天增加，兵势渐渐强大。敌人认为我们力量一向薄弱，未必能抵挡他们，我们正可乘其不备而攻打他们。

可是黄潜善、汪伯彦之流不但不能秉承陛下之意，去收复失地，迎回二圣，反而拥着你一天天向南方退去，又下令临安、维扬、襄阳三州准备迎接你去巡幸。他们这样做有苟且偷安的征兆，而无收复失地的雄心，恐怕要辜负中原百姓对朝廷的希望。这样，即使将帅在外奋力拼杀，最终也难以成功。

从现在的形势考虑，不如请陛下及早回京都，取消巡幸三州的诏令，趁二圣被俘不久、敌人后方尚未巩固之际，亲率大军，浩浩荡荡地跨过黄河向北挺进。那么，陛下天威所到之处，将帅一心，士卒振奋，收复中原之地就指日可待了。

品析

岳飞（1103—1142 年），字鹏举，相州汤阴（今河南汤阴县）人。岳飞世代务农，少时聪慧，好学文习武，力气过人，尤为喜读《孙吴兵法》和《左氏春秋》；年轻时应募从军，为抗金元帅宗泽部下，因智勇双全，屡立战功，先后担任宣抚使、枢密副使、太尉，授少保和河南诸路招讨使等职。他所率之军号为"岳家军"，英勇善战、纪律严明，屡败金军，深受人民群众的欢迎。

自宋高宗建炎初年以来，岳飞始终"精忠报国"，积极主张抗战，反对妥协投降，曾多次上书朝廷，要求抗击外来侵略者。但在宋高宗及秦桧等投降派的统治下，岳飞的抗金主张难以实现，反而常常被派遣去镇压农民起义军。由于岳飞和抗金大军的努力作战，迫使金兵退居黄河以北，而宋高宗才得以偏安江南。绍兴十年（1140 年），金兵再度南侵，岳飞率军大败金兵于郾城，乘胜追击进军朱仙镇（在开封南四十五里），在这收复京城指日可待，并且有望直捣金兵老巢，"与诸君痛饮黄龙府"的时候，却遭到投降派的阻挠。绍兴十一年（1141 年），秦桧等人合谋，使宋高宗在一天之内用十二道金牌诏令岳飞班师回朝,不仅解除了岳飞兵权,而且诬以谋反罪,将其父子、部将张宪三人一起下狱,后被害于风波亭,时年仅39岁。至绍兴三十二年(1162年)始复岳飞官职,昭雪以礼改葬。宋孝宗追谥其"武穆",宋宁宗时追封鄂王,改谥"忠武"。有《岳忠武王集》。

《南京上高宗书略》,选自《岳忠武王集》,是岳飞在南京(今河南省商丘县)呈交宋高宗的奏章,属上行文书。这篇上书的全文已佚,此当是原文的节录,故题目加上"略"字。

宋钦宗靖康二年(1127年)四月,金兵打败宋朝,俘虏了宋徽宗、宋钦宗北归。五月,宋高宗(钦宗之弟康王赵构,时为河北兵马大元帅)在南京即位,成了南宋的第一个皇帝,改元建炎。南宋朝廷软弱昏庸无能,对内不许百姓抗金,对外屈辱投降,向金称臣称侄,以期偷安苟活。时岳飞虽为东京留守宗泽部下秉义郎(后为统制),是一个年仅24岁的下级军官,但是他却忧国忧民,敢于犯颜"上书数千言",他主张抗击金兵,收复失地,迎还二帝。当时,朝廷不仅不采纳岳飞的正确主张,反以"越职言事"之罪名罢了岳飞的官(见《宋史·岳飞传》)。

本篇奏书,首先肯定宋高宗即位称帝,使百姓有了归属,国家有了君主。文章在分析敌我形势情况下,指出宋高宗应当亲率六军,抗击敌人,恢复故疆,取消南巡计划,并痛斥南逃的错误主张。他指出,南逃和妥协投降的主张与行为,辜负了中原百姓对朝廷的希望,也会断送满朝将士在前方抗击金兵的成果。最后,恳求宋高宗能够停止南逃的计划,取消南巡的诏书,这样,百姓和将士们就能上下同心同德,夺取抗击金兵的胜利。这篇简短的奏书,充分地体现了岳飞对国家和人民的命运的关注,充满了对金兵入侵的仇恨,以及对投降派贪图苟安的憎恶。文章同时反映了岳飞作为一个爱国将领和军事家的军事思想与洞察敌我双方军事形势的观察分析能力,因而,本篇文章也可以说是一份出色的军事文书。

当然,我们也要看到,本篇奏章所反映的思想和主张,尽管是如此之正确,但是也有其时代局限性,在当时的历史条件下,是难以实现的，可谓是壮志难酬。究其原因，除了当时南宋朝廷软弱腐败、昏庸无能之外，还有一个重要原因是君权矛盾之因素，即如果说直捣黄龙，打败金兵，迎还二帝，那么，宋高宗又如何摆设呢？又怎么能称帝呢？帝王的利益在此时也许是比国家的利益要大得多的。后代一些统治者所奉行的"攘外必先安内"的政策，正是这种历史的翻版与重复。这是任何一个屈外政权的通病，也是其中的一个规律，致使多少英雄壮士壮志难酬，或是落个可悲的结局。

　　本篇奏章的写作特色，首先是中心思想鲜明突出，能围绕抗金救国的中心主题进行论述，对当时的国情国事和国势有中肯的分析，有恳切的劝谏和批评，用词诚恳而气势豪放，充满了正义的力量，字里行间洋溢着抗金救国的信心和乐观精神。其次，本篇奏书措辞坚定有力，具有气势凌人的风格特征。其时，岳飞正当血气方刚之年，敢于犯颜直谏，勇于批评、痛斥投降派的主和政策，这就表现了年轻的岳飞的无所畏惧的精神和刚强的性格，显示了"文以气为主"的特色。总之，文章明快、简短有力，是一篇充满爱国主义精神的奏章文书，读之使人有"文如其人"之感。

胡铨（宋）

戊午上高宗封事

臣谨按：王伦本一狎邪小人，市井无赖[1]。顷缘宰相无识[2]，遂举以使虏，专务诈诞，欺罔天听，骤得美官[3]，天下之人切齿唾骂。今者无故诱致虏使，以诏谕江南为名[4]，是欲臣妾我也，是欲刘豫我也[5]。刘豫臣事丑虏[6]，南面称王，自以为子孙帝王万世不拔之业。一旦金人改虑[7]，捽而缚之，父子为虏[8]。商鉴不远[9]，而伦又欲陛下效之。

夫天下者，祖宗之天下也，陛下所居之位，祖宗之位也；奈何以祖宗之天下为金人之天下，以祖宗之位为金人藩臣之位乎[10]！陛下一屈膝，则祖宗庙社之灵，尽污夷狄[11]，祖宗数百年之赤子，尽为左衽[12]；朝廷宰执，尽为陪臣；天下之士大夫，皆当裂冠毁冕，变为胡服。异时豺狼无厌之求，安知不加我以无礼如刘豫者哉[13]！夫三尺童子，至无知也[14]，指犬豕而使之拜，则怫然怒；今日虏，则犬豕也；堂堂天朝，相率而拜犬豕[15]，曾童稚之所羞[16]，而陛下忍为之耶？

伦之议乃曰：“我一屈膝，则梓宫可还，太后可复，渊圣可归[17]，中原可得。”呜呼！自变故以来，主和议者谁不以此说啗陛下哉[18]？然而卒无一验，则敌之情伪[19]，已可知矣。而陛下尚不觉悟，竭民膏血而不卹[20]，忘国大仇而不报，含垢忍耻，举天下而臣之，甘心焉[21]。就令虏决可和，尽如伦议，天下后世谓陛下何如主也？况丑虏变诈百出，而伦又以奸邪济之，则梓宫决不可还，太后决不可复，渊圣决不可归，中原决不可得。而此膝一屈，不可复伸，国势陵夷[22]，不可复振，可为恸哭流涕长太息者矣[23]！

向者陛下间关海道[24]，危如累卵[25]，当时尚不忍北面臣虏，况今国势稍张，诸将尽锐，士卒思奋！只如顷者丑虏陆梁[26]，伪豫入寇，固尝败之于襄阳，败之于淮上，败之于涡口，败之于淮阴[27]，较之前日蹈海之危，已万万矣。倘不得已而遂至于用兵，则我岂遽出虏人下哉[28]！今无故而反臣之，欲屈万乘之尊[29]，下穹庐之拜[30]，三军之士，不战而气已索[31]。此鲁仲连所以义不帝秦[32]，非惜夫帝秦之虚名，惜夫天下大势有所不可也。今日内而百官，外而军民，万口一谈，皆欲食伦之肉。谤议汹汹，陛下不闻，正恐一旦变作，祸且不测[33]。臣窃谓不斩王伦，国之存亡，未可知也。

虽然，伦不足道也，秦桧以心腹大臣而亦然[34]。陛下有尧、舜之资，桧不能致陛下如唐、虞，而欲导陛下为石晋[35]。近者礼部侍郎曾开等引古谊以折之[36]，桧乃厉声责下："侍郎知故事，我独不知！"则桧之遂非狠愎[37]，已自可见。而乃建白，令台谏侍臣佥议可否[38]，是明畏天下议己，而令台谏侍臣共分谤耳[39]。有识之士皆以为朝无正人，吁，可惜哉！孔子曰："微管仲[40]，吾其被发左衽矣[41]。"夫管仲，霸者之佐耳[42]，尚能变左衽之区为衣冠之会[43]，秦桧，大国之相也，反驱衣冠之俗归左衽之乡[44]，则桧也，不惟陛下之罪人，实管仲之罪人矣。

顷者孙近附会桧议，遂得参知政事[45]。天下望治，有如饥渴，而近伴食中书[46]，漫不可否事[47]。桧曰："虏可和。"近亦曰："可和。"桧曰："天子当拜。"近亦曰："当拜。"臣尝至政事堂，三发问而近不答，但曰："已令台谏侍从议之矣。"呜呼！参赞大政，徒取充位如此，有如敌骑长驱，尚能折冲御侮邪[48]？臣窃谓秦桧、孙近亦可斩也。

臣备员枢属[49]，义不与桧等共戴天日。区区之心，愿斩三人头，竿之藁街[50]，然后羁留敌使，责以无礼，徐兴问罪之师，则三军之士，不战而气自倍。不然，臣有赴东海而死，宁能处小朝廷求活耶？小臣狂妄，冒渎天威，甘俟斧钺，不胜陨越之至[51]！

注释

[1]王伦：字正道，南宋初与秦桧一起搞投降活动的重要角色，屡次出使金朝求和。《宋史》有传。狎邪：不正派。市井：街市。[2]顷：不久前。缘：因为。宰相：即秦桧。[3]以：连词。虏：对金人的贱称。务：干。天听：皇帝的视听。美官：好差使。[4]者：用于时间词之后，表某一段时间。诱致虏使：绍兴八年（1138年），王伦出使金国，金设宴招待，后派萧哲、张通古为江南诏谕使，随王伦来南宋议事。诱致，即招来。诏谕：以诏书指示臣民。金所谓"诏谕江南"，即把南宋看作附属国。[5]臣妾我、刘豫我：把我南宋当作臣妾，使我南宋成为刘豫。刘豫，原是宋大臣，降金后被扶植为傀儡皇帝，建立伪齐政权。[6]臣事：侍奉。[7]改虑：改变主意，另做打算。[8]捽（zuó）：捉住。父子为虏：刘豫于1128年降金，当上傀儡皇帝建立伪齐政权，1137年，金人擒刘豫、刘麟父子，囚于金明池。[9]商鉴不远：语出《诗·大雅·荡》："殷鉴不远，在夏后之世。"意即殷朝的鉴戒并不远，就在夏朝。此指南宋的鉴戒并不远，应以刘豫为戒。[10]奈何：如何。藩臣：附属国。[11]污夷狄：被夷狄所污。[12]左衽（rèn）：衣襟开在左边，为古代少数民族服装的一种，后引申为异于中原的服饰。此指沦为异族的臣民。[13]异时：今后。安：怎么。以：介词，引出动词的宾语。[14]至：最。[15]相率（shuài）：一致。[16]曾（céng）：副词，加强语气，竟。[17]梓宫：此指

宋徽宗的灵柩。皇帝、皇后的棺木都是梓木所做，因而以此称他们的灵柩。宋徽宗被金人掳去，于绍兴五年（1135 年）去世。太后：指宋高宗的生母韦贤妃，她与宋徽宗一道被掳，高宗即位，遥尊为太后。渊圣：指宋钦宗亦被金掳，高宗即位后，遥尊为孝慈渊圣皇帝。[18]啖（dàn）：拿东西给人吃，引申为利诱。[19]卒：最终。情：诚，确实。[20]卹（xù）：通"恤"，怜悯。[21]臣之：臣服异族。焉：这样，指"举天下而臣之"。[22]陵夷：衰落。[23]太息：叹气。[24]间（jiàn）关海道：指宋高宗 1129 年从海上辗转逃难到杭州、宁波、温州。间，秘密地。关，穿。[25]危如累卵：危险得像蛋上叠蛋。[26]顷者：近来，不久前。者，与时间词组合，表某段时间。陆梁：跳走，引申为到处横行。[27]"败之"句：刘豫金兵入侵，分别于襄阳被岳飞击败（1134 年），于淮水上被韩世忠击败（1134 年），于涡口被杨沂中击败（1146 年），于淮阴被韩世忠击败（1136 年）。[28]遽：匆忙，急，惊慌。此指"就"。[29]万乘（shèng）之尊：指国力雄厚的尊贵皇帝。[30]穹庐：毡帐，借指金国朝廷。之：助词，表宾语提前。[31]索：尽。[32]鲁仲连所以义不帝秦：战国时，秦发兵围赵国邯郸，魏国使臣辛垣衍劝赵王尊秦昭王为帝以解围。齐国辩士鲁仲连此时正在赵国，以帝秦之害说服赵魏大臣。帝，作动词，尊为帝。[33]且：将。[34]虽然：虽然这样。以：介词，表主动者所凭借的身份。[35]石晋：石敬瑭，五代后晋高祖。石敬瑭勾结契丹灭后唐，受契丹封为帝，割让燕云十六州给契丹，自称儿皇帝。[36]古谊：古人所说的道理。折：责备。[37]遂非：一直错下去。愎（bì）：凶狠，固执。[38]建白：建议。金（qiān）议：公议。[39]分谤：分担舆论的谴责。[40]微：如果不是，如果没有。[41]被：通"披"。[42]佐：辅佐大臣。[43]区：居住之地。衣冠：指穿中原服饰的百姓。会：聚集之会。[44]俗：百姓。[45]孙近：字叔诸，秦桧同党。附会：即附和。参知政事：副宰相。[46]伴食中书：《新唐书·卢怀慎传》："怀慎自以为才不及（姚）崇，故事皆推而不专，时讥为伴食宰相。"唐、宋时宰相在中书省办公会食，故胡铨讥讽孙近为伴食中书。[47]漫：都。[48]折冲：阻止冲击进攻。[49]备员：充数，自谦之词。[50]竿：此作动词，悬起。藁（gāo）街：汉时长安外地使臣居住区。此句指悬首示众。[51]俟（sì）：等待。钺（yuè）：古代兵器，形状像板斧而较大。陨越：跌倒，此引申作惶恐。

译文

臣谨慎地考察过，王伦本是一个不正派的小人，街市的无赖，不久前由于宰相的无识，于是被举荐出使敌国。他专干欺诈的勾当，欺骗皇上，突然得了这一美差，天下人都切齿唾骂。现在他无故招来敌使，以诏谕江南为名，这是想使我宋朝治下成为他们的臣妾，想使我宋朝成为刘豫这样的人。刘豫侍奉金国，当了傀儡皇帝，自以为能够子孙万代不可动摇地传下去，而金人一下改变了主意，捉了他们，刘豫父子沦为囚徒。殷鉴不远，可王伦又想要陛下效法了。

天下是祖宗创立的天下，陛下所居帝位是祖宗的帝位，如何能把祖宗的天下变为金人的天下，把祖宗的帝位变为金人小国的王位呢？陛下只要一屈膝，那祖宗庙社的神灵，就将被夷狄所污；数百年宋朝治下的百姓，就都要沦为异族的臣民；朝廷官员就都成为陪臣；天下的士大夫，就都要撕毁冠冕，改穿胡服。今后豺狼有永不满足的需求，怎么知道他们就不会以对待刘豫那样的无礼来对待我们？三尺童子是最无知的，可是要指着猪狗叫他们下拜，他们也是会发怒的；现在这金人，就是猪狗，堂堂天朝，一致朝猪狗下拜，难道连孩子都感到羞耻的事，而陛下也忍心去做吗？

王伦的意见是："只要我们一屈膝，则徽宗灵柩可送还，太后、渊圣皇帝可回来，中原大地可得到。"啊，自事变以来，主和者谁不以此来引诱陛下呢？可是最终却无一个应验，那么敌人的真伪已经是能够知道的了。陛下还不觉悟，耗尽人民财物也毫不顾恤，忘记国家大仇而不报。受辱忍耻，让天下人去臣服异族，甘心于此。就假定敌人一定肯议和，完全如王伦所说的那样，天下后世又会说陛下是怎样的君主呢？何况敌人变诈百出，而王伦又以诡计帮助他们。这样，灵柩是一定不会送还的，太后、渊圣皇帝也是一定不能回来的，中原也是决不可得的。而此膝一屈，就不能再伸，国势衰落，就无法再振，只能为它恸哭流涕而长长叹息了！

当初陛下秘密从海道辗转南下，危如累卵。当时尚且不愿北面向敌称臣，何况现在国势稍又强盛，诸将竭尽锐气杀敌，士卒渴望奋起抗战，比如前不久敌人到处侵扰、刘豫入侵，被岳飞诸将击败于襄阳、淮上、涡口、淮阴，比起当初的辗转海上的危急形势，就已是胜过万万倍了。如果不得已用兵，我们难道就会居于敌人之下吗？现在陛下无故反要臣服金国，要委屈陛下的尊严，去向金国朝廷下拜。三军战士，不战而士气就已衰竭了。这就是鲁仲连仗义不尊秦为帝的原因，不是顾惜尊秦为帝的名声，而是痛惜天下的形势不应该如此。现在内至百官，外至军民，众口一言，都要吃了王伦的肉，谤议纷纷，陛下不听，就恐天下一旦有变，祸患将无法预料，臣私下认为不斩王伦，国家的存亡将不可知。

虽然如此，王伦还是不足为道的，秦桧身为心腹大臣却也这样做。陛下有尧、舜的资质，但秦桧不能使陛下如尧、舜，却要使陛下当后晋的石敬瑭。最近礼部侍郎曾开等人引古人所说道理批评秦桧，秦桧就严厉地斥责说："侍郎知道古人的事，难道我就不知道吗？"这样，秦桧坚持错误，凶狠固执，已是可以看出的了。而秦桧还建议让御史台、谏院官吏来公议（议和）可否，这是他害怕天下人指责自己，因而让大臣们一起分受舆论的谴责。有识之士都以为朝中无正人。唉，可惜啊！孔子说："要是没有管仲，我们大概都要披散头发，穿着左边开襟的衣服了。"管仲只是霸者的辅佐大臣，尚且能把异族之地变为中原百姓之地。秦桧是大国的宰相，反而让中原的百姓归入异族之乡，那么，秦桧不单是陛下的罪人，实在也是管仲的罪人。

近来孙近因附和秦桧，于是得授参知政事。天下人向往太平，如饥似渴，而孙近这个伴食中书，全不敢对任何事情说一句"可"或"不可"。秦桧说："敌人可讲和。"孙近也说："可讲和。"秦桧说："天子当拜。"孙近也说："当拜。"我曾到政事堂，问了几个问题，可孙近都不回答，只说："已让御史台、谏院侍从讨论了。"啊，协助办理国家大事，白白用来充数已到如此地步，假如敌人长驱直入，还能阻止敌人的冲击，抵御敌人的侵侮吗？臣私下认为，秦桧、孙近也可斩。

臣权充枢密院属官，为义与秦桧等不共戴天。我的小小的心愿，就是希望把这三人斩首，悬首示众，然后拘留敌使，指斥他们的无理（无礼），再慢慢来出兵讨伐有罪的敌人，那么，三军将士，不战也士气倍长。不然的话，臣就宁赴东海而死，岂能在金国的小朝廷苟求活命？小臣狂妄冒犯天威，甘愿等待最重的处罚，臣不胜惶恐。

品析

　　胡铨（1102—1180 年），字邦衡，号澹庵，宋朝庐陵芗城（今江西吉安县南）人。宋高宗建炎二年（1128 年）考中进士，绍兴七年（1137 年）为枢密院编修官。次年，宋王朝中以秦桧为首的投降派对金兵入侵屈膝求和，胡铨上疏反对与金兵议和，由此得罪了宰相秦桧等人，被除名，编管新州（治所在今广东新兴县），后移谪吉阳军（海南岛）。绍兴二十五年（1155 年），秦桧死后，宋孝宗即位（1162 年），胡铨方被起用为兵部侍郎、端明殿学士等职。胡铨是宋朝有名的爱国志士、文人，在金兵渡江时，曾在家乡召集义军抗击金兵。他的一生积极主张抗金，反对与金人议和，强烈要求收复失地，始终与投降派作百折不挠的英勇斗争，是一位进步的政治家。著有《澹庵文集》，《宋史》卷三七四有传。

　　《戊午上高宗封事》，选自《胡澹庵先生文集》卷七。戊午，是南宋高宗（赵构）绍兴八年（公元 1138 年）。封事，古代臣下向君王的奏疏，如果关系到机密，即用袋子密封呈进，属上行文书。蔡邕《独断》说："凡章表皆启封，其言密事，得皂囊盛"；"每有灾异，辄令百官上封事"（蔡邕《被收时表》）。刘勰也说："自汉置八仪，密奏阴阳，皂囊封板，故曰封事。"这种奏章，就如刘勰在《文心雕龙·奏启》中明确指出，"晁错受《书》，还上便宜。后代便宜，多附封事，慎机密也"。可见，"封事"始于汉朝，是一种具有较高机密性的奏章文书；后代的"便宜"，大都附在封里面，是由于对机密文件的小心保护所致的。因而"便宜"也是上行文，取便于公，宜于民之义，又称"便宜事"（《史记·晁错列传》）。故古有"封事"和"便宜事"两种上行机密文书。

　　本篇封事，是胡铨呈交宋高宗的奏章。当时，被掳的宋徽宗死于金国，南宋皇帝赵构派王伦使金，金人提出可以送还宋徽宗灵柩和赵构生母韦氏，但要南宋皇帝向其称臣。绍兴八年（1138 年）王伦与金使一道，以"诏谕江南"为名来到南宋，宋高宗屈辱苟安，任用秦桧等人去接受金人丧权辱国的议和条件。为此，南宋朝臣愤怒，纷纷上书反对议和，正当宋朝与金朝议和垂成之际，胡铨即呈上此封事奏章，反对向金人屈膝投降，力求斩秦桧、王伦、孙近等三人，向金朝兴师问罪，因而遭到投降派迫害，后秦桧迫于公论，乃以胡铨监广州盐仓。

《戊午上高宗封事》可以说是声讨以秦桧为首的投降派的檄文，是对误国庸君赵构敲起的警钟，也是爱国军民奋起抗战，收复失地的战斗宣言。在奏章里，胡铨首先斥责王伦本是市井无赖，依附秦桧才得以出使金国，试图使南宋向金国称臣，这种卖国求荣的行为，是世人皆骂的。同时，文章说明如果议和，屈膝投降，则是宋朝的奇耻大辱，希望宋高宗不忘祖宗之业，千万不能投降议和。接着，文章如实地分析了当时的政治形势，说明抗战有利，抗战能救国救民，揭露金人是贪得无厌的，最终要灭亡宋朝，指出百姓将士思奋抗击金人入侵，不愿做亡国奴，希望南宋朝廷顺应民心民意，斩王伦，弃议和，同时也历数投降派的卖国罪行，指出也应当斩秦桧、孙近等人，以平民愤，以长救国抗金之志气。最后，文章诉说作者和军民抗战到底的决心和与秦桧等投降派不共戴天的仇恨，要求兴举问罪之师，如此，三军将士将志气百倍，定能夺取抗金复国战争的胜利。

胡铨的这种爱国精神和行动，道出了百姓想说的话，表达了广大人民的愿望，得到广大人民的同情和支持，故此书一张扬，立即被印刷传颂。据《宋史·胡铨传》记载："铨之初上书也，宜兴进士吴师古锓木传之，金人募其书千金。"杨万里在《胡忠简公文文集序》中也说："先生上书力争，至乞斩宰相，在廷大惊，金虏闻之，募其书千金，三日得之，君臣夺气。"足见此奏章能够击中敌人的要害，使爱国志士和百姓扬眉吐气，也可见其影响之大，价值之高。应该指出，南宋朝廷未能采纳胡铨等抗金派的正确主张，除了赵构昏庸无能之外，更主要的是他有他的隐衷，设想如果迎还二帝，那么，赵构还能当皇帝吗？这里并非是这份奏疏缺少说服力，而是由这个南宋昏庸皇帝的利益所决定的。

本篇封事文，作为奏启体文书，其在写作上是极其成功的，具有突出的特点。

首先,文章辞意激切,敢怒敢言敢骂,气势逼人。例如,文章能够通过叙述议和即是亡国的事实,无情地揭露和鞭笞以宰相秦桧等人为首的投降派的卖国阴谋,流露了对皇帝赵构的不满,进而充分体现了作者疾恶如仇的高风亮节和高尚的爱国热忱,真实地反映了军民的抗战精神。

其次,文章能以凌厉的风格和时代精神紧密结合,即把作者所表现的战斗风格与当时的抗金复国精神、时代生活气息紧紧融为一体,特别是作为文书奏章,它更真实地反映了当时的社会生活风貌。这种文书撰写方法和严峻的风格特征,正如刘勰在《文心雕龙·奏启》中所说的:"砥砺其气,必使笔端振风,简上凝霜。"文章有这种效果和作用,难怪当时金国女真族统治者要以千金购买这篇奏疏,读后甚是恐慌失色,惊呼:"南宋有人!"可见,胡铨的文笔,比之宝刀枪剑还要锋利,使敌人为之恐慌,他的墨迹,饱含着浓烈的火药气息,使敌人为之丧胆,故本篇文章不失为具有独特风格的文书作品。事实也证明,文书作品只有融会时代精神和时代气息,才能显示其真正的应有的作用。这正是本篇封事文书的重要特色。

陆秀夫（宋）

拟景炎皇帝遗诏

朕以冲幼之资，当艰危之会[1]。方太皇命之南服，黾勉于行[2]；及三宫胥而北迁[3]，悲忧欲死。卧薪之愤，饭麦不忘[4]。奈何乎人，犹托于我？涉瓯而肇霸府，次闽而拟行都[5]，吾无乐乎为君，天未释于有宋[6]。强膺推戴[7]，深抱惧惭！

而敌志无厌，氛祲甚恶[8]，海桴浮避，澳岸栖存[9]。虽国步之如斯[10]，意时机之有待。乃季冬之月，忽大雾以风[11]，舟楫为之一摧，神明拔于既溺[12]。事而至此，夫复何言？刜惊魂之未安，奄北哨其已及[13]。赖师之武，荷天之灵[14]，连滨于危，以相所往[15]。沙洲何所，垂阅十旬[16]；气候不齐[17]，积成今疾。念众心之巩固，忍万苦以违离[18]。药非不良，命不可逭[19]。

惟此一发千钧之重，幸哉连枝同气之依[20]。卫王某[21]，聪明夙成，仁孝天赋，相从险阻，久系本根。可于枢前即皇帝位，传玺绶[22]。丧制以日易月[23]，内廷不用过哀，梓宫毋得辄置金玉，一切务从简约。安便州郡[24]，权暂奉陵寝。

呜呼！穷山极川，古所未尝之患难；凉德薄祚[25]，我乃有负于臣民。尚竭至忠[26]，共扶新运。故兹昭示[27]，想宜知悉。

注释

[1]冲幼:幼小。资:资质。当:处在。会:时候。[2]方:当。太皇命之南服:景炎帝赵昰的祖母太皇太后谢氏,在元兵逼近临安时,以赵昰为益王,任福建安抚大使。南服:南方边地,皇帝统治力量所达到之处称"服"。黾(mǐn)勉:努力。[3]三宫:皇帝、皇后、太后。胥而北迁:指宋少帝赵㬎等被元兵俘虏后,北迁至元上都。[4]卧薪:春秋时越国兵败吴国,越王勾践立志报仇,他夜里睡在柴草上,每日数尝苦胆,以激励斗志。饭麦:汉光武帝刘秀曾在饥寒奔走中吃麦饭。此指在艰难的环境中。[5]瓯:浙江温州。肇:开创。拟行都:作为行都而即位。[6]释:舍弃。有:名词词头。[7]膺:受。[8]氛祲(jìn):凶恶的气氛。[9]海桴浮避,澳岸栖存:指景炎元年(1276年),元兵逼行都,陈宜中、张世杰奉帝登舟入海,往泉州、潮州,至惠州、广州。海桴:海船。澳岸:福建、广东沿海地方。[10]国步:意即国运。之:助词,用于主谓之间,取消其独立性,下句同。[11]乃:竟,表出乎意料。以:而。[12]为:被。神明:神魂。拔:失去。溺:1277年底,赵昰到闽澳,遇飓风翻船,赵昰几乎被淹死,因惊吓而得重病。[13]矧(shěn):况且。奄:忽然。北哨:元兵。[14]武:英武。荷:依仗。[15]滨:接近。于:引出宾语。以:同"已",表事情完成。相:选择。所往:避难的地方。[16]垂:将近。阅:经历。[17]齐:即"济"。[18]违离:分离,即逝世。[19]遑(huáng):逃。[20]连枝同气:比喻兄弟。[21]卫王某:卫王赵昺(bǐng)。[22]玺绶(xǐ shòu):传国印鉴。玺,皇帝用的印章。绶,系玺的丝带。[23]以日易月:指时间不要长。[24]安便:不惊扰。[25]祚(zuò):命运。[26]尚:表希望。竭:尽。至忠:最大的忠诚。[27]兹:如此。

译文

朕以幼小的资质,处于艰难危险之时。当太皇太后命朕前往南方边地,朕努力办理,待到三宫被元兵俘虏北迁,我悲愤忧愁欲死。越王卧薪自勉的发愤精神,虽艰难却时刻不忘。为什么人们还对我寄以希望呢? 朕到温州而开创王府,驻闽而作为行都即位,我并不乐于当皇帝，只是上天还没舍弃宋朝。勉强接受百姓的推戴，我深感惶恐惭愧！

然而敌人的要求并没有满足，进攻的气焰汹汹，我乘海船去避难，在闽粤沿海暂栖。虽然国运到了这个地步，我却认为还可等待时机再起。当时是在冬末时节，忽然又是大雾又是大风，舟楫被它一下摧毁，朕因溺水而失去神魂。事情到了这个地步，还有什么话说呢？况且，惊魂未定，忽然元兵又已追至，依仗军队的英武、上天的威灵，虽然连连遇到危险，还是找到了避难之地。海边是什么地方呢？在这里将近过了一百天了。气候不利，积成今疾，想到大家万众一心，我能忍受万般痛苦永别大家。药并非不好，是命运不可逃避。

在这千钧一发的危急时刻，所幸的是还有兄弟可委托。卫王赵昺，聪明早成，仁孝是天赋的，相随于艰难险阻之中，早就是帝王的根子。于是让他于枢前即帝位，传玺绶，丧礼时间不必过长，朝廷内不必过于哀伤，棺内不要任意放置金玉，一切务必从简约。不必惊扰州郡，权且这样办理丧葬礼节。

啊，走遍了山川，尝尽了古所未尝的苦难；薄德恶运，我是有负于臣民的。希望你们尽最大的忠诚，共同扶助新帝。所以发布这个诏示，想必大家应该都清楚了。

品析

陆秀夫（1236—1279 年），字君实，宋朝楚州盐城（今江苏盐城县）人。宋理宗景定元年（1260 年），陆秀夫考取进士。1276 年 3 月，陆秀夫和陈宜中、张世杰等人护送赵昰、赵昺到福州。同年五月，拥立赵昰做小皇帝，树立起宋朝的旗帜，试图恢复宋王朝，继续抗元。时陆秀夫签书枢密院事，外筹军旅，内调工役，凡有所述作，尽出其手。1279 年二月初六日晨，元兵大破厓山（今广东新会县南）宋军，陆秀夫见形势无可挽回，便仗剑驱赶妻子入海，自己抱着皇帝赵昺投海而死。时年 44 岁。

《拟景炎皇帝遗诏》，选自《乾坤正气集》卷九十七，是陆秀夫为景炎帝起草撰制的，是赵昰临死时的遗嘱，故称"遗诏"。景炎帝即是宋端宗赵昰。其时，宋降元，元兵直逼临安，宋度宗赵禥的儿子赵昰（9岁）和赵昺（6岁）逃到浙江温州，而后在福州被陆秀夫等人拥立为皇帝，不久又逃至厓山。此篇诏文就是元兵将破厓山时所作。

本篇诏文主要是告谕四方百姓，同起抗击元兵入侵，共扶新君，恢复宋室河山。首先，文章叙述自己的近况经历和心情。表明自己尚且幼小，又当处艰难危险的时候，受皇太后之命为福建安抚使，后来宋少帝、金太后、隆国夫人等被元兵俘虏北迁，自己又受上天之命，得到大家的拥戴当了皇帝，深感惶恐惭愧。然后叙述元兵气焰嚣张，直逼南方福建、广东，自己避难于厓山。"赖师之武，荷天之灵"，历经千辛万苦，又得重病，但是想到众人意志坚强，万众一心，也就忍着痛苦向大家告别。接着诉说自己死后，由兄弟赵昺即帝位，并嘱咐其安葬要从简。这是在危难之中帝王所表现出来的可贵精神，因为一般来说，在患难之中许多君王还能与民众共济甘苦，体察百姓，而在他们执政之时，却往往把百姓的疾苦忘得干干净净。最后，文章希望众人拥护祥兴皇帝（赵昺），共扶新君。

《拟景炎皇帝遗诏》在写作上是成功的。

第一，文章读来真实感人，辞意恳切，感情纯朴，催人泪下。作为一种告谕文书，它如实地叙述了景炎皇帝历经千辛万苦、身处困境的心情，真实地反映了宋朝濒临灭亡的情况，表现了在国破山河碎的情况下，君臣军民仍上下一心坚持抗战，不屈不挠，共同抗击元兵入侵，直到最后牺牲都不肯投降的真实情况。因而，它是一份如实记录宋末君臣民众抗元保家卫国斗争历史的材料。特别是作为宋朝最后的小皇帝，与他的先祖，如宋高宗赵构等人屈膝投降、软弱无能形成一个鲜明的对比，读之令人感慨万分。虽然本篇诏文是作为景炎皇帝的遗诏而发布的，由于其时赵昰尚且年幼，主要是陆秀夫代作，故诏文中所表达的思想和精神，也就自然贯注了作者的思想和精神，反映了这篇遗诏拟撰者陆秀夫艰苦奋斗、效忠国家、坚持抗战到底、视死如归的大无畏民族气节。作为诏告文书，这是一篇不可多得的特殊文告。

　　第二，文章遣词造句得体，措辞华丽而意境鲜明，感召力强。本篇诏文虽说是运用"四六"骈体文写的，无疑词句比较华美，但它却能充分表达文章的思想内容和作者的感情与心境，并不为词句华丽所缚，"不尚新奇华巧而失大体"；虽在危难之中，但无悲惨凄凉之状，而是气势不凡，悲而雄壮，铿锵有力，无疑是对元朝入侵吹起最后的抗战动员令，有如刘勰在《文心雕龙·诏策》中所说："辉音峻举，鸿风远蹈。腾义飞辞，涣其大号。"可以说，本篇诏文，是很好地做到这点，显示了诏策文书的基本特征的。

戴表元（元）

送张叔夏西游序

玉田张叔夏与余初相逢钱塘西湖上，翩翩然飘阿锡之衣，乘纤离之马，于是风神散朗，自以为承平故家贵游少年不翅也[1]。垂及强仕，丧其行资[2]。则既牢落偃蹇，尝以艺北游，不遇，失意[3]。亟亟南归，愈不遇，犹家钱塘十年[4]。久之，又去，东游山阴、四明、天台间，若少遇者。既又弃之西归。

于是余周流授徒，适与相值，问叔夏何以去来道途若是不惮烦耶[5]？叔夏曰："不然。吾之来，本投所贤，贤者贫；依所知，知者死；虽少有遇而无以宁吾居，吾不得已违之[6]，吾岂乐为此哉？"语竟，意色不能无阻然[7]。少焉饮酣气张[8]，取平生所自为乐府词，自歌之，噫呜宛抑，流丽清畅，不惟高情旷度，不可亵企，而一时听之，亦能令人忘去穷达得丧所在[9]。

盖钱塘故多大人长者，叔夏之先世高曾祖父，皆钟鸣鼎食[10]，江湖高才词客姜夔尧章、孙季蕃花翁之徒，往往出入馆谷其门[11]，千金之装，列驷之聘，谈笑得之，不以为异[12]。迨其途穷境变，则亦以望于他人[13]，而不知正复尧章、花翁尚存，今谁知之，而谁暇能念之者[14]！

　　嗟乎！士固复有家世材华如叔夏而穷甚于此者乎[15]！六月初吉，轻行过门，云将改游吴公子季札、春申君之乡，而求其人焉[16]。余曰：唯唯。因次第其辞以为别[17]。

注释

　　[1]张叔夏：名炎(1248—1314 年以后)，字叔夏，号玉田、乐笑翁。宋朝临安(今浙江杭州)人。南宋爱国词人、词学家，著有《春水词》《词源》。宋亡不仕，词多表现亡国遗民的思想。阿锡：即"阿緆(xì)"，织物名。阿，细缯；緆，细布。纤离：古良马名。风神散朗：意即风度潇洒。承平：太平时代。故家贵游：泛指王公贵族。不翅：不啻，无异于。[2]垂及强仕：将近 40 岁时。强仕，指到了做官的年纪，为 40 岁。丧其行资：丧失了生活费用，意指家境衰败。[3]牢落偃塞：无所寄托，困顿潦倒。以艺北游：指去北方参加缮写金字藏经的活动。不遇：没有得到赏识。[4]亟亟：急切。犹：还是，仍。家：用作动词，居住。[5]于是：当时。周流：周行各地。授徒：招收学生授业。适：正好。相值：相遇。若是：像这样。不惮：不怕。[6]无以宁吾居：无法使我安稳地住下来。违之：离开他们。[7]语竟：说完。阻然：沮丧的样子。阻，沮。[8]气张：心情舒张。[9]不惟……而：不但……而且……。高情旷度：感情激昂豪迈。亵企：轻易企及。"一时"句：听他唱歌的同时，就能让人忘却穷达得失。[10]故：过去。大人长者：达官显贵。钟鸣鼎食：吃饭时奏乐、列鼎。形容富贵之家奢侈的生活。[11]姜夔(kuí)：字尧章，南宋著名词人，有《白石诗集》等。孙季蕃：孙惟信，字季蕃，号花翁，南宋词人。孙与姜二人都曾为张家门客，受到优待。[12]千金之装：衣装值千金。不以为异：意指对姜孙二人与对家人没什么不同。以上为姜孙二人所受到的优待。[13]迨：等到。望于他人：盼望别人能够帮助自己。[14]"而不知"句：不知道如果姜孙二人还活着，现在谁还知道张叔夏，谁还有闲心想到他呢？[15]"士固"句：当然，还有那种才华如张叔夏而处境还不如张叔夏的人。[16]轻行过门：轻装外出，经过他家。求其人：寻找季札、春申君那样的贤人。[17]次第其辞以为别：按谈话内容次序写了这篇文章作为送别赠言。

译文

　　张叔夏(号为玉田)和我初次相逢于杭州西湖之上，他风度翩翩，穿着细缯细布的衣服，骑着名马，在这个时候他风度不凡，潇洒明快，自以为无异于（不亚于）太平时代的王公贵族少年子弟。但是到了将近 40 岁做官的年纪时，却是家境衰败，以致丧失了生活费用。于是（这样），他便无所寄托，困顿潦倒，曾经去北方参加缮写金字藏经，没有得到赏识，未能如意。后来（次年）他急急忙忙南返回归故里，越发不能得到赏识、帮助，还是在杭州西湖家居住了 10 年。过了一段时间，他又出去了，往东游历了山阴县、宁波府境内的四明山、天台县等地，结果还是很少得到人家的赏识和帮助照顾。不久只好离开，往西回归故里。

当时我周行于各地招收学生授业，正好与张叔夏相遇。我问叔夏为什么像这样往返奔忙于各地和道路途中而不怕麻烦呢？叔夏说："不是这样的。我之所以来这里，本来是想投奔自己认为是贤人的人，贤人却贫穷；想要托身依靠自己认为是知己的人，而知己朋友却去世了；虽然偶尔（很少）遇到能够赏识肯帮助的人，然而还是无法使我安稳地住下来，我又不得不（没办法）离开他们，我哪里是高兴（乐意）这样做的呢？"说完，神情脸色不能不显出十分沮丧的样子。一会儿，我们饮酒到酣畅处，心情舒张，精神振奋，他就拿出平时自己所喜欢的乐府词，自己歌唱起来，那种悲伤叹息、充满郁结心情的歌声，流畅而清丽，不但感情激昂豪迈，而且不能轻易企及。而在听他唱歌的同时，就能让人忘却所遭遇的穷达得失之所在。

杭州（钱塘）过去有很多达官显贵，叔夏的先祖高曾祖父、祖父张镃、张俊（任枢密使，死后封循王）都是富贵人家，过着吃饭时鸣钟奏乐、列鼎而食的奢侈生活。而隐居于西湖的江湖中著名词人姜夔姜尧章、孙季蕃孙花翁等人，都曾为张家门客，住宿和饮食都在张家，价值千金的衣装、车马等，都是很容易得到的，与张家人没什么不同。等到张炎家境变化、途穷衰落、生活穷困的时候，就盼望着别人也能够帮助自己。然而就不知道如果姜孙二人还活着，现在谁还知道张叔夏，谁还有闲心想到他呢？

哎呀！当然，还有那种才华如张叔夏而处境还不如张叔夏的人！六月初一，他轻装外出，到我家拜访，说要改变方向到吴国公子季札和春申君的家乡去周游，而想要去寻找季札、春申君那样品德高尚的贤人。我说："好的，可以。"于是，就按谈话内容次序写了这篇文章作为送别的赠言。

品析

戴表元（1244—1310 年），字帅初，一字曾伯，元代奉化（今浙江）人，元朝文学家。宋末咸淳进士，至元朝大德末，曾出任信州教授，学问渊博，所著散文风格清新雅洁，诗歌多能反映社会现实与民生疾苦。也曾屡受举荐而未就，后归隐居。有《剡源戴先生文集》。

本篇序文，写于元朝成宗大德三年（1299 年）六月。作为赠送的序文（赠言），是古代文体之一种，是专门为了送别亲朋好友而写的文章，古时将之列为赠序类。古代文人往往在亲朋好友离别之际设宴饯行，或作诗、或作文，以表示惜别、祝愿、劝勉等词相赠。其内容有的叙述友谊与交情，或表达作者的理想、见识、劝勉与情感表露，也有的则成为叙事、说理而又兼有抒情的文章。赠序文不论是出于公务，还是出于私务，实际上仍是一种应用性文书，是属于相互间的书函信件，是双方所发生的事情和所要表述的思想、观点、感情等的一种记录与反映。

其时，张炎是宋元之际有名的词作家，他的先辈张俊是南宋南渡功臣，其家庭几代都是显赫富贵的官宦人家，过着奢侈豪华的生活。但是，到了宋朝德祐年间，南宋朝廷面临元军的大举进攻，但其祖父张濡仍然坚决抵抗，并杀死元朝使者严忠范等人，后来临安被元军攻占，张濡被杀，其家被抄没。自此张家这样的名门望族就衰败没落了，对其打击是巨大和沉重的。而本篇赠序文，作为文书作品之一种，不仅记述了两人交往过程中所知所忆之事，而且记叙了一位有才华的词人张叔夏在亡国之后的境遇变迁，同时，从个体入手，真实地反映了宋末元初的社会现象和人民生活状况。文章先写初遇，次写重逢，风度翩翩的词人变得落魄沮丧。追述家史，国破家亡，名门望族，一朝衰败，而张叔夏则是这类人的一个典型代表。人世沧桑实难预料，世态炎凉空悲叹，作者对他们寄予了深切的同情。

海 瑞（明）

治安疏

　　户部云南清吏司主事臣海瑞谨奏[1]：为直言天下事，以正君道，明臣职，求万世治安事。

　　君者，天下臣民万物之主也。惟其为天下臣民万物之主[2]，责任至重。凡民生利病[3]，一有所不宜，将有所不称其任。是故事君之道宜无不备[4]，而以其责寄臣工，使之尽言焉。臣工尽言，而君道斯称矣[5]。昔之务为容悦，阿谀曲从，致使灾祸隔绝，主上不闻者，无足言矣。

　　过为计者则又曰[6]："君子危明主，忧治世[7]。"夫世则治矣[8]，以不治忧之；主则明矣，以不明危之，无乃使之反求眩瞀[9]，莫知趋舍矣乎！非通论也[10]。

　　臣受国厚恩矣，请执有犯无隐之义[11]，美曰美，不一毫虚美；过曰过，不一毫讳过。不为悦谀，不眼过计，谨披沥肝胆为陛下言之。

　　汉贾谊陈政事于文帝曰[12]："进言者皆曰：天下已安已治矣，臣独以为未也。曰安且治者，非愚则谀。"夫文帝，汉贤君也，贾谊非苛责备也。文帝性颇仁柔，慈恕恭俭，虽有爱民之美，优游退逊，尚多怠废之政[13]。不究其弊所不免，概以安且治当之[14]，愚也。不究其才所不能，概以政之安且治颂之，谀也。

陛下自视，于汉文帝何如？陛下天资英断，睿识绝人[15]，可为尧、舜，可为禹、汤、文、武，下之如汉宣之厉精[16]，光武之大度[17]，唐太宗之英武无敌，宪宗之治平僭乱[18]，宋仁宗之仁恕[19]，举一节可取者，陛下优为之。即位初年，铲除积弊，焕然与天下更始。举其大概：箴敬一以养心[20]，定冠履以定分[21]，除圣贤土木之象[22]，夺宦官内外之权，元世祖毁不与祀[23]，祀孔子推及所生[24]。天下忻忻，以大有作为仰之[25]。识者谓辅相得人，太平指日可期，非虚语也，高汉文帝远甚[26]。然文帝能充其仁恕之性，节用爱人[27]，吕祖谦称其能尽人之才力[28]，诚是也。一时天下虽未可尽以治安予之[29]，然贯朽粟陈，民物康阜[30]，三代后称贤君焉[31]。

陛下则锐精未久，妄念牵之而去矣[32]。反刚明而错用之，[33]，谓长生可得，而一意玄修。富有四海，不曰民之脂膏在是也，而侈兴土木[34]。二十余年不视朝，纲纪弛矣[35]。数行推广事例[36]，名爵滥矣。二王不相见[37]，人以为薄于父子。以猜疑诽谤戮辱臣下，人以为薄于君臣。乐西苑而不返宫[38]，人以为薄于夫妇。天下吏贪将弱，民不聊生，水旱靡时[39]，盗贼滋炽[40]。自陛下登极初年亦有之，而未甚也。今赋役增常，万方则效[41]。陛下破产礼佛日甚[42]，室如县磬[43]，十余年来极矣。天下因即陛下改元之号而臆之曰[44]："嘉靖者言家家皆净而无财用也。"

迩者[45]，严嵩罢相，世蕃极刑，差快人意[46]，一时称清时焉[47]。然严嵩罢相之后，犹之严嵩未相之先而已[48]，非大清明世界也，不及汉文帝远甚。天下之人不直陛下久矣[49]，内外臣工之所知也。知之，不可谓愚。《诗》云："衮职有阙，惟仲山甫补之[50]。"今日所赖以弥裨匡救，格非而归之正[51]，诸臣责也。夫圣人岂绝无过举哉？古者设官，亮采惠畴足矣[52]，不必责之以谏。保氏掌谏王恶[53]，不必设也。木绳金砺[54]，圣贤不必言之也。乃修斋建醮[55]，相率进香[56]，天桃天药，相率表贺。建兴宫室，工部极力经营；取香觅宝，户部差求四出。陛下误举，诸臣误顺，无一人为陛下正言焉。都俞吁咈之风[57]，陈善闭邪之义，邈无闻矣；谀之甚也。然愧心馁气，退有后言，以从陛下；昧没本心[59]，以歌颂陛下，欺君之罪何如[60]？

夫天下者，陛下之家也，人未有不顾其家者。内外臣工有官守、有言责，皆所以奠陛下之家而磐石之也[61]。一意玄修，是陛下心之惑也。过于苛断，是陛下情之伪也。而谓陛下不顾其家，人情乎？诸臣顾身家以保一官，多以欺败，以赃败，不事事败[62]，有不足以当陛下之心者[63]。其不然者，君心臣心偶不相值也[64]，遂谓陛下为贱薄臣工。诸臣正心之学微[65]，所言或不免己私，或失详审[66]，诚如胡寅扰乱政事之说[67]，有不足以当陛下之心者。其不然者，君意臣意偶不相值也，遂谓陛下为是己拒谏[68]。执陛下一二事不当之形迹，亿陛下千百事之尽然[69]，陷陛下误终不复，诸臣欺君之罪大矣。《记》曰[70]："上人疑则百姓惑，下难知则君长劳[71]。"今日之谓也[72]。

为身家心与惧心合[73]，臣职不明，臣以一二事形迹既为诸臣解之矣[74]. 求长生心与惑心合，有辞于臣[75]，君道不正，臣请再为陛下开之[76]。

陛下之误多矣，大端在修醮[77]。修醮所以求长生也。

自古圣贤止说修身立命，止说顺受其正[78]。盖天地赋予于人而为性命者，此尽之矣。尧、舜、禹、汤、文、武之君，圣之盛也[79]，未能久世不终。下之，亦未见方外士自汉、唐、宋存至今日[80]。使陛下得以访其术者陶仲文，陛下以师呼之，仲文则既死矣。仲文尚不能长生，而陛下独何求之？至谓天赐仙桃药丸，怪妄术甚。伏羲氏王天下，龙马出河，因则其文以画八卦[81]。禹治水时，神龟负文而列其背，因而第之，以成九畴[82]。河图洛书实有此瑞物[83]，以泄万古不传之秘。天不爱道而显之圣人，借圣人以开示天下，犹之日月星辰之布列，而历数成焉[84]，非虚妄也。宋真宗获天书于乾祐山[85]，孙奭谏曰："天何言哉？岂有书也？"桃必采而后得，药由人工捣以成者也。兹无因而至[86]，桃药是有足而行耶？天赐之者，有手执而付之耶？陛下玄修多年矣，一无所得。至今日，左右奸人逆陛下玄修妄念[87]，区区桃药之长生，理之所无，而玄修之无益可知矣[88]。

　　陛下又将谓悬刑赏以督率臣下，分理有人，天下无不可治，而玄修无害矣乎？夫人幼而学，既无致君泽民异事之学[89]，壮而行，亦无致君泽民殊用之心。《太甲》[90]曰："有言逆于汝志，必求诸道，有言逊于汝志[91]，必求诸非道。"言顺者之未必为道也。即近事观：严嵩有一不顺陛下者乎？昔为窃，今为逆本。梁材守道守官[92]，陛下以为逆者也，历任有声，官户部者以有守称之[93]。虽近日严嵩抄没，百官有惕心焉，无用于积贿求迁，稍自洗涤[94]。然严嵩罢相之后，犹严嵩未相之前而已。诸臣宁为严嵩之顺，不为梁材之执[95]。今甚者贪求，未甚者挨日。见称于人者，亦廊庙山林交战热中[96]，鹘突依违[97]，苟举故事。洁己格物[98]，任天下重,使社稷灵长终必赖之者[99],未见其人焉。得非有所牵制其心,未能纯然精白使然乎[100]?陛下欲诸臣惟予行而莫违也,而责之以效忠[101];付之以翼为明听也[102],又欲其顺乎玄修土木之娱:是股肱耳目不为腹心卫也,而自为视听持行之用。有臣如仪、衍焉[103],可以成“得志与民由之”之业[104],无是理也。

陛下诚知玄修无益,臣之改行,民之效尤,天下之安与不安、治与不治由之!翻然悟悔,日视正朝,与宰辅、九卿、侍从、言官讲求天下利害[105],洗数十年君道之误,置其身于尧、舜、禹、汤、文、武之上,使其臣亦得洗数十年阿君之耻,置其身于皋陶、伊、傅之列[106],相为后先,明良喜起[107],都俞吁咈。内之宦官宫妾,外之光禄寺厨役[108],锦衣卫恩荫[109],诸衙门带俸[110],举凡无事而官者亦多矣。上之内仓内库,下之户、工部、光禄寺诸厂,段绢[111]、粮料、珠宝、器用、木材诸物,多而积于无用,用之非所宜用,亦多矣。诸臣必有为陛下言者[112]。诸臣言之,陛下行之,此则在陛下一节省间而已。京师之一金,田野之百金也。一节省而国有余用,民有盖藏[113],不知其几也[114]。而陛下何不为之?

官有职掌,先年职守之正,职守之全而未行之。今日职守之废,职守之苟且因循,不认真、不尽法而自以为是。敦本行以端士习[115],止上纳以清仕途[116],久任吏将以责成功,练选军士以免招募,驱缁黄游食以归四民[117],责府州县兼举富教使成礼俗[118],复屯盐本色以裕边储[119],均田赋丁差以苏困敝[120],举天下官之侵渔[121],将之怯懦,吏之为奸,刑之无少姑息焉[122]。必世之仁[123],博厚高明悠远之业[124],诸臣必有为陛下言者。诸臣言之,陛下行之,此则在陛下一振作间而已。一振作而诸废具举，百弊铲绝，唐、虞三代之治粲然复兴矣，而陛下何不行之？

节省之，振作之，又非有所劳于陛下也。九卿总其纲[125]，百职分其任，抚按科道纠举肃清之于其间[126]，陛下持大纲，稽治要而责成焉。劳于求贤，逸于任用[127]，如天运于上，而是四时六气各得其序[128]，恭己无为之道也[129]。天地万物为一体，固有之性也。民物熙洽，熏为太和[130]，而陛下性分中自有真乐矣。可以赞天地之化育，则可与天地参[131]。道与天通，命由我立，而陛下性分中自有真寿矣。此理之所有者，可旋至而立有效者也。若夫服食不终之药[132]，遥望轻举，理之所无者也。理之所无，而切切然散爵禄[133]，竦精神[134]，玄修求之，悬思凿想，系风捕影，终其身如斯而已矣，求之其可得矣？

夫君道不正，臣职不明，此天下第一事也。于此不言，更复何言？大臣持禄而外为谀，小臣畏罪而面为顺，陛下有不得知而改之行之者，臣每恨焉。是以昧死竭忠，惓惓为陛下言之[135]。一反情易向之间，而天下之治与不治，民物之安与不安决焉，伏惟陛下留神，宗社幸甚，天下幸甚。

注释

[1]户部：明朝中央行政机构分六部，户部掌管全国税收财政。主事：各部职官中最低的一级。[2]惟：思，考虑，只有，通"维"、"唯"。也作句首语气词。[3]民生利病：意即关系百姓生活、生计、利益、疾苦。[4]事：从事，做。道：措施。[5]斯：那么，就。[6]过为计者：过分考虑的人。[7]危明主：以明主为危，即使在位的是贤君也觉得有危险存在。忧治世：以太平盛世为可忧，处治世还以为可忧。[8]则：连词，表假设。[9]无乃：不是。眩瞀（mào）：模糊混乱。[10]通论：合理的说法。[11]执：遵守。有犯无隐：宁可直言得罪人而不隐讳真情。语出《礼记·檀弓》。[12]"汉贾谊"句：见贾谊《陈政事疏》。[13]优游：从

容。怠废之政：没有办理。[14]当：此指评价。[15]睿（ruì）：通达。[16]汉宣：汉宣帝刘询（公元前73—前49年在位）。厉精：努力，认真。[17]大度：胸怀开阔。指汉光武帝刘秀对功臣信任不疑。[18]宪宗：唐宪宗李纯（806—820年在位）。僭（jiàn）乱：叛乱。僭，超越本分。[19]宋仁宗：宋仁宗赵祯（1023—1063年在位）。[20]优：充分。箴（zhēn）敬：指明世宗作的一篇《敬一箴》。箴，古时一种文体，用于规诫。以：表目的。[21]定冠履：明世宗曾改定一些冠服制度。分（fèn）：名分。[22]除：废除。[23]"元世祖"句：元世祖忽必烈本为帝王庙中所祭帝王，明世宗将他取消。[24]"祀孔子"句：祭孔子兼祭孔子的父母亲。[25]仰：希望。[26]高：胜过。[27]充：尽。节用：节约用度。[28]吕祖谦：南宋哲学家、文学家，曾任著作郎兼国史编修官，与朱熹、张栻齐名。[29]予之：带给天下百姓。[30]贯朽：指国库里钱堆得太久，串钱的绳子都朽烂了，说明国库充裕。民物康阜：百姓安康，财物富足。阜，盛。[31]三代：夏、商、周三代。[32]锐精：立志有所作为。妄念：杂念。之：代明世宗。[33]刚明：指明世宗刚强英明。[34]侈：放纵无节制。[35]视朝：临朝办事。弛：松懈，败坏。[36]数行推广事例：指明代纳粟封官制度到后来越来越滥。[37]二王不相见：明世宗一意修行，听从方士的话，与方士一起炼丹，不见自己的儿子。[38]西苑：现在北京北海地方，明世宗在此与方士一起炼丹修行。[39]靡时：无时不有。[40]滋：益，更加。炽：旺热。[41]效：效法。[42]礼佛：指信奉道教。[43]室如县磬（qìng）：屋里像挂着的石磬一样，空无所有。形容穷得一无所有。语出《左传·僖公二十六年》。[44]改元：改年号。明世宗1522年即位，改年号为"嘉靖"。[45]迩者：近来。[46]差：稍微。[47]清时：太平时代。[48]犹：如同。[49]直：以……为直。直，此指正确。[50]衮（gǔn）：君王的衣服，此指君王。仲山甫：周宣王时的君子。[51]弼棐（fěi）：弼、棐，意皆为辅助。棐有4个意思：1.辅助；2.通"菲"；3.通"榧"；4.通"篚"。此处当取"辅助"之意。格非：纠正错误。[52]亮采惠畴：语出《尚书·舜典》。[53]保氏：《周礼》中的官名。[54]木绳金砺：绳能使木直，砺（磨刀石）能使金属锋利。此指君王要靠臣子辅助补救。[55]乃：竟。建醮（jiào）：设坛祭祀、祈祷。[56]相率：互相带动。[57]都俞吁咈：为《尚书》中尧、舜对话所用。"都俞"表赞成，"吁咈"表反对。[58]邈（miǎo）：此指长久。[59]昧没（mò）：隐藏。[60]何如：怎样的程度。[61]磐石之：使之坚如磐石，"磐石"用如动词。[62]败：此指犯法。事：第一个"事"为动词。[63]当：适应，此即趁意。[64]其：连词，如果。值：遇到，此即投合。[65]正心之学：意指个人修养。[66]或：有的。失：不足。[67]胡寅：字明仲，宋朝人，历任校书郎等职，曾上书宋高宗主张北伐，反对议和，后因反对秦桧遭贬。海瑞称其奏疏为"扰乱政事"，应是反话。[68]是己：以己为是。[69]亿：猜测。[70]《记》：指《礼记》。[71]知：交好，相亲。[72]之：助词，表宾语提前。[73]为身家心：为保身家的心。惧心：怕触犯君王的心。[74]既：已经。[75]于：表对象。[76]开之：分析它。[77]端：方面。[78]止：只。其正：它（自然）的正常法则。[79]盛：极点、顶点。[80]方外士：僧道巫士。[81]伏羲氏：远古时代传说中的部落酋长。则：效法。文：同"纹"。八卦：相传伏羲氏时龙马出河，伏羲氏仿其花纹画出八卦，象征天、地、雷、风、水、火、山、泽八种自然现象。[82]第之：把它们排列起来。九畴：相传禹治水时出现神龟，禹把它背上的花纹排列起来，就成了九畴，即九类关于天道人事的法则。[83]河图洛书：即上文的"八卦"、"九畴"。[84]历数：推算岁时节候。[85]天书：乃宋真宗赵恒（998—1022年在位）为粉饰太平而伪造。[86]兹：这样。[87]逆：迎合。[88]之：助词，用于主谓之间，取消其独立性。[89]致君泽民：辅佐君王，使民得益。[90]《太甲》：指《尚书》的《太甲》篇。[91]诸："之于"的合音。逊：顺。[92]梁材：曾任户部尚书。守道守官：意即安分尽职。[93]官：用如动词，即任职。有守：有操守，即刚直不阿。[94]洗涤：指改正。[95]执：意即不顺，刚直不阿。[96]见：被。于：引出施动者。廊庙：朝廷，指在朝为官。山林：指过隐居生活。[97]鹘（gǔ）突：鹘鸼（zhōu），一种鸟，为鹰类猛禽。[98]格物：推究事物的原理。[99]灵长：一曰神灵而居首位者，意即绵延久长。[100]得非：表疑问，相当于"不是……吗"。[101]责：要求。[102]之：代大臣们。以：介词，引出宾语。[103]仪、衍：张仪、公孙衍，战国时的政客，均能言善辩。[104]得志与民由之：能施展才干，与百姓一道循仁义大道前进。语出《孟子·滕文公下》。[105]宰辅、九卿、侍从、言官：分别为明朝的大学士、各部尚书侍郎、翰林官、谏官。[106]皋陶（yáo）、伊、傅：即虞舜的贤臣皋陶、商汤的贤相伊尹、殷高宗的贤相傅说（yuè）。[107]后先：先后，辅助之意。明良喜起：据《尚书·皋陶谟》记载，虞舜作歌："股肱喜哉！元首起哉，百工熙哉！"皋陶歌曰："元首明哉，股肱良哉，庶事康哉！"这是指君臣互相敬重、勉励。[108]光禄寺：承办皇室膳食的机构。[109]锦衣卫：明朝独有的武职机构。恩荫：因先代官爵授封。[110]带俸：指额外编制。[111]段：即"缎"。[112]为：向。[113]盖藏：储蓄。[114]其：这样做的好处。[115]敦：督促。[116]上纳：出钱买官。[117]缁黄：代和尚、道士，因和尚穿缁（黑）衣，道士穿黄衣。四民：即士、农、工、商。[118]富教：生计、教化。[119]复屯盐本色：恢复征收粮盐实物的本来做法。当时把这一做法改为征收银钱，海瑞主张恢复征收实物。[120]苏困敝：恢复百姓元气。[121]侵渔：贪污勒索。[122]少：稍。[123]必世之仁：语出《论语·子路》："如有王者，必世而后仁。"意即几十年之后才能收效的仁政。世，三十年为一世。[124]博厚高明悠远之业：意即与天地并存的伟大功业。[125]九卿：古时中央政府的九个高级官员，各代有所不同。[126]抚按科道：指巡抚、巡按、六科给事中（吏、户、礼、兵、刑、工）、十三道御史。[127]于：引出宾语。[128]四时：四季。六气：阴、阳、风、雨、晦、明。[129]恭己无为：语出《论语·卫灵公》："无为而治者，其舜也与？夫何为哉？恭己正南面而已矣。"意即君主有德，即使自己无所作为亦能使天下得到治理。[130]熏为太和：出现和平景象。[131]赞：帮助。参(sān)：与天地配合成三，即人可与天地并列为三。[132]若夫：至于。不终：不死。[133]切切然：急急忙忙地。[134]竦(sǒng)：伸长脖子，提起脚跟站着。《汉书·韩信传》："竦而望归。"[135]惓惓(juàn)：诚恳的样子。

译文

　　户部云南清吏司主事臣海瑞谨奏：直言天下第一大事，以正君道，明臣职，求得万世治安之事由。

　　君王，是天下臣民万物之主，正因为他是天下臣民万物之主，责任才极大。凡是关系百姓生活、生计、利益和疾苦的事情，有一点不恰当，那就是有所不称职。因此，当好君王的做法措施应无所不备，把他的责任交付给臣子，使他们尽量发表意见。臣子尽量发表意见，君主的责任那就尽到了。从前那种为了讨好，阿谀逢迎，致使君主不了解实际灾祸的人就不值得去说了。

　　有些过分考虑的人则又说了："君子遇明君，处盛世，也仍会看到危险，感到担忧。"要知道天下就是太平，也应考虑到不太平而以为忧；君王就是贤明，也应考虑到不贤明而以为危。如果认为那样就会使人模糊混乱不知进退，这其实才是不合理的说法。

　　臣承受朝廷大恩，请允许我遵守直言不讳的道德规范，好就说好，没有一毫虚伪，错就说错，没有一毫遮掩，不阿谀逢迎，也不计较得失，披肝沥胆为陛下谨述臣的看法。

　　汉代贾谊向文帝陈述政事说："向陛下进言的人都说：天下已安定太平了，臣独以为还没有。说安定太平的人，不是愚蠢就是阿谀逢迎。"文帝是汉朝的贤君，贾谊并不是求全责备他，文帝性情很仁柔，慈悲宽厚恭俭。虽然他有爱民的美德，从容谦逊，但缺点在于游于玄老，不专事于政务，有许多政事都被耽误了，没有办好。假使臣下看不到这些弊病，一概认为天下已经安定太平，这是愚昧无知；假使臣下看不到文帝的才能毕竟有限，一概以安定太平来称颂他，是阿谀奉承。

陛下自己看看，与汉文帝比起来怎样呢？陛下天资英断，通达超人，可成为像尧、舜、禹、汤、文王、武王一样的君主，再下来如汉宣帝的认真，汉光武帝的大度，唐太宗的英武无敌，唐宪宗的削平叛乱，宋仁宗的宽厚仁恕，无论取他们的哪一点，陛下都完全能够做到的。陛下即位初年，铲除了旧的弊病，明白宣示与百姓共同改革，列举一些大概来看：陛下为规诫世人，作了《敬一箴》，以此培养人的道德情操，改定冠服制度来定名分，下令废除孔子庙里的塑像，只用柱，夺去宦官内外权力，取消了对元世祖的祭祀，祭孔子兼祭孔子父母，天下百姓欢欣，对陛下寄以大有作为的希望。有识之士认为，能得贤臣辅助，天下太平就指日可待，这不是虚语，陛下远胜过汉文帝。可是文帝能尽他的仁恕之情，节约用度，爱惜人才，吕祖谦称他能尽力发挥人的才干，确实这样。因而一时虽然不能完全使天下安定太平，但国库充裕，串钱之绳腐烂，谷粟陈旧，百姓安康，财物富足，公认文帝是三代后的贤君。

陛下本是立志要大有作为的，不久，就被杂念引导而放弃（理想），反而把刚强、英明错用到其他方面，说什么能够求得长生不老，就一意去修行。陛下富有天下却不想想是百姓的膏血在这里，反而滥兴土木，20余年不理朝政，朝纲败坏，屡次推行纳粟封官的章程，名爵越来越滥。一意修行，陛下与太子不相见，人们认为这有薄于父子之情。以猜疑诽谤来戮杀辱没臣下，人们认为这有薄于君臣之情。游乐于西苑而不回宫，人们认为这有薄于夫妇之情。天下官贪将弱，民不聊生，水旱无时不有，盗贼如火越烧越盛。自陛下即位初年也有过这些事，却没有这么严重。现在赋税超过往常，各地官吏也都效法。陛下破家信奉道教越来越厉害，百姓穷得室如石磬，10余年到了极点了。天下人于是就陛下改年号而猜想：嘉靖，就是说家家都净而无财物。

最近严嵩罢相，其子严世藩被处极刑，稍稍使人快意，一时间人又称太平时代。然而严嵩罢相之后，朝政不过如同他未当宰相之前那样罢了，并不是大清明世界，远比不上汉文帝。天下百姓早就不以陛下为明君，这是内外臣子都知道的。知道这些，不能说是愚蠢。《诗经》说："周宣王有不足之处，仲山甫能从旁补救。"现在用以辅助、补救、纠正错误而使之改正的，就是各大臣的职责所在。圣人难道就没有错误的举止吗？要真这样，那么古时候设官，只要办些事情就够了，不必以进谏来要求他们。保氏官掌管劝谏君王过失的职责，也不必设了。木绳金砺这类话，圣贤也不必说了。陛下斋戒祭祀，大臣相互带动进香祈祷，得"仙桃仙药"，大臣又相互带动进表祝贺。兴建宫室，工部极力经营；取香寻宝，户部四处求取。陛下举动有误，诸臣顺从得也没道理，无一人为陛下而直言。赞成对的而反对错的风气，实行好的而杜绝坏的行为，已久未听到了。阿谀逢迎已发展到极点。可是这样做内心有愧，不能理直气壮，到背后议论是非，以此来顺从陛下；把真心隐藏，来歌颂陛下，欺君之罪到了怎样的程度呢？

天下都是陛下的家，人没有不顾他家的。内外臣子有办好事情的职守，有进谏正言的责任，这些都是来奠定陛下之家而使之坚如磐石的做法。一心修行，这是陛下思想受迷惑而糊涂了。过于苛刻武断，不是陛下天生的性格（情），若说陛下不顾家是一般的人情吗？大臣们顾自己保一官位，多因欺诈、因贪赃、因不务事而犯罪，像这样是有不合陛下心意的地方。如果不是这样，那是因君臣心意偶尔不相投合，人们于是就要说陛下轻视侮辱臣子。大臣们修养很不够，所谈的有的难免有所私心，有的欠详审，的确，像胡寅那样扰乱政事的言论，就有不合陛下心意的地方。如果不是这样，那是因君臣的心意偶尔不相投合，人们于是也要说陛下自以为是而拒谏。他们抓住陛下对一两件事处理不当的做法，就猜测陛下千百件事都是这样，害陛下错到无法挽回。像这样大臣们的欺君之罪就大了。《礼记》上说："君主不明则百姓惑乱，无所适从；下人不忠，则君王长劳苦。"说的就是今天的事啊。

为保身家之心和恐怕触怒君王之心加在一起，当臣子的职责不明，我用一两件事例已替大臣们做过分析了。求长生不老的想法和糊涂的妄念加在一起，让大臣们有话可说。君道不正，我请求再为陛下做分析。

陛下的错处很多，主要的是设坛祈祷。设坛祈祷是为了求长生。自古圣贤只说要修养德性，保养生命，顺应正常法则。看来天地赋于人生命，如此就已经是尽了全力了。尧、舜、禹、汤、文、武这些君王，是圣人之最了，也未能长生（在世上）而不老。再下来，也未见过僧道术士自汉、唐、宋活至今天。使陛下能够求得长生法术的陶仲文，陛下以师傅（先生）称呼他，可陶仲文却已死了。陶仲文尚且不能长生，而陛下为什么偏要去求长生呢？至于说到天赐仙桃药丸，荒唐尤甚。伏羲氏统治时，龙马出黄河，于是按照它的花纹来画出八卦。大禹治水时，神龟出现，各种花纹列在背上，于是把它们摆列起来，就成了九畴，河图洛书是实有此神物，以授万古不传的秘记。天不满意世间行事之道就把它的意思向圣人显示，借圣人来告示天下，就像日月星辰的布列，可以推算岁时节候，不是虚妄的。宋真宗赵恒从乾祐山获"天书"，孙奭进谏说："天能说什么呢？哪会有什么书？"桃一定要摘下然后才能得到，药需要用人工捣才能成。像这样无由来而至，桃药是有脚而走来的吗？天赐给桃药，有手拿着而交付给人的吗？陛下一意修行多年了，一无所得。到今天，左右奸臣迎合陛下修行的妄念，小小桃药能使人长生，这个理由不能成立，而一意修行是无益的已可知道了。

陛下大概又要说利用刑罚和奖赏来统率臣下，那么就会有人办理事情，天下也没有什么不能治理的，一意修行是没什么坏处的。人幼时学习，既没有学到辅佐君王，使民得益的特别的本领，到了成年走上社会，也没有辅佐君王，使民得益的特殊的抱负。《尚书·太甲》

中说："有的话不合你的心意，一定要分析它是不是有道理；有的话顺从你的心意，也一定要分析它是不是不合道理。"这就是说言语顺心却未必有理。就拿最近的事情来看：严嵩有哪一件事不顺从陛下吗？可他过去贪权窃利，现在是逆乱的本源。梁材安分尽职，陛下认为他是逆己者，可他历任几职都有声望，在户部任职的人都称他刚直不阿。虽然最近严嵩被抄，百官有警戒之心，知道不能用行贿求升迁，稍有改正。但是严嵩被罢相之后，不过和他未任相之前一样罢了。大臣们宁当严嵩那样的顺从的臣子，也不当梁材那样的正直的臣子。现在要求高的就贪求无厌，要求不高的就随便打发日子。就是被人称颂的人，也处于在朝为官还是隐居山林的矛盾斗争中，糊里糊涂无主见，苟且奉行旧事罢了。保持自己的纯洁，推究事物的原理，承担天下重任，使国运社稷靠他而绵延久长的，这样的人却没有发现，这不就是因为有杂念牵制他的心，他未能纯正无私，致使有这样的结果吗？陛下要大臣们只服从自己的意旨而不能违抗，又以效忠来要求他们；陛下把帮助自己，做自己助手、耳目的重任交给大臣们，却又要求他们顺从陛下修道建庙的欢娱。这就如同不把四肢耳目作为腹心的护卫，而让腹心自己去发挥看、听、行动的作用一样。如此，陛下即使有臣子像张仪和公孙衍，但要成就"得志与民由之"的大业，也是不可能的。

陛下要是知道修行无益，则臣子的转变，百姓的效法，天下的安与不安，太平与不太平就将由此而改变。陛下当幡然醒悟，每日上朝理政，与宰辅、九卿、待从、言官等大臣们讲求天下的利害，纠正数十年君道的错误，那样就能置身于尧、舜、禹、汤、文、武诸帝王之中，使大臣们也能洗去数十年逢迎君王的耻辱，置身于皋陶、伊尹、傅说之列相辅而行，君臣互相尊重、勉励，赞成对的，反对错的。现在内至宦官宫妾，外至光禄寺厨役、恩荫锦衣卫，各衙门额外编制，无事而封官的有很多。上至内仓内库，下至户部工部、光禄寺各厂，缎绢、粮料、珠宝、器用、木材等物，多而积压不用，或用得不合宜的，也很多。大臣们一定有向陛下建议的。大臣们进谏，陛下实行，这只在陛下一个节约的念头罢了。京师的一块金子,到了田野百姓那里抵得上100块金子,节约一点则国库有富余,人民有储蓄。这样做的好处真不知有多少,可陛下为什么不实行呢?

百官各有职务,先前对职守认真,设置完善,却不去办一些事,现在职守废弃,办事苟且因循,不认真,不守法,却还自以为不错。应该倡导基本道德来端正士人的风气,停止出钱买官来纯洁国家与各级官府,让官吏将士久任其职而责成他们做出成绩,训练、挑选军士而免除招募,驱使和尚、道士这些游食者回到士、民、工、商的行业中去,责成府、州、县把生计、教化同时管起来,使百姓养成礼俗习惯,恢复征收粮盐实物的本来做法来充实边防储备,合理征收田赋丁差来恢复百姓元气。如果天下官府贪污勒索,将士怯懦,官吏作奸,刑法应当毫不宽容他们。几十年之后才能见效的仁政,与天地并存的伟大功业,大臣们一定有向陛下进言的,大臣们进谏,陛下实行,这不过在于陛下的振作一下罢了。一振作则百废俱兴,百弊铲绝,唐尧、虞舜三代的太平景象将重新出现。可陛下为什么不实行呢?

节约、振作,又不会使陛下劳累,九卿总管全面,百官各分其职,抚、按、科、道在他们职权内督察,检举清楚严断。陛下把握大纲,考核治理的情况,为访求贤才而操劳,因任用了他们而省力,就如天运行于上面,而四季六气各有自己的秩序,这就是君主有德,无为而治的思想。天地万物为一体,是固有的特点,百姓人人和睦,形成和平气氛,那么陛下心中自然有无比的快乐。人可以帮助天地化生,则可与天地并列,事物规律与天意相通,而命运由我们掌握,陛下命中自有真寿。明白这个道理的人,能很快就见成效。至于服用不死之药,遥望能升天成仙,这是没有道理的。没有道理的事,却急急忙忙奉送官职、俸禄,花去精神,修行祈求,乱发空想,捕风捉影,就到死也不过如此,难道是求得到的么?

君道不正,臣职不明,这是天下第一事,对此不说什么,那还有什么可言的? 大臣为保住禄位而表现出阿谀逢迎,小臣害怕担罪名而对陛下依顺,陛下有许多事情不知道应该改正或应该实行。我常为此痛心疾首,因此冒死尽忠,真诚地向陛下说明。希望陛下能改变心思,转移志向,天下的治与不治,人民的安与不安就决定于此。我恭恭敬敬地希望陛下留神,那么国家万幸,天下万幸!

品析

海瑞(1514—1587 年),号刚峰,明朝广东琼山(今海南岛海口市)人。海瑞幼年丧父,家中贫寒,依靠十多亩薄田和母亲做针线过活。他自幼聪明,刻苦好学上进,于嘉靖二十八年(1549 年)考中举人,但到 39 岁时方始步入官场,先后担任福建南平县学教谕、户部主事、吏部侍郎、应天十府巡按和右都御史等职。

海瑞是我国广为传颂的清官。他为人刚正不阿,节俭朴素,言行一致,做官清廉不谋私利,关心百姓的疾苦,敢于和贪官污吏恶霸作斗争,经常上疏直谏皇上。为官任上,为百姓办了许多好事,曾拒绝向上司行贿,被取消知县的额外收入。他设法改革劳役租赋,清丈田地,勒令大地主退还侵占的民田,兴修水利,为民昭雪平冤,严明惩治贪污受贿的法律等等。但是,海瑞实行的这些措施和办法,损害了大官僚集团的利益,他们联合攻击、排挤、诬陷海瑞,致使海瑞数次被皇帝贬职甚至罢官。虽然说,海瑞所倡议推行的清明政治、严明法纪等都是为了维护明王朝统治和国家政权稳定,但是,由于他能体察民情,在一定程度上反映了人民的利益和要求,特别是在那腐败的政治与官场中,做一个受到人们称颂的清官,确实是很不易的。

《治安疏》选自《丘海二公集》。疏,即奏疏,主要是始于汉文帝时贾谊的《陈政事疏》(又名《治安策》),之后历代政务活动中的各种奏疏,大都受到贾谊之疏的影响,由于陈述、论证事情和观点政见的表现手法完善,它又成为历代政论文体之一。有如吴纳在《文体明辩序说》一文中所说:"自时厥后进言者日众。或曰上疏,或曰上书,或曰奏札,或曰奏状。虑有宣泄,则囊封以进,谓曰封事。"

《治安疏》是海瑞在担任户部主事时呈送给皇帝的一份奏事(报告),作于嘉靖四十五年(1566 年)。其时,明王朝已开始走向衰落,统治者日渐荒淫，朝政不振，特别是作为最高统治者的明世宗朱厚熜，心迷修道成仙，常常不理政务。而地主豪绅、富商大贾们对土地的兼并也日益严重，导致田地大量集中，使愈来愈多的农民失去土地。政治腐败，官吏贪污成风，百姓生活困苦不堪，统治者与被统治者的矛盾日益尖锐化。与此同时，国弱而民不强，军备不整，外族和倭寇不断侵扰边境，掠夺财产，屠杀百姓，国家越来越不安宁，社会混乱，明王朝已是危机四伏。为此，海瑞基于这种国情，满怀激愤的心情，向明王朝朱厚熜皇帝进呈了《治安疏》，陈述了寻求明王朝国家万世治安之政见。

文章开篇略述了君臣的责任，表明自己是尽臣子之责而向皇帝陈述政见的。文章从汉朝贾谊向汉文帝进呈《治安策》说起，列诉历代的封建贤主之事，对明世宗加以对比和批评，指出朱厚熜皇帝虽然是天资英断、圣明，但是却把这种优点错用于修行，迷信道教，妄想长生不老，昏乱误国，竟然"二十余年不视朝"，以致父子、君臣心心相离，吏贪将弱，民不聊生，祸乱四起，人民怨声载道，故而"嘉靖"年号也被解作是"家家皆净而无财用"。接着，文章谈到严嵩，指出其所有过错是因为皇上的"误举"，而诸臣误顺，无人敢于直言，讲真心话，反映真实情况，"昧没本心，以歌颂陛下"，以为天下太平，是为欺君之罪。然后，文章论述了家身之关系，指出官吏大都阿谀逢迎，胡乱吹捧，只顾个人身家禄位，这是自私卑鄙的行径；而皇帝一心玄修，是"不顾其家"，专务修道，以求长生，这是无益的行为，也是根本办不到的事情。这些，表明了作者朴素的唯物思想观念。最后，文章有胆识有见地提出改革朝政的意见，希望皇上能"翻然悟悔"，认识修道是有害无益之事，则臣子转变，百姓学样。这样，只要朝廷上下努力振作，君道正，臣职明，就能够诸废俱举，百弊铲绝，光明灿烂之治的局面就可复兴，天下的安危也就不一样了。

尽管海瑞冒死直谏皇帝弃邪改正，提出治国安邦的种种政见和措施，是为明王朝的统治地位的巩固而做出，是为维护明王朝统治阶级的根本利益而进呈奏疏的。但是，海瑞这种为了国家利益，体察民情而疾恶如仇,敢于诤谏的精神是十分可取的。海瑞的精神和他那为国家长治久安,不怕被罢官、不怕被杀头的品格,以及廉洁奉公的崇高风尚,始终为后世所称颂。特别是海瑞批评明世宗迷恋修道求长生不死的做法时,能够从天地万物等方面进行论证,提出的唯物史观和唯物辩证法的思想观点,是十分难能可贵的。当然,这种唯物思想还是较为朴素和零散的,缺乏系统性。我们也应当看到,文章中所反映的忠君思想也是相当浓厚的,只可惜明世宗昏庸,致使海瑞所阐述的伦理思想、道德观念和确保国家长治久安的思想、办法、策略措施等,都未能付诸实行,反而将其入狱。这是历史的悲剧。但是,海瑞的思想和精神,作为中华民族优秀文化的体现和代表之一,使其不仅受到历代人们所称颂和爱戴,而且为中国的"清官"、好官们所效仿,成为执政者的一面镜子。

《治安疏》是历史上一篇出色的奏疏文书,在写作上具有鲜明的特色。通篇文章气势逼人,犹如正气贯长虹,而且措辞尖锐、激烈,大胆地揭露统治者的毛病,陈其政弊,诉其不安定的因素,所指披露,毫不隐讳;而献其治国安邦之策,肝胆相照,尽忠尽职。这种鲜明的特色,在历代奏折文书中是不多见的,其风格与作者的性格在文章中融会贯通,有文如其人之感。例如文章指出皇帝"误举",诸臣"误顺",不仅勇气过人,而且有理有据,重于辨析。可谓是以气逼人,以理服人,大有笔端寒风疾起,简札严霜凝结之势。当时,朱厚熜是个苛刻的暴君,朝政中凡有敢说真话者,大都被施以酷刑或被杀害,而海瑞却如此直言,以死相谏,则令皇帝和贪官污吏深感震惊。据史书记载,海瑞在呈送此奏疏时就托人买了棺材准备好后事。后来果然被捕入狱,问成死罪,幸好朱厚熜不久就死了,他才被释放出狱。海瑞的这种勇气和崇尚真理与正义的气节,很好地贯穿了全篇的始末,充分体现了海瑞的性格和精神。这是一方面。

另一方面,文章的重要特色就是说理巧妙,善于运用众多史例加以比较分析。例如,把朱厚熜与历史上的汉文帝等人加以对比,使说理有力,并能以史实服人。同时,文章思想深刻、丰富,观点鲜明。如劝谏皇上不要修道，不仅能从国家安危方面加以论述，而且能从唯物观出发，指出修道成仙是一种"悬思凿想"，是捕风捉影、不切实际的想法，是有害无益的行为。特别是文中提出"命由我立"，这是难得的见解，显示作者已具有初步的唯物史观，而文章的论述也正是建立在这一坚实的思想基础之上的。这种思想的深刻性是对封建道教的公开宣战和否定，表现了作者观察生活、观察社会、分析社会的高超能力。对于奏疏来说，不仅要直陈朝政之弊，而且还要陈述朝政改革的办法意见。在本篇奏疏中，作者提出的许多革除时弊的具体办法、措施，不仅中肯，切实可行，而且具有独到见解，无论对于当时的国家管理，还是对于后世的国家管理，都是具有重要指导意义的。如提出达到社会长治久安的办法，其中之一就是君臣各明其职责，"君道不正，臣职不明，此天下第一事也"。这种远见卓识，实是难能可贵，至今仍不失其借鉴意义。

方孝孺(明)

里社祈晴文[1]

　　民之穷亦甚矣[2]！树艺畜牧之所得，将以厚其家，而吏实夺之[3]。既夺于吏，不敢怨怒，而庶几偿前之失者，望今岁之有秋也，而神复罚之[4]。嘉谷垂熟，被乎原隰，淫雨暴风，旬日继作，尽扑而捋之[5]。今虽已无可奈何，然遗粒悉穗，不当风水冲者，犹有百十之可冀，神曷不亟诉于帝而遏之[6]？吏贪肆而昏冥，视民之穷而不恤，民以其不足罪，固莫之罪也[7]。神聪明而仁闵，何乃效吏之为，而不思拯而活之[8]？民虽蠢愚，不能媚顺于神，然春秋报谢以答神贶者，苟岁之丰，未尝敢怠[9]。使其靡所得食，则神亦有不利焉，夫胡为而不察之[10]？民之命悬于神，非若吏之暂而居、忽而代者之不相属也[11]。隐而不言，民则有罪；知而不恤，其可与否[12]？神尚决之！敢告[13]。

注释

　　[1]里社：古时供奉土地神的地方。[2]民之穷亦甚：百姓非常穷困。[3]树艺畜牧：泛指农民的耕种养殖。厚：使富足。实：此指全部。[4]庶几：也许。偿前之失：补偿前面的损失（被吏抢夺）。望：指望。罚之：惩罚百姓。[5]嘉谷：指田里的庄稼。垂：即将。被乎原隰(xǐ)：庄稼把田野盖住了，意指庄稼长得好。旬日继作：一连几天不停地（刮风下雨）。旬日，十天。捋：用手脱物，此指风雨

把庄稼都打坏了。[6]遗粒悉穗:田里还遗留了一些可以收起的穗粒。不当风水:不再被风雨横扫浸泡。百十:意为百分之十。冀:希求,得到,此指从田里捡回一部分庄稼。曷:为什么。诉:奏明。遏(è)之:阻止它,不再刮风下雨。[7]莫之罪:莫罪之,不惩罚他们。[8]仁闵:仁慈而有怜悯之心。闵,即"悯"。何:为什么。效:效法。拯而活之:拯救百姓,让他们活下去。[9]春秋报谢:春天秋天祭祀土地。贶(kuàng):赐福。苟:如果。岁之丰:年成好。怠:怠慢。[10]使其靡所得食:使百姓没有东西可吃(活不下去)。靡,无。胡为:为什么。察之:明察这一切。[11]悬于神:掌握在神的手中。"非若"句:不像那些官吏是暂时居此位,一下子又被别人取代,与百姓没有直接的关系。整句意指神灵与百姓关系更密切。[12]其:难道。[13]敢告:大胆地告知这一切。

译文

（在供奉土地神的庙宇向神祈祷）:百姓非常穷困! 农民的耕种养殖所得到的东西（粮食、果实和牲畜）,是想要拿来使自己的家富足起来,但是官吏却全部抢夺了它们。既然被官吏抢夺,百姓又不敢有怨言愤怒,然而也许想要补偿前面（被官吏抢夺）的损失,实指望今年有好的秋收果实,而神灵却又惩罚他们。田里的庄稼即将成熟了,庄稼长势很好,把田野盖住了。可是暴风骤雨却是一连几天不停,风雨就如用手脱物那样把庄稼都打坏了。现在虽然是已经没有办法了,然而田里还遗留了一些可以收起的穗粒,不再被风雨横扫浸泡的庄稼,还是希求能够从田里捡回一部分（有百分之十的少部分）。神为什么不奏明上天而去阻止它,不再刮风下雨呢? 官吏大肆贪污腐败而朝廷昏庸、社会黑暗,看见百姓贫穷困苦而不体恤,百姓以为他们还不是（还不够）罪过,因而（固然）不惩罚他们。神是聪明而又仁慈和有怜悯之心的,为什么仍然效法官吏那样的行为而不想拯救百姓,让他们活下去呢? 百姓虽然愚蠢笨拙,不会讨好顺从巴结于神,然而春天秋天还是要祭祀土地,报答和祈求神灵赐福给他们的,如果年成好,更是不敢怠慢。假使百姓没有东西可吃（活不下去）,那么对神也是不好的呀! 老天爷为什么不明察这一切? 百姓的命运掌握在神的手中,神灵与百姓关系更密切,不像那些官吏是暂时居此位,一下子又被别人取代,与百姓没有直接的关系。隐瞒起来而不说,百姓则是有罪过(不是)的;但是知道了(百姓的贫穷困苦)而不去体恤关怀帮助他们,难道可以这样吗? 尚待(还等待)神来决定它! 大胆地告知这一切。

品析

方孝孺(1357—1402 年),字希直、希古,号逊志,人称正学先生。明朝宁海(今属浙江)人。明代学者,自幼谨敏,潜心于学,为宋濂的弟子,以文章、理学而称名。其文风格类似韩愈,有“小韩子”之称,文章纵横豪放,文笔犀利,刻画生动。明洪武二十五年(1392 年)除蜀王府教授。建文时,召为翰林博士,进侍讲学士。燕王(成祖)入京师(今江苏南京),因拒绝为其起草登基诏书而被杀,株连十族,罪及学生。有《逊志斋集》。

这篇《里社祈晴文》,是方孝孺祈求神灵体恤百姓疾苦的祭文告示。祭文,是古代的一种祈求祭拜文书,也是古代文体之一种。古代祭祀天地、山川等神祇时,往往有祝祷性的文字,称祭文、祈文或祝文,后来丧葬亲友,也用祭文致追念哀悼之意,即成为祭拜时所诵读的文章。体裁有韵文和散文两种。因而,从古代祭文的内容看,主要有驱逐邪魅、祈祷雨晴、干求福降、哀悼死亡等词。在唐代韩愈之前,祭文大都是骈体文,至韩愈时,则对这种文体作了大胆的改革,以散体文形式来表达各种情感和哀思,如韩愈的《祭十二郎文》,就写得十分出色,成为祭文中的千古绝唱。之后散体的祭文就广为流传。而本篇祭文,作者详细地描述了百姓遭受的种种不幸,人祸天灾,使百姓难有活路,吏不可求,只好祈求祭拜神灵庇佑,悲愤之情溢于言表,深深打动读者。

林则徐(清)

致潘芸阁河帅书[1]

　　忆自河间试院,剪灯一谈[2]。岁月不居,违离六寒暑矣[3]。弟以瀛壖负疚,绝漠投荒[4],遂不敢轻修竿牍[5]。然狄闻阁下重持河淮之节,未尝不以手加额[6],为朝廷庆得人,良以近年河事逾难,求一弹洽见闻而又勇于任事者,则阁下诚今日之潘乌程矣[7]。乃自上游全黄入湖,年余未能挽正[8],淮阳屹屹,水衡不举[9],则乌程当时尚不至如是掣肘,而阁下今日更为其难[10]。此远人所不能释然于怀,而又不敢尽宣诸口者也[11]。

　　昨接关内书,知江左、内僚有欲为弟赎镮之议[12]。阁下慨然以名士为倡,左骖解脱,义重齐婴,特愧弟未能为越石父[13],闻有斯举,不禁铭心胸而汗项背矣[14]。弟受恩深重,获咎异常,即窜逐终身,亦罪所应得,赎之一字,不敢言,亦不忍言！且马角乌头,皆关定数[15],唐太宗诗云:"待予心肯日,是汝运通时。"况圣心即是天心,放臣依恋之忱,固未尝一日释,亦惟静天心之转,敢遽求生入玉门关耶[16]?此事定可中止,不可渎呈[17]。弟已分致诸同人,沥忱辞谢。闻阁下与江翊云书,嘱其妥为斟酌,信仰视周见到,先得我心,翊云深悉鄙怀[18],亦不肯轻举。至同人所集之费,弟尚未能一一知之，已托其代为询明，分别归赵[19]。阁下十五年前分赔之款，尚未就清，正弟所代为瘿颏，乃犹于涸辙中相濡以沫，使弟何以自安[20]！亦惟谆嘱翙云，寄缴台端，感同拜受[21]。友朋通财之义，亦视其时，俟阁下得有从容，解脱未晚，弟非敢于至爱前稍有客气也[22]。

　　三十年同谱殆若晨星，白首怀人，祇增感喟[23]，此时宣力于朝者[24]，内惟蒋畦，外则阁下，及晴峰。伏维闳树远猷，以时珍摄为望[25]。兰友急流勇退，可谓喆人知己[26]。此时曾否还都，抑尚留浦上？乞于晤次及通书时，代达鄙念[27]。

注释

　　[1]潘芸阁：名锡恩，林则徐老友，曾几度主持治河工作。道光二十二年（1842年）再次出任江南河道总督，故称之为河帅。[2]试院：科举考场。剪灯一谈：在灯下叙谈。剪灯，剪去灯花。[3]居：停。违离：分别。[4]瀛壖（ruán）负疚：因广州禁烟获罪。瀛壖，城郭旁或河边的空地，海滨，指广州。绝漠投荒：被流放到大漠。[5]轻修竿牍：轻易给人写信。竿牍，指书信。[6]狄：古代小官。此为作者自谦之词。重持河淮之节：指潘芸阁再次出任江南河道总督。以手加额：把手放在额上，表庆贺。[7]殚洽见闻：见多识广。殚，尽。洽，遍，广博。诚：的确。潘乌程：潘季驯（1521—1595年），明代水利专家。[8]"乃自"句：仅从上游至黄河入湖一段，一年多时间未能扭转局势。[9]"淮阳"句：淮河北边地势高，河水不能平稳流过。[10]不至如是：不至于如此。掣（chè）肘：见《吕氏春秋·掣肘》一文。此句意为：当年潘乌程还没有被牵制、干涉到这样的程度（治水工作就很困难了），如今你的困难就比他更大了。言下之意现在从旁掣肘的更多了。[11]"此远人"句：这正是在远方的我所不能放心忘怀，却又不能完全说出口的事啊。[12]江左、内僚：指江东一些同僚。赎镮（huán）之议：指为林则徐筹集罚金的计划，想用赎金求朝廷赦免林则徐。[13]左骖（cān）解脱：解下车子左边的驾车之马帮助人。据载春秋时越石父贤德，因事被囚，齐相晏婴解下左骖赎取越石父，拜他为上客。林则徐以此事喻潘芸阁慨然相救。特：只是。

[14]斯举:这个举动。铭:记。汗项背:汗湿颈背,为担心的表现。[15]"马角"句:马生角,乌鸦的头变白,完全不可能,都由上天安排。[16]"唐太宗"句:唐太宗的诗说了"待到我心里同意之时,就是你命运通达之日"。何况皇上的意愿就是上天的意愿,我这被放逐的臣子,依恋朝廷的忠诚之情,固然没有一日放下,但也只能静候上天改变心意,怎敢立刻求得活着回到玉门关呢?[17]渎呈:贸然轻率地呈送朝廷。[18]信仰视周见到:相信(他)能考虑周到。深悉:十分了解。[19]归赵:完璧归赵,意指如数送还。[20]代为蹙颔:替(你)担忧。蹙颔,皱着眉头。乃:却。犹:还。涸辙中相濡以沫:在干枯的车辙中的鱼,互相以唾沫湿润而求生,比喻在困难的处境中,以微薄的力量互相救助。语出《庄子·大宗师》。自安:心安理得。[21]台端:书信中对对方的敬称。感同拜受:就如同接受了这笔资助一样感激你,意即心领了。[22]亦视其时:也要看处于什么情况下。俟(sì):等到。从容:此指经济宽裕。解脱未晚:(那时)来帮助我也为时不晚。至爱:最知心的朋友。[23]同谱:同年学友。殆:几乎。祗(zhǐ):只。感喟:感叹。[24]宣力于朝:为朝廷尽力。[25]伏维:私下想。闳树远猷(yóu):树立长远的谋划。珍摄:珍重。[26]喆(zhé)人知己:哲人能了解自己,意即知道何时该做什么,何时不该做什么。喆人,哲人,才能识见超越寻常的人。[27]还都:返回都城。抑:或。晤次:会见的时候。次,停留之处。代达:代为转达。

译文

回忆起自从在河间科举考试院灯下叙谈,随着岁月的流逝,不知不觉分别已有6个寒暑(6年)了。愚弟我因广州禁烟获罪,而被流放到大漠(新疆),为此不敢轻易给人写信。然而下官我欣闻你再次出任江南河道总督,我何尝不是把手放在额头之上,以表庆贺,为朝廷能够任用你而高兴。只是近年来治理河事越来越困难,而求得一个如你这样见多识广且又勇于担任此事的人(是很不容易的),你就是今天的(水利专家)潘乌程了。仅从上游至黄河入湖一段,一年多时间未能扭转局势,而淮河北边地势高,河水不能平稳流过。当年潘乌程还没有被牵制、干涉到这样的程度,如今你的困难就比他更大了,从旁掣肘的更多了,于是治水工作也就很困难了。这正是在远方的我所不能放心忘怀,却又不能完全说出口的事啊。

　　昨日接到关内的书信，知道江东的一些同僚有打算替我筹集罚金的计划，想用赎金求朝廷赦免我。你慨然与名士们倡议相救于我，就如解下车子左边的驾车之马那样帮助人，你的恩义比齐婴还重。听说了这个举动，我不禁铭记心中而汗湿颈背。愚弟我深受皇恩，获此罪非为一般（严重），即使终身被放逐，也是罪有应得，"赎"字（赎罪），不敢讲也不忍心去说！况且，马生角，乌鸦的头变白，是完全不可能的，都是由上天安排的。唐太宗的诗说："等到我心里同意之时，就是你命运通达之日。"何况皇上的意愿就是上天的意愿，我这个被放逐的臣子，依恋朝廷的忠诚之情，固然没有一日放下，但也只能静候上天改变心意，怎敢立刻求得活着回到玉门关呢？这事一定要停止，不可冒然轻率地呈送朝廷。我已分别致信诸位同仁，深表我真诚的谢意。听说你给江翙云写信，嘱咐他妥当处理，相信他能考虑周到，先知道我的心愿，翙云十分了解我的心情、意愿，应该是不会轻易做事的。至于同仁所筹集的经费，我还无法一一知道，已委托人代为询问明白，然后完璧归赵，如数奉还。你15年前分到的所赔款项，还未清理完毕，这正是我所替你担忧的，而你待我就犹如在干涸的车辙中的鱼，相濡以沫，在困难的处境中，以微薄的力量相救助。这让我如何能够心安理得呢？只能嘱咐翙云，把钱寄还于你，就如同接受了这笔资助一样感激你，心领了。朋友间钱财的相互支援是一种道义，但也要看处在什么情况下，等到你经济宽裕之时，那时再来帮助我也为时不晚。我是不敢在最知心的朋友面前有任何客气的。

　　30年了，我们同年学友，几乎像晨星一样寥寥无几了。已是满头白发了，怀念过去的友人，只有增加无限的感叹。这个时候，能够为朝廷效忠尽力的人，朝廷内只有蘅畦，而朝廷外就是你和晴峰了。诚恳地希望你能树立长远的谋划，希望你时常珍重自己。兰友能够识时务而急流勇退，知道何时该做什么，何时不该做什么，这样的才能与见识可以说是超越寻常的人的。这时是否返回京城，或是还在浦州？希望你能在同他见面和通信之时，代为转达我的怀念之情意。

品析

　　林则徐（1785—1850 年），字少穆，清代侯官（福建闽侯）人。嘉庆时进士，曾任东河道总督，修治黄河。在任湖广总督时，大力开展禁烟活动，1840 年在广州虎门销毁英国、美国鸦片多达 237 万多斤，有力地打击了英美及其不法商人的入侵和毒害中国人民的罪行，维护了国家的尊严和人民的利益。但是，由于清王朝的腐败软弱和无能，林则徐却被治罪革职充军新疆。在流放新疆期间，他仍然爱国爱民，时刻担忧国家的安危，尤其对外国势力的入侵甚为关注，积极主张防御沙俄的入侵。后来又先后担任陕甘总督、陕西巡抚、云贵总督等职。1850 年抱病回乡里，后又被征召去镇压太平天国革命，却死于路上。林则徐是中国清代一位杰出的政治家，与龚自珍、魏源等人一道倡导经世之学，不管身处顺境还是逆境，始终关心国事与民生，为维护国家的安全和百姓的利益，做了许多有益的事情，受到人们的称颂赞扬。有《林文忠公政书》等。

　　《致潘芸阁河帅书》，约写于 1842 年被放逐去伊犁的路上。其时，林则徐因禁烟被治罪流放，潘芸阁等友人筹集赎金，拟为林则徐赎罪，求朝廷赦免，于是，林则徐就给潘芸阁写信劝阻。文章首先表述了作者对老朋友潘芸阁再次担任河道总督的心情，即高兴朝廷能够任用如此能干的人，能够为国家和百姓治理河患，同时也担忧其治河之困难。接着，文章表述了对同僚友人关心支持自己的感激之情，述说了在封建王朝时代，臣子既受"皇恩"，他的命运也就掌握在皇帝手中，一切都要听从于皇命的现实。最后，文章再次表述了作者对老友的忧心和关切之情，暗示友人仕途宦海之中如何急流勇退，何时该做什么，何时不该做什么，应有自己的见识和把握。至此，信中不仅表示了朋友之间的关切，而且也透露出作者对国家和百姓的关切之情，体现了作者虽然受到朝廷不应有不公正的处罚，但是仍然具有忧国忧民的情怀，以及那种无怨无悔的豁达的心胸。

　　作为书信，这是古代文书中的一种体式，它所表达和陈述的思想内容及所记述的事情，既可以是公务性的，也可以是私务性的，或是二者兼而有之。而《致潘芸阁河帅书》则是第三种，即既是朋友间的来往函件，也是出于对国家安危与百姓疾苦的关切的公务性行为。于是，这封信在写作上就显示出明显的特色。首先是文章写得委婉含蓄。此时林则徐身处逆境，许多话不能直说，因此对自己的境遇、对朋友的担心表达得较为含蓄委婉。如"此远人所不能释然于怀，而又不敢尽宣诸口者也"，表达了对老朋友潘芸阁的无尽担忧；而引用唐太宗的诗句"待予心肯日，是汝运通时"，则说明了臣子的命运是完全掌握在皇帝手中的。其次，文章表露感情真挚、诚恳。信中让人深切感受到的是挚友的真诚，字里行间洋溢着朋友相互间的友情，关怀、希望与怀念之深情，如作者对老友不顾本身的困难，慨然相助，涸辙中相濡以沫表示了深深的谢忱，其实作者自己又何尝不是如此？只有志同道合，才能在宦海的浮沉通穷中始终如一，真情永在。

洪仁玕(清·太平天国)

戒浮文巧言谕

照得文以纪实,浮文所在必删[1];言贵从心,巧言由来当禁[2]。恭维天父、天兄大开天恩[3],亲命我真圣主天王降凡作主[4],施行正道,存真去伪,一洗颓风[5]。是以前蒙我真圣主降诏,凡前代一切文契书籍不合天情者,概从删除,即"六经"等书亦皆蒙御笔改正[6]。非我真圣主不恤操劳[7],诚恐其诱惑人心,紊乱真道,故不得不亟于弃伪从真[8],去浮从实,使人人共知虚文之不足尚[9],而真理自在人心也。况现当开国之际,一应奏章文谕[10],尤属政治所关,更当朴实明晓[11],不得稍有激刺,挑唆反间,故令人惊奇危惧之笔。且具本章[12],不得用"龙德"、"龙颜"及"百灵承运"、"社稷"、"宗庙"等妖魔字样[13]。至祝寿词,如"鹤算"、"龟年"、"岳降"、"嵩生"及"三生有幸"字样[14],尤属不伦[15],且涉妄诞。推原其故,盖由文墨之士[16],或少年气盛,喜骋雄谈[17],或新进恃才,欲夸学富[18]。甚至舞文弄笔[19],一语也而抑扬其词,则低昂遂判[20];一事也而参差其说[21],则曲直难分。倘或听之不聪[22],即将贻误非浅。可见用浮文者不惟无益于事,而且有害于事也。

本军师等近日登朝,荷蒙真圣主面降圣诏[23]:"首要认识天恩主恩东西王恩[24]。次要实叙其事，从某年月日而来，从何地何人证据，一一叙明，语语确凿。不得一词娇艳，毋庸半字虚浮[25]。但有虔恭之意，不须古典之言，故朕改'字典'为'字义'也。"本军师等朝奏，钦遵之下，不胜敬凛。为此特颁宣谕[26]，仰合朝内外官员书士人等一体周知[27]，嗣后本章禀奏，以及文移书启[28]，总须切实明透，使人一目了然，才合天情，才符天道。切不可仍蹈积习，从事虚浮，有负本军师等谆谆谕戒之至意焉。特此宣谕，各宜凛遵。

注释

[1]照得：旧时文告开头所用套语，意即经查察而知。浮文：虚饰无根的文辞。[2]巧言：表面好听实际虚伪的言辞。由来：从来。[3]恭维：即"恭惟"，或曰"伏惟"，恭恭敬敬地想。天父：基督教中的上帝耶和华。天兄：基督教中的救世主耶稣。[4]真圣主天王：1843 年洪秀全组织农民革命时在家创立拜上帝会，自称是天父次子——真圣主天王。[5]颓风：腐朽没落的风气。[6]御笔改正：洪秀全建都南京后，对四书五经进行了一些修改。[7]不恤：不顾惜自己。[8]亟：急。[9]之：助词，用于主谓之间。尚：推崇。[10]一应：一切。[11]明晓：明白。[12]具：陈述，写作。本章：奏章，古代臣下向帝王进言的文书。[13]百灵承运：承上天赐予国运，奉天意统治天下。社稷：帝王、诸侯所祭的土神、谷神，旧时用作国家的代称。宗庙：帝王、诸侯祭祀祖宗的庙宇，旧时用作王室的代称。[14]岳降、嵩生：《诗·大雅·嵩高》："嵩高惟岳，峻极于天。惟岳降神，生甫及申。"意即四岳降其神灵，生了甫侯和申伯。后以此谀颂显贵者。[15]不伦：不合适。[16]文墨之士：专门写文章的文人。[17]骋：发挥。[18]新进：新中科举或新入仕途。学富：学识渊博。[19]舞文弄笔：在文字上玩弄手段。[20]抑扬其词：使用词有褒贬，抑扬。判：分。[21]参差(cēn cī)其说：说法近似，意即谁是谁非没有明确的态度，闪烁其词，说得差不多。[22]不聪：听觉不灵，即不善于辨析。[23]荷(hè)蒙：承受。[24]东西王：东王杨秀清、西王萧朝贵，此时已死，仍受尊崇。[25]毋庸：不要用。[26]谕：宣谕，布告。[27]仰：旧时公文中上级对下级的命令词，意即希望。[28]禀奏：给上级的禀帖。文移：平行公文。书启：信札。

译文

经查而得，文章是用来记载事实的，虚饰文辞的所在必得删除；言语贵在由衷而出，虚伪言辞从来就应该禁止。我等恭敬地想，天父、天兄大开天恩，亲自命我们的真圣主天王下凡来做主，施行正道，存真去伪，一扫没落风气。所以前蒙我真圣主天王降旨，凡前代一切文契书籍不符合天意的，一概进行删除，即使是"六经"等书也都蒙御笔改正。并非我真圣主天王不顾自己而操劳，实在是担心它们会诱惑人心，扰乱真道。因此不得不急于弃伪从真，去浮从实，使人人共知虚文不值得推崇，而真理自在人们心中。况且现在正是开国之际，一切奏章文谕，尤与政治相关，更应该朴实明白，不能有一点偏激讽刺，挑拨离间，故意让人惊奇畏惧之笔。还有写奏章，不能用"龙德"、"龙颜"和"百灵承运"、"社稷"、"宗庙"等妖魔字样。至于祝寿词，如"鹤算"、"龟年"、"岳降"、"嵩生"和"三生有幸"，尤其是不合适的，而且是属荒诞的。推其缘故，都是写文章的人，有的是少年气盛，喜欢发挥而健谈；有的是新中科举，仗着有才，想要炫耀自己的学识渊博。有的甚至是在文字上耍弄手段，一句话用词有褒贬，被议论对象的高低就有区分了；一件事陈述闪烁其词，则是非曲直就难判断了。如果听者不善辨析，那事情将贻误非浅，可见用虚饰文辞的，不但无益于事，而且还有害于事。

本军师等人近日上朝，蒙真圣主天王当面降下圣诏："首先要清楚天恩主恩和东西王恩，其次要从实记述事件，从某年月日以来，以何地何人为证据，一一叙明，句句确凿，不得用一个娇艳的词，不用半个虚浮的字。凡有虔诚恭敬之意，不要用古典语言，所以朕改'字典'为'字义'。"本军师等人早朝奏明，恭敬遵命之下，不胜敬畏，为此特颁布布告。希望朝内外官员和人士等全部知道，以后写奏章、禀帖、公文、书信，都要切实明白，使人一目了然，才合天意，才符真道，切不可仍保持旧习，走老路，文辞虚浮，有负本军师等谆谆告诫的一片诚意。特此告谕，各人应认真执行。

品析

《戒浮文巧言谕》，选自《太平天国诗文选》，标题为罗尔纲所加，原件存英国伦敦不列颠博物院。作者为洪仁玕、蒙时雍、李春发。

洪仁玕，生于清宣宗道光二年，卒于清穆宗同治三年（1822—1864年），洪秀全的族弟，太平天国后期的主要领导人之一，太平天国的杰出政治家。1843年，洪仁玕与洪秀全一同组织"拜上帝会"，主要从事宣传工作。1851年，太平天国组织了金田起义，他因来不及追随队伍，暂留家中，后由于清政府缉捕洪氏家族，遂于1853年逃往上海，尔后又避难于香港，在外国牧师处教书，并学习西方资本主义文化。1859年，历经种种困难险阻后抵达天京（今南京），不久即被封为"文衡总裁"和"精忠军师顶天扶朝纲干王"，总理太平天国朝政。曾发布《资政新篇》等许多著作，主张学习西方资本主义科学文化技术，但是因环境和条件诸因素限制未能实现。太平天国革命在清王朝和帝国主义内外勾结的镇压之下，最后失败了。洪仁玕也于1864年10月25日在石城战败被俘，英勇不屈，就义于南昌，实践了自己"宁捐躯以殉国，不隐忍以偷生"的诺言，体现了太平天国农民革命者英勇不屈、视死如归的革命英雄主义精神。洪仁玕的诗文雄浑豪放，富有革命理想与革命气势。

蒙时雍，广西平南人，太平天国赞王蒙得恩的长子，金田起义时参加太平天国革命，1861年其父病死，蒙时雍即袭爵封为幼赞王，和洪仁玕、李春发等同理国事，天京陷落后，有人说其脱走广东。李春发，太平天国"殿前忠诚贰天将"，后封为顺王，天京陷落后，不知所终。

《戒浮文巧言谕》，作于太平天国十一年（1861年），是以洪仁玕等三人之名代表太平天国发布的一篇诏谕训令，也称布告，属于下行文。《文体明辨序说·谕告》称："谕，晓也，告，命也，以上敕下之词也。"也就是说，这是古时用来诏令告诫诸州郡百官，晓谕四方百姓的一种文告，是古代文体的一种。1853年，太平天国在天京建都之后，他们从政治需要出发，提出了改革文风的要求。洪秀全在发布的《改定诗韵诏》中说："将其中一切鬼话、怪话、妖话、邪话一概删除净尽，只留真话、正话，抄得好好缴进候朕披阅、刊刻颁行。"这里，虽说讲的是文章之事，但是，洪秀全作为太平天国的最高领导者，他的这种思想始终指导着整个文书工作，包括文书作品的撰写工作。其时，太平天国国家政权刚建立，奏章诏令也日趋繁多，而当时仍然处于战争年代，文书工作和公文撰写毫无疑问地要服从于有效地快速地处理政务的需要。为此，担任文衡总裁的洪仁玕在《资政新篇》中就指出："文士之短简长篇，无非空言假话；下僚之禀帖面陈，俱是馋谄赞誉"，满洲贵族统治下的封建文人"专事浮文，良可慨矣"。他竭力反对清王朝在文风上，特别是在文书奏章中的夜郎自大，说："凡于往来言语文书，可称'照会'、'交好'、'通知'、'亲爱'等意，其余'万方来朝'、'四夷宾服'及'夷'、'狄'、'戎'、'蛮'、'鬼子'一切轻浮之字，皆不必说也，盖轻浮字样是口角取胜之事，不是经伦实际，且招祸也。"这都表现了太平天国在文书工作中的革命性。于是，为了改革文风，克服清王朝在文书撰写和文书处理方面的流弊，适应当时战争和有效地处理政务的需要，太平天国就发布了《戒浮文巧言谕》这一文告。

本篇谕告，主要论述了"一应奏章文谕，尤属政治所关"，即一切公文奏章，与政治关系极大，它必须为太平天国的政治与经济斗争服务，为政务管理服务的思想，以及文书作品的形式要为内容服务的文书学思想理论。

首先，作者提出："文以纪实"、"言贵从心"的中心论点，即要求文章要有充实的健康的思想内容，要发自心声。他认为，"巧言由来当禁"、"浮文所在必删"，并提出："凡前代一切文契书籍不合天情者，概从删除"，要使人人都知"虚文不足尚"。这对于任何文章的撰写，都是一样的道理。特别是作者提出奏章文谕等文书在太平天国国家刚刚建立的时候，对于治理国家和军务等是至关重要的，是处理国家政务的工具。因此要求写文章应当"朴实明晓"、"实叙其事"，"一一叙明，语语确凿"，也就是说，要充分反映太平天国的政治理想和要求，真实地表达太平天国的意愿和利益。

其次,在语言和形式方面,不论任何奏章公文都应当提倡能够"使人一目了然"的语体文,"不得一词娇艳,毋庸半字虚浮。但有虔恭之意,不须古典之言",坚决反对"舞文弄笔"、"抑扬其词"的习气。最后,作者要求太平天国的内外官员、文书撰写人员要"一体周知",对于以后的"本章禀奏,以及文移书启",必须做到"一目了然",要合乎天情、合乎真道,并告诫所有官员"切不可仍蹈积习,从事虚浮"。

作者代表太平天国颁发《戒浮文巧言谕》,文章所表述的这种对公文奏章的内容和形式的要求,即"一应奏章文谕"应当反映太平天国的政治与经济情况,要成为治理国家的工具,要求公务文书的形式应当朴实,能够形式反映内容等思想和主张,显然反映了太平天国在文学方面,特别是在文书撰写和处理方面的一种革命的进步的思想主张,也是一种独到的文书学理论思想。历来,人们把此谕文看成是太平天国的一种文学主张,并把它作为历代文论的重要著作,这固然是对的。但是,从作者的本意和当时所处的斗争环境,以及太平天国国家政务对公务文书的要求来看,本文主要阐述的还是一种文书学思想理论,特别是一种很显然的公文撰写思想方法与原则。因为这篇文告本身就是向太平天国内部的行政人员发布的,是有着特定的对象的,故本文反复强调合朝内外官员和文书撰写人员都要按照他们发布的戒谕去做,不得违背,"各宜凛遵"。同时,就文学与文书对于太平天国开国之初的政治和经济利益比较来看,文书的撰写和处理工作做得好与坏,对革命的影响更为直接和重大,即公务文书的撰写是直接为太平天国的政治需要服务的。此外,我国的文书作品和文学作品,在明清以前,没有很明显和严格的区分,一般都泛指文章。然而,就总体上看,本篇文告所阐述的思想和主张,主要是侧重于应用文章,即非常明确地指出"一应奏章文谕"。因此,它不仅是在文学批评史上,而且更为主要的是在文书学发展史上占有极其重要的地位,反映了农民革命的进步要求。

综上所述,本篇谕文作为中国农民革命阶级所提出的第一篇完

整的文论，尤其是作为古代文书学理论，是太平天国革命发展到一定
阶段的产物，是适应当时政治斗争和经济建设的客观需要的产物，其
作用和影响是极大的。首先，文章观点明确，思想性强，立论正确，说
理深刻。特别是文章的开头能够旗帜鲜明地提出自己的文论主张，
并把这一思想贯穿全过程，即把作者关于文章包括一切奏章文谕的
思想主张同整个太平天国的政治和军事斗争联系起来，把它看成是
革命斗争中至关重要的一个方面。其次，文章气魄雄伟，锋芒毕露，
敢于否定旧说，提出新说，语气咄咄逼人，显示出强烈的战斗精神，也
体现了太平天国的战斗风格，有文如其人之感。再次，文章语言流
畅，词语恳切，使人有"笔吐星汉之华"之感，即如刘勰在《文心雕龙·
诏策》中说："皇王施令……辉音峻举，鸿风远蹈。腾义飞辞，涣其大
号。"总之，本篇谕文不仅提出了重要的文书学思想理论，成为研究太
平天国的文书论的重要史料，而且文章在写作方面也具有如上重要
特色。

　　但是，我们也应当看到，本篇谕文的局限性也是明显的：一是对
待历史文化缺乏科学态度。这就是文章中完全否定"古典之言"，不
能有分析地批判继承古代历史文化遗产，认为可以简单地随便删改
古籍，这显然不是一种科学的态度，也不可能使自己的新文化新思想
发扬光大。二是神权思想浓厚，自相矛盾之处不可避免。例如，文章
认为"龙德""龙颜""百灵承运"等是妖魔语言，然而，文章中却也说
"天父""天兄""大开天恩""降凡作主"等，这显然是自相矛盾的。
这样，文章无论在语言形式还是思想内容上，都未能摆脱旧的思想和
形式的影响，彻底实践自己的主张，反映了文章的阶级局限性和时代
局限性。

后　记

　　这些年，变换了工作，也变换了学习研究的角度。从文秘档案学的视角思索，深感历代许多优秀古典名篇佳作，实际上就是优秀的古代文书作品，然而，对古代文书作品的研究却不多见。于是，我们在浩瀚的古典著作中品读整理了部分篇章，结集成书。在此过程中，深得厦门大学档案馆同仁等热心人士支持帮助，在此深表谢意！此中难免有缺漏和不当之处，敬请读者指正。

作　者

2012 年 10 月于厦门大学

图书在版编目(CIP)数据

中国古代文书品析/翁勇青,连念,林秀莲编著. —厦门:厦门大学出版社,2013.10
ISBN 978-7-5615-3844-9

Ⅰ.①中… Ⅱ.①翁…②连…③林… Ⅲ.①文书-鉴赏-中国-古代 Ⅳ.①H194.1

中国版本图书馆 CIP 数据核字(2013)第 153155 号

厦门大学出版社出版发行

(地址:厦门市软件园二期望海路 39 号 邮编:361008)

http://www.xmupress.com

xmup @ xmupress.com

厦门集大印刷厂印刷

2013 年 10 月第 1 版 2013 年 10 月第 1 次印刷

开本:889×1194 1/32 印张:14 插页:2

字数:400 千字

定价:42.00 元

本书如有印装质量问题请直接寄承印厂调换